博物馆研究书系
Series of Museum Research

博物馆教育活动研究

［郑奕 著］

复旦大学出版社

图书在版编目(CIP)数据

博物馆教育活动研究/郑奕著. —上海：复旦大学出版社,2015.1(2025.8 重印)
(博物馆研究书系)
ISBN 978-7-309-11029-6

Ⅰ. 博…　Ⅱ. 郑…　Ⅲ. 博物馆-社会教育-研究　Ⅳ. G266

中国版本图书馆 CIP 数据核字(2014)第 240584 号

博物馆教育活动研究
郑　奕　著
责任编辑/史立丽

复旦大学出版社有限公司出版发行
上海市国权路 579 号　邮编：200433
网址：fupnet@ fudanpress. com　http://www.fudanpress. com
门市零售：86-21-65102580　团体订购：86-21-65104505
出版部电话：86-21-65642845
上海崇明裕安印刷厂

开本 787 毫米×960 毫米　1/16　印张 27.5　字数 428 千字
2025 年 8 月第 1 版第 8 次印刷

ISBN 978-7-309-11029-6/G·1429
定价：78.00 元

目 录
CONTENTS

序 言
PREFACE

陆建松
（复旦大学文物与博物馆学系系主任）

博物馆是出于公共教育和利用的目的,对人类及其环境的物质遗产和非物质遗产进行搜集、整理、保管、研究、展出,最终实现知识传播的非正规教育机构。"教育"不仅是博物馆对社会的首要责任,也是博物馆经营的主要内容。因此,欧美博物馆事业发达国家的博物馆都高度重视博物馆教育,它们不仅将"教育"置于博物馆公共服务角色的中心,而且将公众教育活动举办的数量和质量作为考核博物馆经营绩效的关键指标。

较之欧美博物馆事业发达国家,我国博物馆的教育理念和内容、形式和方法都很落后。主要表现在博物馆教育服务意识淡薄,简单地把展览等同于教育活动,以为开放展览就足够了;被动等待观众上门,很少主动服务学校、社区;不重视教育资源的挖掘,教育内容单调平庸;教育形式落后呆板,手段单一;教育空间和设施欠缺,专业博物馆教育人才缺乏等。由此,严重影响了免费开放后我国博物馆社会教育作用的发挥。

如何提升博物馆教育活动和开放服务的水平,不仅是免费开发后我国博物馆面临的当务之急和严峻挑战,也是各个博物馆在经营管理方面亟待解决的一个重大问题。为此,我们亟须大力开展博物馆教育活动的研究,创新我国博物馆教育活动的内容和形式,以提升我国博物馆教育服务的水平和质量。

郑奕博士专注博物馆教育活动研究,特别对欧美博物馆教育活动的研究有相当的积累。2010—2011 年,她利用在美国乔治·华盛顿大学和美国史密森博物学院做访问学者的机会,通过实地考察、专家访谈和案例搜集等手段对美国博物馆教育活动进行了系统、深入研究。在此基础上,结合我国博物馆教育活动的实际,完成了《博物馆教育活动研究》一书。本书提出了一系列有关博物馆教育活动的新思维,例如:

第一,针对我国博物馆长期以来"重展"不"重教"的落后观念,提出了博物馆"重展"也要"重教"的理念。第二,针对我国博物馆长期以来教育活动举办局限于展览这一单一手段的现象,提出了博物馆教育活动衍生化的新思维,即要围绕和配合展览、藏品、研究,开展延伸和拓展教育服务。第三,针对长期以来我国博物馆只重视观众参观阶段的教育活动而忽视观众参观前和参观后两阶段教育活动的现象,提出了观众参观博物馆前、中、后三阶段教育活动一体化规划与实施的新理念。第四,针对我国博物馆教育活动低水平、粗放式的管理方式,提出了博物馆教育活动宜分众化组织的新思维。

本书是我国第一本系统研究博物馆教育活动的专著,其提出的新观点和新方法,对改变我国博物馆落后的教育理念,对创新和丰富我国博物馆教育活动的内容、形式和方法,对提高博物馆教育活动的精细化管理,提升我国博物馆教育活动水平,无疑具有重要的现实意义和深远的历史意义。

2014 年 10 月 1 日于复旦大学

PREFACE

Kym S. Rice

(Director, Museum Studies Program, The George Washington University, Washington, D. C.)

This work will introduce Chinese museum professionals, a rapidly expanding group, to ideas about museum education and museum exhibitions that have been percolating in the west for the last 30 years. In concentrating on informal learning outcomes for museum audiences, this is a very modern and thorough summary. Ms. Zheng's approach is comprehensive and detailed. It includes direct observations and data drawn from many museums, principally the Smithsonian Institution, the world's largest museum complex. Her study details the vast array of educational activities delivered before, during and after a museum visit — from more traditional docent-led tours to content delivered on "Smart" phones that a visitor can access in the museum or from home.

Visitor choice is more than just a buzz word for museums. As readers will learn, studies show that visitors not only enjoy these educational opportunities, but they see them as extremely beneficial and desirable. Like China, U. S. museums draw a diverse audience ranging from families to schoolchildren to single adults to social groups. As Ms. Zheng writes, educational programs must be flexible enough to serve the needs of everyone. And that's a challenge. Educational programs developed for exhibitions, frequently a museum's most visible activity, need to do more than just extend exhibition content. Without programs such as these, exhibitions too often are stagnant. Lesson plans for classroom teachers and other written materials can enforce the bigger ideas and main messages of exhibitions. As Ms. Zheng describes, there is a deliberate sequence to educational materials that ideally works together to engage visitors. We do not know enough about the long range effect that museums have on an individual. More of these longitudinal studies need to be completed throughout the world but this work reminds us of the sustained and positive impact that museums can have on their audience over time.

Although China has a long and rich history stretching back more than five thousand years, the professional museum community is relatively young. Ms. Zheng's important analyses, scholarship and ideas offer a roadmap for Chinese museums to further develop their educational programming and thorough them, develop a stronger relationship with their visitors.

时下,中国博物馆从业人员的数量越来越多,本书为他们导入了关于博物馆教育和展览的新理念。这在西方已有 30 年的发展历史。本书聚焦博物馆观众的非正规学习成果,是一部非常现代和透彻的梳理与小结。郑奕博士使用的方法既综合又具体,包括在研究过程中对许多博物馆进行直接观察、数据采集,尤其对史密森博物学院展开了详细调研,它是全球最大的博物馆群。郑奕博士的研究将大量不同的教育活动细分为观众参观前、参观中、参观后三个阶段,并覆盖了更传统的人工导览到通过"智能手机"向观众传递内容,无论他们在博物馆内,还是在家中使用"智能手机"。

"观众选择"对于博物馆而言,不仅仅是个术语和行话。随着大家阅读郑奕博士这本书,你们会发现,研究显示,观众不仅享受这些教育机会,而且他们将其视为特别有益的、满足需要的体验。正如在中国一样,美国博物馆界也致力于吸引广泛的观众,包括家庭、学校孩童,单独出行的成人,以及社会团体。正如郑奕博士所阐释的那样,博物馆教育项目和活动必须足够灵活变通,来尽量服务每个人的需求。这是一大挑战。为展览所开发的教育项目,通常是最为直观的教育活动,需要传递的不仅仅是展览内容。如果没有它们,展览将变得太过死板。针对教师的课程计划以及其他书面材料,都能强化展览的大概念和主要信息。正如郑奕博士所指出的那样,博物馆需要运用一系列历经深思熟虑的教育素材,来共同吸引观众参与。我们并不足够了解博物馆之于个体的长期影响。但在全球范围,我们都需要这样的纵向研究。事实上,本书提醒我们每一位博物馆人:博物馆是可以对观众产生长远、持续、积极影响的。

虽然中国拥有五千多年的丰富悠久历史,但博物馆领域的发展仍然相对年轻,博物馆界从业人员的发展也相对稚嫩。郑奕博士的重要分析、专业学识及其独到见解,为中国博物馆界的教育发展提供了路径图,以在未来开发博物馆教育活动和项目,并且通过它们达成与观众的更强有力联系。

Kym S. Rice

美国乔治·华盛顿大学博物馆系系主任

◀ 绪 论 ▶

一、选 题 与 意 义

(一) 国际博物馆界的发展趋势

本书的研究对象是"博物馆教育活动",也即,探索观众参观博物馆前、中、后三个阶段的博物馆教育活动的规划与实施。之所以选择这一命题,主要出于如下目的:

在现代博物馆的各项业务中,"教育"不仅是博物馆对社会的责任,也是其首要目的和功能。2007年在奥地利维也纳召开的第21届国际博物馆协会(International Council of Museums,ICOM,简称国际博协)代表大会对博物馆的定义进行了修订,并首次将"教育"作为博物馆的第一功能予以阐述。

该版本的博物馆定义为:博物馆"为教育、研究、欣赏的目的征集、保护、研究、传播并展出人类及人类环境的物质及非物质文化遗产"。它将"教育"调整到博物馆业务目的的首位,并取代了多年来将"研究"置于首位的认识,表明教育功能不仅是博物馆对社会的责任,而且是首要任务。这反映了国际博物馆界时下对博物馆社会责任的强调,对其社会效益的关注,以及现代博物馆经营理念和目标的转变。另外,定义在表述时,还将"教育"作为"征集、保护、研究、传播、展出"等博物馆基本业务的共同目的,也就是说,各项业务活动都应贯彻"教育"的目的。

国际博物馆界的发展趋势表明,当代博物馆已从过去的以收藏和研究为主转变为今天的以教育和服务为主,也即由"藏品中心"向"公众中心"转化。事实上,由"物"达"人"的转变也意味着博物馆聚焦的服务对象从受过良好教育的、中产及以上阶级人群向更具代表性的民众及本地社区转移。同时,博物馆从"独立的专业单位"向"所在社区的文化中心"转移。

2010 年,美国博物馆协会(The American Association of Museums,AAM;现全称已更名为美国博物馆联盟,The American Alliance of Museums,AAM①)发布的"美国博物馆的卓越性"(Characteristics of Excellence for U. S. Museums)报告中,首先讲述了博物馆的公共信托与责任,并指出博物馆必须坚持公共服务的角色并将"教育"置于这一角色的核心位置。

的确,"博物馆教育"这一领域自从 20 世纪 80 年代以来,无论在理论上还是实践中都取得了突飞猛进的发展。本研究采用了新近出版的美国博物馆界的名著《博物馆教育工作者手册》(The Museum Educator's Manual,2009)对"博物馆教育"的界定:"博物馆教育被最广义地理解为任何促进公众知识或体验的博物馆活动",并且"教育的愿景事实上也是博物馆使命和整体目标的愿景。教育和展览是彼此关联的,并应该互相包含"②。

而教育活动是发挥博物馆教育功能的重要渠道,其目的不在于教育公众,而是要根据需要帮助公众学习,为他们创造参与学习的机会并为其提供教育体验的场所③。因此,开展博物馆教育活动的研究,不仅契合了博物馆定义、社会职能更新和完善的要求,更重要的是,有助于新形势下博物馆更好地为社会公众服务。

(二) 展览与教育活动是现代博物馆经营管理的核心内容

在相当长的时间内,博物馆在以物为本、重视科研功能和馆藏文物保护的同时,对自身的公众教育功能认识不足,以至于不少主要藏品被束之高阁,并常常只扮演"文物仓库"的角色,严重影响了博物馆社会职能的发挥。近年来,伴随城市开放建设,更有少数地方片面追求博物馆的形象标志功

---

① 美国博物馆联盟自 1906 年创立以来,一直致力于制定博物馆标准与实践、汇聚和分享资源与发展机遇、促进博物馆界繁荣。目前,该协会旗下的博物馆/企业团体会员与个人会员总量达 21 000 个。2012 年 9 月,该组织由原先的"美国博物馆协会"正式更名为现使用名。据其主席福特·贝尔(Ford Bell)先生介绍,更名原因主要是为了"更广泛地吸纳整个博物馆领域的力量"。

② Anna Johnson et al. , The Museum Educator's Manual , Altamira Press, 2009, p. 8.

③ 杨丹丹:《论博物馆教育活动的可持续发展——以首都博物馆青少年教育活动为例》,《中国博物馆》2010 年第 1 期。

能,忽视或弱化公众教育功能①。事实上,现代博物馆早已不是单纯的文物收藏、保管和研究机构,而应该是一个具有更广泛意义的、为社会服务的文化教育机构。它的特色在于其资源——藏品、展品以及作为教育方法的展览。

展览是博物馆教育的主要载体、媒介。同时,教育活动也是现代博物馆所特有的教育形式。大部分博物馆教育活动都与展览关联,有些则与藏品及研究相关。参照国际通行的展览评估框架,展览效益的发挥取决于它是否给予观众高质量的参观体验,是否提供他们良好的学习机会。而评价一座博物馆的价值,亦不仅看其收藏的丰富和精优程度,更要看其在鼓励观众参与和学习方面所取得的成绩。博物馆的职责关键是尽最大努力扩大每位观众积极、有益地参观的机会。

好的博物馆教育活动,不仅契合展览主题、内容甚至是形式,拓展、深化和补充了常规的陈列展览,更重要的是,还能彰显博物馆的使命。事实上,教育活动和展览是整个机构使命以及所有成员工作的最终产品,是现代博物馆经营管理的核心内容。

(三) 重视博物馆教育活动是欧美发达国家的普遍做法,这方面国内外差距巨大

时下,博物馆事业发达的国家都在政府主导下,将博物馆作为重要的教育资源和阵地加以运用,事实上博物馆作为社会教育的大本营在西方早已深入人心。同时,教育活动举办的质量和数量,也成为博物馆事业发展的一项重要指数。目前,全球金融危机的影响尚存,对许多博物馆而言,基金会、企业和个人的捐助大幅下滑,与其他机构对公共及私有资金的竞争愈演愈烈。在此背景下,教育活动变得更为重要,是博物馆寻求资金支持的主要理由。因此,探究西方博物馆成熟的社会教育与服务模式,对我国博物馆事业的发展大有裨益。并且,开展博物馆教育活动的研究也是改变我国博物馆教育领域的落后现状、提升其水平的迫切需要。

长期以来,我国博物馆界更聚焦文物藏品和相关研究,因而尚未真正确

---

① 单霁翔:《从"馆舍天地"走向"大千世界"——关于广义博物馆的思考》,天津大学出版社2011年版,第77页。

立以展示和教育为中心的经营管理理念,更遑论将展示教育和开放服务置于中心位置了。在教育活动的开展上,一方面在观念上认为对外开放展览就可以了,被动等待观众上门,甚至将展览教育(活动)与展览等同;另一方面在实践中并未围绕展览、配合研究及藏品开展延伸和拓展活动。如此一来,造成展览不好看,教育活动不吸引人,观众自然不愿意将博物馆作为接受知识和休闲娱乐的首要选择。这也是我国很多博物馆免费开放热闹一阵后乏人问津的基本原因。

　　尽管在过去十几年,我国学界已开始重视博物馆教育、重视观众,但就教育活动的规划与实施而言,仍然存在理念和方法上的滞后。突出表现在:第一,仅重视实际观众①,并未明确博物馆的目标观众何在,同时也忽略了潜在观众和虚拟观众②,因此就达到博物馆教育的公平性而言远远不够。第二,仅重视观众的实际参观阶段,将教育活动的规划与实施局限于馆内,也即始于观众踏入馆门,终于他们踏出馆门,而这是远远不够的。事实上,博物馆教育活动的开展理应始于更早,终于更晚,甚至可一直延续、循环往复。

　　另外,展览固然是博物馆教育的主要形式、载体与媒介,但不是教育活动开展的唯一手段;而且,常设展览即便再优质,观众终会有看厌的一天。因此,博物馆不仅要做好展览、有计划地更换展品,还要围绕和配合展览开展一系列延伸教育及拓展服务,例如示范表演、探索活动、专题讲座、视听欣赏、动手做、研习活动、知识竞赛、知性旅游、学术讨论会、刊物出版、咨询服务等。并且,教育活动的举办并不局限于观众的实地参观阶段,也包括他们的参观前和参观后两阶段,因此要从三阶段的角度一体化地规划与实施,以追求教育成效的最大化。此外,展览参观眼下也不再是观众跨入博物馆大门的唯一理由了,听一场讲座、参与夏令营活动、使用图书馆等,这些与展览、藏品和研究相关的教育活动已经成为越来越多的观众反复进出博物馆的动力。

---

　　① 傅斌晖:《以学校教育观点解读博物馆观众研究》,坦克美术教育网,2008 年 9 月 7 日。"'观众'的定义可以分为三类(Miles, 1986):(1)实际观众(actual audience)——实际到馆参观的人;(2)潜在观众(potential audience)——有可能到馆参观的人;(3)目标观众(target audience)——博物馆期望来参观的人。"
　　② [英]帕特里克·博伊兰主编,国际博物馆协会中国国家委员会、中国博物馆学会译:《经营博物馆》(*Running A Museum*),译林出版社 2010 年版,第 160 页。"'虚拟观众'是那些使用博物馆网站、通过信件或邮购方式购买博物馆商品,以及与之有关联的观众。"

（四）提升我国博物馆教育活动水平的必要性

截至 2011 年年底，我国依法登记的博物馆达 3 415 座。并且，当前各地都还在新建、改建和扩建博物馆。经济已不再是博物馆事业发展的最大障碍，事实上中国博物馆建设的热情已攀升至前所未有的高度。与此同时，越来越多的公共博物馆开始对全社会免费开放。因此，如何发挥它们应有的教育职能，不仅事关各馆建设和运营的成效，更关系到我国现代国民教育体系建设和文化发展战略，而且它已成为博物馆免费开放政策落实后我国博物馆界亟待解决的一个重大问题。

1999 年 6 月 13 日，中共中央、国务院颁布了《关于深化教育改革全面推进素质教育的决定》，并指出，"实施素质教育应当贯穿于学校教育、家庭教育和社会教育等各个方面"，"各类文化场所（博物馆、科技馆、文化馆、纪念馆等）要向学生免费或优惠开放"。

2002 年，党的"十六大"报告提出，要"形成全民学习、终身学习的学习型社会，促进人的全面发展"。事实上，博物馆正是公共文化服务体系的重要组成部分，将博物馆纳入国民教育体系，是建设学习型社会的必然要求。

2007 年 6 月 16 日，时任中共中央总书记的胡锦涛同志主持政治局会议，研究加强公共文化服务体系建设。之后，党的"十七大"报告指出："当今时代，文化越来越成为民族凝聚力和创造力的重要源泉，越来越成为综合国力竞争的重要因素，丰富精神文化生活越来越成为我国人民的热切愿望。要坚持社会主义先进文化前进方向，兴起社会主义文化建设新高潮，激发全民族文化创造力，提高国家文化软实力，使人民基本文化权益得到更好保障，使社会文化生活更加丰富多彩，使人民精神风貌更加昂扬向上。"

2008 年，为贯彻落实党的"十七大"精神，中共中央宣传部、财政部、文化部和国家文物局联合下发了《关于全国博物馆、纪念馆免费开放的通知》，要求全国各级文化文物部门归口管理的公共博物馆、纪念馆，全国爱国主义教育示范基地免费开放。中央财政每年为此拨付专项经费 20 亿元。至 2011 年年底，全国共有 1 804 座公共博物馆实现了免费开放。除了敦煌莫高窟等遗址性博物馆，文物系统的全国公共博物馆全部实现了免费开放。并且，行业博物馆的免费开放也在积极推进中。

与此同时,虽然许多馆实行免费开放后,吸引了很多"新面孔",观众人数大幅增加。但是,不少观众来了一次不愿意再来第二次,对馆内的展览、活动和服务不甚满意。2013年"国际博物馆日"期间,中国博物馆协会发布了《2011年度国家一级博物馆运行评估报告》。报告指出,国家一级博物馆整体运行水平稳步提高,社会服务能力不断增强,社会关注度不断提升,但社会责任意识与教育职能成为中国博物馆最大短板,因此仍须进一步强化社会责任意识及社会教育职能,亟待提高陈列展览的创新意识与能力。

今天,享受政府拨款的博物馆如何在剔除了门票关卡之后,扩展观众,保留观众,更重要的是如何提升展览水准,为观众呈现具备广度和深度的教育活动,甚至通过一系列延伸和拓展服务,强化博物馆的自身造血功能和品牌,维持博物馆长期旺盛的生命力,是各馆面临的当务之急和严峻挑战。

因此,本研究的选题定为:博物馆教育活动研究。并且,本书将重点解析史密森博物学院等欧美博物馆成熟的教育理念与实践,并探索如何围绕和配合展览、研究及藏品,开展一系列延伸教育和拓展服务,同时将活动的策划、实施根据观众参观的前、中、后三个不同阶段展开。

本研究旨在为免费开放后的我国博物馆提升教育活动水平、加大服务社会的成效等探索对策并寻求突破,因而具有现实意义。从理论上讲,它有助于更新我国博物馆界的教育理念,丰富教育理论的内涵,并促进相关理论研究的进步;从实践上说,可以为我国博物馆规划与实施教育活动提供思路和技术路径,发挥好博物馆作为社会教育机构的首要职能。

二、 研究对象与内容

(一) 研究对象

本研究聚焦"博物馆教育活动"。几乎所有的博物馆活动都富有教育性。正如英国博物馆学家格林黑尔(Eileen Hooper-Greenhill)所认为的那样,博物馆本身就是一个教育机构,其所有活动都具有教育的目的。但在本研究中,"博物馆教育活动"特指展览教育活动,以及与研究和藏品相关的教育活动。

展览教育活动,是以展览为中心,围绕和配套展览的教育活动,并覆盖一系列延伸和拓展活动[①]。事实上,绝大多数的博物馆教育活动都在一定程度上与展览相关,而展览本身亦是最好的教育产品[②]。

另外,藏品是博物馆的物质基础,针对藏品必须进行一系列的科学研究工作。而教育是在收藏和科研的基础上展开的,同时只有通过教育才能使藏品和科研成果展示给社会,为社会发展服务,体现一个机构的社会价值[③]。而最典型的教育活动之一——举办展览则是博物馆向公众展示其馆藏及科学家研究成果的最直接、最直观的方式。

(二) 研究内容

博物馆的教育和服务对象主要是观众。为了突出观众的主体地位,同时根据教育活动举办的一般规律,本研究特以"观众的实地参观"为界限,从"物理"性征上将教育活动划分为三个阶段。也即,具体研究观众参观前,博物馆教育活动的目标是什么、任务是什么、该如何实施,观众参观时以及参观后,教育活动的目标是什么、任务是什么、实施的策略和方法等。总的说来,本研究主要涉及两个层面的问题:

一方面,博物馆教育活动的开展不局限于观众的实地参观阶段,也包括参观前和参观后两个阶段,因此要从三阶段的角度,从广度上进行一体化的规划并实施。而且,三个阶段的活动缺一不可,需要循序渐进、富有针对性地开展。

另一方面,参观博物馆是最基本和普遍的教育活动。因此,"观众参观阶段"为最主要的阶段。博物馆理应立足展览的主题、内容和形式,从深度上开展一系列延伸和拓展教育活动,充分把握并有效利用观众在馆内的逗留时间,为他们呈现精彩、难忘并有意义的博物馆之旅。

---

① Office of Policy and Analysis, *Lessons for Tomorrow: A Study of Education at the Smithsonian*, USA: Smithsonian Institution, Vol. 1 Summary Report, 2009, pp. 8 - 9. "史密森除了围绕展览(Exhibition)的教育项目和活动,还有围绕藏品(Collection)及围绕研究(Research)的教育项目和活动。"

② Office of Policy and Analysis, *Lessons for Tomorrow: A Study of Education at the Smithsonian*, USA: Smithsonian Institution, Vol. 1 Summary Report, 2009, p. 19.

③ 李瑶:《中国早期博物馆教育思想的特点及其影响》,《文教资料》2008 年第 36 期。

三、 主要调研对象
——美国史密森博物学院(Smithsonian Institution)①

　　鉴于国内外博物馆教育活动水平的巨大落差,本研究采撷了部分博物馆事业发达国家及其博物馆的成熟实践和理论成果。事实上,本研究更偏向实证研究,而作为实证研究,调研对象选择的恰当与否至关重要。

　　众所周知,欧美国家在博物馆教育的理论和实践方面引领国际潮流,其中又以美国为先。因此,本研究覆盖了美国史密森博物学院、大都会艺术博物馆(The Metropolitan Museum of Art)、美国自然历史博物馆(American Museum of Natural History)、古根海姆博物馆(Guggenheim Museum),大英博物馆(The British Museum)、法国卢浮宫(Musée du Louvre)、意大利乌菲齐美术馆(Galleria degli Uffizi)等国际知名文博机构,以及一些亚洲国家和地区(日本与中国台湾、香港地区等)博物馆的教育活动经典案例。其中,又以美国博物馆尤其是史密森博物学院及旗下博物馆和研究中心为主要调研对象。之所以择取史密森为核心对象,是因为它代表着美国和世界公共博物馆教育的最高水准。具体理由如下。

---

　　① 史密森博物学院是世界最大的博物馆体系,它所属的19座博物馆中保管着14 000多万件艺术珍品和珍贵标本。同时,它也是一个研究中心,从事公共教育、国民服务以及艺术、科学和历史各方面的研究。史密森博物学院的总部设在美国首都华盛顿特区。这些全世界最著名的博物馆包括:国立航空航天博物馆(National Museum of Air and Space)、国立自然历史博物馆(National Museum of Natural History)、国立美国历史博物馆(National Museum of American History)、国立美洲印第安人博物馆(National Museum of the American Indian)、国立美国艺术博物馆(National Museum of American Art)、国立肖像馆(National Portrait Gallery)、亚瑟·M·赛克勒美术馆(Arthur M. Sackler Gallery)、弗利尔美术馆(Freer Gallery of Art)、国立非洲艺术博物馆(National Museum of African Art)、S·狄龙·利波雷中心(S. Dillon Ripley Center)、国立邮政博物馆(National Postal Museum)、艺术工业大楼(Art and Industries Building)、赫希洪博物馆和雕塑园(Hirshhorn Museum and Sculpture Garden)、史密森美国艺术馆任威克馆(Renwick Gallery of the Smithsonian American Art Museum)、安那考斯蒂亚群落博物馆(Anacostia Community Museum)以及史密森博物学院主楼 (The Castle)。另外还有几座博物馆设在华盛顿地区以外。库珀-休伊特国立设计博物馆(Cooper-Hewitt National Design Museum)及国立美洲印第安人博物馆乔治·古斯塔夫·海伊中心(National Museum of the American Indian's George Gustav Heye Center)设在纽约市。国立航空航天博物馆的史蒂文·乌德沃尔哈齐中心 (Steven F. Udvar-Hazy Center of the National Air and Space Museum)设在弗吉尼亚州。史密森待建的最新博物馆是国立非洲裔美国人历史和文化博物馆(National Museum of African American History and Culture),它将建于华盛顿市的国家广场(The National Mall)中,也是史密森第20座博物馆。

（一）调研原因与优势

第一，美国是全世界拥有博物馆最多的国家①。美国的博物馆是有组织的、常设的、向公众开放的非营利性机构，其宗旨是为教育、研究、美学和娱乐服务。据美国博物馆与图书馆服务协会（Institute of Museum and Library Services，IMLS，自 20 世纪 70 年代后期成立，一个为美国图书馆和博物馆提供资助的重要联邦机构）的最新统计，境内博物馆的数量已达 35 144 座，比 20 世纪 90 年代的统计结果 17 500 座增加了一倍有余②。并且，美国博物馆种类繁多，几乎涉及社会生活的各个方面。其中，综合历史类约占 50%，艺术类约占 15%，自然科学类约占 15%，其他类约占 20%。几乎所有城市至少都有一座美术画廊和博物馆，并且新的博物馆还在各地不断出现，一些现有馆也在扩建和改建，资金筹集得到了社会的广泛支持③。

位于首都华盛顿的史密森博物学院是全美及全世界最大的博物馆群，也是集收藏、展览、研究、交流和教育于一体的综合机构，迄今已有 168 年历史。其下直属的 19 座博物馆（其中两座位于纽约）规模大，门类广，教育活动的成功更属全球公认，代表了国际先进水平。2008 年，史密森的参观人数达 2 515 万，网上访问量为 17 300 万。2009 年，19 座国立博物馆和 1 座国家动物园的参观量突破 3 000 万人次，与 2008 年相比，涨幅为 19.4%，网上观众则攀升至 18 800 万。目前，史密森正在建设其第 20 座博物馆——国立非洲裔美国人历史和文化博物馆（The National Museum of African American History and Culture）。

第二，史密森博物学院还是全世界最大且最具影响力的博物馆教育和研究联合体（其博物馆群在国际互联网上统一以"edu"（教育）为后缀），属于美国国家级学术机构，在 168 年的时间里，秉承"增长知识，传播知识"的使命始终如一。并且，史密森的公共服务角色促使其为广大公众服务，同时坚守负责、开放、公平和多元的态度④。

---

① 杨玲、潘守永：《当代西方博物馆发展态势研究》，学苑出版社 2005 年版，第 166 页。
② 湖南省博物馆编译：《美国博物馆杂志发布博物馆"数字解读"》，湖南省博物馆网站，2014 年 9 月 22 日。
③ 张和清：《美国博物馆的管理与运作》，《中国文化报》2008 年 10 月 22 日。
④ Office of Policy and Analysis, *Exhibitions and Their Audiences: Actual and Potential*, USA: Smithsonian Institution, 2002, p. 2.

　　史密森博物学院现有 14 000 多万件藏品,其中 640 万件已经过数字化处理,可供观众在线赏鉴。史密森还拥有 9 大研究中心①。而史密森教育和博物馆研究中心(The Smithsonian Center for Education and Museum Studies, SCEMS)的存在,作为中央教育办公室,专门对整个机构的教育项目和活动进行总协调,并帮助博物馆更好地理解博物馆学,提升博物馆研究的实践。

　　第三,史密森博物学院是美国唯一一所由政府资助的、半官方性质的博物馆机构。其董事会成员包括:美国最高法院首席大法官、美国副总统、3名美国参议院议员、3 名美国众议院议员以及 9 位市民。史密森旗下的博物馆皆为国立,并且三分之二的预算来源于国会拨款(史密森每年的预算大约为 10 亿美元②)。这和我国博物馆大部分由政府(中央和地方)出资筹建、更新,所有权为国有的情况类似,具有一定的可比性。另外,史密森旗下的博物馆,除了国立设计博物馆收取门票,其余自成立以来一直免费向公众开放③。这与我国目前全国各级文化文物部门归口管理的公共博物馆、纪念馆,全国爱国主义教育示范基地免费开放的背景也相似。

　　值得一提的是,史密森博物学院 2011 年被评为联邦政府"十大工作杰出单位"之一。这是它第二年参加评选,和 2010 年的排名一样,位于前十名中的第四名。史密森职员对工作环境的满意率达到 76%,高出联邦政府工作标准值 12 个百分点。学院秘书长韦恩·克拉夫(Wayne Clough)说,"我们的职员始终秉承'能为公众做到什么'的工作态度和坚持为公众服务的承诺","我每天从我们工作的各个方面可以看到为此做出的努力,并为能够对公众保持热情感到骄傲,是大家的共同努力让史密森变成一个更优秀的地方"④。

　　第四,为了做好本研究,笔者于 2010 年、2011 年专门赴美国乔治·华

---

　　① 史密森博物学院的 9 个研究中心包括:美国艺术档案馆(Archives of American Art)、保护生物学学会(Conservation Biology Institute, SCBI)、环境研究中心(Environmental Research Center, SERC)、哈佛大学与史密森天体物理学中心(Harvard-Smithsonian Center for Astrophysics)、皮尔斯堡海洋站(Marine Station at Fort Pierce)、博物馆维护所(Museum Conservation Institute, MCI)、史密森博物学院档案馆(Smithsonian Institution Archives)、史密森博物学院图书馆(Smithsonian Institution Libraries, SIL)、热带研究学会(Tropical Research Institute, STRI)。

　　② *Inspiring Generations through Knowledge and Discovery*, *Strategic Plan*, *2010 - 2015*, USA: Smithsonian Institution, p. 25.

　　③ 史密森博物学院过去收取特展的门票费用,目前在国立自然历史博物馆的活体蝴蝶谷处收取门票。

　　④ 湖南省博物馆编译:《史密森会员组织当选为 2011 年联邦政府十大工作杰出单位之一》,湖南省博物馆网站,2011 年 11 月 22 日。

盛顿大学博物馆系访学。其间,对地处华盛顿的史密森博物学院及下属博物馆、研究中心进行了深入调研,积累了素材和心得。2011 年 5 月又应邀前往华盛顿参加首届"中国与史密森博物学院合作交流"学术会议①,与许多史密森官员、教育工作者会面、研讨等,这些都为本研究奠定了良好基础。

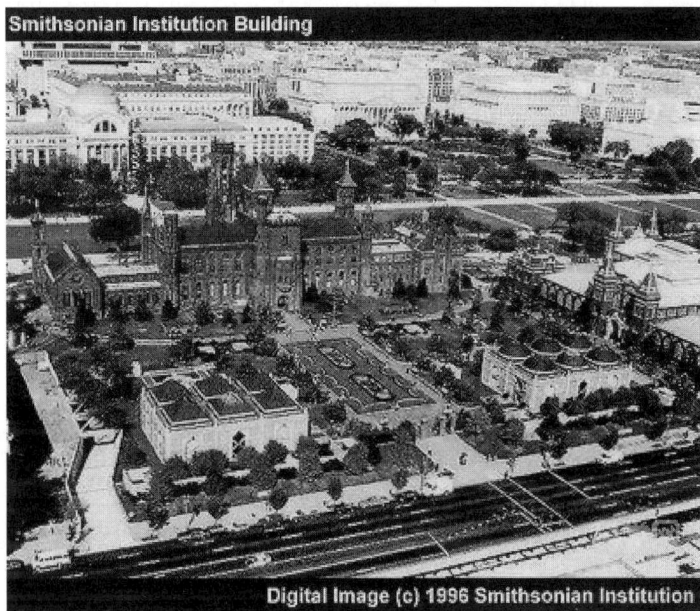

位于美国华盛顿特区国家广场内的史密森博物学院主楼和博物馆群
来源: 史密森博物学院网站

(二) 史密森博物学院的教育概况

史密森博物学院成立于 1846 年,现有 19 座直属博物馆、1 个国家动物园、9 个研究中心、168 座附属博物馆。其设施遍及 7 个州、华盛顿特区及巴拿马共和国,拥有员工 6 000 多名。2009 年,直属博物馆和国家动物园的参观人次逾 3 000 万,同年网络观众突破 18 800 万。史密森现有14 000 多万件藏品,其中 640 万件已经过数字化处理,可供观众网上浏览。

史密森对"教育"的工作定义,狭义上主要指代为学校师生和孩童服务,

① 会议由美国史密森博物学院主办,美国博物馆协会协办,中方 20 多家文博机构参与。

致力于知识的传播;广义上指机构所做的一切都围绕教育而展开(Everything we do is education)①。

1. 使命、愿景、价值观、教育宗旨、四大战略目标、工作重点

（1）使命：增长知识，传播知识。

（2）愿景：通过保护遗产，发现新知识，并与全世界分享史密森博物学院的资源来打造未来。

（3）价值观："发现"，探索新知识、新想法，以及更好的业务开展方式；"创新"，将想象力和创新精神注入工作；"卓越"，每一次都努力输出最高质量的产品和服务；"多元"，把握差异中的丰富性；"正直"，在工作中恪尽职守；"服务"，对公众有益，对利益相关者有益。

（4）教育宗旨：吸引并鼓舞不同的观众，终身探索及理解艺术、历史、科学和文化。

（5）四大战略目标：提升公众的参与——传播知识②；加强研究——增长知识；加强卓越管理；提升财政实力。

（6）工作重点："聚焦四大挑战"，揭秘宇宙奥秘，理解并保持地球的生物多样性，重视世界文化，理解美国历史；"拓宽准入"，将藏品数字化，探索未来科技，提升观众体验；"复兴教育"，扮演实验室角色，创设新颖的、非正规教育的模式和方法，并将其与正规教育体系勾连；"跨越樊篱"，在四大挑战间建立跨领域合作；"加强馆藏"，策划藏品计划来支持全博物学院的活动；"达求组织卓越，实现使命"，加强组织服务，实现博物学院的使命；"评估绩效"，建立绩效指标，每年评估目标的实现情况、进步情况。

其中，"拓宽准入"具体指：运用新技术手段，大大拓宽观众准入，让全世界公众都能触及史密森博物学院。史密森认为，美国公众的日渐多样性是一大挑战，因此需要去企及新观众，并确保藏品、展览和延伸项目与所有美国民众"对话"，与世界范围的民众保持联动。为了达到这一目标，史密森将使用新媒体和社交网络工具来个性化地传递信息，并将资源传输至那些不能亲自前来的公众。将藏品数字化，以便让公众在线观看，是史密森的工作重点。同时，探索下一代技术，在线与"数字原生代"（Digital Natives）进

---

① Office of Policy and Analysis, *Lessons for Tomorrow: A Study of Education at the Smithsonian*, USA: Smithsonian Institution, Vol. 1 Summary Report, 2009, p. 7.

② 通过教育、公共项目、展览、藏品等工作板块来扩展史密森的观众，加大史密森与华盛顿乃至全国公众的交流，并提升它对于观众的影响力。

行沟通。另外,史密森还将提升游客体验,因为即便在数字时代,亲自前往博物馆观看"真品"仍然具有不衰的魅力和价值。

"复兴教育"具体指:史密森博物学院的内容专家和教育工作者通力合作,一齐帮助提升美国的教育,并强化美国在全球竞争中的实力。史密森将扮演实验室的角色,创设非正规教育的模型和创新方法,并将其与正规教育体系勾连。而博物馆还会在现场利用一系列互动的、基于网络的技术,教育项目则将鼓励不同年龄的学习者持续探索。为了引领整个博物学院的教育努力,史密森中央的做法是有效利用资源,加强沟通,协调教育项目,并奖励创造性思维与合作①。

2. 史密森教育和博物馆研究中心

为了更好地组织博物馆教育项目,史密森博物学院于1971年就专门成立了"史密森教育和博物馆研究中心",成员构成包括各领域的专家、学者和教育人员。该中心作为史密森的中央教育办公室,其使命是扩大博物学院作为国民教育机构的影响力。它对全学院的教育项目和活动进行总协调,并帮助博物馆更好地理解博物馆学,提升博物馆研究的实践。具体的工作范畴则包括:

通过主持网站 SmithsonianEducation. org,领导学院内部的教育工作。该网站联通了机构内的各项教育资源和项目,是整个学院的中央教育网站;提供博物馆社区研究机会和资源;开展针对所有层级教育工作者的职业发展项目;与各州教育官员构建长期联系,并以此为基础发展合作型教师培训和资源发展项目,涉足多学科;管理全博物学院的实习生、遗产月(The Heritage Months)庆典、学校团体的参观规划,以及教育项目的数据收集和分析。

四、研究创新点

(一) 本书在国内率先提出博物馆教育活动的开展不能局限于展览本身,而是应该围绕和配合展览开展延伸与拓展服务

绝大多数的博物馆教育活动都在一定程度上与展览相关,而展览本身

---

① *Inspiring Generations Through Knowledge and Discovery*, *Strategic Plan*, *2010 - 2015*, USA: Smithsonian Institution, p. 4.

亦是最好的教育产品,但展览绝非博物馆教育的唯一形式、载体与媒介。长期以来,我国博物馆界在认识上存在误区,以为开放展览就万事大吉,甚至认定开放展览就是开展展览教育活动,很少围绕展览举办活动,或是活动开展流于形式。其实这是一种非常狭隘和落后的观点,也是我国博物馆教育活动水平低、成效不高的理念层次原因。

事实上,一个再好的展览,时间久了,观众也会新鲜感不再。若没有寓教于乐的教育活动穿插其间,该展览的生命力不会太长久。另外,并非每座博物馆都有充裕的资金用于不断更新展览。因此,博物馆一方面要做好展览,适时更新展览,另一方面还要围绕和配合展览着手一系列延伸与拓展型教育服务。

而"围绕和配合展览开展延伸与拓展教育活动"这一观点的提出对于改变我国博物馆仅关注展览、忽略相关教育活动的现状,同时提升展示和教育的双重发展具有理论意义。

(二) 本书在国内率先提出"观众参观博物馆前、中、后三阶段的教育活动及其一体化规划与实施"的理念

长期以来,我国博物馆界重视并且只重视来馆参观的"实际观众",在教育活动的开展上,也只关注观众的实地参观阶段。反观博物馆事业发达国家,各博物馆不仅聚焦实际参观者,还注重吸引目标观众,鼓励潜在观众和虚拟观众前来。同时,它们不只在观众的实地参观阶段下足工夫,更不忘参观前和参观后两个阶段。也即,对三阶段的教育活动进行一体化规划与实施,但目标和任务各有侧重。

因此,本书率先提出"观众参观博物馆前、中、后三阶段的教育活动及其一体化规划与实施"的思路,并提倡国内博物馆聚焦"目标观众",加大关注"潜在观众"和"虚拟观众"。这对更新我国博物馆教育的滞后理念,指导各馆更完整、卓有成效地规划与实施教育活动,具有现实意义。

(三) 本书构建了"观众参观博物馆前、中、后三阶段的教育活动规划与实施"的经验框架,为各馆的教育实践提供具有普遍指导意义的原则、理念、策略和方法

一项科学研究的结论理应具有现实意义。因此,本书绝不停留在对个

案和现象的描述上，更重要的是在对个案和现象剖析的基础上，探索其内在规律，并提炼具有普遍指导意义的原则、理念、策略和方法。只有这样，本研究的结论才更具指导性。

本着这样的目标，本研究在分析具备典型性、被公认成功的博物馆教育活动案例的基础上，提取了为实践证明是行之有效的共性经验，并构建了一个通用的"观众参观博物馆前、中、后三阶段的教育活动规划和实施"的经验框架，旨在为我国不同性质、门类、级别、规模和属地的博物馆在策划与实施活动时，提供思路和路径等。

并且，该框架属于动态框架，可以不断补充案例，提炼经验。虽然框架本身尚存在一定的完善空间，但从总体上讲，它的建构将对我国博物馆规划与实施教育活动以及评估相关教育成效发挥独特的价值。

五、本书架构

本书共分为七章：

第一章"现代博物馆的教育理念与实践"是整项研究的理论依据。从国际博物馆发展趋势和国际博物馆学界前沿理论的角度，阐述现代博物馆的教育使命、经营理念、学习理论、教育优势和教育活动特点，以及国际社会重视博物馆教育的普遍做法，旨在为后文的论述奠定理论基础。

第二章为"博物馆教育活动的组织与管理"。富有成效的教育活动有赖于科学的组织管理。本章除了论述欧美博物馆的教育部门设置，以及教育工作者所扮演的角色外，着重对其成熟的教育活动组织管理模式进行探究和剖析，包括教育活动的分众化、一体化、衍生化组织管理。

第三章、第四章、第五章是本书的主干部分。通过对精心择取的欧美博物馆经典教育活动案例展开探讨，研究观众参观博物馆前、中、后三个阶段教育活动的具体规划与实施。

第三章为"观众参观前阶段博物馆教育活动的规划与实施"。对博物馆而言，仅仅做好观众参观阶段的教育工作还不够，因为参观前阶段是其前提和基础。本章通过对前阶段欧美博物馆教育活动开展的考察和研究，剖析并提炼了该阶段教育活动的规划目标、任务、实施策略和方法。

第四章为"观众参观阶段博物馆教育活动的规划与实施"。参观博物馆是最基本和普遍的教育活动,本阶段和参观前阶段的最大不同之处在于,目标观众、潜在观众成为了实际观众。本章通过对欧美博物馆在中间阶段的教育活动的考察和研究,剖析并提炼了该阶段教育活动的规划目标、任务、实施策略和方法。

第五章为"观众参观后阶段博物馆教育活动的规划与实施"。观众离开博物馆后,并不等于教育活动的终结,确切地说,只是馆内活动的暂告一段落。同时,它意味着又一阶段的开始。本章通过对欧美博物馆后阶段教育活动的考察和研究,剖析并提炼了该阶段教育活动的规划目标、任务、实施策略和方法。

第六章"博物馆三阶段教育活动规划与实施的经验框架",是在对第三、四、五章研究基础上的概括和提升,形成了三阶段教育活动规划与实施的经验框架,旨在为我国博物馆开展各阶段教育活动提供参考和借鉴。

第七章"提升我国博物馆教育活动水平的对策与建议",是本书的结尾以及经验框架的延展部分。针对我国博物馆教育活动开展的实际,从新形势下迫切需要强化博物馆教育功能的角度,并借鉴欧美博物馆的成功经验,提出提升我国博物馆教育活动水平的十四大对策与建议。

◀ 第一章 ▶

现代博物馆的教育理念与实践

一、 现代博物馆的教育使命

博物馆是现代国民教育体系的重要组成部分,其教育使命是引导全体民众潜在的学习欲望,扩展其眼界,增长其知识,协助和促进民众的成长。事实上,欧美博物馆的宗旨或使命中,基本都包含了"教育"这一主要内容,以"教育"为其主要使命。美国是目前博物馆教育最为发达的国家之一,几乎每家博物馆的建馆宗旨都包含了"教育"①。博物馆通过明确教育使命,从而确定了机构及其教育部门应承担的责任和义务,确立博物馆在社会中的地位和生存价值,为其长远发展注入了恒久活力②。

1753 年建立的大英博物馆在"保存和诠释人类历史"的宗旨下,其教育使命为——对人类文明中的所有艺术和知识进行系统整理和研究,并让人人有机会接触人类的历史文物,从中获得知识和快乐。

1846 年成立的美国史密森博物学院的使命是"增长知识,传播知识"。旗下国立自然博物馆(National Museum of Natural History)强调其建立的目的是教育大众及增长知识,并以"了解自然界及我们的生存环境,探讨自然界的变迁,并呈现人与环境的互动关系"为其教育使命。而史密森旗下的国立邮政博物馆(National Postal Museum)的教育使命则是"运用学习理论和技术激发不同类型观众对于邮政历史、集邮和相关话题的思考"。

建于 1870 年、美国最大的艺术博物馆——大都会艺术博物馆的宗旨

---

① 李君、隗峰:《美国博物馆与中小学合作的发展历程及其启示》,《外国中小学教育》2012 年第 5 期。

② 湖南省博物馆"中国博物馆与青少年儿童教育项目"赴美学习考察小组:《浅谈当代美国博物馆教育——湖南省博物馆教育人员赴美考察报告》,2010 年,第 3 页。

是：收藏、保存、研究、展览代表全人类最广泛、最高成就的艺术品，促进艺术品的鉴赏和相关知识的传播；所有的工作都参照最高的职业标准，以服务公众为目的①。事实上，自建立之初，"教育"就是该馆的建馆宗旨之一。其教育使命是：培养民众对艺术的理解力和欣赏力。

位于巴黎、建于 1937 年的法国发现宫（Palais de la Decouverte）作为世界上最知名的科技馆之一，其教育使命是：唤起社会大众对科技发展的关心，发扬科学精神，培养严谨、精密、真实、批评和自由思考的科学态度，引导青少年发展科学能力和兴趣，协助民众以健全的态度去适应现代科技新世界。

值得一提的是，有些博物馆还将其理想/愿景（Vision）、使命（Mission）、价值观（Values）等明确张贴于进馆处，一方面让馆内外人员都清楚机构的立身之本——教育，另一方面这也作为公众对博物馆的监督，时刻考量机构的展示、教育、公共服务等是否恪守了其理想/愿景、使命和价值观。例如，香港

香港太空馆于展厅门口张贴的
理想/愿景、使命、价值观铭牌
来源：笔者摄，2014 年 2 月

---

①　刘莉：《纽约大都会艺术博物馆：精英主导政府辅助》，东方早报网，2011 年 10 月 24 日。"1870 年，一群银行家、商人、艺术家发起了建立大都会艺术博物馆的倡议，同年 4 月 13 日通过了《大都会艺术博物馆宪章》，确立建馆的目的是'为了鼓励和发展艺术在生产和日常生活中的应用，为了推动艺术的通识教育，并为大众提供相应的指导'。在过去的 130 年间，这段建馆理念的文字一直以大都会博物馆《使命声明》的形式出现在其各类出版物上。直到 2000 年，大都会的《使命声明》上升到了全人类的高度，'收藏、保存、研究、展览代表全人类最广泛、最高成就的艺术品，促进艺术品的鉴赏和相关知识的传播；所有的工作都参照最高的职业标准，以服务公众为目的'是新加入的内容。"

太空馆(Hong Kong Space Museum)就是这么实践的。其理想是：竭诚提供世界级博物馆设施和服务，并发展本馆成为地区天文及太空科学教育中心。其使命是：为市民提供优质博物馆服务和终身学习的环境；发挥专业精神务(必)使博物馆服务更臻完善；提供教育与娱乐并重的多种语言节目和展览以提升市民对天文学和太空科学的兴趣并促进文化交流；提供各种活动使博物馆发展成教育中心；有策略地收藏香港和邻近地区有关天文和太空科学文物；建立一支积极进取、尽忠职守、敬业乐业的工作队伍。

但总的说来，在20世纪的大部分时间里，全球博物馆普遍还是强调对藏品的收集，教育功能仍然处于次要地位。只是近20年来博物馆的教育角色才逐渐被重视。当今，教育服务功能已成为大部分机构的核心工作并贯穿于各项活动中，有组织的学生群体是观众构成的主力军，同时各馆在终身学习方面也加强了对成人学习的支持力度。

史密森博物学院的学者斯蒂芬·韦伊(Stephen Weil)曾说过，博物馆今日面临着聚焦点的转变，也即从"与物有关"，转移到"为了人"。如果说博物馆的存在是为了服务公众，那么要提供什么来达成这一目标呢？借用博物馆传统聚焦"物"的表达，这份提供物，就是学习和教育。教育是博物馆的主要目的和功能，博物馆作为一种社会教育机构是整个西方社会所普遍认可的事实。这主要表现在以下几点：

第一，博物馆将"教育"置于其公共服务角色的中心。作为现代社会标志之一的博物馆，头上戴有各种美丽光环，但首先是作为教育和文化机构而存在。1984年美国博物馆协会发布了《新世纪的博物馆》(Museums for a New Century)报告，将"教育"认定为博物馆的首要目标。并描述："若典藏品是博物馆的心脏，教育则是博物馆的灵魂。"教育功能赋予馆藏意义。同时，协会也评估了博物馆走向未来的准备，认为博物馆在发挥教育潜力上有待提升，需要在组织和工作重点方面做出改变。1990年，时任该协会首席执行官小爱德华·埃博(Edward H. Able, Jr)认为："博物馆第一重要的是教育，事实上教育已经成为博物馆服务的基石。"[1]1992年，美国博物馆协会继续致力于强化博物馆的教育角色，推出了《杰出与公正：博物馆教育与公众认识》[2](Excellence and Equity：Education and Public Dimension of

---

① 段勇：《当代美国博物馆》，科学出版社2003年版，第97页。
② 此报告有时也被译作《卓越与平等：博物馆教育与公共面相》。

Museums)报告,该报告鼓励博物馆将"教育"放在公共服务的中心。并且指出,博物馆是"公共服务与教育机构,而'教育'这个字眼包括了探索、研究、观察、理性思考、沉思与对话之意涵"①。值得一提的是,《杰出与公正》报告致力于将"教育"与"学习"置于博物馆的核心。但在当时,这是一个激进的提议,它标志着美国博物馆从更为传统、强调学术与艺术欣赏的模式转向了新模式:虽然仍旧致力于卓越的学术研究与艺术性,但更加重视吸引社区公众,为更广泛的观众提供服务。这便是对"公平"部分的强调②。

第二,博物馆应成为普通人的教育场所。早在 1880 年,美国学者詹金斯(Jenkins)在其《博物馆之功能》一书中即如此明确指出。1906 年,美国博物馆协会成立时宣称"博物馆应成为民众的大学"③。以全世界最大也最具影响力的博物馆群——史密森博物学院为例,它将自身定位为全民的博物馆,也即不仅仅为受过良好教育的观众服务,只让他们感觉舒服,这是不够的。作为国家的博物馆,它努力通过呈现多元文化产品和服务来吸引多样化的观众④。另外,克利夫兰艺术博物馆(The Cleveland Museum of Art)的第一任馆长威廉·马舒森·米尼肯(William Mathewson Milliken)是美国著名的教育改革家,他奠定了该馆重视公共教育的传统。克利夫兰艺术博物馆是全美(很可能也是全世界)第一家允许参观者在展览里临摹艺术品的馆。至今,该馆教育活动的内容和形式在美国博物馆界仍然十分突出⑤。

第三,博物馆是非正规学习的绝佳场所,其"第二课堂"的角色和地位已为国际社会所认可。博物馆教育与学校教育的不同之处在于,学校教育是正规/正式教育,表现为强制性;博物馆教育是非正规/非正式教育,表现为非强制性。学校教育以课堂教学为主,形式比较单一;博物馆教育形式则灵活多样。学校教育的对象分类明确;博物馆教育的对象则极为广泛⑥。学者茱蒂·戴蒙(Judy Diamond)认为,正规学习指在学校里的学习,而非正规学

① Dr. Hugh H. Genoways,Lynne M. Ireland:《博物馆行政》,台湾:五观艺术管理有限公司 2007 年版,第 337—338 页。
② 湖南省博物馆编译:《犹他州艺术博物馆馆长论述博物馆教育》,湖南省博物馆网站,2014 年 9 月 1 日。
③ 段勇:《当代美国博物馆》,科学出版社 2003 年版,第 97 页。
④ Office of Policy and Analysis, *Exhibitions and Their Audiences: Actual and Potential*, USA:Smithsonian Institution, 2002, p.15.
⑤ 段勇:《当代美国博物馆》,科学出版社 2003 年版,第 101 页。
⑥ 单霁翔:《从"馆舍天地"走向"大千世界"——关于广义博物馆的思考》,天津大学出版社 2011 年版,第 76 页。

习与正规学习的差异,在于它是"自愿性的……没有任何既定的顺序或课程……可以在许多种不同的环境中发生……(而且)是普遍存在的"。美国国家科学基金会(The National Science Foundation,NSF)则将非正规学习定义为"自愿且主动引导的终身学习,主要因本身兴趣、好奇心、探索、操作、幻想、任务达成与社群互动等受到激发。非正规学习通常会牵涉社群互动,尤其是与家庭成员和同伴团体的互动,其中更包含了玩耍这个因子。在博物馆中,非正规学习的发生主要透过计划性教育活动和展示导览等方式"①。但时下博物馆与学校的功能完全可以互补,博物馆能提供真实的对象——如想法、程序、自然环境与历史的实体范例,而教室里的经验常常局限于课本、讲授内容、媒体与一些简单的动手做实验,当两个机构一起合作,便能为青少年提供绝佳的教育机会,也推动双方建立稳固而有意义的关系②。其实,在目前的教育领域,正规学习与非正规学习的差别和界限正面临越来越多的疑问。例如,学校也在使用非正规的实践活动,非正规学习环境亦同样可以成为课堂场地。从这种视角看,真正的问题更在于如何使正规和非正规教育互补,惠及青少年。

第四,博物馆成为终身教育的大学堂。博物馆教育是一种社会教育,属于终身教育的一部分。从幼童到退休老人,大家都可在馆内得到持续学习。而博物馆作为"再教育"或"继续教育"的重要基地也已为西方公众所广泛接受。J·奈斯比特(J. Naisbitt)曾经断言:终身教育将成为第二次文艺复兴,而博物馆将成为第二次文艺复兴的重地。事实上,单一的、阶段性的学校教育如今已不能完全满足社会就业的需要,而"活到老,学到老"却成为当下潮流,同时社会也呈现出学习型发展趋势。终身教育的兴起,必然要求有相应的机构来满足这种需求,作为公共文化设施并拥有大量教育资源的博物馆成了全面提高公众科学素质的重要场所③。

值得一提的是,国际博物馆协会在其 1990 年的章程《职业道德准则》(ICOM Statutes: Code of Professional Ethics)中对"博物馆教育"做了这样的描述:博物馆应该抓住一切机会发展其作为教育资源为各阶层人群服

---

① Dr. Hugh H. Genoways,Lynne M. Ireland:《博物馆行政》,台湾:五观艺术管理有限公司 2007 年版,第 337—338 页。

② Alison Grinder, E. Sue McCoy:《如何培养优秀的导览员》(The Good Guide),台湾:五观艺术管理有限公司 2006 年版,第 39 页。

③ 杨玲、潘守永:《当代西方博物馆发展态势研究》,学苑出版社 2005 年版,第 157 页。

务的职能……博物馆的一个重要职能就是吸引更多来自各个阶层、不同社区、地区以及团体的目标观众，并应该为一般社区、特殊人群及团体提供机会，支持其特殊的目标和政策。

二、 现代博物馆的经营理念

美国博物馆专家古德(G. B. Goode)有句名言："博物馆不在于它拥有什么，而在于它以其有用的资源做了什么。"这句话一直被西方博物馆界奉为至理名言。受教育理念的影响，现代博物馆的经营理念也发生了重大转变，即从传统的"藏品中心"转化为"观众中心"，从以保管和研究为主转向以展示教育和社会服务为主。

曾任国际博协博物馆学委员会主席、日本学者鹤田总一郎先生在上海复旦大学的讲演中说道："同藏品、陈列一样，观众是构成博物馆不可或缺的基本要素。他们既是博物馆的服务对象，又是其赖以生存的基础，博物馆应该像爱护文物一样爱护和对待观众。一个博物馆如果没有观众来参观，就不成其为博物馆，或者至少是一个不合格的馆。"史密森博物学院的专家们也持同样态度。玛丽·格拉斯·波特尔认为："评价一个博物馆的价值，不仅要看其收藏的丰富和精优程度，更要看它在鼓励观众参与和学习方面所取得的成绩。博物馆的职责主要是尽最大努力扩大每个公众积极、有益地参观博物馆的机会。"[①]

上述学者的观点反映了现代博物馆最核心的经营理念：博物馆是一个代表公众利益并致力于为他们服务的公共机构，公众是其生命所系。并且，博物馆时下是更具广泛意义的、为全社会服务的文化教育机构、娱乐休闲场所和信息资料咨询中心。"观众"理应成为博物馆一切工作的出发点和归宿。

其次，就时下博物馆的运营而言，展览与教育活动是机构服务社会的主要形式和手段。并且，参照国际通行的展览教育评估框架，展览与教育活动的成效取决于机构是否给予了观众高质量的参观体验，是否提供了他们良好的学习机会。因此，博物馆方面仅仅做好藏品的收集、保管和研究工作是

---

① 〔美〕玛丽·格拉斯·波特尔、陆建松：《关于博物馆观众》，《东南文化》1991 年第 5 期。

不够的，更要在此基础上，通过展览与教育活动的优质输出，提供观众常换常新并能引发自身共鸣的学习体验机会。

再者，现代博物馆在经营管理中还需明确两点。一方面，不是每个馆都拥有经费进行改建和扩建，更不会一直有充裕的经费用于改造陈列。因此，博物馆不能希冀不断地通过展览甚至是更新换代来给予观众惊喜。在经费有限的情况下（对于中小型馆尤其如此），经济有效的做法是发挥围绕展览、配套研究和藏品的教育项目的力量，通过教育活动的不断更新和创新，来吸引观众，促使他们反复前来，并扩展观众，保持博物馆长期旺盛的生命力。另一方面，好的延伸和拓展型教育活动可以为博物馆带来经济收益及社会影响力，强化各馆的自身造血功能。即便能够获得政府拨款及其他社会资源，博物馆最终要依托的还是自己和社会公众。美国博物馆的资金来源渠道相当广泛，除了门票收益外，还包括政府拨款、与博物馆相关的各类纪念品销售、会员费、个人和社会团体的捐赠、专项基金运作收益、授权和特许销售费以及借展费等。大都会艺术博物馆是世界四大艺术馆之一，但美国政府只给予5％的资金支持，95％的钱都是馆方自筹。

而另一个跻身世界四大艺术博物馆之列的大英博物馆，虽然直接受英国文化传播体育部的行政领导，运行资金大部分来自英国政府，但与此同时，博物馆通过兴办公司的运营收入来弥补经费不足。例如它在1973年成立了负责出版、零售、文化旅游和产品开发的大英博物馆公司（The British Museum Company），1994年成立了负责接受捐助的大英博物馆发展信托基金（The British Museum Development Trust），2000年成立了负责新建成的"大庭院"运作的大英博物馆大庭院有限公司（The British Museum Great Court Ltd.）。其次，大英博物馆通过兴办"博物馆之友"组织吸收和利用社会资金以增加馆藏，如大英博物馆之友（The British Museum Friends）、大英博物馆美国之友（The America Friends of the British Museum）、大英博物馆加拿大之友（The Society of Canadian Friends of the British Museum）；另外还兴办了支持购置文物艺术品的特定外援组织，例如赞助收购和研究希腊罗马文物艺术品的外援组织（The Caryatids），赞助古近东文物艺术品的古近东之友（Friends of the Ancient Near East），赞助日本文物的日本之友（Japanese Friends），赞助印刷品与绘画艺术研究和购置的大师绘画赞助者组织（Patrons of Old Master Drawings）。从1995年至2000年5个财政年度来看,政府资金约占 70%,大英博物馆自营收入占 30%①。

　　再以史密森博物学院为例,它虽贵为美国唯一一所由联邦政府资助的、半官方性质的博物馆机构,但其仍坚持文化产业的开发和经营,并拥有史密森企业(Smithsonian Enterprise)这一强有力的分支。该分支由史密森的董事会创建于 1999 年,同时引入了专业管理,以加强机构的商业活动。史密森企业专长于市场营销、运营、零售、媒体和教育体验,目前负责整个学院的运营零售、媒体、产品开发、特许服务等业务,具体包括:杂志集团("史密森"杂志及"航空航天"杂志等)、27 家纪念品商店、11 家博物馆餐厅、3 座巨幕影院、邮购的史密森图录、史密森旅程、Smithsonianstores. com 和 Smithsonian Magazine. com 网站等。它还与其他机构合作,出版史密森书籍,开发高清电视频道等。通过提供公众一系列文化产品和服务,史密森企业在传播和发扬博物学院"增长知识,传播知识"的使命与教育品牌方面,发挥了关键作用,同时还为机构带来了必不可少的、不设上限的经济收益。事实上,有专家建议史密森进一步扩大销售额,并将一些教育产品和服务特许化。例如,特别的参观导览、课程用品和服务[如国立科学资源中心(National Science Resources Center)目前正在做的]、针对教师和其他专业人员的在职培训或职前培训课程、教育游戏、自我学习的工具箱或套件、在线继续教育课程等②。该企业所得收益由博物学院管理,并用于机构的教育项目、活动和设施等。

　　最后,要指出的是,博物馆在运营过程中,还须谨记自己作为城市或地区文化地标的角色,以及对经济、文化、旅游等领域的辐射作用。近年来,博物馆的文化窗口形象纷纷为当地旅游业注入了活力,提升了城市人文价值,巴黎的卢浮宫、伦敦的大英博物馆等莫不如此,是名副其实的旅游经济新坐标。在此背景下,2009 年的"国际博物馆日"还以"博物馆与旅游"为主题。事实上,各馆对于旅游经济的拉动除了用数字衡量,它还是一种潜移默化的宣传和教化作用。也即,通过品牌价值的提升和精神核心的建立,实现对旅游经济的长远影响③。

---

　　① 张晋平:《大英博物馆管理模式和机构设置》,《中国文物报》2003 年 8 月 29 日。
　　② Office of Policy and Analysis, *Lessons for Tomorrow: A Study of Education at the Smithsonian*, USA: Smithsonian Institution, Vol. 1 Summary Report, 2009, p. 60.
　　③ 王小润:《博物馆能否成为旅游经济新坐标》,《光明日报》2009 年 5 月 18 日。

案例 1

卢浮宫再次成为全球观众人数最多的博物馆①

卢浮宫于 2011 年再次成为全球观众人数最多的博物馆,该年前往巴黎参观达·芬奇名作《蒙娜丽莎》和其他巨作的观众达 880 万。卢浮宫在一份声明中表示,2011 年其参观人数增长了 5%。而在此之前的连续三年,来馆观众也都达到了 850 万人次。

法国索邦大学经济中心 2009 年公开的一份研究报告称,卢浮宫每年带动的消费可高达 6 亿至 10 亿欧元。与此相比,国家每年对它的补贴只有 1.1 亿欧元,而其本身的运转资金也仅有 1.75 亿欧元。凭着一座卢浮宫,法国政府"一本十利",并且它已成为一家名副其实的文化企业,是法国的一个增收亮点。

除去传统的收入来源,例如门票、企业赞助和场地租金之外,经济中心的学者们还把卢浮宫间接带动的经济效果分开来研究。平均来说,一个外国旅游者一般会用两天半的时间游览巴黎,其中半天在卢浮宫里度过。而根据以前在机场的随机调查显示,很多观众专门为参观巴黎的文化遗产和博物馆尤其是卢浮宫而来。因此,仅此一项,卢浮宫就为法国经济带来每年 3.91 亿欧元的收入。而它对法国经济的另一大贡献是提供就业岗位。据经济学家葛瑞夫估计,博物馆本身雇佣约 2 000 名员工,而其所带动的其他行业,如出版、餐饮等从业人员可达 2.1 万人,比例同样是一比十。

一般认为,公立文化机构是花钱而不是赚钱的地方,卢浮宫的展品价值无法估量,但它们跟市场没有直接关系。葛瑞夫却发现:"卢浮宫也是一个经济活动场所,并具有正统的经济身份。"最近几年,法国对卢浮宫等国立博物馆的补贴有逐渐减少的趋势,私人和企业赞助却慢慢增多。2008 年,赞助、特许经营和场地出租 3 项收入占卢浮宫可支配资金的一半还多,私人资金最终为公共利益作出了贡献。

有趣的是,2013 年上半年,英国著名视觉艺术媒体《艺术报纸》公布了 2012 年最火艺术博物馆排行榜,卢浮宫以全年吸引 970 万游客位列第一,远远

---

① 湖南省博物馆编译:《卢浮宫再次荣当全球观众人数最多的博物馆》,湖南省博物馆网站,2012 年 1 月 12 日。

高于排名第二的大都会艺术博物馆,实现"吸客"五连冠①。

大都会艺术博物馆2012年夏季展览为纽约市创收7.81亿美元②

根据大都会艺术博物馆2012年下半年发布的一份调查报告显示,该机构同年夏季的3个展览吸引了本地区、全美及境外游客来纽约参观消费达7.81亿美元。这3个广受赞誉的展览分别是"夏帕瑞丽和普拉达:不可能的对话""托马斯·萨拉切诺楼顶特展:云城""斯坦因家族收藏:马蒂斯、毕加索以及巴黎的先锋艺术"。

近年来,大都会博物馆进行了一系列观众研究工作,以衡量机构举办的特展项目对公共经济带来的影响。这次对3个特展的调查只是其中一项。大都会2011年对夏季特展的调查结果显示,"亚历山大·麦昆:野蛮的美丽""安东尼·卡洛的楼顶展览""理查德·塞拉绘画回顾展"和"看得见风景的房间:19世纪的窗口"这些展览共为当地带来了9.08亿美元的经济效益,而2009年这一数据为5.93亿美元,2008年为6.1亿美元。

这些展览并没有给博物馆带来直接的额外收益——为了吸引观众参观特展,机构不收取额外费用,除了博物馆门票,所有展览都是免费的,但却为城市带来了可观的经济收益。

大都会艺术博物馆馆长、首席执行官托马斯·P·坎贝尔(Thomas P. Campbell)认为:"今年(2012年)纽约的旅游业发展势头强劲,令我们感到非常自豪的是大都会仍然是排名榜首的文化景点,也是纽约经济引擎的重要部分,为纽约城和纽约州带来了巨大的经济效益。"

大都会艺术博物馆董事长艾米莉·拉弗蒂(Emily K. Rafferty)同时也是纽约市旅游会展局的主席,她表示:"文化在我们的城市生活中发挥着重要作用,也是吸引游客旅游的一个主要因素。"

纽约市议员、文化事务委员会主席吉米·范·布莱莫(Jimmy Van Bramer)认为:"大都会艺术博物馆所带来的经济效益相当可观,我们要祝贺托马斯·P·坎贝尔和艾米莉·拉弗蒂,他们为我们带来这么多意义非凡、

---

①　曾乔圆:《博物馆应学学"吸客妙招"了》,《文汇报》2013年4月7日。
②　湖南省博物馆编译:《纽约大都会艺术博物馆夏季展览为纽约市创收7.81亿美元》,湖南省博物馆网站,2012年10月19日。

影响巨大、具有吸引力的展览。艺术和文化是旅游业的核心，大都会的调查结果也显示了文化正成为城市经济不断增长的引擎。"

三、 现代博物馆的教育特色

虽然博物馆本身即是教育机构，但相对于正规的教育机构——学校，它是非正规的。博物馆作为国民教育的特殊资源和阵地，具有一系列特色。这里主要援引台湾学者黄淑芳在其《现代博物馆教育：理念与实务》①一书中的阐释。

从 20 世纪 30 年代电脑科技资讯的发展，以及教育系统的改变，如"知识起于好奇心"（knowledge begins in wonder）、"从做中学"（learning by doing）、"寓教于乐"等新式教育理念的引进，博物馆在展示及教育方面有了巨大变革。黄淑芳以为，现今的博物馆教育拥有八大特色与发展趋势，包括：全民的、终身的教育；启发的、诱导的、寓教于乐的教育；自导式、探索式的教育；临场的、实物体验的教育；生活化的教育；资讯化、电脑化的教育；扮演知识宝库及学习中心的教育；反映社会需要、促使社会发展的教育。

（一）全民的、终身的教育

过去博物馆只对贵族或特定人员开放，现今则是全民共有、共享。并且，现代博物馆禀持"全民教育"及"终身教育"理念，针对不同类别的观众规划不同类型的教育活动，如亲子教育、家庭教育、成人教育、辅助学校教育等。即使有特定对象的博物馆，如儿童博物馆，亦欢迎不同年龄的观众。一般博物馆为扩大教育功能，主动提供一些到校服务及社区活动，如巡回展览、巡回演示、教具教材外借服务或设置教育资源中心等，甚至有些馆还提供青少年课后辅导、老年人联谊活动，以达到服务全民终身学习之目的。

---

① 黄淑芳：《现代博物馆教育：理念与务实》，台湾"省立"博物馆 1997 年版。

（二）启发的、诱导的、寓教于乐的教育

相较于传统博物馆的橱窗式展示及庄严肃穆的气氛，现代博物馆的展示与教育活动更为活泼且多元化，取代了以往只能"看"的被动学习方式，在开放式展示中增加了许多模型、视听教具、游戏及各种具有参与性和互动性的设计。如电脑游戏、益智问答、掀板式说明牌（正面是问题，反面是解答，鼓励观众先思考再获取答案）、动手做、示范表演、视听欣赏、人员解说、座谈、角色扮演、寻宝比赛等，循序渐进地引导观众"耳听、眼看、手动、心跳"，以期经由感观的接触，赋予观众愉悦的学习经验及更宽广的想象空间。

例如，在英国的约克考古学资源中心（York, Archaeological Resource Centre），青少年可以学习辨认各种年代的陶罐花纹，这是他们当小小考古学家的第一步；在美国马萨诸塞州史德桥市的老史德桥村（Old Sturbridge Village）户外博物馆，导览员着19世纪初的服饰带领观众一齐走入历史；加州科学院（California Academy of Sciences）作为世界最大的自然历史博物馆，设有欢迎观众动手体验的触摸池；在波士顿科学博物馆（Museum of Science, Boston），观众可以透过仪器测试自己的嗅觉能力，同时教育人员还会演示肺脏的构造与功能；波士顿儿童博物馆（Boston Children's Museum）置有"小小木匠区"，鼓励儿童动手做手工艺品。该馆的"日本屋"还安排有角色扮演活动。同时，其开办的"多元文化教师研习营"指导学员由剪纸认识中国的文字和习俗；在纽约曼哈顿儿童博物馆（Children's Museum of Manhattan），小观众们按钮即可听一段口述历史、童谣、戏曲或故事；而在日本东京国立科学博物馆的自然探索室，观众可以赏鸟，或按键倾听各种鸟叫声；东京涩谷电力馆则安排了现场益智问答活动，让观众有参与感并加深印象。

（三）自导式、探索式的教育

博物馆的教育形态是自由的、主动的。民众可按照自己的意愿及喜好，选择时间及项目去参与，也可依自我的能力和方式去探索，是一种自导式的学习，有别于学校教授式的学习。而现今博物馆为了让民众更自主地学习，

除了提供导览机、查询系统及展示活动单外,许多都设有"探索室"(Discovery Room),放置了各式各样的文物、标本、模型、图书资料、影片及仪器设备等,鼓励观众自己动手寻找答案,并由亲身体验获得成就感和自信心。如国立美国历史博物馆设有"历史探索室"(Hand-on History Room),内置许多老祖母时代的日常用品,如高轮脚踏车、缝纫机、编织品、绳索、不同民族的衣物、手工艺品、玩具及图书等,民众可以动手操作或体验过去的生活情景,或按键听一段口述历史。加州科学院设有"儿童探索室",内置许多动植物标本、岩石、矿物、化石、幻灯片、录影带及图书等,鼓励观众自由探索奥妙多奇的自然界。

(四) 临场的、实物体验的教育

博物馆透过三维空间的实物造景、情境塑造、遗址复原,使遥远时空的人类历史或自然风貌得以重现,让观众如身历其境般受到震撼与感动。如大英博物馆的古希腊和古埃及文化展示,是将整座古庙或城墙迁入馆内再组装复原,使参观者亲眼目睹远古人类的文明与风貌。另外,一些民俗村或户外博物馆,如美国老史德桥村以走入历史的方式,让观众融入美国19世纪初的农村生活。大家可以轻松徘徊于田野中,或实地观察百年前农夫如何畜牧农耕、捻羊毛、制锅盘、烹饪食物,或与历史人物对话,或到教堂参加19世纪30年代的婚礼,或到小剧场看场电影,体验活生生的历史;而台湾民俗村则复原重现了台湾百年前的建筑及景观,并实地演示过去的生活礼俗。又如波士顿科学博物馆的"闪电剧场""太空剧场"及"热带雨林区",透过实物标本、临场演示活动及科技媒体的运用,让观众亲身体验雷电的产生原理与威力,或跨越时空,在俯仰间遨游星际宇宙,或在雨林中听虫鸣鸟叫声。位于法国巴黎维雷特公园(The Parc De La Villette)的科学工业城(Cites des Sciences et de l'Industrie),拥有360度大荧幕的"太空剧场",可引领观众遨游天际,飞临世界尽头。同时民众还可体验潜艇声呐的原理与制作;而日本东京的下町风俗资料馆则以实物实景重现明治时代的日常民众生活;在东京的国立科学博物馆内,观众排队等待体验操纵热气球之乐趣;在台湾省立博物馆的观众则可欣赏中国传统杂耍表演。近年来,"虚拟现实"技术的应用,更是让观众在虚拟环境中有置身真实世界的感受之外,同时还可进行互动式活动,如打排球、投篮或驾驶飞机等。

（五）生活化的教育

现代博物馆的展示与教育，不只探讨过去发生的事件，亦关切参与者的认知与经验形成方式，故所设计的活动多以生活化为取向，结合观众有经验或熟悉感兴趣的事物，以加深他们的印象并提高其学习效果。如美国老史德桥村博物馆在探讨 19 世纪 30 年代生活时，除了透过资料查索及参观活动将今昔生活做对照和比较，亦让参与者透过角色扮演、烹调、品尝、玩游戏、动手做等活动，亲身体会今昔生活之不同。在美国华府的首都儿童博物馆（Capital Children's Museum），许多展示与活动都致力于引导孩子们学习如何生活，如日常电器的使用、冰淇淋制作、商店购物、卡通制作、电视广告幕后探索、认识自己的身体、如何面对偏见与暴力、认识各行各业的人物及了解不同民族的习俗庆典（如墨西哥的死亡庆典、日本的儿童节、泰国的浴佛节）等，强化他们的生活体验，并培养其自信心及世界观。东京电力博物馆除了介绍电的种类、来源及应用之外，也借由活动让观众深刻感受"电"之于我们日常生活的影响与贡献，并树立正确使用电的观念；美国新英格兰缅因州海洋博物馆（Maine Maritime Museum）展示了家庭及工业废水对环境的影响；波士顿儿童博物馆的"电视与我"展示，探讨了电视对家庭的影响，还附有电视广告的幕后探索活动；国立美国历史博物馆则供观众学习绳索的制作；在瑞士的琉森交通博物馆（Swiss Transport Museum），观众可学习电视媒体作业系统操作，并体验当主播的滋味。

（六）资讯化、电脑化的教育

资讯化、电脑化，是现代博物馆教育的新趋势。电脑科技媒体的发展，对博物馆展览与教育的推广、资讯的交流、人力负荷的减轻、服务品质的提升，有莫大助益。现今欧美博物馆普遍使用数位化的录音导览机、光碟自动导览系统、多媒体电视墙、展示电化设备等多媒体辅助系统，使展示手法突破了传统文字图片说明之窠臼。此外，藏品管理、图书资料查询系统、票务管理系统、预约服务系统、观众统计分析系统以及馆际的交流联系等，几乎全面电脑化及资讯化，另外，时下智能手机及社交媒体平台的风靡，都促使民众与博物馆之间的交流与互动更为直接和频繁，更使得机构展示教育的传播跨越了地区及国界限制。

(七) 扮演知识宝库及学习中心的教育

博物馆对所有公众都开放,但有进一步兴趣的民众,还可利用馆内资源进行深入查询、学习、参考、实验、观察或利用。如拥有 11 800 多万件文物标本的史密森国立自然历史博物馆,同时也是世界性的自然史学术研究中心及教育中心,它设置的"自然学者中心"(Naturalist Center)对有兴趣的业余人士、教师、学生或学术研究人员等都开放。另外,大英自然史博物馆(British Museum of Natural History)的"教师资源中心"(Teacher's Resource Center)、波士顿儿童博物馆的"家长资源中心"(Parent's Resource Center)等,亦有异曲同工之效。又如,巴黎维雷特科学工业城的多媒体图书馆,收藏有 80 多万册科技文献资料,是法国重要的科技资讯中心。同时,加州科学院的"生物多样性资源中心",除了宣导自然保育观念,亦供民众进一步查询之用。此外,不少博物馆还研究开发了新教案教材,并提供人员训练。如史密森博物学院就设有教师培训、学生实习、博物馆专业人员训练等项目,大都会艺术博物馆亦提供有文物维护的培训,使得博物馆不仅是累积知识的宝库,也是教育中心和学习中心。

(八) 反映社会需要、促使社会发展的教育

现代博物馆的展示教育不仅贯通古今、追根溯源,亦可折射时下社会的真貌,协助解决社会问题,甚或为未来提供一个全新的思索与探索空间。故社会的脉动及民众所关心的议题,如科技新知、健康问题、生物保育、环境保护、技艺传承、古迹维护、艺文欣赏、种族情结、宗教信仰等,常是当前博物馆展示教育的主题方向。以位于洛杉矶的宽容博物馆(Museum of Tolerance)为例,它主要介绍了美国境内的种族冲突、纳粹大屠杀及世界人权运动,目的是激发民众的正义感及责任心,化解种族歧视与偏见,进而宣导对不同民族尊重、包容与关怀的理念,以共创和谐社会。台北"二二八"纪念馆尝试透过历史真相的呈现,勉励大家走出阴霾与伤痛,学习宽容与尊重,以促进族群共和共存。又如法国克鲁梭人类与工业生态博物馆(Creusot-Montceau Ecomuseum),以克鲁梭附近 500 平方公里的工业区及

乡村为范围,尝试以"生态博物馆"的新观念来带动地方发展。该馆除了保存当地产业、人文与自然景观外,更强调透过当地居民的参与,以凝聚共同意识、创造新型就业机会及提升民心士气为首要任务。

值得一提的是,20 世纪 70 年代,由于自然环境的不断恶化,人们开始关注生态与人类的关系。博物馆意识到作为社会教育机构也应该在环保方面体现自身的教育价值,于是西方博物馆在教育内容上开始加强对环境保护的宣传,并产生了"生态博物馆"这一新兴形式。我国博物馆教育关注环保和生态也是近几年的一个发展潮流,相继建立了一些生态博物馆,具有良好的环保教育效应①。事实上,现代博物馆完全可以提供一个空间,让人们想象一个不一样的未来。民众在这里学习新知识、休闲娱乐、提升精神,而博物馆重视环境的价值,是过去与未来的守护者。通过这种方式,机构帮助民众真正理解本地区与全球之间的联系。

案例 1

英国"幸福博物馆项目"②

2011 年 3 月,伦敦十月画廊设立了一个博物馆奖项——"幸福博物馆基金奖",旨在奖励那些为社会安康和稳定作出贡献的英国博物馆和美术馆创意性项目。该项目由保罗·汉姆林基金会赞助,奖金达 60 000 英镑(约合人民币 63 万元)。英国新经济基金会与博物馆主要评审合作撰写了《幸福博物馆——梦想成真的故事》一文,指出,这一规模宏大的项目在于发掘在当今高速变化的世界中,博物馆在社会可持续发展与幸福感提升方面存在的巨大潜能。同年 7 月 22 日,"幸福博物馆基金奖"结果揭晓,包括曼彻斯特博物馆(The Manchester Museum)、伦敦电影博物馆(London Film Museum)、伦敦交通

"幸福博物馆项目"海报:博物馆如何应对变化的世界
来源:湖南省博物馆网站

---

① 李瑶:《中国早期博物馆教育思想的特点及其影响》,《文教资料》2008 年第 36 期。
② 谢颖编译:《英国发布〈博物馆与幸福〉报告》,《中国文化报》2013 年 7 月 25 日。

博物馆（London Transport Museum）和牛津故事博物馆（The Story Museum）在内的英国六家机构策划实施的特色项目获此殊荣。它们的特点为：探索与自然世界的联系、关注精神"健康"、博物馆是疗伤之所、博物馆是故事与游戏的乐园、关注流浪人口、关注社区管理、加强本地合作关系。

据东盎格鲁生活博物馆馆长、"幸福博物馆项目"负责人托尼·巴特勒（Tony Butler）介绍，"'幸福博物馆项目'想要告诉人们，世界已经与往昔不同了。环境变化，资源压力，人们越来越意识到幸福社会远比富裕社会重要得多……这一切都促使博物馆重新定位自己的使命。博物馆扮演的角色应该是一个联系人。观众不再是处于受益人地位的观众，而是向他们的亲朋好友传递知识的团队协作者"。保罗·汉姆林基金会负责人罗伯特·迪夫东（Robert Dufton）盛赞获奖项目对社会幸福安康的原则进行了探索，将为博物馆与美术馆今后的发展提供重要财富。他说，博物馆是一个思考历史的场所，只有理解过去，我们才能把握现在，憧憬未来。"幸福博物馆项目"为博物馆服务社区，共建美好未来提供了途径①。

之后，英国艺术委员会（Arts Council England）于 2013 年上半年发布了《博物馆与幸福：参观博物馆和艺术机构的幸福值》报告。这份报告对参与"幸福博物馆"项目的 12 家博物馆进行了长达两年的研究，结果显示博物馆能提高人们的幸福感受，并提升他们对健康的认知水平。报告还提出，受调查人士认为参观博物馆的体验相当于每年为个人增值 3 200 英镑（约合人民币 30 189 元）②。

"幸福博物馆项目"总监托尼·巴特勒在为该报告撰写前言时称："我们认为，参观人数无法说明观众体验的质量或博物馆为观众幸福感增加所带来的影响。希望这些显著的结果将鼓励博物馆在努力振兴区域经济时更多地思考其对幸福的影响。我们的目标是用这些具有说服力的数据，展示一个健康的社会必须以一种健康的文化为核心。"

报告研究了参与博物馆与艺术机构对健康和幸福的影响；同时也研究了人们参观博物馆的决定要素，并将参与体育项目的影响作为基准衡量。通过对因果关系的分析，主要发现：通过对其他决定要素进行

---

① 湖南省博物馆编译：《英国六家博物馆获"幸福博物馆基金奖"》，湖南省博物馆网站，2011年7月29日。

② 谢颖编译：《英国发布〈博物馆与幸福〉报告》，《中国文化报》2013年7月25日。

控制,参观博物馆对幸福和健康有着积极影响;参与艺术活动、参观艺术机构同样对幸福有着积极影响,而参观艺术机构对幸福的影响更为明显;参与艺术活动的影响和参与体育运动的影响是同级别的;缺少时间是观众自认为不能经常来博物馆参观的主要障碍;当我们研究人们行为时,儿时未被父母带到博物馆是人们不去博物馆参观的最大障碍①。

相关的评估结果如下:人们评估博物馆参观的价值约在每年 3 200 英镑(约合人民币 30 189 元),参与艺术活动的价值约为每人每年 1 500 英镑(约合人民币 14 151 元),参观艺术机构的价值约为每人每年 2 000 英镑(约合人民币 18 868 元),参与体育活动的价值约为每人每年 1 500 英镑(约合人民币 14 151 元)②。

这些重要发现为制定政策和未来的研究带来很多启示。它们论证了博物馆和艺术机构对社会的积极影响。

四、 博物馆教育与学习理论

(一) 博物馆中学习项目的兴起③

当今世界对于博物馆作为学习机构的重视并非一夜间出现的,5 篇重要的报告肯定了博物馆教育的重要性及其作为博物馆核心职能的地位(见表 1 所示)。

表 1　对博物馆教育有着重要影响的 5 篇重要报告

篇　　名	发布机构及年份
《美国的博物馆:贝尔蒙特报告》(America's Museums: The Belmont Report)	美国博物馆协会,1969
《博物馆,教育的想象力》(Musees, imagination et education)	联合国教育科学文化组织,1973

①② 谢颖编译:《英国发布〈博物馆与幸福〉报告》,《中国文化报》2013 年 7 月 25 日。
③　[英]格拉汉姆·布莱克著,徐光、谢卉译:《如何管理一家博物馆:博物馆吸引人的秘密》,中国轻工业出版社 2011 年版,第 101—103 页。

（续　表）

篇　　　名	发布机构及年份
《新世纪的博物馆》（Museums for a New Century）	美国博物馆协会，1984
《杰出与公正：博物馆教育与公众认识》（Excellence and Equity：Education and the Public Dimension of Museums）	美国博物馆协会，1992
《公众财富：学习时代的博物馆》（A Common Wealth：Museums in the Learning Age）	英国博物馆与美术馆委员会，1997

来源：［英］格拉汉姆·布莱克著，徐光、谢卉译：《如何管理一家博物馆：博物馆吸引人的秘密》，中国轻工业出版社 2011 年版，第 102 页。

《美国的博物馆：贝尔蒙特报告》叙述了美国博物馆的状况和需求并指出：博物馆不应该只关心自身收藏，而应该更多致力于公共服务，开发更多的教育项目。同时，报告最终提出博物馆的教育职能对联邦认可与支持的要求，并导致了 1977 年《博物馆服务法》的诞生以及美国博物馆服务协会（现美国博物馆与图书馆服务协会①）的创立。此协会自创办以来已提供超过 4 亿美元的联邦资助，用以支持博物馆的终身学习提案。1992 年美国博物馆协会出版的《杰出与公正：博物馆教育与公众认识》一书提议将教育职能作为所有博物馆活动的中心，它指出："美国的博物馆与其他教育机构一样有责任为人们带来更多的学习机会并培养文明而人道的公民。"该书出版后的 10 年内，美国博物馆逐步将教育置于公众服务职能的中心，并将其看作使命中不可分割的一部分。这反过来又鼓励了博物馆放开眼界，并拓宽对其在支持终身学习和正规教育方面的公共服务职能及潜力的视野。博物馆与图书馆服务协会经研究提议，美国博物馆每年至少花费 1.48 亿美元用于支持 6—18 岁儿童与青少年的学习。据悉，任何统计群体（任何性别、年龄和受教育水平）、任何地区的美国人都相信博物馆是最值得信赖的信息来源，比电视新闻、收音机或杂志以及互联网等都更为可信。它们是每年能充实上百万人知识的教育加油站。并且，据美国《千禧代，营销 2010》统计，三

---

① 该协会是美国为所有的博物馆和图书馆提供支持的机构，其愿景是实现一个民主的社会，在这个社会里社区和个人可以通过广泛获取知识文化以及终身学习来实现自身的茁壮发展。它通过对美国博物馆和图书馆的领导作用，从资金、数据和政策分析这些方面对它们提供支持，引导它们的服务进一步发展。

分之二的千禧代(指 1984 年至 1995 年出生的一代人)认为相对于其他休闲活动,博物馆参观"超级有价值"①。

在英国,博物馆教育的地位提升可追溯到《公众财富》的出版和"博物馆学习战略计划"的制订;还有 1997 年新工党政府选举后政治议程的变化,以及该党对于"教育,教育,还是教育"(托尼·布莱尔 1997 年的演讲)的强调和对社会融合与终身学习策略的开发。政府对国际级及地区级博物馆学习与社会融合项目的资助以及政府出版物《博物馆的学习能量:博物馆教育观察》(*The Learning Power of Museums: A Vision for Museum Education*)中对博物馆教育与社会融合职能的正式认可,标志着博物馆教育地位的成功提升。根据 DCMS 调查机构的调查显示,英国政府相信教育已成为当今博物馆的职能中心,它对于新千年的展望是通过博物馆来激励与支持一个学习型社会,因为它们可以与最大范围的观众接触……另外,英国政府的政策还指出,教育(不论学校教育还是终身学习)必须成为博物馆的核心职能。这一政策主导了"英国博物馆学习战略计划",并且该计划得到了大量资金支持。

事实上,除了这些公认的、对博物馆教育有着重要影响的 5 篇报告之外,1995 年美国博物馆协会还发表了《新视界:改变博物馆的方法》,督促美国博物馆改进机构,改造内部文化,使之更亲近公众与消费者,为更广泛的社会阶层提供更好的服务、更多的教育项目。事实上,在这种趋势的影响下,很多博物馆都重新修订了自己的"建馆宗旨"。例如,新泽西州最大的艺术科学博物馆——纽瓦克博物馆(Newark Museum)在 2000 年前的宗旨中强调其职责是"收藏、保护、展览与阐释艺术、文化作品和科技发明",而在 2000 年修订后的宗旨中开篇即声称:"纽瓦克博物馆一贯以来就是一个公共服务的机构。"②事实上,美国博物馆通常都认为,其主要责任是提供资源和服务来激发人们终身学习的热情以及支持学生学习的过程。

当前,不同的国家和机构在开发与实施博物馆学习策略方面尚处于不同的发展阶段,但都十分重视博物馆在构建学习型社会中的重要功能,特别是在配合学校教育和开展终身教育方面的特殊作用。

---

① 湖南省博物馆编译:《美国博物馆杂志发布博物馆"数字解读"》,湖南省博物馆网站,2014 年 9 月 22 日。

② 唐泽慧:《美国博物馆的公众定位与筹资模式》,《中国美术馆》2006 年第 10 期。

(二) 博物馆与学校教育和终身学习

1. 博物馆与学校教育[①]

"合作"是指个人或集体之间为了达到特定目标而形成的一种相互效力、共担责任的关系。因此,博物馆与学校合作表示这两者为了实现某个一致的目标而共同努力,承担责任。谢泼德(Sheppard,1993)进一步指出,博物馆与学校的伙伴关系是不同的教育者共同努力的结果,其目的是让孩子们进行丰富的有意义的学习活动,它也让教师和博物馆工作者从身心上融合在一起。赛伯特(Alberta Sebolt,1980)在《合作的进程:博物馆与学校》一文中阐释说,"合作意味着彼此愿意一起去经历一个创造、发展、设计和实施的过程,所有的合作都意味着花时间在一起相互学习,计划一个程序来帮助学习者达到确定的清晰目标"[②]。

值得一提的是,美国许多博物馆在建馆之初都附设有一所艺术学院(学校),可见博物馆与学校的紧密关系由来已久,例如明尼阿波利斯艺术设计学院(Minneapolis College of Art and Design,MCAD)、诺顿艺术博物馆(Norton Museum of Art)等,后来大多数学校独立或关闭,只有波士顿美术/艺术博物馆(Museum of Fine Arts,Boston,MFA)[③]、芝加哥艺术学院(Art Institute of Chicago)[④]等还保留着最初的馆院一体模式,明尼阿波利斯艺术学院则还保留着当初的名称[⑤]。

1984 年,美国博物馆协会出版了一份关于美国博物馆未来的报告——《新世纪的博物馆》,其中有一章为"新使命:学习"。报告中写道:"博物馆担任着教育方面的重要使命。要成为名副其实的教育机构,还需充分发掘其潜能……博物馆和学校之间还有巨大的合作空间,尤其是在当前学校急

---

① ［英］格拉汉姆·布莱克著,徐光、谢卉译:《如何管理一家博物馆:博物馆吸引人的秘密》,中国轻工业出版社 2011 年版,第 131—132 页。

② 李君、隗峰:《美国博物馆与中小学合作的发展历程及其启示》,《外国中小学教育》2012 年第 5 期。

③ 该博物馆有一附属艺术学院,名波士顿美术馆学校(School of the Museum of Fine Arts,Boston)。

④ 芝加哥艺术博物馆的前身是 1866 年成立的芝加哥设计学院,1879 年更名为芝加哥艺术学院,由学校和博物馆组成。

⑤ 段勇:《当代美国博物馆》,科学出版社 2003 年版,第 98 页。

需教育伙伴来加强科学、艺术、人文等方面教育的情况下……"①

英国在 1989 年 5—16 岁青少年国家教学课程的介绍中,重点提倡让小学生直接使用大量实物资源,这对博物馆教育而言是一个关键性的转折点,因为博物馆和历史遗址无疑是接触这些实物资源的最佳场所,并且它们作为与国家教学课程研究单元有着重要关系的机构,见证了学校教学需求的巨大增长。事实上,博物馆在学校教育中所能扮演的角色早已得到英国政府的官方认可。1999 年,国家教育与就业部推出了"博物馆和美术馆教育计划",初步资助 65 个博物馆服务学校的全国性项目。2000 年,国家教育与就业部与国家文化传播体育部联合发表了《博物馆的学习能量:博物馆教育观察》,界定了该计划实施的目标对象和范围。这份报告促使英国的博物馆和美术馆发展进入了现行政策日程,并同时关注学校教育和终身学习两个方面,其中涉及博物馆和美术馆以下几方面的功能:推进国家教学课程的推广;用实物和说明材料建立起丰富的知识宝库,将课堂教学引入日常生活;为儿童提供了解当地社会的机会,并帮助学校推广基本的公民职责和权力责任;以独特视角为儿童设立新颖有趣的活动项目,以培养他们的一些关键性技能,如沟通能力、团队精神和创造力。

之后,其他国家也遵循了这种教育政策。例如,瑞士在 1994 年颁布的学校法案中为教学科目制订了新课程计划、教学大纲和课时要求,并在全国范围内规定:各教学科目应该有明确的教学目标和评估过程。而这些教学课程的确定又进一步认可了博物馆作为良好的教学辅助场所的可能性。事实上,在过去几十年中,美国的教育标准问题日益得到地方、州和国家各层次的官方重视,正如在英国的情况一样,博物馆教育服务的发展得到了真正机遇。2001 年,《有教无类法案》(*No Child Left Behind Act of 2001*)②被布什政府视为教育改革的一个里程碑,它旨在"提高学生成就以及改变美国学校文化","代表了联邦政府支持美国初等和中等教育努力的一项全方位改革"。该法案制定的基础是"对结果负责;对经科学验证有效的方法的强调;为父母提供更多选择;以及更多的地方控制力和灵活性"。而这又为博物馆教育服务的发展提供了另一次机遇。

---

① 湖南省博物馆编译:《〈向"重要教育合作伙伴"目标迈进〉文章发表 总结美国近 10 年博物馆教育实践》,湖南省博物馆网站,2011 年 12 月 27 日。

② 这是 2002 年 1 月 8 日签署的一项美国联邦法律,主要旨在解决贫困地区学生和黑人男生的受教育问题。

在时下的美国,没有一个机构像博物馆那样,虽然不是学校,但一直对青年人起着教育功能。它们指导课程、组织讲演、培训教师、为课程设计讲义、为教师提供教学资源、经常深入课堂讲课;同时还组织丰富多彩的活动——巡展、专题展览、工作室,甚至是教育性演出——由此来丰富学校的课程内容。

2011年下半年,美国圣地亚哥州立大学创意经济计划主管、传播与公共政策讲席教授——莱昂内尔·范迪尔林(Van Deerlin)发表文章《向"重要教育合作伙伴"目标迈进》,对美国博物馆教育新千年来走过的历程做了简要回顾。他总结说:"经过这么多年的努力,博物馆终于一步一步快要接近'成为重要的教育合作伙伴'的目标了。"据范迪尔林教授的文章介绍,2011年在加利福尼亚州南部博物馆教育员工召开的年会上,博物馆同行一致强调"博物馆体验对创造性、解决问题能力等多项21世纪必备素质的培养意义重大",并着重分析了"博物馆与学校应如何携手迎接挑战、维持并开创更加成功的合作伙伴关系"[①]。

美国教学资源信息中心出版的《ERIC文摘》这样描述博物馆与学校之间的合作:"'教育'一词的定义已发生了翻天覆地的变化,它不再只发生在教室,而成了知识、技能、品质等的终身学习,成了一系列正式与非正式学习的集合。"在这种背景下,博物馆与学校的合作显得尤为重要。它们同作为教育框架中的重要组成部分,为了共同的教育目标通力合作。

范迪尔林教授还介绍说,美国博物馆与图书馆服务协会新近推出了"21世纪技能评估工具",从中我们能看出"21世纪技能"特别强调博物馆和图书馆在培养公众信息获取能力、交际能力、科技知识、批判式思维、解决问题能力、创造性、文化素养、全球意识等方面的重大作用[②]。另外,在目前美国70多年来最严重的经济衰退中,作为文化产业组成部分的博物馆行业倍感寒意,在现实与理想之间寻找生存与发展之道。于是,美国博物馆和图书馆服务协会审时度势,出台了包括"博物馆图书馆21世纪技能"等在内的指导行业发展的新战略项目,以帮助各馆在新的经济形势下重新定义自己的角色,找到生存与成功之道。

值得一提的是,奥巴马政府于2013年上半年公布的史密森博物学院

---

①② 湖南省博物馆编译:《〈向"重要教育合作伙伴"目标迈进〉文章发表　总结美国近10年博物馆教育实践》,湖南省博物馆网站,2011年12月27日。

2014 财政年度预算案显示:预算总额达 8.69 亿美元,与 2013 财年相比增长 5 900 万美元。预算增量主要用于推进奥巴马总统的教育政策,其中,史密森博物学院的 STEM① 教育项目预算 2014 年首次增加 2 500 万美元②。STEM 计划是美国政府施行的一项鼓励学生主修科学、技术、工程和数学领域的项目,以培养学生的科技理工素养为目的③。另外,在美国博物馆领域,如今发展最快的是儿童博物馆。这得益于社会对儿童早期学习以及 STEM 教育的重视,并且这些儿童博物馆成为社区凝聚力和经济发展的推动力④。

2014 年中,美国博物馆联盟发布了《构建教育的未来:博物馆与学习生态系统》白皮书,这份重要的成果诞生于美国博物馆联盟与亨利·福特基金会(The Henry Ford)共同举办的一次教育大会(2013 年 9 月)⑤。这次会议及报告提出了一个重要议题:博物馆如何与学校合作开创教育的崭新未来? 事实上,美国博物馆联盟博物馆未来中心(Center for the Future of Museums,CFM)⑥自成立以来即致力于博物馆未来发展趋势的研究,其创始人伊丽莎白·梅里特(Elizabeth Merritt)女士在报告中提供了一系列关键数据,充分证明了博物馆在教育界所扮演的重要角色:(1) 美国博物馆每年为教育投入 20 亿美元。通常,一座博物馆会将四分之三的教育资源提供给基础教育阶段的学生;(2) 博物馆每年接待学生参观者 5 500 万人次;(3) 博物馆根据国家与地方教学大纲,量身制作了数学、科学、艺术、读写能力、语言艺术、历史、公民课程、经济常识、地理与社会研究等方面的教育活动;(4) 每年,博物馆提供 1 800 万小时的课程,包括为学生提供的导览、博物馆员工前往学校授课、科学大巴和其他巡展类校外活动,以及针对教师的专业发展课程。

---

① 科学(Science)、技术(Technology)、工程(Engineering)和数学(Mathematics)四个英文单词的首字母缩写。

② 为强化 STEM 教育项目,奥巴马政府将此前分配给 11 个机构和部门的 1.8 亿美元集中拨付给美国教育部、美国国家科学基金会以及史密森博物学院。

③ 湖南省博物馆编译:《史密森博物学院 2014 财政年度预算增加 5 900 万美元》,湖南省博物馆网站,2013 年 4 月 22 日。

④ 湖南省博物馆编译:《儿童博物馆:家长与孩子们共度的愉快时光》,湖南省博物馆网站,2014 年 8 月 28 日。

⑤ 2013 年 9 月,40 多位教育政策专家、从业者、投资人、教育创新人士、改革家、学生中的活跃分子等齐聚位于美国华盛顿特区的国家建筑博物馆,共同探讨了博物馆与教育的诸多议题。他们致力于发起一场关于教育未来的全国对话,探索教育与博物馆领域的领导者如何共同努力,吸纳整合全国的教育资源,从而构建一个富有活力的学习网络。

⑥ 该博物馆未来中心通过探索文化、政治和经济挑战,帮助博物馆构建更好的明天。具体包括:监控对博物馆而言重要的文化、技术、政治和经济趋势;使博物馆做好帮助社区解决接下来几十年挑战的准备;在博物馆和其他部门/行业类别间构建联系。

梅里特认为,在未来的美国,作为浸入式、体验式、自我引导式、动手学习方面的专家,博物馆将成为教育的主流模式,而不再只是补充角色。有迹象表明,美国以教师、实体教室、按年龄分级和核心课程为特征的正式教育时代已走向尾声,人们把这一时代叫做工业时代的学习。更有利的证据表明,未来的教育时代将会以自我引导、体验、社交和分布式学习为特征,致力于培养批判思维、信息的分析综合能力、创新、团队合作等 21 世纪的技能。在这样的未来图景下,博物馆可以发挥关键作用,既能为学习者提供资源,也能培训教师,分享他们在过去一个世纪的教育经验[1]。

案例 1

美国博物馆与中小学合作的历史发展[2]

美国博物馆教育服务的对象除了普通民众之外,中小学生是其最重要也最普遍的群体,美国博物馆与中小学的合作和对接融合,可谓行之久远。

● 尝试合作时期

美国博物馆与学校合作的历史可以追溯到 20 世纪早期。当时就有一些学者发表著述来阐述博物馆的教育责任。在 20 世纪 20 年代和 30 年代,约翰·杜威(John Dewey)的教育哲学促使学校教师和教育者开始将学生的学习空间拓展到博物馆,这些活动推进了馆校间的有效合作,从那时候起博物馆开始了自己的教育和文化使命。这种对于合作的探索一直延续到 20 世纪 60 年代。

给博物馆提供教育的领导权是一件很困难的事情,因此一种最古老而又最成功的博物馆教育方式就是与学校合作。博物馆和学校是天生的好伙伴,它们彼此合作能够呈现给学生完美的理念、发现和挑战的过程,以及无穷的趣味,谁也不能否认这种合作关系是值得发展和持续下去的。

● 博物馆教育职能的探索

在接下来的 20 年,博物馆逐渐意识到自己通过学校能够在教育领域承担更大的责任。1969 年起,博物馆开始进行各种可持续的教育项目,超过90％的馆都可以为不同年龄和兴趣的人提供一些项目。在 20 世纪 70 年代,博物馆提供了交互式学习模式,许多馆员开始进入中小学课堂,并且带

---

① 谢颖编译:《美国博物馆联盟探索教育新模式》,《中国文化报》2014 年 7 月 8 日。
② 李君、隗峰:《美国博物馆与中小学合作的发展历程及其启示》,《外国中小学教育》2012 年第 5 期。

领孩子们在博物馆进行兴趣小组学习。

然而,博物馆内的教育者始终认为其教育活动只是对学校教育的补充。他们从不认为这些教育项目有什么优先权力。馆校合作伙伴关系还没有真正建立起来。因此,直到20世纪70年代,博物馆与学校的合作仍处于一种非正式的状态。

● 合作角色的重新定位

在1980—1990年间,博物馆依然没能完全发挥作为教育机构的潜能。在理想与现实之间存在的差距需要博物馆及教育政策制定者的努力。1984年,美国博物馆协会建议:"博物馆和学校应该就相互深入合作开展有效对话",同时也敦促两者开始考虑新的合作模式。该组织在同年重申了馆校合作的价值,并且强调在未来需要新方法和可操作的手段来帮助实现两者的共同目标。

尽管博物馆是一个学习的好场所,但是它们对于自己作为教育机构的角色还是充满了迷惑之处。同时,虽然行政管理者和教育工作者都对博物馆支持学习的理论更加清晰了,但是依然缺乏大家共同接受的哲学背景和理论支持。好在博物馆逐步加强了自身在教育方面的基本技能、知识、概念和理解。

美国博协在1984年指出,阻碍博物馆与学校合作的影响因素主要是:教育被认为是博物馆的附属功能,其财政预算总是被削减;博物馆教育工作者感觉自己处在博物馆教育和学校教育的夹缝中;教师总是抱怨他们没有能够及时了解博物馆的各种资源更新和价值。

为了在所有博物馆的活动中都能实现教育的功能,博物馆必须重新审视自己的操作性结构。这期间,尽管馆校合作有限,但大家彼此都承认合作的重要性。

在20世纪80年代后期,博物馆与学校的合作关系发生了巨大变化。人们在强调学校课程的最终目的和加强课程建设的过程中逐步发现馆校合作的潜在价值。乔顿·安柏池(Gordon Ambach)(1986)阐述说博物馆和学校在为新世纪培养社会公民中具有相似的使命。该使命就是培养杰出的、公平公正的、具有责任意识的公民。而且也就是在这时,美国的博物馆—学校伙伴关系发展出了一系列行之有效的指导方针,比如:馆方教育人员和教师应该很好地制订一个博物馆参观计划;教师应该根据学校课程让学生做好参观的准备;参观要包括在博物馆的一系列活动;后面的课堂教学也应该扩展并建立在参观的基础之上。

博物馆与学校合作的本质在20世纪80年代中后期开始发生变化。教师们真正将博物馆馆长、历史学家和科学家当作自己的同行。在1986年，何克斯(Hicks)认为，博物馆与学校都在为彼此的合作进行努力，馆校不再仅仅是资源的提供者和接受者，它们彼此分享、交流、设计、寻找最佳途径来使用博物馆作为课程资源。

● 合作新视角的突破

考察博物馆与学校合作的新视角在20世纪90年代开始出现，并且这种视角也带来了双方合作的持续变化。在1990年到2006年间，博物馆和学校通过新的丰富的方式进一步探索出彼此合作的价值与意义。通过正式地建设合作关系，两个社会机构都得到了发展和加强。

在20世纪90年代早期，博物馆教育工作者开始开发一些与学校教学紧密联系的教育项目。"在博物馆中的教学延伸项目是馆校有效合作最初的模型"，而博物馆功能的成熟也是从这种项目开始的。从1995年到2001年，针对学校教育设计的博物馆项目都在稳步上升。与此同时，23％的馆会给学校教师提供印刷或电子的教育资源，但有71％的馆会与学校课程设计者进行合作。博物馆实地参观依然是馆校合作最普遍的教育活动形式。双方开始真正地为实现既定的目标合作，但是如何满足课程及学校教师教学的需求却还要进一步探索。

成功的合作需要学校与博物馆之间形成正式、长期的制度性关系并进行广泛传播。而且，在不同的机构之间建立联系是非常困难的，一些博物馆将教育活动仅仅作为一种盈利手段，而且只是其市场化的延伸。但无论如何，通过这些年的发展，博物馆与学校之间的长期合作关系通过成功的经历和失败挫折的教训终于建立起来了。

案例2

澳大利亚博物馆协会(Museums Australia)发布《博物馆教育价值声明书》[①]

澳大利亚博物馆协会旗下的国家教育网络在网上发布了《博物馆教育价值声明书》，高度肯定了博物馆对学校乃至整个社会的重要教育价值，并为博物馆教育与学校课程教育相结合指明了具体做法。内容如下：

博物馆所拥有的无穷、丰富的力量和权威是全人类共同的财富，博

---

① 李慧君编译：《澳大利亚博物馆协会发布〈博物馆教育价值声明书〉》，广西壮族自治区博物馆网站，2012年8月20日。

物馆是全人类共有的教育机构。

博物馆跨越语言、文化和时间的界限,传播知识,以古鉴今。

通过博物馆,我们得以与不同时代、不同文化的民族直接接触,体验世间难以穷书的繁复多样,理解人之所以为人的奥秘。

——节选自大卫·安德森(David Anderson):《共同的财富——学习时代的博物馆》

博物馆是学习的重要场所。博物馆独特而真实的学习体验能帮助我们年轻的澳大利亚人成长为自信、富创造力、积极、有远见卓识的终身学习者。

在实地参观、藏品、展览、专业人员、项目和资源等服务方面,博物馆是政府、学校、社区实现教育公平与卓越的重要伙伴。

澳大利亚的自然与文化遗产应当:与《国家课程设计》的教学成果相融合;与《国家课程设计》的教授和学习战略相嵌合。

博物馆资源应通过如下方式与《国家课程设计》的教学成果相融合:通过向所有澳大利亚学生展示澳大利亚自然和文化遗产的多样性、独特性、复杂性、过去面貌及未来走向,加深和拓宽他们的学习体验;向学生传播人类环境、宇宙、全球发展与变化的知识;加强学生对多样性和可持续发展重要性的认识;提高学生对澳大利亚的身份认同感;通过当地、区域、国家、全球等不同视角的展示,帮助学生建立对公民权利和责任的认知体系。

博物馆资源应通过如下方式与《国家课程设计》的教授和学习战略相嵌合:向老师和学生提供接触(包括实际接触和虚拟接触)物质文化资源的机会;为学生了解原住民和托雷斯海峡岛民提供支持;通过以学生为中心的自主学习,帮助学生培养和建立自尊心;尊重学生的个人能力和学习偏好;在安全和启发式环境中,帮助学生培养学习技能、合作、解决问题及交流的能力;为学生提供校外动手、试验和多形式学习的机会。

案例3

美国的博物馆学校①

美国的博物馆学校是美国博物馆界特有的产物,亦是馆校合作深入的

---

① 许立红、高源:《美国博物馆学校案例解析及运行特点初探》,《教育与教学研究》2010年第6期。

产物。它最早起源于 100 多年前,近年来再度出现。纽约州的布法罗科学博物馆(Buffalo Museum of Science)与明尼苏达州科技馆(The Science Museum of Minnesota)分别于 1990 年和 1991 年开始运作这种新的学校形式,其中后者还是"磁石学校"(Magnet School)。这两所学校的特色是:虽然学校仍由学区管理,但与博物馆之间有着非常紧密的合作关系。它是博物馆,也是学校。其后,又涌现出了博物馆特许学校(Museum Charter School)等形式。现在一个新的加利福尼亚科学中心学校已于 2004 年 9 月 9 日开学。这是一所从幼儿园直到 5 年级的特许学校,是加利福尼亚科学中心(California Science Center)和洛杉矶统一学区(LAUSD)10 多年合作的结果。

这些博物馆学校有着共同的特征,即都是在普通中小学与博物馆之间结成伙伴关系,达成共同的承诺和目标;成立常设组织来领导、协调和管理;在有效利用博物馆资源的基础上,把正式教育和非正式教育结合在一起,对教学方式进行创新,以促进学生发展。简言之,博物馆学校是指通过学区与博物馆的伙伴关系,共同设计、实施,以落实博物馆学习的学校。平时,学校带着学生到博物馆上课,同时也在博物馆的协助之下,创造展品、展览,甚至在校园内设计自己的博物馆。在博物馆学校的模式中,教师将创造的过程转化为学习的过程,让学生在学习知识或技能的过程中进行创作。

这些博物馆学校在美国大量出现,不仅迎合了美国国内教育改革的需要,其独特的教育方式和优良的教育效果也受到广大学生和家长的普遍欢迎,更吸引了美国教育研究者的广泛关注。2002 年,美国国家科学基金会中心成立了非正规学习与学校研究中心/非正规教学中心(Center for Informal Learning and Schools,CILS),曾对博物馆学校进行了专门的立项研究。对博物馆学校而言,其教学目标是将"科学中心型的方式"与通常在学校中实施的教育方法进行整合,汲取科学中心体验性的、主动的、参与性的和使用实物的学习方式,并最终惠及双方,但最大的受益者还是学生[①]。

美国的博物馆学校一般具有如下运行特点:

● 办学特色突出,充分利用博物馆的资源

美国博物馆学校或是加入"磁石计划"的特色学校,或是取得了政府特许的小型自治学校。它们与博物馆签订伙伴协议,而且并不局限于与某

---

① 钱雪元:《美国的科技博物馆和科学教育》,《科普研究》2007 年第 4 期。

一家馆合作。这些博物馆学校办学立足点非常明确，主要建立在利用博物馆的丰富资源上，开发适合学生的课程，办学具有自己的特色，尤其是艺术类或科技类的学校特点更突出。但综合类博物馆所办的学校也取得了不错的成绩，如圣地亚哥儿童博物馆小学。

● 结合正式教育和非正式教育的优势，以促进学生发展为目的

如何培养创新型人才是美国教育进入 21 世纪面临的重大挑战。作为一种教育改革的尝试，博物馆学校把正式教育和非正式教育的优势结合在一起，整合了两种文化机构的特点和优势。几乎所有的博物馆学校都具有相同的办学宗旨：注重学生的自我提高、自我完善，使学生享有自我选择、自主发展的权利和空间。注重发展学生的独特个性，培养其成为有创新精神的、独立的思考者，激发其创造性，使他们具有良好的团队精神，善于与他人合作解决问题。

● 课程设置灵活，鼓励教学方式创新

博物馆实物展示、人机互动的环境，以及主题式模块，与学校环境有着很大不同，特别有利于学生的体验性和探究性学习。因此，博物馆学校在课程设置上比较灵活，课程设计本身即鼓励学生的好奇心和对事物的着迷，鼓励研究和展示。对于有条件接触博物馆的学校，这些课程设置都很容易复制。

在教学方式上，博物馆学校也积极探索创新型教学方法，如一定程度的自我主导的体验性学习、探究性学习、任务导向型学习和协作型学习等，并强调教师和员工能够立刻回应学生的需求。

正如纽约市博物馆学校的校长索内特·塔夫何萨（Sonnet Takahisa）和荣·查露森（Ron Chaluisan）所言，"举办博物馆学校是处于教育改革的前沿"，"在博物馆环境中比在传统教室环境中适合推行综合课程学习方式"。

● 管理架构开放，交流渠道顺畅

博物馆学校通常会组建新的管理机构，对教师和博物馆员工的职位重新定位，员工必须有意愿向新的专业方向发展，有兴趣进行多学科学习，成为终身学习者，成为团队教育的一份子等。

博物馆学校的组织架构一般比较开放，注重吸收学生、家长和社区的参与，保持信息交流顺畅及时。通常它拥有这样一个组织管理架构：管理委员会—现场委员会—教师、专家及协调员。

总的说来，美国博物馆学校是馆校合作深入的产物，提高了对博物馆资源的利用率，降低了社会教育成本。它与普通学校相比有着自己的运行特

点和优势,不仅是对学校和博物馆这两种文化机构资源的整合,更是双方适应时代发展做出的反应。其对新教学方式的探究和应用,走在当今美国教育改革的前沿。

英国开展"博物馆—大学分享与合作"项目[①]

　　为促进伦敦地区博物馆与大学之间知识和技能的创新分享及合作,伦敦大学学院、伦敦艺术大学、伦敦博物馆团体(London Museums Group)联合发起了"博物馆—大学分享与合作"项目。英国艺术委员会基金组织特拨款 10 万英镑(约合人民币 100 万元)对该项目表示支持。

　　伦敦博物馆团体是一个代表英国首都 250 家博物馆的公共机构。该团体希望通过这一合作项目探索博物馆如何借助大学的资源与技能来丰富和完善自身。而该项目的目的之一即是为了建立博物馆与学校之间的合作关系,帮助博物馆引进新技术,改革志愿者与实习生方案,将创新研究理念通过博物馆项目和活动直接带给广大公众。

　　大学能为博物馆提供藏品保护、策展、新技术等多方面技能,以及科学、地理等多学科专业知识;博物馆拥有独特的藏品资源及社区参与、观众互动等宝贵经验,能为大学提供创新、动态的教学和实验环境,为学生提供参与博物馆生活的机会。博物馆与大学之间的合作潜能巨大。据项目组织人介绍,他们将对该项目做细致的调查和评估,以期为今后整个英国地区博物馆与学校之间的合作提供借鉴和参考。

　　伦敦大学学院博物馆与公共参与部门主任萨里·麦克唐纳(Sally MacDonald)说:"尽管两者协作能开创双赢局面,但实际上,大学与博物馆、特别是小型博物馆还很少建立这种合作关系,以至于我们尚不能完全把握这种关系的本质和成功合作的要素。这个项目的意义即在于此。"

　　伦敦博物馆团体主席朱迪·林赛(Judy Lindsay)说:"如今,政府对公共部门资金的削减使得很多博物馆无力获取专业技能等资源,而大学也面临着其研究项目需要具备公众支持和影响力的巨大压力,两者对彼此的需求已达到前所未有的地步。同时,博物馆与学校的合作还能缓解学生高额学

---

① 李慧君编译:《英国开展"博物馆与大学分享合作"项目》,《中国文化报》2013 年 1 月 24 日。

费的重负,理论课程与实际工作的结合也有助于提高学生的就业能力。我们已经从以往的文化—学术合作中获益颇深,现在我们要总结经验,将这种合作关系推向更高层面。"

2. 博物馆与终身学习

时下,除了配合和服务学校教育外,博物馆在终身学习方面也发挥着愈来愈重要的作用。事实上,"终身学习"概念已然是西方世界政治议程的一部分,这与其应对全球化的人力资源也有关。在美国,一群具有远见的教育者早就开始谈论如何将美国转变为一个学习型社会。他们建议,如果美国要完全过渡到信息与思想知识经济的时代,终身学习就应该成为社会的中心,这种需求比以往任何时候都要迫切①。

这种认识其实已经引发了职业培训的大规模增长,即工作不再是终身的,专业进修对于维持竞争优势的个人和公司都是必需的。在美国,仅2000年一年的培训市场价值就达600亿美元。另外,大多数西方政府及政府间机构都从员工培训中看到了终身学习的意义所在,它亦构成了欧盟白皮书(1994)关于竞争力和经济增长的关键因素,被视为竞争优势的来源之一,是应对全球化和信息技术带来的就业威胁的一种措施。白皮书同时还提到:为明日世界的生活所做的准备并不能满足于一次性获得知识和技术……所有措施必须基于对终身学习和进修培训的发展、推广与系统化。欧盟委员会后来还将1996年宣布为欧洲终身学习年②。

目前,世界各地都逐渐认识到终身学习、成人教育是21世纪人类生存的一个关键因素。博物馆作为非正式教育机构的典型,尤其关注自身可以扮演的角色和发挥的作用。其中,欧洲委员会成人终身学习委员会(2010—2013)还专门设立了"博物馆学习"网络项目(The Learning Museum,LEM)。它旨在为博物馆和教育人员建立一个永久性网站,使其能够利用网络平台参与、分享和学习大量有关欧洲博物馆的知识。LEM项目的设置目标是为博物馆和文化遗产类机构构建一个网络平台,以确保此类机构在终身学习中始终扮演积极角色,帮助国家和欧洲决策者提高前瞻意识。之前,该项目已与来自美国和欧洲17个国家的23家合作机构达成了合作伙伴关系。而LEM网站的重点则是为博物馆热点话题、国际会议与议题、出

---

① ［英］格拉汉姆·布莱克著,徐光、谢卉译:《如何管理一家博物馆:博物馆吸引人的秘密》,中国轻工业出版社2011年版,第104页。

② 同上书,第104—105页。

版物、主旨报告进行宣传,为会员国的博物馆教育人员提供指导,支持"同伴互助性学习",并在欧洲范围内交流博物馆界知识。通过参与者和合作机构的共同努力,LEM 希望形成一个全球性博物馆和文化遗产的网络大社区,并逐渐成为成人教育的主要组成部分①。

"博物馆学习"网络项目的网站页面

　　值得一提的是,早在 1947 年,日本就通过作为宪法姐妹篇的《教育基本法》,将"教育"的概念界定为学校教育、家庭教育和社会教育三者的总和。继而,于同年制定了《学校教育法》。在此基础上,又于 1949 年 6 月颁布了《社会教育法》,这是日本校外教育管理的总法,其中对"社会教育"的定义是在学校教育课程之外所举行的、主要针对青少年和成年人的、有组织的教育活动。这从法律上确认了校外教育在整个教育体系中与学校教育并列发展的地位。此后,日本又相继于 1950 年、1951 年分别颁布了《图书馆法》及《博物馆法》,三者统称"社会教育三法"。随着时代的进步,日本有关新的法令、法规不断对"社会教育三法"加以充实。20 世纪六七十年代开始,日本将终身教育和终身学习理念引入并广泛宣传;80 年代中期,临时教育审议会明确提出建立终身学习体系;1990 年 6 月,国会通过的《终身学习振兴法》等,都是对"社会教育三法"的不断完善。进入 21 世纪,2006 年 12 月 22

---

　　①　湖南省博物馆编译:《欧洲委员会设立"博物馆学习"网络项目》,湖南省博物馆网站,2011年 9 月 5 日。

日,日本《教育基本法》修正案获得通过。其中新增了"终身学习理念"条目,提出"要努力实现这样的社会,即每一个国民为了完善自己的人格及度过丰富的人生,而在其一生的所有机会、所有场合都能够进行学习,并且其学习成果能够发挥相应的价值"①。

(三) 博物馆学习与教育理论

当今,教育服务功能已成为大部分博物馆的核心工作并贯穿于各项活动中。有组织的学生群体是观众构成的主力军,同时各机构在终身学习方面也加强了对成人学习的支持力度。"博物馆教育"与"博物馆学习"两个术语被广泛使用,两者有共通之处,但并不等同。从严格意义上讲,前者的英译是 Museum Education,后者的则为 Museum Learning。细致的区别之一在于,"(博物馆)教育"的机会来源于博物馆,而"(博物馆)学习"的对象则是观众,也即博物馆通过提供教育产品和服务,鼓励观众学习。区别之二在于,"教育"一词中含有正式、说教式、以教授为主导的意味,而"学习"则是一种主动参与到体验中的过程,它涉及技能、知识、理解力、价值观和能力的提高。有效的学习能带来改变、发展与进一步学习的欲望。时下,英国博物馆界普遍认为,博物馆与观众的关系不应该是施教者与受教者的关系,而是一种平等互动的关系。在这种理论和观点的影响下,许多英国博物馆正朝着激发观众兴趣、引导其学习的角色转换,即博物馆教育由"教育"向"学习"转变。这从维多利亚与艾尔伯特博物馆(Victoria and Albert Museum)的教育部已更名为学习部、大英博物馆教育部的部分教育人员改称为学习人员中可见端倪。

美国博物馆协会指出,博物馆应"确保学习理论和教育研究为其实践的基础",并继续强调,"将各种学习方式与学习理论相整合与向所有观众传达内容的方式,两者同样重要"。本小节将介绍与探讨一些国际主流的博物馆学习和教育理论。

1. 学习情境模型(Contextual Model of Learning)②

作为学习创新研究学院③的负责人以及《博物馆体验》(*The Museum*

---

① 王晓燕:《日本校外教育发展的政策与实践》,《国家教育行政学院学报》2009 年第 1 期。
② Gail Anderson, *Reinventing the Museum*, Altamira Press, 2004, pp. 139 - 142.
③ 位于美国马里兰州的首府安纳波利斯。

Experience）一书的作者,约翰·福克(John H. Falk)和林恩·德肯(Lynn D. Dierking)坚信,"学习"是复杂的现象,并且一个简单的模型或是定义无法导向充分真实和可归纳概括的模型。因此,他们提出的学习情境模型并不是关于学习的定义,而是一个供大家思考学习本身的模型,以系统理解和组织这份复杂性。该模型致力于提供一幅关于学习的完整画面,同时容纳大量的特性和细节,以还原学习过程的丰裕性和原真性。

约翰·福克和林恩·德肯认为,任何学习的发生都是有环境的。学习是个体与其环境间历经时间的对话,并且这种情境驱动的对话被视为个体的个人、社会文化以及物理情境之间互动的进程和产物。另外,正如他们俩反复强调的,这三种情境都是不断变化的,没有一个是一成不变的。

学习情境模型提供了组织学习信息的框架,框架内部附设大量细节。那些直接和间接影响博物馆学习的因素即使没有上千,也有上百。有些是显性的,有些是隐性的(并且现在被认为是不那么重要的)。然而,在经过二人上百项研究之后,他们发现:八大因素或更确切地说是八组因素对博物馆学习体验尤其关键。无论是从个体还是集体的角度而言。当缺失了其中任何一项,意义构建都将更为艰难。影响学习的八大因素如下:

个人情境(Personal Context),包括动机和预期(motivation and expectations)、先前的知识、兴趣和信念(prior knowledge, interests, and beliefs)、选择和把控(choice and control);社会文化情境(Socialcultural Context),包括群组内的社会文化介导①(within-group sociocultural mediation)、经他人促进的介导(facilitated mediation by others);物理情境(Physical Context),包括定向和先行组织者(advance organizers and orientation)、设计(design)、博物馆外的强化活动和经历(reinforcing events and experiences outside the museum)。以下逐一分别说明。

(1)个人情境

● 动机和预期

公众前往博物馆的原因有很多,并带有预定的期待。这些动机和预期直接影响了他们在馆内做什么,并且学什么。通常,公众的计划/日程与其博物馆体验也紧密相关,但不总是这样。当他们的预期得以实现,学习将得

---

① 介导指的是以一个中间步骤来传递或起媒介的作用。把某种物质作为媒介转导某种物质,即将一种"物质"传递给另一种"物质"的过程和方式。

到强化。当预期无法兑现,学习也将受损。真正积极的、有动机的学习者较之那些觉得不得不学习的人,更有可能成为成功的学习者。博物馆在得以吸引并强化真正积极的学习者的时候,将最为成功。

学者弗克曾说,博物馆爱好者是一些珍视学习的人们,他们认为自己及其孩子应不断地学习,不断地搜索新信息、不断地提高知识水平。而人们参观博物馆的最主要原因(不论是他们自己还是带着孩子)就是学习,这也是"去博物馆"和"教育"有着如此密切联系的原因。如果终身学习与终身全面学习如此依赖个人动机,那么首先应从总体上来看博物馆参观背后的动机问题及其对学习的影响。弗克等确定了六种动机:地点、教育、生活圈、社会事件、娱乐、实际问题。他们还定义了博物馆或特定展示体验的三类观众策略:"无重点的"体验,参观者对于博物馆提供的任何东西都接受;"适度重点的"体验,参观者会注意博物馆提供的内容但并非因特定的内容而来;"有重点的"体验,参观者预先对参观进行了计划,一般都带着明确的目标。

该研究得出的一个关键结论是:带着娱乐至上动机的人们在展示中停留的时间比那些娱乐动机比较低的人们更长……个人对于博物馆参观的动机会大大影响他们在博物馆中如何学习、学习什么以及学到多少。带来最佳效果的动机是教育和娱乐动机。实际上,所有研究中受访的观众都将这两者结合起来,区别在于他们赋予两者不同的重要性。但是,娱乐和学习的结合是很重要的一点,能有助于克服依然存在于学习概念前的灰色障碍。

另外,经 PLB 咨询机构的研究发现,影响人们是否去博物馆的主要原因是他们自己对于学习的态度。而该态度很大程度上受正规教育水平的影响,受教育水平较高的人比一般水平的人更爱去博物馆。既然社会阶层和工作状况与教育水平有关,那么博物馆和艺术馆观众多为中产阶级和全职或兼职员工就不奇怪了。

无论出于何种动机,学习都会发生,只是学习的范围和性质不同。博物馆面对的挑战是创造一种无论发生何种类型学习,都能对其产生刺激和帮助的环境,并尽可能碰出一些火花,促使观众再次回访并鼓励他们"发现更多"①。

● 先前的知识、兴趣和信念

先前的知识、兴趣和信念在所有形式的学习中都扮演了巨大作用,尤其

---

① 〔英〕格拉汉姆·布莱克著,徐光、谢卉译:《如何管理一家博物馆:博物馆吸引人的秘密》,中国轻工业出版社 2011 年版,第 120—123 页。

是在博物馆学习中。根据先前的知识、兴趣和信念,学习者主动地自我选择是否去博物馆,去哪个类型的博物馆,参观什么展览,参加什么活动等。博物馆体验的意义成型于并受限于先前的知识、兴趣和信念。在最基本的层面,当缺失了适当的先前知识、兴趣和信念,没有人会去博物馆,并且没有人会在那里学到东西(即使他们事实上学到了)。考虑到学习的构成特性及博物馆参观人群的属性各异,观众的先前知识、兴趣和信念在不同机构间的差异很大,即便在同一座馆内也如此。鉴于所有这些原因,博物馆中的学习总是高度个人化的。

●　选择和把控

当个体能就他们学什么并且何时学作出选择,同时感觉他们把控了自己的学习时,学习将达到峰值。博物馆是典型的、自由选择的学习场所,它们往往提供观众许多机会来选择和把控。当博物馆太过模仿义务教育或是强迫公众进行特定学习时,它们会削弱自己的成功,以及作为学习机构的价值。

博物馆是一个非正规学习场所,民众选择是否想学习,并且何时学习。这种学习是内在的,民众不仅基于理智选择有趣的信息,而且基于情感作出决定,比如在某些方面与主题产生了共鸣①。

(2) 社会文化情境

●　群组内的社会文化介导

大部分观众以社会群组成员的身份前往博物馆。这些群组带有历史,独立或是共同组成了学习社群。父母帮助孩子理解其体验并提炼意义,孩子为父母提供了看世界的新方式,同龄人通过共享体验和知识构建社会关系。所有在博物馆中的社会群组都将彼此作为译解信息的工具,并强化共享的信念,做有意义的事。博物馆为这样的合作型学习创设了独一无二的社会环境。

●　经他人促进的介导

博物馆中的社会介导学习不止发生在个体所在的社会群组中,强大的社会介导学习还可以纳入陌生人。这样的学习有着长期的发展和前例,许多互动都发生在观众与博物馆导览员、解说员、向导以及表演者之间,后者能够加强或是削弱观众的学习体验。若技巧娴熟,博物馆的员工还将大大促进观众的学习。

---

①　Anna Johnson et al. , *The Museum Educator's Manual*, Altamira Press, 2009, p. 13.

（3）物理情境

● 定向和先行组织者

许多研究都表明，当民众在环境中感觉安全或是知道预期是什么，他们将更好地学习。博物馆通常都环境宽敞，在视觉或是听觉上给人以新颖感。当民众在博物馆空间中分不清方向或目标，这将直接影响他们聚焦其他内容的能力；当他们能自我导向，这份新颖感就有助于其学习。同样的，提供概念先行组织者能大大提升公众从体验中构建意义的能力。

● 设计

不管媒介是展览、活动还是网站，学习都会受到"设计"的影响。尤其是展览，它们是充满设计的教育体验。民众前往博物馆观看并体验置于合适位置的实物。他们也能在其他地方看到二维媒体，找到电脑终端，或是阅读文字，但绝不是在有意义环境下的原真对象。合理设计的展览是引人注目的学习工具，可以说是最佳教育媒介之一，以加强民众对世界的具体理解。

● 博物馆外的强化活动和经历

学习并不受限于博物馆的边界。人们不断地积累理解力来学习，并通过许多渠道和不同的方式。在博物馆中的学习也不例外。公众带着理解力前来，带着更多的理解力离开（希望如此），并在周边事件推进和需要的时候搞清含义。确切地说，从博物馆中获得的知识和经验是不完整的，它需要启用上下文才完整。通常，这些启用的上下文在博物馆外发生，并在博物馆参观的多周后、多月后、多年后才发生。这些接下来的、在博物馆外的强化性事件和经历，与馆内的活动一样，对博物馆学习至关重要。

鉴于此，追踪观众学习到什么有时是困难的。因为许多人可能还没认识到自己学习了什么，直到几天、几周、几月甚至几年后，某一个情形会促使他们详尽回忆其博物馆之行。今天，对于延迟学习（delayed learning）的了解甚至是理解都是很少的①。

事实上，学者弗瑞德曼（Friedman）在 1987 年即提及："博物馆中的一小部分学习是在当观众对呈现的 150 件作品中的 1 件产生兴趣时发生，但这部分学习是关键的。这小部分知识能够对观众产生改变，同时博物馆可以通过这小部分兴趣唤醒大家学习的渴望。"又如，当孩子们受到旧金山探索馆（The Exploratorium）墙面上影子的吸引，他们切换、融合彩虹的每种颜

---

① Anna Johnson et al. , *The Museum Educator's Manual* , Altamira Press, 2009, p. 13.

色,这没法告诉博物馆人他们学习到了什么。但是几年后,当老师在解释色彩如何结合以产生白光时会更容易,学生也不会觉得那么吓人①,这就是"博物馆外"的影响力了。

2. 博物馆教育的四种模式②

1998年,美国博物馆专家乔治·E·海因(George E. Hein)教授在其著作《博物馆学习》(*Learning in the Museum*)一书中,对博物馆教育提出了四种模式,分别对应于科技博物馆教育所经历的四个阶段:第一代的教导解说型(Didactic,Expository),第二代的刺激—反应型(Stimulus-Response),第三代的发现型(Discovery)和第四代的建构知识型(Constructivism)(见下图)。这些阶段性发展是与教育理论和博物馆发展密切相关的。

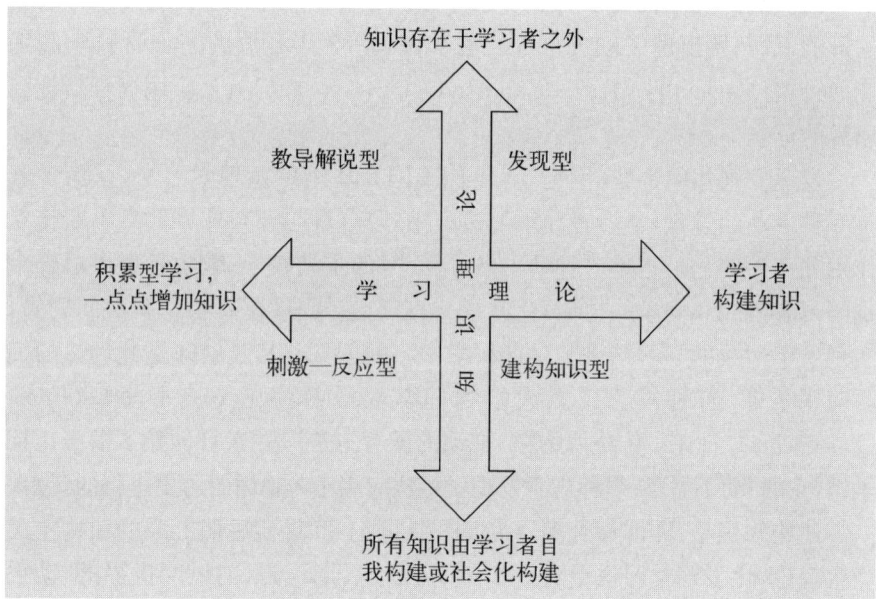

知识存在于学习者之外

教导解说型　　　　发现型

积累型学习,　　　　　　　学习者
一点点增加知识　　学　习　理　论　构建知识

知　识　观　引　理　论

刺激—反应型　　建构知识型

所有知识由学习者自
我构建或社会化构建

教育理论
来源:George E. Hein,*Learning in the Museum*,Routledge,1998,p. 25

教导解说型是与学校传统教育相同的方式。课程按照学科结构分成小单位建立原则与基础,教师依循理性、程序从简单至复杂地进行教学;此种

---

① Timothy Ambrose, Crispin Paine, *Museum Basics*, ICOM in conjunction with Routledge London and New York,2005,p. 109.

② 钱雪元:《美国的科技博物馆和科学教育》,《科普研究》2007年第4期。

借由记忆及强调固定教学程序的机械式学习,仍普遍流行于学校和博物馆。例如,自然历史博物馆依生物进化史年代呈现生物标本,传统科技博物馆依科技发明先后顺序和科技门类编列展览。这些传统自 19 世纪伦敦的自然历史博物馆(The Natural History Museum, London)和科学博物馆(The Science Museum, London)创建以来,相继在各国著名博物馆中得到了充分表达。

刺激—反应型系指学习是经过不断刺激、增强与反应形成的结果,与教导解说型同属"教师教—学生学"的传统教育思想。因此博物馆的各项展览内容,同样是按部就班,有清楚的开始及结尾,并刻意依序安排。所不同的是,刺激—反应型特别强调教育方法与训练,而教导解说型则强调教材及所学内容。例如在展览中,某展项要观众按按钮等,并利用文字或在电脑屏幕上打出"您答对了"就属于刺激—反应型。在 20 世纪初进步主义教育运动的影响下,开始出现了动态展品。在美国,1933 年开放的芝加哥科学和工业博物馆(Museum of Science and Industry, Chicago)就是应用这种新教育思想的标志。

发现型则相应于 20 世纪 60 年代美国布鲁纳的发现学习法,认为学习是一种主动的过程,学习者在学习过程中,以自身心智与外界信息不断交互作用并产生变化。它是一种动手做、用心学的主动教学;教学者提供适合个别学习者挑战和刺激的情境,让其参与、自行选择、掌握事物及解决问题等,实现希望达成的学习结果。早期科学中心的创立及其发展即是此理论的实际应用结果,当时科罗拉多大学物理学教授弗兰克·奥本海默(Frank Oppenheimer)批评了传统博物馆"被动的教育方法",并亲自创建了旧金山探索馆,它的"动手做"特质标志着发现学习法应用于博物馆的历史进程的开始。

建构知识型,亦即探究型,相应于 20 世纪 80 年代后期形成的建构主义教育理论,比发现学习法更进一步。90 年代后期,与目前风靡世界的"动手做探究式学习"或"做中学"科学教育改革相平行,科技博物馆进入了第四代,即所谓的"建构主义时代"。建构主义教学观认为,学习不简单是知识由外到内的转移和传递,而是学习者主动建构自己知识经验的过程,即通过新经验与原有知识经验的反复、双向作用,来充实、丰富和改造自己的知识经验。它强调学习者的内部生成,而学习者的主动性是内部生成的核心动力。

事实上,在博物馆教育的发展过程中,后来的模式并没有完全替代前者,而是对前者的发展和补充。在实际教学上,这四种模式常常相互重叠,交替运用。另外,由于博物馆服务的对象,无论年龄、性别、兴趣、专长、职业、教育程度等均不同,因此所呈现的教学方式更应该是多元的,更需要教导解说型、刺激—反应型、发现型、建构知识型四者充分运用,以发挥博物馆最大的教育功能。

3. 说教式学习:将知识传输给博物馆观众[①]

几乎每一次博物馆展示的背后都存在将学习作为产品的概念,也即馆方通过说教式展示方式将知识传输给观众。美国马萨诸塞州莱斯利大学的乔治·E·海因教授认为,在这种情况下,学习的过程便产生"来自教导者的'传输'以及学习者的'吸收'——信息、事实与体验的增长式消化,直至实现知识的结果"。在观众看来,这是一种高度被动的方法:管理人员教,观众学。也就是说,博物馆负责人以逻辑顺序将所需传达的信息分割为若干可吸收的片段,而观众则不假思索地按其安排的顺序和方式接受。

然而,除了历史沿革,还需更多理由来解释为何这种展示方式直到现在还处于支配地位。答案并不难找到,主要在于方便性、博物馆从业人员的天性以及传统观众的期待这三点。首先,说教式展示之所以容易被接受,一方面因为它极易实现,另一方面因为这种方式与大多数博物馆的机构框架相匹配。其次,多数馆长已经养成了说教式的教育传统,并在中小学及大学期间经受了长时间的正规训练,这赋予了他们基于某一主题的丰富学识。一旦上任后,这种专业能力巩固了他们的权威。再次,传统的博物馆观众也是通过这种方式得到教育的(一般受教育程度越高,参观博物馆越频繁),他们能很快认可展示中的说教式方法,并感觉"舒服"。于是馆长继续以权威的口吻训话,而观众继续接受这一结果。

相对而言,说教式学习在观众具有相似兴趣、知识和理解力水平的情况下效果最好。而观众越是要寻求个人体验及直接参与该体验的机会,博物馆就越需要应对他们不同的学习需求和理解能力,那么严格的说教式方法就越行不通。这并不是要否定它,很多观众仍可以寻求那种方式,他们的需求仍可以得到满足。

4. 体验式学习:获取知识的又一种方式[②]

说教式方法使得学习过程被看成是一种被动而短期的活动,如在校期

---

① 〔英〕格拉汉姆·布莱克著,徐光、谢卉译:《如何管理一家博物馆:博物馆吸引人的秘密》,中国轻工业出版社 2011 年版,第 107—109 页。

② 同上书,第 109—110 页。

间或短短几小时,通过这种方式一些特定的重要因素可以被吸收。它还跟学校课本具有相关性,其内容都按照一种逻辑性、步进式的方法来展现。事实上,在校学习与传统博物馆展示相似,都有一个开端、中段和结尾,理论上其内容可以在一次参观或一系列参观中以正确的顺序为对象所被动吸收。

另一种关于学习过程的观点则主张"学生要学习,就需要体验;他们需要去看去做而不是光听"。乔治·E·海因教授认为,这样的学习在获取知识与获得理解后能得以继续,并反映和应用到生活体验中,而不是一次性的活动。

所谓体验式学习,其主要的教育哲学及理论架构是整合了教育家杜威的"在做中学"、社会心理学家大卫·库伯的"体验式学习圈"、认知心理学家皮亚杰的"发生认识论"以及其他学者的理论而形成的学习框架。体验式学习注重为学习者提供真实或模拟的情景和活动,让他们在活动中充分参与来获得个人体验、感受并进行交流和分享,然后通过反思、总结并提升为理论或成果,最后将理论或成果应用到实践中①。

2001 年,英国档案馆、图书馆和博物馆战略机构资源理事会(现博物馆、图书馆与资料馆理事会,The Museums, Libraries and Archives Council,MLA)发布了《利用博物馆、档案馆与图书馆来发展一种学习型社会:战略行动计划》(Using Museums, Archives and Libraries to Develop a Learning Community: A Strategic Plan for Action),并将其作为参考文件以确定博物馆、图书馆和档案馆的学习案例。该计划特别将"学习"作为主导词,并接受了英国"博物馆学习战略计划"中对"学习"的定义:学习是一种主动参与到体验中的过程。它是人们想要让自己对世界有意义时所做的事情,涉及技能、知识、理解力、价值观和能力的提高。

美国芝加哥历史博物馆(Chicago History Museum)为了让观众尤其是青少年全面、直观地了解芝加哥的历史、城市特色,特别修建了一间体验室。在这约为 120 平方米的空间内,观众可以通过视觉、味觉、嗅觉、听觉、触觉来感受芝加哥。孩子们有的躺在一个形似两块长面包的沙发里,往身上盖仿制的超大沙拉酱条和青菜叶,一份让人垂涎三尺的著名芝加哥小吃——热狗便"新鲜出炉"了。有的孩子站在绘有芝加哥地图的柜子旁,一一揭开

---

① 湖南省博物馆"中国博物馆与青少年儿童教育项目"赴美学习考察小组:《浅谈当代美国博物馆教育——湖南省博物馆教育人员赴美考察报告》,2010 年,第 8 页。

神秘的小盖,闻闻属于每个地区特有的气味。还有的爬上高高的老式自行车蹬上几圈,体验独特的芝加哥自行车文化。

而在美国自然历史博物馆的"发现小屋"里,家庭观众可根据儿童年龄的不同,在楼上楼下分别参与不一样的动手体验项目。例如,拥有 7 岁以下儿童的家庭可参加观察非洲猴面包树、寻找小动物、触摸标本并制作属于自己的藏品、试戴各种有行业或民族特点的帽子、装配恐龙骨骼、模拟考古发掘等项目。拥有 7 岁以上儿童的家庭则可参与用显微镜观察标本、在计算机上完成与藏品相关的游戏、阅读与藏品相关的儿童书籍等项目。这些活动让观众观察、触摸、感受藏品,达成藏品与观众间的良好互动①。

5. 探索式教学法

探索式教学法又称发现法、研究法,是指学生在学习概念和原理时,教师只给他们一些事例和问题,让学生通过阅读、观察、实验、思考、讨论、听讲等途径去独立探究,自行发现并掌握相应原理和结论的一种方法。它以解决问题为重点,以充分调动学生的主动性、积极性为前提,以发展他们的思维能力和创造能力、教会学生学习为目的,强调他们的参与性、自主性、创造性及合作精神。一般的探究过程可以概括为设问质疑、实验探究、思考作答、分享矫正四个步骤②。

在美国不少艺术博物馆或画廊的展厅内,时常举办以此教育理论为指导思想的历史学习课程。首先,导览员会向学生发放小卡片,上面写有与本次课程主题相关藏品的提示和问题,然后学生以两人为一组到展厅内根据提示观察并合作寻找藏品。最后,导览员组织学生将观察、探索的结果与同学分享。两位合作者中的一位读出提示,另一位进行分析、解释和说明。如果有遗漏或错误的地方,导览员则引导学生再次观察或者提供一些线索和辅助知识,让他们自己得出正确的结论。在整个过程中,导览员仅仅担负着组织者和指导者的角色,与学生之间的交流非常民主,而学生们也始终保持着饱满的学习热情和持久的学习兴趣,相互间不仅合作默契,思维的碰撞也十分频繁,整个气氛可谓活跃而融洽③。

值得一提的是,自 1995 年美国政府颁布国家科学教育标准以来,各科技博物馆的教育项目开始了向标准靠拢的趋势,活动举办尽可能结合该标

---

① 湖南省博物馆"中国博物馆与青少年儿童教育项目"赴美学习考察小组:《浅谈当代美国博物馆教育——湖南省博物馆教育人员赴美考察报告》,2010 年,第 8 页。

②③ 同上书,第 8—9 页。

准。而美国国家科学教育标准的两大支柱之一便是"探究性学习",也即,鼓励和引导孩子们主动学习,通过探究的方式学习科学方法和精神,而不是接受现成的结论。这是该标准的深度,也就是标准的创新性①。

6. 多元智能理论②

多元智能理论是 1967 年哈佛大学教育研究生院创立的《零点项目》③在 20 世纪 80 年代取得的一个重要成果,由美国著名发展心理学家、哈佛大学教授霍华德·加德纳(Gardner)博士在《心智的架构》(*Frames of Mind*,1983)这本书里提出。加德纳博士在 20 世纪 80 年代曾担任《零点项目》的主要负责人之一。他认为,人类的智能是多元化而非单一的,主要由语言智能、数学逻辑智能、空间智能、身体运动智能、音乐智能、人际智能、自我认知智能、自然认知智能八项组成,每个人都拥有不同的智能优势组合。因此,他特别强调通过教材及其他课程资源,在教学过程中运用多种智能手段,找到发挥每个学生智能优势的"切入点",也即通过"用多元智能而教",发动学生主动参与、展示才华,促进其全面发展,并达到"为多元智能而教"的目的。同时,他认为"如果一个人想获得深度了解,势必要超越单一学科的范围,采取跨领域的研究方式"。因此,在多元智能的教学活动中,教师可以围绕某一主题或核心知识,运用多种智能,把语文、数学、音乐、艺术、表演等学科的相关内容进行整合与贯通,使之形成体系,让学生进行研究与学习,从而达到开发多元智能与对主题深刻理解的目的。此外,多元智能理论还强调在实施课程时尽可能开发课程资源。加德纳指出:"除了学生的家庭成员及监护人员外,企事业单位和社会机构,特别是博物馆都应积极介入教育过程。"最后,多元智能理论强调"评价"在课程实施情境中进行,评价的主体、内容、方式多元化。

史密森美国美术馆/国立美国艺术博物馆(Smithsonian American Art Museum)名为"拐角艺术"的教育项目就是以多元智能理论为指导设计的,专门针对华盛顿公立学校 4—5 年级的学生。教育工作者首先根据学生不同的年龄层次和学校教学目标选择不同材质和主题的艺术品;然后针对这些艺术品将艺术、文学、音乐、数学、历史、表演相结合,设计形成一整套课程

---

① 钱雪元:《美国的科技博物馆和科学教育》,《科普研究》2007 年第 4 期。

② 湖南省博物馆"中国博物馆与青少年儿童教育项目"赴美学习考察小组:《浅谈当代美国博物馆教育——湖南省博物馆教育人员赴美考察报告》,2010 年,第 9—10 页。

③ 该项目的主要任务是研究在学校中加强艺术教育,开发人脑的形象思维问题。

和资料提供给老师,一本课本和练习册则提供给学生使用。在项目开始之初,老师将对全年的活动安排进行总体介绍,并提出两个问题让学生在全年的学习中思考:"艺术品对于我们有什么意义? ……艺术家们思考什么和做什么?"同时要求每位学生将当时思考的答案写在小纸条上,贴在黑板上与大家分享。然后学生将在学校上课 3 次,赴博物馆参观 6 次,每隔一周参观 1 次,每次 2 小时。学生到博物馆后,首先由馆方教育部人员带领着进行展厅导览,然后到工作室进行艺术创作。年底时,馆方要求学生对以上两个问题再次作答,并与以前的答案进行对比,回顾一年来自己的认识是否改变或者加深。同时,举办 1 次学生艺术展,邀请家长前来欣赏并和孩子们一起创作,最后双方一同到博物馆参观,参加专门为他们举办的特别家庭日活动[①]。

7. 学习循环理论[②]

学习被认为是包含了对知识的独立主体的获取,但其定义已远远不止于此。同样,英国档案馆、图书馆和博物馆战略机构资源理事会还暗示,博物馆、档案馆和图书馆的所有体验都具有成为一种学习机会(获取、反映和应用新体验的机会)的潜力。这种方法一般被描述为"学习循环"。

在有组织的教育活动中,参与者的所学大多来自亲手实践。其基础理论非常简单——做事,然后从体验中学习,当再去做与之相关的新事情时,就会将之前获得的经验用上,从而形成一种如右图所示的学习循环。

事实上,这也是体验式学习概念最基本的模式。当一个单箭头自"亲手实践"指向"回顾经

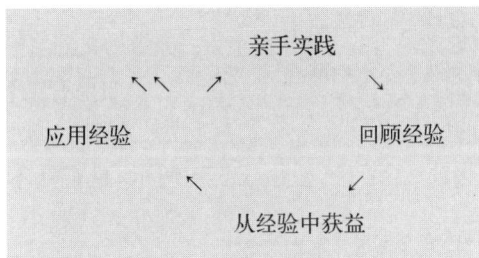

学习循环
来源:[英]格拉汉姆·布莱克著,徐光、谢卉译:《如何管理一家博物馆:博物馆吸引人的秘密》,中国轻工业出版社 2011 年版,第 110 页

验"、自"从经验中获益"指向"应用经验"时,从"应用经验"就会指出多个箭头,即同一条经验可以适用于多种不同情况。

---

① 湖南省博物馆"中国博物馆与青少年儿童教育项目"赴美学习考察小组:《浅谈当代美国博物馆教育——湖南省博物馆教育人员赴美考察报告》,2010 年,第 9—10 页。

② [英]格拉汉姆·布莱克著,徐光、谢卉译:《如何管理一家博物馆:博物馆吸引人的秘密》,中国轻工业出版社 2011 年版,第 110—112 页。

对博物馆而言,需要鼓励观众开发学习循环,让他们从参观经验中获益,这是一种疏导式活动,而非无组织的活动。体验式学习理论认为:该循环在观众感受到展示物与其自身生活的相关性,并看到所学能得到应用时才会发生。这样反过来还将激发观众进一步学习的热情,而体验式学习的结果可能是一种学习的行动或学习的热情。这时"善循环"便产生,如左图所示。

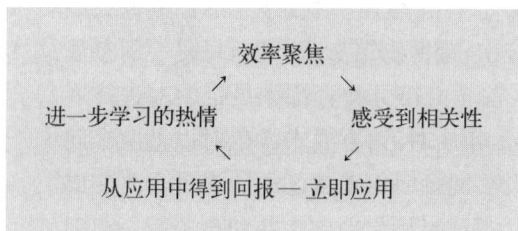

起点"效率聚焦"暗示了对某一领域的一种最初的动机或兴趣。在一种完美的环境中,观众通过参与到展示中,感知与其自身生活及需求的相关性,立即应用其发现并获得明确回报,同时他们进一步学习的热情也提高了,正如英国"博物馆学习战略计划"所定义的,"有效学习能带来改变、发展与进一步学习的欲望"。

如果有"善循环"的话,则必须承认还有一个"恶循环"。就博物馆展示来讲,"恶循环"如左图所示,是观众不能将展示内容或体验转换到自身所处的状况中,并认为这对他们的学习没有任何益处时发生。其结果是,他们对展品不再投入,他们失去兴趣并渐渐离去。

效率聚焦
进一步学习的热情　　　感受到相关性
从应用中得到回报——立即应用

善循环
来源:[英]格拉汉姆·布莱克著,徐光、谢卉译:《如何管理一家博物馆:博物馆吸引人的秘密》,中国轻工业出版社2011年版,第111页

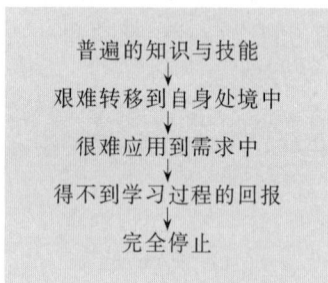

普遍的知识与技能
艰难转移到自身处境中
很难应用到需求中
得不到学习过程的回报
完全停止

恶循环
来源:[英]格拉汉姆·布莱克著,徐光、谢卉译:《如何管理一家博物馆:博物馆吸引人的秘密》,中国轻工业出版社2011年版,第112页

五、 现代博物馆教育活动的特点

与展示相比,博物馆教育活动通常具有以下特点:活动对象多为有兴趣的观众,而非全体观众,因而较多考虑他们的需求和趣味性,并贴近生活;活动大都采用参与方式。相对于展示的"静",教育活动更突出"动",也即活动双方的互动,其中许多是博物馆工作人员与受众面对面的活动;活动注重过程,而非单纯的结论,因而较多关注过程的进行、方法的实践,而不是单纯

的知识传输;活动地点不限于馆内;活动目前主要由教育部门举办,或由教育部门联合馆内其他部门或与馆外单位共同举办①。

总的说来,现代博物馆教育活动的特点主要表现在以下五个方面。

(一) 多在展厅内举行,或在展厅附近举行,亦可在馆外

博物馆教育活动以展览教育活动为主,因此多在展厅及周边区域举行,但主要视活动本身的属性、预计的观众数量等因素而定。

过去,展厅内的公共活动区域面积有限,因此展厅附近的教室或多功能厅常被用来开展展览教育活动。今天,仍有许多博物馆在延续这一传统。

但近 10 年来,博物馆的空间设计有了一定改变,更多公共活动被移至展厅内举行,因此也改变了展厅的某些属性。这样的转变,一大原因在于:许多博物馆,尤其是在美国,现在更注重将研究、藏品、公共节目(包括展览和教育活动等)三大核心项目融合,强化它们的合作用力。这股趋势,甚至已蔓延至美国一些相对保守的馆,并影响到了展览运作,以及博物馆经营管理的其他方面,该影响将来还可能扩展至全球。

下图旨在说明,过去博物馆在核心功能(研究、收藏、公共节目)的融合方面做得还不够,常常忽视公共节目,并严重限制了教育活动的开展。今天,博物馆已将这三项核心功能置于更平等的位置,并且将来还会继续最大

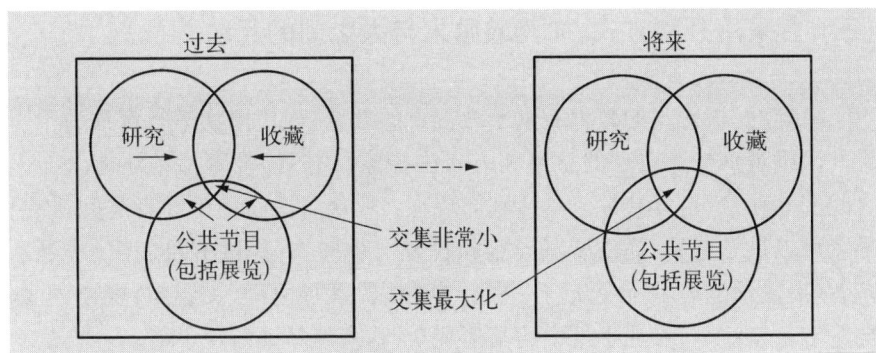

博物馆的核心功能

来源:Barry Lord, Gail Dexter Lord, *The Manual of Museum Exhibitions*, Altamira Press, 2001, p. 300

---

① 楼锡祜:《动手做是最好的学习方式》,《中国文物报》2010 年 8 月 4 日。

化三者间的联系①。

　　另外,并非每座博物馆现在都拥有独立的探索室、实验室和教室等,尤其是一些中小型馆,有些机构在当初营建时也未规划并预留独立的教育空间。因此,将教育活动适当地移至展厅,例如某个角落,通过"触摸小车/探索小车""探索抽屉""探索站"等形式开展活动,不失为缓解空间难题同时将展示和教育功能完满结合的捷径之一。

(二) 注重临场体验与实物体验

　　时下,博物馆公共节目的一大典型特征,即致力于最大化观众与"实物藏品"(包括手工艺品、艺术品或标本)及与"研究"接触的机会。该特征在展览教育活动上体现得尤为明显,这也是为什么现在有越来越多的活动被移至展厅内举行,同时也是博物馆教育活动有别于并凌驾于其他教育类机会和闲暇体验的最大"资产"之一。

　　事实上,许多现代博物馆都采用临场的、实物体验式的教育,诸如透过三维空间造景、情境塑造、遗址复原,使遥远时空的人类历史情景或自然风貌得以重现。邻近实物或是与之"零距离"接触使得一系列展览教育活动更富直观性、实感性以及动态和活力。另外,一些聚焦重点展品的活动和空间,也提供了观众原物复制品并搭配实物,供他们探索②。

(三) 多采用互动方式,尤其鼓励人与人之间的互动

　　自导的、探索式的教育有别于教授式的教育,现代博物馆教育致力于引导并激励观众按照自己的意愿和方式去探索。并且,教育活动注重人与人之间的互动,这是其共性。具体则体现在:观众与博物馆引导者之间,该引导者可以是导览员(提供展览导览和解说)、表演人(提供节目表演)或是示范者(提供示范演示);观众与一些引导性展品展项之间,如音频、视频、电脑导览节目;观众与参观小组中的其他观众;观众与其他参观小组。

　　与他人进行互动被证明是博物馆内最有效的互动方式。学者约翰・福

---

① Barry Lord, Gail Dexter Lord, *The Manual of Museum Exhibitions*, Altamira Press, 2001, pp. 298 - 300.

② Ibid., p. 300.

克和林恩·德肯在学习创新研究院内的研究发现,博物馆内的社会环境和氛围是观众体验的重要组成部分。现在许多机构都非常重视"由工作人员提供帮助"的观众体验,这在儿童博物馆内尤其常见,因为其主要观众的读写能力有限,故展厅内无法使用过多的平面媒体,而是需要工作人员的合宜引导①。

(四) 激发观众情感,给予他们灵感和启发

好的展览与教育活动,不仅激发观众思考,更激发他们感受,充分发挥其五官的力量。一些机构的教育活动通过传播技术与演示内容融合,吸引观众,并鼓励他们调动情感。这在艺术馆中较为常用,并在其他类型的博物馆也越来越多地应用,给予观众启发的、诱导的、寓教于乐的教育机会。通常,情感上的参与更有助于观众收获难忘的参观之旅和体验②。

事实上,好的博物馆教育活动关键在于对观众学习的激励,如下图的激励模式所示。也即,任何一项活动,首先在于"吸引"观众的注意力,诱发其"好奇心",从而激发其"情感",使观众在情感上与某一主题联系起来;下一步,就是"鼓励"他们"参与"具体的"活动";接着便自然而然地通过"信息"的"学习",给予其获得"教育"的机会;最后则落实到"行为","授权"观众在实际"行动"中实践先前的所学和所感。整个过程,可谓层层推进,一以贯之,让观众在非常自然的过程中亲自参与,收获新知,升华情感,并影响自己日后的行为。

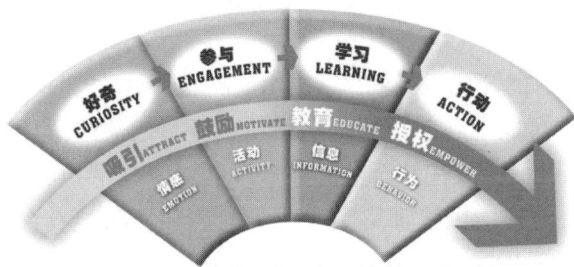

博物馆学习的激励模式
来源:John Chiodo,资深策划人员,Gallagher & Associates(旧金山分公司)

---

①　Barry Lord, Gail Dexter Lord, *The Manual of Museum Exhibitions*, Altamira Press, 2001, p. 301.
②　Ibid., pp. 301 - 302.

（五）具备机动性，灵活多样，充满动态和活力

　　教育活动的举办为博物馆展览、藏品和研究都注入了动力。这些活动通常比较灵活机动，以契合观众的需求。

　　例如，某机构星期六下午有大型团体前来参观。日常的演示活动在14:15（高峰时段）开始，但博物馆方面可以根据实际情况，将活动提前至13:30，并在人相对少的空间内举行。这样即使不是该团的观众也可在14点以后，在高峰时段舒适地欣赏展览了。又如，观看专家或是受过训练的志愿者清理化石，远比欣赏一件静态的化石展品辅以如何清理的叙述要来得有趣和有力量。并且，有专家和志愿者在旁，观众还可随时发问，同时有机会在"探索站"内亲手摸一摸化石①。

　　值得一提的是，美国博物馆协会教育专业委员会（Education Committee，EdCom）作为美国博协第一个成立的常务专委会，制定有详尽的教育项目标准，并颁发卓越项目奖。这些获奖项目的共同特点包括：

　　（1）互动：让观众高度沉浸，并与教育工作者互动，如参与角色扮演活动；

　　（2）与社区勾连：教育项目与本地社区或是与当地的教育、市民和政府组织勾连；

　　（3）关注未受到足够关心的群体；

　　（4）创新和实验性：与博物馆内先前的教育项目不同，这需要该馆组织文化的支撑，并获得高层管理者的认可；追求项目创新，同时勇于承担风险②；

　　（5）综合能量：教育项目的开展需要依靠博物馆藏品、研究的能力；

　　（6）对运作的认知：项目能反映对博物馆运作所处环境的清醒认知。例如，2002年美国联邦政府通过的"有教无类法案"，以及对责任承担和可计量结果的重视，这些重要的环境因素都影响了今天的美国博物馆教育。又如，自1995年美国政府颁布国家科学教育标准以来，各科技博物馆的教

---

　　①　Barry Lord, Gail Dexter Lord, *The Manual of Museum Exhibitions*, Altamira Press, 2001, p. 302.

　　②　Office of Policy and Analysis, *Lessons for Tomorrow: A Study of Education at the Smithsonian*, USA: Smithsonian Institution, Vol. 1 Summary Report, 2009, p. 21.

育项目开始了向标准靠拢的趋势,活动开展尽可能结合该标准。而且为促使所有的学生都具有符合标准的科学素养,美国政府将此列为最优先的政策,促使科学中心为学校服务时都要主动配合学校正在进行的科学教育改革①。

总之,好的教育活动往往融合了以上几大特征,并最大化地促进展览能效的发挥。这也是为什么在展览的规划阶段,需要教育、特别活动及其他公共节目工作人员的参与,以确保最终展览和相关衍生项目的成功。

六、　重视博物馆教育是国际社会的普遍做法

博物馆事业发达国家如美国、英国、日本、法国、加拿大、意大利等,都将博物馆作为国民教育的特殊资源和阵地,包括政府制定法规,明确博物馆纳入国民教育体系的内涵及要求,同时政府给予充分的财政保障。事实上,国际社会高度重视博物馆在国民教育特别是学校教育中的作用。1960 年联合国教科文组织《关于博物馆向公众开放最有效方法的建议》"五、博物馆之社会地位及作用"即指出:"对于博物馆为学校和成人教育所能作出的贡献,应予以承认并给予鼓励。这应通过设立适当的机构进一步系统化,这些机构负责在地方教育部门负责人与那些因其藏品性质而对学校特别重要的博物馆之间建立正式和定期的联系。"②

此小节将采撷一些博物馆事业发达国家的实践,一方面呈现了各自的博物馆教育(活动)特点和优势;另一方面也彰显了重视博物馆教育已成为国际社会的普遍做法。

(一) 美国博物馆的教育活动

重视"教育"功能是美国博物馆的一大特点,并且该特点得到了社会肯定和支持。1918 年冬天,波士顿的许多学校因缺少取暖用的煤而被迫停课

---

① 钱雪元:《美国的科技博物馆和科学教育》,《科普研究》2007 年第 4 期。
② 国家文物局博物馆司调研组:《关于将博物馆纳入国民教育体系的调研报告》,2010 年。

关闭,当时该市的博物馆纷纷为青少年开设了讲座,临时代替了学校的作用。陈梦家先生早在1946年即已观察到:"(在美国)每到一地即可以博物院之情形判其教育文化之高下。"2001年当"9·11"事件发生后,史密森博物学院的观众人数大幅下降,且学校也纷纷取消原定与博物馆有关的教育项目时,美国的一些州长和议员专门到史密森参观以示安全。密西西比州州长说:"对我们学校的孩子们来说,(比恐怖袭击)更大的危险是他们不到首都华盛顿(的博物馆)了解国家的遗产。"并且,美国政府还积极鼓励博物馆增强公共教育功能。近年来,公立学校来自政府拨款的艺术教育经费被一再削减,为了适应这一形势,以博物馆之长补学校之不足,众多美国博物馆相继加强了面向学生的教育项目,有不少给博物馆的捐款专门指定用于这类项目①。

美国是目前全世界将博物馆与学校教育融合得最密切的国家之一。在一项调查中,93％的被调查者认同"博物馆是教育的活跃参与者,为儿童提供动手学习和校外游览的经历,博物馆已成为公共学校教师们课堂教育、课后节目和职业发展的好伙伴"②。时下,美国有相当部分的正式课程都在博物馆的展厅、教室、库房、图书馆等地进行。学生们有机会目睹藏品实物,留下比课本内容更加深刻的印象,巩固以往所学。事实上,美国博物馆联盟博物馆未来中心新近提供的一系列关键数据,充分证明了博物馆在教育界所扮演的重要角色。包括:目前美国博物馆每年为教育投入20亿美元。通常,一座博物馆会将四分之三的教育资源提供给基础教育阶段的学生;博物馆每年接待学生参观者5500万人次;博物馆根据国家与地方教学大纲,量身制作了各方面的教育活动;每年,博物馆提供1800万小时的课程③。

总体而言,美国博物馆的教育活动开展具有如下特点:

第一,丰富多彩的教育活动。美国博物馆的教育活动内容广泛,形式多样。包括影片录像等视听放映、供观众亲身体验的探索项目、为学生开设的教学课程、各种教具外借服务、教师培训、学生实习,还有图书馆等设施设备对外开放。例如,美国自然历史博物馆的年观众量达320万人,其中学生50万人。其教育部开展的"自然与科学"活动,让3岁以上的孩子在家长陪同

①② 段勇:《美国博物馆的公共教育与公共服务》,《中国博物馆》2004年第2期。
③ 谢颖编译:《美国博物馆联盟探索教育新模式》,《中国文化报》2014年7月8日。

下玩耍。活动地点是一个上下两层的小型展室"发现厅",里面陈列着人类学、自然标本和动植物培育箱。孩子们穿上小夹克,拿上放大镜去"发掘恐龙"、认识标本,活动结束后馆方还给他们发毕业证。此外,每月两次的"博物馆过夜"活动,是一项收费活动,孩子们周五晚 5:30—5:45 入场,一直活动到午夜。又如在史密森弗利尔美术馆(Freer Gallery of Art)和亚瑟·M·赛克勒美术馆(Arthur M. Sackler Gallery),其制作室内摆满了各种手工作品,有纸做的荷花、船、中国庭院、万圣节面具等。在举办中国青州展时,教育部的家庭项目组成员教孩子学做菩萨的首饰;在中国庭院的活动中,他们让孩子学写诗[①]。这些活动让人深深感受到美国博物馆对儿童进行世界文化启蒙的高度重视。此外,史密森博物学院每年夏季都会举办民俗节,纽约市在每年 6 月的第二个星期二在著名的"博物馆一英里"举办艺术节,位于中央公园东侧包括大都会艺术博物馆在内的多家机构都在当天的特定时段免费为公众开放。

第二,完善的教育设施设备。美国博物馆的教育设施设备先进齐全,在新一轮的改建和扩建中,不少机构也都以扩大教育服务功能为重要内容,如纽约大都会艺术博物馆、芝加哥艺术博物馆等。同时,不论大小博物馆都设有公众教育部或教育服务部,为学生搭建专门的教室、实验室,开办专供儿童参观的陈列室等。此外,美国的博物馆通常会准备多种供学校教育使用的配套材料,包括文字素材、幻灯片、标本实物、教师手册、海报等。比如,一些机构特别设计制作有各种类别、不同层次的教师工具包等辅助教具,给相关的大、中、小学免费发放。当然,这些工具包并不是将博物馆藏品直接提供给教师,而是根据馆藏的特点,制作等尺寸的复制品。但克利夫兰艺术博物馆则特地从馆藏品中选择了 1.8 万件一般重复品专供对外教育使用,目前已设计了 18 个教育专题,可根据需要将有关藏品灵活搭配放置于专门制作的皮箱内带往学校开展活动[②]。另外,弗吉尼亚美术博物馆(Virginia Museum of Fine Arts)教育中心制作的印第安文化学习箱里有海报、DVD(数字化视频光盘)、书、介绍食谱的磁带、挂毯、传统小琴、面具等,专门租借给学校使用[③]。而美国自然历史博物馆还为 3—9 年级学生编制有两套《我们居住的世界》讲座教材。就史密森博物学院而言,2001 年全美有 100 多

①　林健:《从美国博物馆观众教育谈起》,中国文物信息网,2008 年 3 月 17 日。
②　段勇:《当代美国博物馆》,科学出版社 2003 年版,第 100—101 页。
③　林健:《从美国博物馆观众教育谈起》,中国文物信息网,2008 年 3 月 17 日。

万教育工作者在其课堂上使用了史密森编印的教育资料,数百万学龄前儿童至高中生从中受益。目前,全美还有多家博物馆开展了双向可视远程教育,其中克利夫兰艺术博物馆在 2001 年为俄亥俄州 75 个社区的 7 000 名学生和教师提供了 300 课时的教学节目,同时还为纽约州、新泽西州、宾夕法尼亚州、密歇根州、威斯康星州、德克萨斯州、华盛顿州、马里兰州和伊利诺伊州的 39 个社区提供过服务[①]。

第三,馆校合作深入且学校项目优先。许多美国博物馆从 20 世纪初就开始与学校建立紧密关系。芝加哥的菲尔德博物馆(The Field Museum)与芝加哥公共学校于 2008 年完成的一项调查表明,芝加哥学生的科学理解水平处于全美城市学区的最低水平,而现在还没有致力于提升该市中学科学成绩的系统性改革方案出台。为此,菲尔德博物馆、芝加哥儿童博物馆(Chicago Children's Museum)、林肯公园动物园(Lincoln Park Zoo)、佩吉·诺特巴特自然博物馆(Peggy Notebaert Nature Museum)、西北大学和芝加哥公共学院达成合作,推出了一项跨年度(2009—2012 年)科学教育改革。该项目针对 7 所急需帮助的中学,目标定位于 K-3 年级学生。此外,波士顿艺术博物馆附设学院(The School of the Museum of Fine Arts,Boston,SMFA)也与各学校和学区开发了多个不同项目。事实上,美国博物馆每年为教育活动投入大量经费,用于国家、地方或核心课程大纲教学,并针对各学科量身设计博物馆项目。而大部分博物馆都将其教育经费的四分之三用于 K-12(幼儿园至 12 年级)的学生[②]。

目前,除了一般参观外,美国所有的科技博物馆都为教师、学校和地区提供许多教育服务。它们认为这种支持学校的项目理应是高度优先的。给服务于教师和学校项目优先、比较优先的机构占全部机构的 95%。有不少科学中心是以教育项目闻名的,例如加利福尼亚大学伯克莱分校的一个科学中心——劳伦斯科学厅/馆(Lawrence Hall of Science)。学校科学教育是其优先项目,它成功开发了众多联邦、州和私人资助的项目,所开发的 12 门课程已被全国 20% 的 K-12 学生所使用,同时一些项目广泛地为美国各

---

① 段勇:《当代美国博物馆》,科学出版社 2003 年版,第 100—101 页。

② 湖南省博物馆编译:《为博物馆的教育使命而喝彩》,湖南省博物馆网站,2014 年 3 月 20 日。

州和其他国家所使用①。

　　第四,多元化的教师职业发展项目。教师教育是青少年教育的"倍增器"。目前,90%以上的美国非正规科学教育机构都将其努力集中在小学教师,因为培养学生对科学的兴趣,起关键作用的是教师,尤其是小学教师。这些机构每年服务的小学教师占全国的近 10%。非正规科学教育机构向教师提供多种类型和程度的职业发展项目,有讲习班及后续班、专题研讨会、实习(包括驻馆实习)和上岗培训活动等。值得一提的是,2002 年在美国科学基金会的支持下,在旧金山探索馆成立了一个非正规教学中心,以对非正规科学教育机构(ISI)与正规 K - 12 科学教育的融合进行研究。该中心将研究和实践结合,每年向全美 1 万名中小学教师提供职业发展项目,另有 30 多个州的 4.5 万名教师参加了探索馆为之骄傲的研习计划②。此外,诸如史密森博物学院等机构每年都会与有关学校的教师开展多次座谈,听取他们的意见建议,并邀请相关教师参与编写教育教材。总之,通过多元化教师职业发展项目的提供,博物馆与教师之间形成了更紧密和谐的关系,并共同为青少年的成长和发展搭建良好的平台。

(二) 英国博物馆的教育活动

　　从 20 世纪 80 年代中期开始,特别是《1988 年教育改革法》(*Education Reform Act 1988*)颁布以来,英国的教育管理体制发生了较大变化。其中,最引人注目的改革措施是推行国家统一课程(National Curriculum)。该法规定:在义务教育期间,学生必须学习国家统一课程,包括 10 门基础学科,即数学、英语、科学、历史、地理、技术学、音乐、艺术、体育和现代外语,其中数学、英语、科学为核心学科。在此背景下,各博物馆根据"国家课程"标准制定了教育手册,这些活动手册针对不同学龄儿童,与学校课程连接,并提供给教师使用。

　　2006 年 11 月,英国政府在自然历史博物馆发布了"课堂之外的学习"宣言,其中提出:学生除了学习学校必修课程外,还有大量的知识要在课外学习,目的是鼓励学校充分利用校门外的学习机会。英国教育大臣阿兰·约翰森说:"教育参观会加深年轻人对生活环境、历史文化的理解,可能还会

---

　　①② 钱雪元:《美国的科技博物馆和科学教育》,《科普研究》2007 年第 4 期。

因此改变他们个人的发展方向。"①其实,早在宣言出台之前,英国的博物馆就已意识到学生课外教育的重要性,并积极探索馆校合作的各种机制,馆校合作在近20年取得了长足发展。而"保障教师带学生外出所享有的权利"亦被明确规定,同时让孩子们走出教室、走向博物馆已经成为英国现代教育的发展趋势。事实上,学校方面也乐于与博物馆进行合作,认为这是良好的教育方式。根据英国博物馆和美术馆研究中心(Research Centre for Museums and Galleries)的研究报告显示,自2003年至2007年地方中小学校参访博物馆的评鉴中,学生与老师的参访满意度均达到80%以上,多数学生对博物馆游的评价是"相当有趣"和"极为喜欢"。多数老师则表示博物馆教育可达到课程教学和道德教育的双重目标②。

2012年年初,英国教育部发表了一则报道,建议艺术课程成为14—16岁学生的基础课程之一。另外,国家课程评审专家组的报告中也提出,16岁学生的必修课程范围宜更广泛,应包括艺术、文化类课程。该报告认为,在基础教育中,美术和音乐课程都具有重要作用,因此广泛、平衡而有效的教育理念不该丢失。并且,教授学生相关的文化遗产知识对个人、集体和国家都有益处③。这些报告和建议对于保持艺术课程在英国国家课程中的地位不动摇起了积极作用,同时也让大家更清晰地认识到艺术学科在教学系统中的价值和重要性,进一步肯定了博物馆在青少年艺术教育中的角色。

总的说来,英国的"馆校合作"机制在历经多年的探索和实践后,已形成了一定的模式和特点,具体表现如下:

第一,"馆校合作"广泛深入。英国于1988年开始推行"国家课程",并明确指出博物馆教育要与学校课程连接,进而在1991年学校团体参观博物馆的人数增长至750万。纽卡斯尔市的Tyne&Wear博物馆群与中小学、高等院校建立了紧密联系,将博物馆知识融入教材与课外活动中。博物馆特别开辟了多间活动室,供青少年使用。馆方还设计了很多游戏以帮助孩

---

① 李宏坤:《英国:博物馆之旅见成效》,《上海教育》2009年Z1期。
② 驻英国台北代表处文化组:《英国博物馆与中小学教育结合 师生满意度达80%》,《教育部电子报》第386期,2009年11月26日。
③ 湖南省博物馆编译:《英国教育部:14—16岁青少年应必修艺术和文化教育课程》,湖南省博物馆网站,2012年1月13日。

子们对历史、生活、艺术作品、战争灾难等产生感性认识①。另外,维多利亚与艾尔伯特博物馆作为世界上最重要的艺术设计史博物馆,配合国家"艺术与设计"课程的指标,开发了适合不同阶段学生的学习手册。资料显示,该馆超过80％的参观对象都为学校团体。事实上,英国自小学起就有在博物馆内讲授的课程,并且这些课程还会根据各馆的发展而调整设置,使教学内容与时代同步,并自始至终都贯彻在青少年的各个学习阶段中。

　　第二,教育活动多彩,教育资源丰富。英国自小学起就有在博物馆内讲授的课程,而这些授课人员不仅包括学校教师,更有博物馆工作人员,其授课形式丰富多彩。例如,在古城切斯特的罗马古城内,当地博物馆的工作人员打扮成古代罗马士兵,穿着铁制盔甲,手持尖刺长枪,喊着口令,身后跟着一群由学校老师陪伴的小学生,非常高兴且有力地回应着。原来,他们是在上历史课,工作人员带领学生上城堡后,就讲述从前在此地发生的历史事件。值得一提的是,英国的"馆校合作"并不是简单地将博物馆与学校事先安排好的教学大纲按部就班地传输给学生。很多情况下,活动计划只是简单的框架,并在具体实施中更强调学生自身的学习能力、探索能力、动手能力、组织能力和合作能力,激发学生对于艺术、科学等方面的感悟和兴趣。此外,英国的博物馆还建有专门的学生游艺室、校外教室,同时配有各种活动设施设备等教育资源,注重引导学生通过动手操作对科学现象及原理获得感性认识。例如在曼彻斯特科学与工业博物馆(The Museum of Science and Industry,Manchester),入口处的一幢大楼就是学生游艺楼。通常,学校经预约都可带学生进这样的场地学习,由博物馆专门安排工作人员当老师,介绍演示各种专题性科学知识②。

　　第三,教育活动差异化。英国博物馆根据观众类型的不同,分别制定和采取不同的教育措施与手段。大体可以分为以下五类教育服务③:一是为在校生提供第二课堂服务。如为学校团体提供参观或动手操作的场地、道具、讲解和餐饮服务等,有条件的机构还为高校提供藏品出借服务。像大英博物馆对于学校观众开展的教学支持就包括直接教学、对由教师引导的参

---

　　①　陆建松:《把博物馆教育制度化地纳入国民教育体系中》,《人民日报内参》2011年10月28日。
　　②　孙春福:《英国中小学教育考察散记》,《教育科研论坛》(教师版)2005年第1期。
　　③　国家文物局博物馆司:《关于英国博物馆管理与运营的考察报告》,2010年。

观的支持、对教室教学的支持和特殊计划①。二是为青少年提供体验服务。博物馆通过举办"博物馆之旅""博物馆夏令营"之类的主题活动,在特定的时间使青少年"零距离"接触展品,还可以在展厅内组织活动,寓教于乐。对于 16—19 岁的青年学生,大英博物馆为他们设计了包括讲演、接触和展示在内的学校研究日活动。一名研究希腊青铜时代服饰的专家在考古资源的基础上引导学生为模特设计服装②。三是为成年人提供终身教育服务。博物馆安排文化艺术休闲活动和有助于观众发展与提高的机会,包括各类课程、学术讲座与研讨会、结合展览内容的文艺演出等。值得一提的是,大英博物馆有一支专门从事成人教育活动的团队,其成人学习项目一般会通过讲演、研究班、谈话、制作工作坊、辩论和表演等形式实施③。四是为残障人士提供无障碍设计服务。如为聋哑人提供手语讲解,为盲人提供盲文说明牌和可触摸的展品等,使残疾人在博物馆中享有同等受教育的权利。五是为家庭观众提供专门服务。比如建立家庭活动日,在临时展览中提供家庭套票,以及专门为家庭参观设计辅助道具等。英国博物馆大多提供有一种"家庭百宝箱"的道具服务,即孩子可以在参观时免费领用一个漂亮的小书包,其中有参观时可能会用到的辅助道具,如放大镜、彩色板、画笔等。家长在教孩子如何使用这些道具去参观的过程中,实际上也增进了亲子间的情感交流④。总之,呈现差异化教育活动为许多博物馆所践行。以英国自然历史博物馆为例,它为 13 岁以下儿童举办"自然历史俱乐部",指导儿童完成野外或室内作业;对大学生除了为某一课程提供大量展品外,还在暑假接待二年级以上的大学生,使他们能了解藏品的广泛知识;对研究生,则指定专门工作人员进行指导,并欢迎他们参加博物馆的实际工作⑤。

(三) 日本博物馆的教育活动

日本博物馆事业由主管文化教育的文部科学省统一管理,重视教育是日本博物馆的显著特点。日本的《博物馆法》以《社会教育法》为母法制定,现代日本博物馆制度从建立伊始就以法律形式明确了博物馆教育在整个社会教育体系中的重要地位。青少年教育作为博物馆教育工作的核心内容,

①②③ 高翠:《英国博物馆的社会教育》,《中国文物报》2012 年 2 月 3 日。
④　 国家文物局博物馆司:《关于英国博物馆管理与运营的考察报告》,2010 年。
⑤　 国家文物局博物馆司调研组:《关于将博物馆纳入国民教育体系的调研报告》,2010 年。

受到各级相关部门的特别关注和有力支持①。

事实上，早在第二次世界大战后，日本就逐渐形成并完善了自己独特的校外教育模式，建立了一套从政策法规到管理实践完整的校外教育体系。时下，日本对校外教育实行三级行政管理，包括在中央级的文部科学省设"生涯学习政治局"②；在地方的都道府县级教育委员会设置专门事务局，其下建立学校教育部和社会教育部；第三级即市町村级的教育委员会。其中，决策权在文部科学省，行政权在都道府县和市町村的教育委员会，执行权则委托给各地方的专门机构和社区，前者如博物馆、图书馆、文化馆、美术馆、天文馆等，后者包括少年自然之家、青少年馆、青少年之家、青年馆、青少年中心、儿童馆以及青少年研究中心等③。为了便于博物馆教育功能的发挥，日本规定博物馆归属于都道府县教育委员会管理。

今天，日本博物馆业界将"对话与合作"作为运营的基础，探索如何打造一个"人人都可以轻松利用"的博物馆。同时，日本博物馆都把青少年作为重要的服务对象，提倡"用孩子的视角看世界"，并促使他们"快乐地学习"。更重要的是，业界认为，21世纪的博物馆应该能够应对民众在"知识社会"时代的新需求，与民众一起创造新价值，为民众的终身学习活动服务④。

总的说来，日本博物馆教育的一大典型性便是以青少年教育为核心，并体现在其一系列教育活动中，具体如下：

第一，政府支持青少年教育作为博物馆教育的核心内容。青少年教育作为博物馆教育工作的核心内容，受到各级相关部门的特别关注和有力支持。其中政策和资金两方面的支持奠定了坚实基础，帮助建立了层次完备又各具特色的博物馆青少年教育体系。日本现行的《博物馆法》规定，博物馆应与学校、图书馆、研究所、公民馆等教育、学术及文化设施通力合作，对其活动提供援助。2007年日本内阁会议通过的《文化艺术振兴基本方针》提出要进一步推动和促进面向青少年的文化艺术活动，并明确指出美术馆、博物馆要进一步充实教育普及活动的内容。文部科学省下属主管文化事业

---

① 孔利宁：《日本博物馆的青少年教育》，《科学发展观与博物馆教育学术研讨会论文集》，陕西人民出版社2007年版，第218页。

② 1988年以前名称为"社会教育局"。

③ 王晓燕：《日本校外教育发展的政策与实践》，《国家教育行政学院学报》2009年第1期。

④ 严圣禾：《日本博物馆努力贴近民众》，光明网，2007年5月27日。

的文化厅于 1996 年颁布并于 1999 年修改补充的《21 世纪美术馆、博物馆振兴方案》规定,对博物馆、美术馆举办以青少年为对象的特别展、体验活动,以及其他针对青少年的艺术振兴事业等提供专项资金援助①。

第二,展示精心设计,有效传达教育信息。日本博物馆的展示设计注重兼顾青少年观众的生理和心理特点,以便更有效地传达教育信息。主要表现在:展览内容设计从青少年的需求出发,举办以其为对象的展览;运用多元化的展示技术和方法;为青少年提供多样化的教育信息服务,帮助他们理解展示内容。例如,东京都现代美术馆的展览以现代艺术为主题,与青少年的身心体验有一定的距离。但它通过举办以动漫为主题的临时展览吸引了大量青少年观众,如 2005 年夏季推出的"哈尔的移动城堡展"取材于日本漫画大师宫崎骏的同名动漫电影作品,2006 年与迪斯尼公司和日本千叶大学合作的"迪斯尼艺术展"都深受欢迎。另外,互动性、参与性展示的合理运用增强了展览的吸引力,这在科技类博物馆中表现得尤为突出。在大阪市立科学馆,几乎所有的展示内容都要通过亲身参与才能感知了解,观众被鼓励充分利用各种感官认知。在滋贺县立琵琶湖博物馆,"请触摸""请闻一闻""请听一听"的标志代替了传统的冷冰冰的"严禁触摸",消除了孩子们参观博物馆通常所持的生畏感。此外,很多日本博物馆都为观众免费提供参观指南、精品文物的介绍资料以及教育活动的宣传材料,帮助他们理解展览内容。同时,许多机构还开辟了面向青少年观众的专门学习场所,作为展览的延伸和补充②。

第三,积极开展与学校等教育机构的合作。自 2002 年开始,日本中小学正式导入"新学习指导要领",中小学教学课程计划中新增 70—130 课时的"综合学习时间"。文部科学省在指导要领中明确要求学校在进行"综合学习时间"教学时,积极利用"各地的文化设施、社会教育设施",进一步提升了博物馆教育与学校教育密切协作的重要性。多数博物馆都与附近的大中学校结成对子,为后者提供免费参观等服务或是到学校举行讲座,普及博物馆知识。如东京国立博物馆就与东京大学等 21 所学校结成对子③。此外,许多幼儿园也与当地美术馆携手。每年,芦屋市立美术博物馆都要为相邻

---

① 孔利宁:《日本博物馆的青少年教育》,《科学发展观与博物馆教育学术研讨会论文集》,陕西人民出版社 2007 年版,第 218—219 页。

② 同上书,第 219—222 页。

③ 严圣禾:《日本博物馆努力贴近民众》,光明网,2007 年 5 月 27 日。

的芦屋市立伊势幼儿园开展一系列美术创作教学活动。而横滨美术馆也每年为幼儿和中小学生开展100场造型系列活动,并分为"素材体验型活动"与"目的指向型活动"①。值得一提的是,在日本,学校教师可在博物馆工作1—3年,协助馆方开展与学校教育的合作活动,并进行相关研究。国立科学博物馆每年都接受数十名学校理科教师、地方政府教育委员会理科指导系职员、青少年教育设施及青少年团体的科学教育指导者在馆内进行研修工作。另外,许多博物馆还为学校、青少年活动中心等机构举办上门讲座、小型巡回展览,并向它们提供免费借用博物馆资料、标本的服务。同时,博物馆之间也就青少年教育工作开展积极的合作研究,逐步建立合作研究网络。每年的"全国科学博物馆协议会"和"全国科学馆连携协议会"都共同举办"科学表演艺术节",介绍推广各地科学博物馆研发的科学教育活动新方案②。

第四,博物馆教育融入社区教育。社区,作为社会教育功能实施的主体,很早便受到日本政府的重视。为了更好地开展社区教育,文部科学省致力于充实和完善作为社区学习基地的公民馆、图书馆、博物馆、美术馆等场所设施。1999年起,日本用3年时间在全国每个市、郡各设计一所"儿童中心"。2001年4月,国立科学博物馆、国立奥林匹克纪念馆青少年综合中心、国立青年之家、国立少年自然之家等场所相继转化为独立行政法人。此外,一些设在地方的水族馆、海洋馆等也发挥了作用。同时,日本还有众多国立博物馆和各种专项博物馆等科普场所。如仅在关西地区的大阪府(相当于我国的地级市)就有4家科学(技术)博物馆,几乎每个城市(相当于我国的县、区)都建有体现本地特色的儿童科技馆③。至于社区教育的主要指导者则包括社会教育职员、社会教育设施的专职人员等。为了提高他们的能力和素质,国家和地方共同出资开展了一系列培训工作。例如,在位于茨城县的大洗水族馆,一位前来的中学生物教师是由县里专门的选拔机构选派的,目的是参加机构的相关培训并协助馆方开展面向青少年的教育活动。这些教师在培训结束后回到学校,成为学校所在社区的教育指导人才。文

① 钱初熹:《日本幼儿园美术教学活动概况》,《早期教育》(美术版)2008年第9期。
② 孔利宁:《日本博物馆的青少年教育》,《科学发展观与博物馆教育学术研讨会论文集》,陕西人民出版社2007年版,第223—224页。
③ 王素、项东方:《日本中小学科技教育考察报告》,中国教育科学研究院网站,2008年1月4日。

科方面的老师通常会被派往博物馆等场所参加培训①。

  第五,超越博物馆界限的特色教育活动。教育活动已不局限在博物馆内进行,不同类型的机构从自身特点出发,举办各种户外活动,进一步拓宽教育职能。在日本,许多历史博物馆组织青少年参观与展览相关的考古遗址,由考古学家现场讲解考古知识,深化小观众们对展品的理解。国立科学博物馆充分利用其附属的自然教育园和筑波实验植物园,组织中小学生进行自然观察和生态实习活动。滋贺县立琵琶湖博物馆则组织青少年采集琵琶湖水样,进行以水中浮游生物为主题的观察学习和手工制作活动。由建筑大师贝聿铭设计的美秀美术馆(MIHO Museum)坐落在滋贺县的信乐山中,该馆在山间的传统民居及农田举办名为"秀明自然农法"的体验学习活动。活动以学校团体、家庭为对象,青少年在这里可以体验用传统方法栽培农作物,并了解日本传统建筑的相关知识②。

(四) 法国博物馆的教育活动

  法国是世界上博物馆最多、馆藏最丰富的国家之一,素有"博物馆之国"的美誉,共有 7 000 多家不同类型的馆,每年吸引着数以千万的观众,给国家带来了数亿欧元的财政收入。2000 年,法国文化部长托特曼女士宣布,从当年 1 月 2 日开始,国立博物馆于每月的第一个周日免费开放。此后这一措施扩大到所有公立博物馆,一些私人馆也在逐步加入这一行列③。自 2009 年 4 月 4 日始,25 岁以下人群及教师都可免费进入法国国家级博物馆和历史遗迹参观游览。时任总统的萨科齐表示,此项决定是为了培养年轻人养成参观博物馆的习惯,帮助博物馆形成较稳定的参观群体④。同时,法国政府还设有 18 岁以上成年人的博物馆教育计划。

  "博物馆之春"。目前,法国制定有一系列措施促使孩子们走进博物馆,并提供了一条长期、持久的途径,进一步发展博物馆的教育职能。从 2004 年起,法国在一年一度的"博物馆之春"活动中,由法兰西博物馆局与教育部

----
  ① 宋勇:《日本中小学加强社区教育功能的做法和启示》,《基础教育参考》2003 年第 10 期。
  ② 孔利宁:《日本博物馆的青少年教育》,《科学发展观与博物馆教育学术研讨会论文集》,陕西人民出版社 2007 年版,第 222—223 页。
  ③ 韦坚:《法国博物馆的儿童教育》,《中国文物报》2012 年 1 月 2 日。
  ④ 《法国 25 岁以下人群及教师将可免费参观博物馆》,《世界教育信息》2009 年第 2 期。

联合向儿童推出"带着你的父母去看博物馆"活动,500 家博物馆参加。在整整一个月的时间里,有 40 万法国儿童收到了一封由活动主办单位发出的盛情邀请信,他们可以凭着这封信,带着父母一起去参观博物馆,而且一切免费。并且,法国的"博物馆之春"活动不仅在国内得到了社会各界的支持,其他欧洲各国也纷纷响应。2003 年有 27 个欧洲国家的 1 500 家博物馆参加,到 2005 年增加到 31 个欧洲国家的 1 900 家博物馆①。法国博物馆作为青少年教育的重要资源,通过利用藏品、展览等人类文化遗产资源与当代信息资源,为青少年营造了第二课堂。并且,它们还突破了传统的教育观念,让小观众们参与到展览与活动中,切实关心青少年在参与过程中的感受。

"星期三现象"。现在,每逢周三下午,法国的小学和初中都不开课,学校里的小课堂关闭了,社会大课堂却对青少年敞开了大门。体育场上,有小足球队员、小篮球队员在飞奔疾跑;博物馆里,简直成了学生专场。一群群孩子们怀着崇敬的心情步入艺术殿堂,在教师和博物馆讲解员的引导下,睁大眼睛去发现真善美的世界。法国教育部新闻处官员贡巴雷谈到"星期三现象"时说,这是素质教育的一部分。法国自二战后开始实施的素质教育,包含体育、公民义务与权利、道德、科学、艺术等多方面内容。经过几十年的发展,法国以科技大国与文化大国的形象屹立于世,探索其成功原因,不能不提及素质教育②。

"从娃娃抓起"。各种各样的艺术博物馆在法国星罗棋布,艺术是与历史、语言、自然科学并列的"核心学科"。艺术博物馆是青少年审美教育的主要基地——一队队的幼儿、小学生、中学生,在卢浮宫的"米洛的维纳斯"雕像前、"蒙娜丽莎"画像前驻足,在奥赛博物馆/美术馆(Musée d'Orsay)的莫奈油画《印象·日出》前、米勒的画作前席地而坐,聚精会神地听老师讲解。他们稚气的面孔、专注的神态,不时发出的欢笑,令人留下极其深刻的印象。卢浮宫每年接待 600 万参观者,其中一半是学生。提高学生的历史和艺术素养,是该馆的使命之一。又如,位于巴黎东北部的维莱特科学工业城是欧洲最大的科普中心。它每年接待 300 万人,18 岁以下的占 40%,这个比例接近卢浮宫。"科学城"还为 12 岁以下的儿童开设了 4 000 平方米的"儿童

---

① 陈滢:《欧美博物馆的青少年教育》,《广州艺术博物院年鉴》2006 年,第 66 页。
② 韦坚:《法国博物馆的儿童教育》,《中国文物报》2012 年 1 月 2 日。

馆"(属欧洲之最),该儿童馆又分为 3—6 岁、6—12 岁两个不同年龄段的区域。有趣的是,法国博物馆对一个孩子的调查,从他来到博物馆开始,会持续 20 年的时间,也就是始于 6 岁,直到 26 岁左右。从儿童抓起,激发他们到博物馆的兴趣,培养他们到馆的习惯,是博物馆的教育目标。即使他们日后并不从事与博物馆相关的工作,但是从小形成的对博物馆的亲切感,对其文化的认同感,会使他们在一生中不断回到博物馆来。他们会做热忱的志愿者、永久的观众与会员,甚至慷慨的捐赠者,以各种方式给予博物馆回报。法国博物馆通过利用自己丰富的文化资源,给青少年关于世界的一瞥,开阔他们的视野,激发其好奇心,为他们营造一片快乐的园地,从而吸引了大量孩子。而博物馆也不断得到回报,这正是其开展青少年及儿童教育的成功之处[1]。

(五) 其他国家的博物馆教育活动

加拿大安大略省教育部在其法定的历史课程标准中,明确规定学生在博物馆的学习课时与学分,这样的举措促使馆校合作更为紧密,并形成制度保障。例如,位于多伦多市中心的皇家安大略博物馆(Royal Ontario Museum,ROM),是北美第五大馆,也是加拿大最大且拥有最多收藏品的博物馆。其教育部有 5 名专职人员,另有 30 余名学校教师、艺术家、科学家担任兼职人员。该馆地下二层都归教育部使用,共设 11 间教室。博物馆专职人员根据不同年龄的学生编班,围绕展览设计相关兴趣课。每年暑假,教育部还会组织夏令营,并设计相关课程及详细的计划书,寄给学校和家长,鼓励他们把孩子送到博物馆来[2]。

意大利的《文化遗产和景观法》规定,该国文化遗产部、教育大学研究部及各地方政府,应当缔结协定,协调博物馆等文化机构和场所,与属于国家教育系统的各种类型和水平层次的学校缔结特别协定,为学校教育提供教学资源和发展教学节目,传播文化遗产和科学知识,促进学生的全面发展[3]。由此,教育部门将博物馆纳入教学体系,学校与博物馆、师生与博物馆之间形成了良好的互动关系,博物馆的社会教育和服务作用也得到了有效而充

① 韦坚:《法国博物馆的儿童教育》,《中国文物报》2012 年 1 月 2 日。
② 范晔:《结合地方实际,开展中学历史教学的博物馆教育试探》,《教育论坛》2007 年第 2 期。
③ 国家文物局博物馆司调研组:《关于将博物馆纳入国民教育体系的调研报告》,2010 年。

分的发挥。

在奥地利,维也纳市教育局专门设有艺术教育专员,负责博物馆与学校的联系。教育局不仅同维也纳所有的博物馆都建立了联系,与附近下奥地利州的各馆也都建立了联系。每个馆办有新展览,都会用电子邮件将展览内容发送教育局,艺术教育专员还会与博物馆联系,进一步了解情况,并商量优惠办法。然后由教育局向各学校和有关专业课教师转达,建议组织参观。参观的具体安排,则由学校教师同博物馆直接联系。也就是说,由教育部门协调建立馆校联系制度,指定专人负责促进博物馆与学校的联系。同时,制定教学大纲时,将组织学生到馆参观学习列入教学计划,明确规定教师有义务和责任尽量创造机会带学生参观。比如,维也纳的中小学美术、音乐等选修课,艺术史等必修课,每周 2 学时。这些课不一定在课堂上,到博物馆参观可计入课时[①]。

与此同时,丹麦、斯洛伐克、荷兰、西班牙等国的博物馆法也都有将博物馆纳入国民教育体系的类似规定。一些国家的博物馆还设立了流动展览车,如印度比拉工业技术博物馆(Birla Industrial & Technological Museum)、加拿大国立博物馆、澳大利亚威尔士博物馆、英国瓦莱克西博物馆、法国罗丹博物馆(Rodin Museum)等,都采用将陈列品布置在汽车里开到各地去展出的方法,受到偏远地区学生和公众的欢迎。澳大利亚南威尔士博物馆还建立了一列"火车上的博物馆",用了 7 年时间跑遍面积约 80 万平方公里的新南威尔士铁路沿线村镇[②]。

可见,在博物馆事业发达国家,将博物馆纳入国民教育体系已成为普遍行为。其博物馆教育活动不仅丰富多彩,而且在国民教育尤其是青少年教育方面发挥了极其重要的作用。同时,教育活动举办的质量和数量,也日益成为各馆经营管理绩效评估的一项重要指标。

---

①② 国家文物局博物馆司调研组:《关于将博物馆纳入国民教育体系的调研报告》,2010 年。

◀第二章▶

博物馆教育活动的组织与管理

一、 博物馆教育部门的使命与职责

(一) 教育部门的使命和宗旨

博物馆不仅是一个充满思想、智慧的地方,而且是一个被精心设计的系统。博物馆的教育体系就是该精密系统中的一个子系统①。它是由博物馆对公众所提供的一种不同层次、不同形态和不同类型相互联系的教育服务的系统②。

一直以来,博物馆的社会公共性主要通过其教育职能来体现,尤其是一些馆的公共教育部,往往同时联系着以博物馆之友和捐赠人为代表的各方社会资源,致力于博物馆促进公民教育、促进社会文明进步的核心任务和使命③。

教育被美国民众看成是民主社会的基柱,人类智力、经济及社会总体水平进步的阶梯。美国博物馆长期致力于教育,以推进全面性的教育和休闲服务为己任,并将公众教育作为主要使命,且教育使命明确化。不论规模大小,绝大部分博物馆和美术馆都有着力量强大的公众教育部或教育服务部。这些教育部门除了拥有固定的、高学历的、教育及艺术史背景的专职人员,

---

① 曹宏:《中国当代博物馆教育体系刍议》,《中原文物》2007 年第 1 期。
② 湖南省博物馆"中国博物馆与青少年儿童教育项目"赴美学习考察小组:《浅谈当代美国博物馆教育——湖南省博物馆教育人员赴美考察报告》,2010 年,第 3 页。
③ 单霁翔:《从"馆舍天地"走向"大千世界"——关于广义博物馆的思考》,天津大学出版社2011 年版,第 78 页。

同时还拥有庞大的志愿者队伍①。事实上,自 19 世纪以来,美国博物馆的教育部门就纷纷成立,而且地位似高于馆内其他管理部门。教育被看成是完成博物馆使命的必备内容②。

克利夫兰艺术博物馆一直以来因其出色的教育活动为人称道,民众把它作为美国艺术博物馆的航标。1916 年建馆之初,该馆就成立了教育部,并形成了一套向社会传达研究成果的方法③。克利夫兰艺术博物馆对艺术服务大众的自觉意识及其早期的一系列发展计划,使其教育部门到 1952 年时已具备相当规模,拥有 23 位全职员工、30 位兼职员工及 11 位志愿者。重要的是,教育部从一开始就意识到面向广泛而形形色色的大众的教育规划有可能带来负面结果,也即一个广泛民主化的教育规划很可能降格以求适应最低水准。好在时任教育部主管的托马斯·芒罗(Munro)④找到了一种保证高水准的方式——普通教育(艺术欣赏的基本原理)与学术教育(研究与出版)规划并行的双轨制。因为,教育部的真正职责是教育而非取悦大众,教育的目标在于提高大众理解艺术的水准⑤。

大都会艺术博物馆的宗旨第五条所叙述的"鼓励人们欣赏艺术品和提高人们的认识水平",基本体现了其教育部宗旨。该部 2007 年拥有 67 名全职员工、40 名非全职员工、300 多名义工。每年经费 1 000 万美元,开展的教育活动占全馆公共活动的 75%⑥。大都会艺术博物馆的基本目标是教育和启迪观众,并且教育功能堪称一切活动的中心。馆内仅仅进行教育服务的办公室就有 3 个,并且还专设了 1 个办公室负责与学校沟通交流。

作为全球最大的博物馆航空母舰,史密森博物学院旗下几乎每座博物馆、研究中心、动物园都设有教育部门。

其中,国立自然历史博物馆是史密森最大、拥有藏品最多的馆,也是世界上最大的科学教室之一,为国际知名的科学、教育、文化机构。该馆教育和延伸(项目)部门通过展览、活动及在线资源,鼓励各年龄公众更好地理解所生活的自然世界,并为他们注入惊奇感和责任感。教育工作者运用各种媒介来吸引观众发问,激发大家的科学素养并对周边自然世界承担责任。

①　单霁翔:《从"馆舍天地"走向"大千世界"——关于广义博物馆的思考》,天津大学出版社 2011 年版,第 70 页。

②　[美]南希·艾因瑞恩胡弗著,金眉译:《美国艺术博物馆》,湖南美术出版社 2007 年版。

③⑤⑥　段勇:《美国博物馆的公共教育与公共服务》,《中国博物馆》2004 年第 2 期。

④　托马斯·芒罗开创了关于如何在博物馆进行学习的专项研究,其以高标准教学内容教育普通大众的理念非常著名。

事实上,该部门的工作聚焦教育和激励下一代尊重自然界,并实现博物馆的使命,这其实也是全人类的共同使命。教育和延伸(项目)部门由一名负责外事和公共项目的副馆长主要管理,并且该部门与藏品部门、发展部门、特别活动部门、公共事务部门、展览部门、信息技术部门、设施营运部门等并列。

在史密森,拥有最高年参观量的国立航空航天博物馆的教育宗旨是:纪念国家航空、航天业的发展,并教育和鼓舞国民。因此,其教育组旨在开发教育素材,开展教育活动,提升公众对航空、航天业发展的理解和参与。它主要处理两大业务:国家广场①上的教育活动以及教育延伸项目。该教育组隶属于管理和公共项目部,与其并列的还有展示设计组、展示工程组、游客服务组、保护服务办公室联络处,整个管理和公共项目部由一名副馆长直接主管。

而国立美国历史博物馆则将教育和阐释部门、新媒体部门、公共项目部门、游客服务部门一起置于"公共节目"办公室之下进行管理,同时还包括杰罗姆和多萝西勒梅森发明创新研究中心、非洲裔美国人文化项目、拉丁历史和文化项目。

(二) 教育部门的职责

教育部门是博物馆最重要的部门之一,它是各馆联结公众的纽带,以推进社会教育为主要使命,并负责一系列教育活动和项目的规划与实施。其职责其实也是各个教育工作者的日常职责,具体包括但不限于:

制定本部门的战略规划,并参与博物馆的战略规划制定。

负责观众调研和观众意见建议的处理。

对展览和特别活动进行营销,使博物馆始终暴露在社区、民众的视野之下。但在一些大型博物馆,营销功能通常和教育功能分开。

编写博物馆通讯或其他出版物,包括设计、打印、拍照、折叠、邮寄等。还定期就一些展示主题出版图书,或为学校等教育机构编写教材。

---

① 史密森国立航空航天博物馆包括位于华盛顿国家广场上的博物馆,还有位于弗吉尼亚州的乌德沃尔哈齐中心。

开发在线项目、课程和活动,用于学校教室内,或是为不能参访博物馆的民众所用;开发展厅内计算机上的项目。

提供观众咨询服务,包括负责编写和提供各种游览材料,如导览图、说明手册、活动日程预告等。

组织、接待观众参观,提供导览和讲解服务。具体还包括编写展览讲解词,并进行多语言的翻译;提供观众语音导览器等,并负责管理;组织导览的日程,并负责预约、登记及相关收费等。

负责教育/学习中心、活动中心、工作坊、探索室、实验室、教室、影剧院等的开放和管理,防止室内标本及设施设备的损坏和丢失。

开展学校项目,包括在展厅内和在馆外(学校内)开发、举办与学生年龄相符的游览和特别活动;为师生设计、制作及准备开展教学活动所需的材料、设施设备;联络教师和学校;评估活动的有效性等。

策划与实施各种延伸教育活动。如开展讲座、表演、课程、与社区联动等,内容可与博物馆或展览内容等相关,同时加深展览信息,凸显博物馆的身份与特征。

策划与实施特别节目和活动。这些通常针对特定的观众,并在每年的固定时间举行,如展览开幕、节日活动等。具体涉及规划、组织、协调人事来运作活动,还要处理执照、摊位、供应商、招待等事宜。

组织开展职业发展活动,如针对教师、学生等的实习、奖学金和学分项目。

负责制定会员条例,组织会员活动,管理会费等。

负责制定志愿者条例,选拔、培训、评估志愿者等,并组织志愿者活动。

对教育活动进行评估,同时对教育部工作者进行定期评估,也参与展览评估。当目标清晰,评估会更简便。因此,制定目标也是有效评估的重要组成部分。

组织开展培训,诸如教育部内部人员培训、导览员培训等。

进行项目开发,包括开发新项目,扩展现有项目,做预算,写基金申请书或其他的筹措资金申请书。

进行阐释规划,注重在每个展览中开发教育元素,如界定教学点或展览目标、向公众传播的信息是什么等。教育元素需要成为展览开发不可或缺的一部分，并且展览开发的一开始便要融入教育工作者。

开展一定的博物馆教育理论研究，并组织学术交流。

与博物馆上级部门、教育部门、学校、媒体机构、专家学者等保持定期联系。

需要指出的是，没有一个教育部或是教育工作者能自行开展所有上述工作。在整个博物馆架构中，教育部门基本自成体系，但与其他部门之间的交流、协调及合作是各项教育任务完成并取得成功的必要保证[①]。

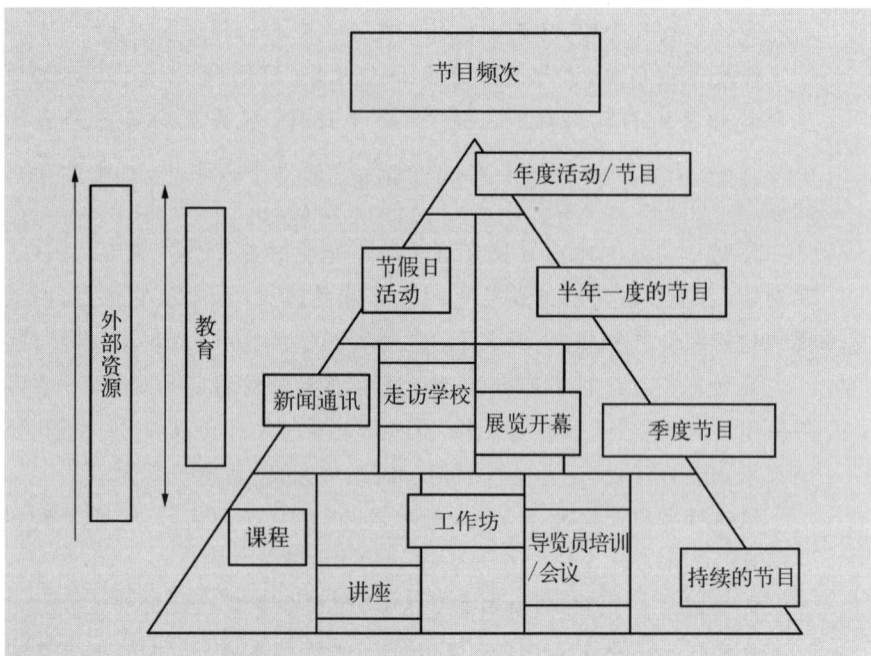

节目频次

来源：Anna Johnson et al.，*The Museum Educator's Manual*，Altamira Press，2009，p. 96（经由 Anna Johnson 提供）

时下，"节目与特别活动"开始成为越来越多的博物馆教育部门的工作范畴。当然，许多大型机构都拥有专门的活动策划人员，但是在规模较小的馆，教育工作者常常要担起这份职责，并与其他员工一起来协调活动。教育部通常会渗透到博物馆的所有节目中（如上图所示），然而节目举办的频度

---

① Anna Johnson et al.，*The Museum Educator's Manual*，Altamira Press，2009，p. 96.

及组织管理它们所需的外部资源,都可作为衡量教育部在最终成品中所扮演角色大小的指标。开发和管理活动所需的外部资源越多,教育部在其中的重要性似乎就越弱。而一个节目运行的频度越高,它更可能是由博物馆内部的教育部员工或教育工作者策划实施的[①]。

　　另外,教育部门最终的工作目标其实都落在"学习"上。在博物馆中的学习是非正规的,个体将选择在哪儿学、什么时候学、学什么,这与教室内的正规或结构化教学相对。因此,博物馆教育工作者要根据环境来设计项目,吸引观众想学习,想参与,刺激他们想了解更多的胃口。虽然教育人员能从教室内使用的有效技巧中受益良多,但必须在博物馆环境中有所超越。让学习变成是一种有收获的享受,是教育工作者眼前的任务[②]。

　　一直以来,克利夫兰艺术博物馆因其出色的教育活动为人称道。今天,克利夫兰艺术博物馆为青少年和成年人提供演播室及艺术史课堂,也邀请公众聆听由博物馆各主管馆长或访问学者主讲的报告,还为克利夫兰地区高等艺术学校开办高级别课程,同时与凯斯西部保留地大学合作为大学生和研究生开办艺术史课程。除此之外,博物馆也设立定期讲座和巡回展览,出版大量书籍和目录册、制作幻灯片和复制品等。其中,1995 年 1 月之前学术性的博物馆《简报》每年都出版 10 期,之后它被会员杂志及年度学术期刊《克利夫兰艺术史研究》所取代。与此同时,博物馆还设置了教育行动计划,内容涉及教育的各个阶段(小学、中学、大学、研究生),还有成人的系统艺术学习或非正规的"文化体验"学习课程。的确,教育作为民主的支柱是美国艺术博物馆的中心使命之所在。教育项目的成长可能比博物馆任何其他内部元素都能反映民主及经济方面的内容。教育活动吸引了大批观众,而他们反过来又以诸如入场费、会员费、图书及餐厅消费等支持了博物馆。艺术博物馆的流行感召力也吸引到公司捐助人,其参与极大地影响了博物馆的管理机制。更重要的是,在此背景下,艺术博物馆被视为使国民向善的重要手段:提升道德、传达历史及美学知识[③]。

---

①　Anna Johnson et al. , *The Museum Educator's Manual* , Altamira Press,2009,p. 96.

②　Ibid. , pp. 12 – 13.

③　段勇:《美国博物馆的公共教育与公共服务》,《中国博物馆》2004 年第 2 期。

二、博物馆教育工作者的构成与职责

博物馆的所有教育活动从根本上都是通过人来完成的,因此博物馆教育的价值和功能,最终也主要通过教育工作者的实践和受众的接受与变化来实现。也就是说,在构成博物馆教育的诸要素中,人的因素始终处于主导地位。其中,博物馆教育工作者可谓是关键中的关键,决定着该馆教育的广度、深度、实施效果和未来发展[①]。

由美国博物馆协会教育专业委员会出台的《博物馆教育的原则与标准》(Excellence in Practice: Museum Education Principles and Standards)报告提出,博物馆教育工作者是帮助机构实现教育使命的专家。他们认识到许多因素都影响了博物馆中个体的自发学习,因此致力于提升个体和团体的探索进程,并记录成效。在博物馆团队中,教育工作者扮演了观众拥护者的角色,并为广大民众提供有意义的、持久的学习体验[②]。

需要澄清的是,博物馆教育工作者不完全等同于教育部门工作人员。在博物馆内,并非所有与教育活动和项目相关的人员都在教育部工作,或是被人力资源部门界定为教育工作者。另外,一些欧美博物馆教育部门还配有讲解员或导览员(不将其作为教育部门正式员工)、志愿者(协助特别活动)、实习生或是阶段性员工等,作为全职员工的坚实支撑。同时,教育部门也花费了许多时间培训、调度和管理他们[③]。

那么,究竟谁是博物馆的教育工作者? 他们担负着怎样的职责? 他们又需要什么专业素养? 一言以蔽之,教育工作者作为博物馆教育工作的主要承担者,在教育活动的规划与实施中扮演着关键作用。

从广义上讲,博物馆工作人员都负有教育的职责,都是教育工作者;从狭义上讲,博物馆教育工作者主要指与教育活动直接相关的人员。

依据扮演角色和发挥作用的不同,许多欧美博物馆的教育工作者主要

---

① 湖南省博物馆"中国博物馆与青少年儿童教育项目"赴美学习考察小组:《浅谈当代美国博物馆教育——湖南省博物馆教育人员赴美考察报告》,2010 年,第 6 页。

② The Committee on Education, American Association of Museums, *Excellence in Practice: Museum Education Principles and Standards*, USA: American Association of Museums, 2005, p. 6.

③ Office of Policy and Analysis, *Lessons for Tomorrow: A Study of Education at the Smithsonian*, USA: Smithsonian Institution, Vol. 1 Summary Report, 2009, p. 66.

由参与教育活动的专业人员、专职的教育工作者和志愿者三部分人群构成①。

1. 参与教育活动的专业人员

参与教育活动的专业人员主要有博物馆研究人员、陈列设计人员和藏品保管人员。

博物馆的专业研究人员,作为知识的创造者和管理者,需要将研究成果以各种方式回馈社会。他们可以通过出版物发布的方式,也可以直接将成果提供给陈列展览的设计人员,并通过他们,将专业领域的成果转化成广大观众容易接受的知识;陈列设计人员则综合研究成果,充分考虑不同观众的需求,策划主题多样、内容丰富并受他们喜爱的展览,同时运用多元化展示形式,传达教育信息;而藏品保管部门为配合教育活动的开展,通常从自身实际出发,有限地出借藏品、开放库房,还可复制藏品,为丰富活动提供教育资源②。

这些专业人员为教育活动的开展提供了坚实保障。这也解释了为何现在史密森博物学院旗下一些博物馆开始要求策展人和研究者在教育活动上花费一定的时间,为针对社会公众或学校团体的教育项目作贡献了。

2. 专职的教育工作者

博物馆专职的教育工作者由教育活动的策划者、导览员/讲解员及博物馆教师三部分人群组成。

教育活动的策划人员以研究成果为理论基础,并在与陈列设计人员充分沟通的基础上,针对不同的展览主题和内容、不同的参观对象设计灵活多样、个性鲜明的教育活动方案,以实施不同的机构教育目的;而导览员作为与观众最直接的接触者,他们是博物馆教育实施的尖兵。观众通过与他们的交流,不仅可以获取大量信息,而且通过讲解还能更好地理解展示意图;"博物馆教师"目前尚处于发展阶段。让一些来自中小学校的教师,通过接受博物馆的培训,并结合中小学生的特点,与教育活动策划人员一起设计针对性强的项目,进而激发学生参观的兴趣。这些"博物馆教师"作为教育工作者与学生之间的桥梁,其作用不容忽视③。

专职的教育工作者担当着信息传达员、活动承办者、活动宣传员以及解说员等多重职责,他们以极大的热忱、运用生动活泼的形式与观众进行互

---

①②③《博物馆教育工作者的构成》,博物馆絮语博客,2007 年 6 月 28 日。

动,帮助他们了解展览内容,激发其自觉学习的热情,并最终达到博物馆教育的目标。因此,专职的教育工作者对展览主题、内容、形式,以及展览是否为观众所接受等问题有着最直接的发言权,他们的意见建议对推动机构今后的工作大有裨益①。

在美国博物馆界,(专职的)教育工作者通常分为讲解员/导览员和教育员(或称为公共项目主管)。《博物馆:一个工作的地方》(*Museums: A Place to Work*)一书将讲解员和教育员的职责、应具备的教育程度、工作经验、知识、能力和技巧等进行了明确阐述。书中写道:讲解员负责对展览内容与展品进行口头介绍和解释,组织观众参与讲座、电影、音乐会、现场示范表演等各种公众项目,带领观众认识、体验及享受展品,协助策划和管理特别的事件或活动,同时向观众传达博物馆的使命。虽然对于讲解员来说,曾接受过博物馆培训或具有一定的教学经验是比较理想的,但大多数机构在这方面并没有特殊要求。对讲解员的培训和对其表现的评估一般由博物馆进行操作。在不少情况下,美国博物馆的讲解员都是志愿者,但也有许多馆出薪聘请讲解员。而教育员则负责根据博物馆的使命,发展、完善、评估以及管理教育项目,从而让更多公众进入博物馆,更深入地了解其展品、展览及资源。教育员理应具有博物馆专业领域的硕士学位,上过有关教学理论的课程或博物馆教育课程,在博物馆教育部门或者其他教育研究所有 2—3 年的工作经验,其间曾负责过非正式教育项目的策划,最好还能有组织或管理非正式教育项目的经验②。

由于对教育人员的从业资质提出了较高的、明确的门槛要求,今天美国博物馆界从事教育的人员专业素质普遍较好,而且很多机构都为教育部配备了较多的工作人员。在纽约现代艺术馆(Museum of Modern Art, MoMA),教育部门共有工作人员 35 人,其中全职人员约占三分之二。史密森国立自然历史博物馆有教育工作者 20—30 人,而位于纽约的美国自然历史博物馆作为国内科学博物馆教育的典范,拥有教育工作者近 100 人③。另外,芝加哥艺术博物馆的教育部有 34 位全职人员,半职人员 20—25 人,还有约 170 人的志愿者队伍。部门成员普遍具有较高的专业素养,学历背景

① 《博物馆教育工作者的构成》,博物馆絮语博客,2007 年 6 月 28 日。
② Jane R. Glaser, Artemis A. Zenetou, *Museums: A Place to Work*, Routledge, 1996.
③ Office of Policy and Analysis, *Lessons for Tomorrow: A Study of Education at the Smithsonian*, USA; Smithsonian Institution, Vol. 1 Summary Report, 2009, p. 65.

以艺术史、艺术创作和教育学为主。教师项目主管天雅·布朗·梅瑞门(Tanya Brown-Merriman)是一位教育学博士,学生项目主管罗宾·斯诺(Robin Schnur)则是艺术史硕士①。并且,这些部门成员往往还分成若干小组,针对不同的目标观众开展教育活动。例如成人教育项目组负责18岁以上成人(包括老人)的教育,每年组织上千次活动。而根据大都会艺术博物馆的有关统计,每年由其教育部组织的师生项目和一般公众活动超过2.1万起。也就是说,该部门每天都要筹划与实施50—60次教育活动②。该馆2007年时拥有教育部全职员工67名,非全职员工40名,义工300多名,每年获教育经费1 000万美元,开展的公共教育占全馆活动的75%③。此外,弗吉尼亚美术博物馆共有职工约180人,其中教育部有16名全职工、5名半职员工、200多位志愿者讲解员。而根据大英博物馆2000年1月28日的资料显示,早在10多年前,其教育部专业人员就达29人,并且基本上由硕士以上高学历学者和专家构成④。有趣的是,在日本,博物馆工作人员往往比在学校从事教育工作的教师具有更高的专业知识水平,前者大多拥有硕士以上学历。

另外,美国博物馆也十分注重对博物馆教育与学习理论的研究和运用。教育工作者通过不断借鉴教育学、心理学等其他相关学科的科学理念及方法,积极探索博物馆教育工作的特点和规律,并将研究成果广泛运用于实践,从而促进了自身专业理论水平和教育项目质量的提高,以及博物馆教育理论研究的整体发展⑤。

3. 志愿者

志愿者作为博物馆社会活动的实践者,其作用正在不断增强。来自各行各业的志愿导览员,基于他们对博物馆的喜爱和对社会的奉献,积极为观众服务,一方面实现了自身价值,另一方面也为博物馆的社会教育工作拓展了渠道。这些志愿导览员来源于社会,他们最了解普通观众的心理,也最明确观众来馆的目的。作为观众与馆方之间的桥梁,他们能用浅显易懂的

　①　林健:《从美国博物馆观众教育谈起》,中国文物信息网,2008年3月17日。
　②　李清泉、林樱:《美国的艺术博物馆》,《艺术市场》2003年第1期。
　③　张淑范:《博物馆公共教育新理念》,《湖南城市学院学报》2007年第7期。
　④　张晋平:《大英博物馆管理模式和机构设置》,《中国文物报》2003年8月29日。
　⑤　湖南省博物馆"中国博物馆与青少年儿童教育项目"赴美学习考察小组:《浅谈当代美国博物馆教育——湖南省博物馆教育人员赴美考察报告》,2010年,第7—8页。

语言提供服务，也能获得最直接的意见建议，帮助博物馆更好地回馈社会①。

美国绝大部分博物馆和美术馆都有着力量强大的教育部门。部门内除了配备固定的、高学历的教育和艺术史论背景的教育员，还拥有一支庞大的志愿者团队。史密森旗下的弗利尔和赛克勒美术馆是美国最重要的亚洲艺术中心之一。其教育部的家庭项目组只有两个人，并且 1 个全职，1 个半职，但 2006 年他们却组织了 100 多次与常设展和特展有关的活动，个中奥秘，与其强大的志愿者队伍密不可分②。

鉴于"游客体验"在教育工作者的脑海中占据着主要位置，博物馆教育人员因而常常自问："我们为何要做这些？""目标或要点是什么？""观众是谁？"……这些问题对于研究人员、展览开发人员或是行政管理人员而言并非挑战，但教育工作者需要将经研究的内容、展项转化成一系列活动、描述、游览以及其他富有创意的形式。同时，对于观众的考虑并不总是在其他博物馆员工的脑海中，因此使得教育工作者的"游客支持者/提倡者"角色在所有机构中都是必要的。事实上，将游客体验置于最高位置是博物馆教育的本质③。

当然，教育工作者会鉴于自身优势、兴趣和机构目标来优先考虑或重点发展某些教育活动。工作方式的选择常常基于可用的资源、工作人员、博物馆所服务的社区、资助人的兴趣或利益，以及潜在的资金提供等。因为要开展大量不同的活动，所以博物馆教育工作者是在一个多面的世界中工作，该环境需要创新、多重任务处理、与民众密集联系（工作人员、志愿者、观众），以及变动的职责。这些都是现存的挑战，并富刺激性④。

目前，许多博物馆教育工作者或者教育部门工作人员的背景、技能、经验都大不同。有人先前是教师，有些是内容策划人员；有人拥有博物馆方面的背景，有些则拥有技术方面的技能。鉴于他们需要担负的广泛职责，并且博物馆教育是一个非常专业的领域，因此正规和非正规的在职培训及逐步的经验积累，于他们而言不可或缺。有些机构的教育部门，旗下成员还根据

①　《博物馆教育工作者的构成》，博物馆絮语博客，2007 年 6 月 28 日。
②　林健：《从美国博物馆观众教育谈起》，中国文物信息网，2008 年 3 月 17 日。
③　Anna Johnson et al. , *The Museum Educator's Manual*, Altamira Press，2009，p. 11.
④　Ibid. , p. 10.

对象观众进行工作细分,如专门针对幼儿园孩童开展教育服务等①。

值得一提的是,时至今日不少博物馆仍旧对教育工作者的角色界定存在误解,有些仅仅将他们视为专为学校和孩童服务的人员(虽然学校和孩童仍然是其主要服务对象)。但教育工作者们显然更倾向将自己界定为观众专家和学习专家,虽然不少人缺乏观众、教育理论、博物馆教育等方面的正规训练或专门技术和知识。可以肯定的是,不少教育工作者觉得目前的工作尚未得到充分认可和足够重视,这一点需要尽快得到改变②。另外,不少教育工作者或是教育部门工作人员相对其他主要部门的成员而言,收入较低,级别也较低。他们相对年轻,女性占多数。而有些机构的教育人员数量还不足,这就直接导致了在职人员压力大、工作时间长、维持项目难。这些都需要得到改进。

总之,由于博物馆教育工作者内涵的不断丰富,对他们的要求也有了新变化。建立完善的教育工作者考核机制和评估体系,是博物馆提升教育活动质量的重要保证。

三、 博物馆教育活动的组织管理模式

美国不少博物馆教育部的组织架构是根据服务对象和工作性质进行项目分工。以芝加哥艺术博物馆教育部为例,下分成人教育项目、教师项目、学生项目、家庭教育项目、阐释性媒体项目,共 5 个项目组。也有些博物馆根据自身需求设研修和实习项目组等,略有不同。

纵观欧美等博物馆事业发达国家,其博物馆教育活动的组织管理模式值得探究。它们虽因各自国情、馆情不同而有所差异,但主要具备三个共通特点:一是根据服务对象和工作性质,实行**"分众化"**教育项目管理;二是对观众参观博物馆的前、中、后三阶段进行**"一体化"**管理,涉及具体的策划与实施;三是围绕某个主题,开发一系列衍生活动,也即施行**"衍生化"**管理。

---

① Office of Policy and Analysis, *Lessons for Tomorrow: A Study of Education at the Smithsonian*, USA: Smithsonian Institution, Vol. 1 Summary Report, 2009, p. 67.

② Ibid., p. 66.

（一）实行"分众化"教育项目管理

时下,许多博物馆都在不断发展创新型教育手段,以扩大接纳量。美国博物馆的通常做法是:通过对其观众的全面了解和分析,从多种层面将对象做出细致划分,同时对馆方所拥有的资源进行合理调配与建设,以配合各种学习项目,加强教育的力度和广度。不少博物馆教育部都根据服务对象和工作性质,进行项目分工,从而"观众"不再是一个模糊的概念而是由许多个性鲜明的个体组成的复杂群体。例如,建于1968年的劳伦斯科学厅设有4个(教育)项目部:课程和研发部(重点在教材开发),公众项目部(开发展览、博物馆项目和公众活动),学生和家庭项目部,教师和领导者项目部(协调若干大型拨款资助活动以及职业发展项目)。另外,科学厅还建立了3个中心——学校改革中心、课程创新中心和公众科学中心,来协调这4个部,使其教育项目的影响最大化[1]。而明尼阿波利斯艺术设计学院实际上有两个教育部门:一个是教育部,专门负责面向各类学校各级学生的活动;一个是公共项目部,主要面向成年人、家庭等[2]。在纽约现代艺术馆,其教育部下设四个分部——学校项目、家庭项目部、成人与学术项目部、社区与特殊需求人群项目部,力求使各个阶层都能从艺术馆的产品和服务中获益。事实上,正是通过实施岗位专业化分工,美国博物馆不仅进一步明确了教育部内各岗位的职责,对观众的服务更精细化,而且使得教育人员能够通过不断积累经验更快地提高工作技巧和专业水平[3]。

另外,英国博物馆也根据观众类型的不同,例如个体观众、成人参观团队、家庭参观团队、教育参观团队和有特殊需要的参观群体,制定不同的教育方案和配套服务措施。而大英博物馆等机构还专门对其青少年观众进行细分,以有的放矢地提供教育服务。根据该馆2010年11月的统计数字,青少年参与者中数量居首位的是7—11岁游客,人数近20 000人,这个年龄段的学生主要关注历史;其次为12—18岁学生,约11 000人,该年龄段学生主

---

① 钱雪元:《美国的科技博物馆和科学教育》,《科普研究》2007年第4期。
② 段勇:《美国博物馆的公共教育与公共服务》,《中国博物馆》2004年第2期。
③ 湖南省博物馆"中国博物馆与青少年儿童教育项目"赴美学习考察小组:《浅谈当代美国博物馆教育——湖南省博物馆教育人员赴美考察报告》,2010年,第7页。

要关心艺术和设计;排在第三位的是 4—6 岁学生,大约有 5 000 人①。

美国芝加哥艺术博物馆 2006 年被评为"与儿童最具亲和力"的艺术博物馆之首,其教育部门的组织管理模式具有代表性和典型性。它根据服务对象和工作性质,实行项目管理,并分为成人教育项目、教师项目、学生项目、家庭教育项目、阐释性媒体项目共 5 个项目组。

"家庭教育项目"组负责由家长带领下的 3—12 岁孩童的活动。工作人员制定家庭参观手册,举办讲座,指导家长怎样给孩子讲解艺术品和带孩子玩耍。所有的儿童活动项目都将参观与动手结合起来,如组织孩子玩积木、进行互动游戏和各种手工劳动。

"教师项目"组为学校教师设计课程,供他们选修,帮助他们成为艺术课教师,并且还提供有明信片、彩色卡片、挂图、教师手册等教具和大量信息资源。

"阐释性媒体项目"组主要利用电子媒体和因特网开展活动。包括在展览中使用语音导览系统介绍展品,在网络博物馆让观众试听语音导览,建立教师信息资源库、参考书目录等。在超级链接上教师还可给学生布置作业,学生也可设计虚拟展览等。

"学生项目"组负责 17 岁以下学生的教学。工作人员参考学校教学大纲制订详细的工作计划,组织学生在展厅上课或开展课外活动,也为有志于上艺术学校的学生进行指导。教育人员不仅负责组织学生团体参观,还编辑印刷各种宣传、教学资料,如海报和参观手册,并将这些素材发送到当地学校。

"成人教育项目"组负责 18 岁以上成人(包括老人)的教育,每年组织 1 200多次成年人教育活动。工作人员为在校本科生、研究生提供可计算学分的选修课,并以馆藏艺术品为资源开办各种讲座,大部分都免费,不少还送至公司、医院、养老院举行。②

对于大都会艺术博物馆而言,其开展的教育项目,名目繁多,并契合了不同观众的需求。

"日常项目"是其最基本的项目,主要针对各种自发的参观活动。馆中随时都备有免费的日常展览项目程序表,供游客索取利用。程序表的内容

---

① 高翠:《英国博物馆的社会教育》,《中国文物报》2012 年 2 月 3 日。
② 林健:《从美国博物馆观众教育谈起》,中国文物信息网,2008 年 3 月 17 日。

包括各展厅的简介,餐厅、衣帽间、洗手间等公用设施的位置以及步行路线,讲座、讨论会和影视资料的情况介绍。一些详细材料还公布于网上日程表、馆中每两月编印一次的日程书、传单以及每天张挂在馆门前的招贴广告。此外,为团体观众组织的游览还可事先预约不同语言服务。大都会博物馆的日常项目旨在较大范围地吸引观众兴趣,加深民众对视觉艺术的理解,促使他们频繁光顾。

"学校项目"是该馆针对小观众的一项计划。据内部统计,每年约有 20 万小到幼儿园、大到十二年级的儿童和青少年以班组为单位参观大都会艺术博物馆。因而教育部也就一直忙于安排学生和教师的导游接待,并保障学生团体与其他接受导游的人流的持续循环和前后衔接。为了做好该项目,教育部专门设立了教师培训工作室、课程资源袋及博物馆信息网页,供学生和教师利用。尤里斯(Uris)图书馆的馆藏艺术图书、录像及其他辅助材料,也都提供给教师和学生在校使用。教育部除了大量组织参观游览活动,还负责编印出版有关材料,便于教师将艺术纳入平时的课堂。该项目的目标是,使馆藏品成为学校课堂的实质性延伸。

"家庭和学生项目"是在前一项目的基础上,考虑到学生在周末、节假日与其家人的活动而设置。大都会博物馆每年向几千个家庭发放招待票,让学生在假日期间与家人一起免费参观。同时,馆方还根据不同对象提供多种语言服务。除了参观展品外,项目本身还包含了游览、画廊猎奇、家庭电影、艺术写作、绘画和艺术企划等。此外,馆方还提供有大量的讲座课程,这里面又分为初中、高中学生的免费课外项目与 6—12 岁孩子的周末家庭项目。每一项都是形式独特、内容有趣的艺术学习。

"社区项目"体现了大都会艺术博物馆通过与中等学校和其他机构的合作,使其教育计划越过高墙触及周围社区的努力。其中,最受欢迎的项目之一是"The Met Goes to school"("大都会"进学校),它以幻灯片讲座和由馆方教学人员带领活动的方式,将艺术直接输入课堂。另外,其他一些馆外项目也很风靡,例如有艺术家指导的工作坊,在社区中心、大学、老人疗养院和公共图书馆等处设立集体热线电话服务。在夏季,有时当地的白日露营团也会被邀请至博物馆,由高校见习生带领着游览馆中陈列。

使馆藏艺术品走近每一个人,被大都会博物馆视为基本职责。因此,馆方组织了多种适合病残和有生理发育障碍的个体观众的活动,立名"为残疾观众的项目"。服务包括针对各种展览系列的"手语解说"(Sign

Language),引导有发育障碍的参观者及其家人游览画廊和艺术工作坊。还专门为有视觉障碍的观众准备了一系列可触摸的馆藏品,其中一些埃及艺术馆/厅无需导览,任由他们通过触觉来感知艺术品,也即"触摸展品"节目(Touch Collection)。另外一种叫做"口头描述游览"(Verbal Imaging Tours),指的是经过特殊培训的人员用洪亮的声音准确而生动地为患有视觉障碍的观众描述展品形态①。

根据大都会艺术博物馆的教育工作年鉴统计,2007 年秋季至 2008 年秋季该馆共组织开展了 21 467 场教育活动(含展览讲解),有 858 533 人次参加。活动举办场地不仅仅是博物馆(包括主建筑和修道院分院),还包括纽约市和周边的其他地方。很多活动都免费开放,但有些仅对会员开放,或者需要预约登记②。

案例 1

史密森早教中心(The Smithsonian Early Enrichment Center,SEEC)③的教育理念

史密森早教中心作为史密森博物学院旗下众多教育机构的一员,其教育聚焦"早教",并针对"3 个月至 6 岁间的孩童"。也即,通过其孩童发展中心、学龄前项目以及幼儿园为 3 个月至 6 岁间的孩童进行服务。该中心的使命表现在两方面:一是为幼儿提供一个模型和典范,也即高质量的教育项目;二是通过在全国范围共享其知识和技术,为所有孩童提供教育机会,以此来进一步实现史密森博物学院的教育使命。

史密森早教中心的关键性教育理念包括:以孩童为中心的学习;在现实生活环境下学习;多样化教学;批判性思考并解决问题;培养审美观。

● 以孩童为中心的学习

"主动(式)学习"是幼儿教育的关键。透过玩耍,孩童将他们对世界的印象表现出来。

感官活动。那些吸引感官的体验建立在幼儿理解世界的方式上。当孩

---

① 李清泉、林樱:《美国的艺术博物馆》,《艺术市场》2003 年第 1 期。

② 湖南省博物馆"中国博物馆与青少年儿童教育项目"赴美学习考察小组:《浅谈当代美国博物馆教育——湖南省博物馆教育人员赴美考察报告》,2010 年,第 5—6 页。

③ 史密森早教中心是一个非营利组织,由华盛顿特区的独立董事会运营。史密森博物学院提供空间、设施以及有限的行政服务。该中心有多个办公地点,坐落于史密森博物学院的综合设施内。史密森早教中心的项目致力于多文化的教育方式,并不因种族、肤色、信仰、性别或是国别而区别对待对象。

童主动通过观察、品尝、触摸、嗅闻、倾听来探索环境的时候,学习便会发生。每种感觉都为学习过程带来了新信息,并强化了理解。

过往经验。先前的经验基础对孩童的学习至关重要。为了理解一个新概念,必须与孩童已经熟悉的概念构建联系。只有当新概念与孩童的现有知识基础构建了关系,它才具有意义。

具体经历。允许孩童通过具体的经历来积极参与学习过程。这最终将为抽象概念的理解构建基础。

分类。当给予大量彩色物件的时候,孩童将自然地根据一些共有属性将其分类,包括颜色、形状或是尺寸大小。当他们将这些物件分类并排序的时候,会通过对共性的认知来构建关于世界的含义。

讲故事。孩童通过故事来自然地表达想法,交流思想。讲故事是一个强有力的对策,可用来引入理念。读一篇故事,当一回说故事的人,或是编一个故事来吸引孩童。

● 在现实生活环境下学习

将学习体验带出教室,教师能扩展并丰富幼儿的教育机会。通过社区内的博物馆和文化机构,孩童构建关联,并在有实物的环境中产生新想法。这种类型的学习,常常被称作"体验式学习",它建立在现实生活环境下的主动式学习基础之上。

当然,孩童在舒服的教室内也能学习概念,诸如形状和图案,但当这些理念透过现实世界的建筑、艺术、物件来探索时,会变得更有意义。比如,在一个关于运输的单元中,通过汽车、公车、自行车以及轮船的轮子来探索"形状"这一概念。几乎所有理念都能更有效地透过与现实世界的直接交互来得到发展。

● 多样化教学

艺术品及文化产品激励我们理解所生存的世界。孩童通过艺术家的丰富表达来学习全球多样性和文化多样性。重要的一点是要教导幼儿:做同样一件事情有很多种方式,并且世界之美正在于其多样性。

通常,要从一个对所有人都普遍的概念讲起,并通过世界各地人们的独特视角来审视该理念,这非常重要。例如,每个人都需要休息或睡眠,但我们做的方式存在着诸多不同。孩童可以在倾听泰国的摇篮曲《月亮晚安》或是《安静》时,思考"休息"这一概念。然后他们不妨前往国立非洲艺术博物馆(National Museum of African Art)一睹非洲靠枕的真容或是弗利尔美术馆的亚洲瓷枕,学习人们休息的不同方式。通过探索日式垫子、仪式用床、婴儿床以及水床,孩童开始理解有多种休息方式的选择。

艺术品和个人物件提供了幼儿学习的背景,以了解世界上的文化遗产。通过博物馆来探索多样性将帮助孩童扩大和丰富个人理解,并接受他人及其生活方式。

● 批判性思考并解决问题

孩童通过仔细观察、分类、收集信息及推理、概括来获取大部分知识,并构建其含义。这些行为导致了阐释和意义建构,而后者已是更高层级的认知技能。虽然这经常出于幼儿的本能,但它成为之后更深入、更复杂情境下科学研究和探索的基础。

教育工作者开始认识到,通过理解理念与事实之间的关系从而有效使用信息的能力是学习中的一项重要技能。记忆信息在一些学校环境中得到的关注正在减少,而理解力却变得更重要了。

时下,一项重要的教育策略是认识到多元视角的能力,也即通过多种角度或观点来看待事物。例如,可以透过历史背景(它存在于一段历史时期)及文化背景(它代表了特定文化或地理区域),还能通过设计师或主人的角度来看一双鞋子。

创新地看待理念与评论的能力理应被纳入每个孩童的发展和培育过程。博物馆是创设活动的完美场所,可培育他们的创新性、批判思维及解决问题的能力。

● 培养审美观

艺术、自然及文化产品提供了培养初期学习者审美观的机会。在博物馆环境中,美学体验的产生源于观察者与艺术品或物件之间的互动。艺术拥有一种魔力,激发我们的一系列情感。通过音乐、视觉艺术、戏剧以及文化的创意性表达,将我们与他人的感受和体验联系在一起。

重要的是,我们要引导孩童,他们关于艺术作品的感受都是个人化的,并且是正当的,不管这些感受是什么。每个人都有喜欢或是不喜欢某件作品的权利。

(二) 实行"一体化"教育项目管理

在教育活动的组织管理上,欧美博物馆的另一个突出特点是对观众参观博物馆的前、中、后三阶段教育活动进行一体化的规划与实施。

欧美博物馆界认为,教育活动不局限于观众的实地参观阶段,也包括参观前和参观后两个阶段。以"观众的实地参观"为分水岭,教育活动可以相对地划分为参观前的活动、参观时的活动和参观后的活动。参观阶段的活动固然是主体,但博物馆教育活动的规划与实施同样包括吸引目标观众、潜在观众和虚拟观众前来,以及对参观后的实际观众继续提供教育产品和服务。虽然三阶段的教育目标、任务都不同,实施策略、方法也各有侧重,但各阶段不是绝对分割的,而是一以贯之、环环相扣的一个系统,因此必须进行一体化管理,如此才能达到博物馆教育活动成效的最大化。

史密森美国美术馆的儿童项目"美术中的故事"已开展 10 多年了。教育部人员每次都会提前设定一个主题,精心选择与主题相关的展厅画作,然后科学设计教育方案。如在开展以"树叶"为主题的活动中,教育人员首先带领儿童共同阅读一本名为《叶人》的卡通图书,讲述其中生动有趣的小故事,然后引领他们来到展厅欣赏一幅描绘秋天的风景画。教育人员引导儿童从各个角度观察作品,提出一系列发散性问题让他们思考、联想、回答,诸如:如果置身画中将看见什么? 听见什么? 闻见什么? 可能遇见什么人? 画中是什么季节? 什么时间? 如果在其他季节景物会有什么变化? 等等。最后,儿童将在教育人员的指导下完成用树叶、纸张、颜料等动手创作的活动。此艺术项目深受 4—7 岁儿童及其家长的欢迎和追捧①。

另外,史密森博物学院还提供有一系列针对教师和家长的建议或推荐,为他们优化师生考察及家庭游提供务实引导。并且,这些引导还按照观众参观博物馆的前、中、后三阶段推进,稳中求变。

案例 1

史密森博物学院优化家庭游的三阶段建议

经过提前准备的博物馆之旅被证明更有效。史密森特别注重与家庭之间的联动,并适时给予家长们引导和扶持,旨在帮助父母和孩子为其实地考察做充分准备,不止吸引他们前来,更让他们有备而来。一般情况下,家庭游玩博物馆并无固定的模式,但父母如果有时间,不妨择取部分建议,规划

---

① 湖南省博物馆"中国博物馆与青少年儿童教育项目"赴美学习考察小组:《浅谈当代美国博物馆教育——湖南省博物馆教育人员赴美考察报告》,2010 年,第 5—6 页。

下参观前、中、后三阶段的活动,这样将有助于丰富博物馆之旅,并享受全家学习的过程。

● 参观前

史密森建议家长在规划活动时,不妨让孩子也加入,这样他们会更感兴趣、更兴奋。具体包括:

告诉孩子他们即将在博物馆内看到什么,尤其当这是孩子的第一次博物馆之行。对话内容包括向他们介绍该馆的基本信息、展品的由来,并且起初人们为何开始收藏等。

发现孩子的兴趣点。如果他们对木乃伊或是流星感兴趣,而你们当地的博物馆又正好有这些展品,不妨马上出游。或者,选择一个有趣的地方比如附近城市的博物馆,亦可在网上找寻目标博物馆。

将孩子在校内学习的知识与博物馆之旅挂钩。让他们利用参观的机会开展调研或是探寻正在学习的课程的更多信息。你们家附近的博物馆可能就有这样的展品,将有助于孩子生动形象地学习校内课程。

重申个人安全和行为准则。告诉孩子如果和家长走散了该怎么办,包括寻求馆内保安和其他工作人员的帮助。另外,告诫他们:博物馆是公共场所,参观时什么样的行为是可取的,什么是不可取的。例如,艺术博物馆和历史博物馆鉴于藏品的稀有性和不可替代性,通常都不允许直接用手触碰展品,但儿童博物馆基本都允许手动操作。

● 参观前可做的事

电话询问或是电邮询问博物馆票价、开放时间、参观指南以及最好的家庭游时间。询问一周中哪天或是一天中哪个时段的参观人数最少。有些博物馆免费开放,有些希望你们支付一定的费用作为捐赠。有些馆某些天免费开放或是针对家庭、老年人、学生及孩童有折扣票价。

如果你们家或是此次家庭游中有有特殊需要的参观者,电话询问或是电邮询问博物馆对他们的服务情况,诸如停车、入口、展厅内参观等。许多馆都建议有特殊需要的参观者至少提前两周预约,以便馆方提供诸如手语(为聋哑人设计的)提示语言服务,或是布莱叶盲文等。

查询报纸或是你们的社区图书馆、书店,看看有无对孩子充满吸引力的博物馆特展、活动、项目等。图书馆和书店通常都有相关书籍和免费传单,罗列并描述了各种家庭活动,包括当地博物馆策划的教育活动等。

就你们感兴趣的博物馆,在网上先睹其面貌。

● 参观中

史密森建议：进入博物馆后，"问询处或咨询台"是首先逗留的好去处。那儿你们会看到各展厅、餐厅、卫生间、商店、电梯、轮椅匝道、出口以及休息区的平面图，还可拿到各种语言的参观资料。你们可以索要自导型游览手册，并了解语音导览、展厅游戏和活动、家庭工作坊以及节目等信息。

找到有动手操作、孩童节目、音乐表演、讲故事单元或是有导览的展厅，及相应的活动时间，然后：

保持参观节奏灵活机动，让孩子做主。可能你们原先设想好看恐龙骨骼，现在孩子更想看大象，父母千万别对此大惊小怪，就让孩子随着自己的步伐畅享吧。你们还要做好准备随时回答他们的问题。如果你们自己也不清楚答案，不妨先记下来，以做参观后的探索。

尝试将你们看到的展示内容与孩子已知的信息勾连。例如，骑士的盔甲和接球手的护面、骑车人佩戴的头盔一样，都是用来保护身体的。

鼓励孩子就他们参观中最感兴趣的展品讲个故事。"你觉得是谁佩戴了那副盔甲？""制作盔甲时是如何使其合身的？"总之，鼓励他们发挥想象力。如果标签或是版面问题提供了更多信息，不妨也为孩子讲一讲。

在博物馆内玩游戏。任何年龄的孩童都爱玩游戏。博物馆游戏或是寻宝活动可以掀起参观之旅的小高潮，并将整个过程做有效的分割。游戏能激励孩子的好奇心，让他们的观察力更敏锐，也使整个参观之旅更有趣。如果馆方没有提供什么游戏，你们不妨自行创设吧。

明信片游戏。在博物馆商店内买些明信片，让孩子化身小侦探，找到明信片上的展品。他们不仅会喜欢这项寻宝活动，还会惊喜地探寻到真品。真品和明信片上的颜色一样吗？细节一致吗？质地呢？尺寸大小呢？回家之后，你们还可重新组织这些明信片，创设一个小小的家庭展。

小小侦探。让孩子在展厅中搜寻一件展品，并将其描述给其他家庭成员听，然后大家互相猜那是什么："我发现了某个东西，红色，带棕色的锋利边缘"或是"我发现了某个东西，在路边缓慢移动"。

搜寻。让孩子找寻带有他们最爱的颜色、形状或是物体的绘画。该游戏不止有趣，还能教孩子如何更细致地观察，尤其当他们成功地搜寻到某物或是辨认出某物时，会产生成就感。

它在哪儿？让孩子找寻展品中非常柔软/坚硬/强健/耀眼的东西，或是感觉起来粗糙/光滑/烫/滑/崎岖不平/痒的东西，或是闻起来香/烧焦的/甜的东西。

告诉我为什么或是怎么办？以提问的方式开始这个游戏，比如"告诉我搭建一个北美印第安人圆锥形帐篷的步骤"，答案通常都在展览中。该游戏适合任何类型的博物馆。

前往博物馆商店。家庭游时父母一般都会买些书、海报、玩具、游戏器具、明信片以及其他纪念品，让孩子铭记在馆内的见闻，并进一步拓宽他们的知识。

参观时以孩子为主。千万别希冀在一次旅程中就将所有内容都尽收眼底。孩子尤其是学龄前孩童及低年级小朋友，通常只能集中精神学习 10—15 分钟，如果让他们一次性看太多东西，他们会接受不了。30 分钟到 1 小时已是极限。一旦孩子开口说"我不想看了"或是"这里很热"或是"我们什么时候回家"——你应该明白他们已经看够了，并且现在是时间休息下或离开了。错过的展品下次再看吧，规划下一次的博物馆之旅！

史密森提醒家长，"以孩子为先"：带孩子参观时，记得以他们为主。小孩的注意力不会维持太久，可能非常之短。他们或许会对一个馆内保安人员、一长截楼梯或是一个装饰性基座更感兴趣，而非你所设想的展览。先看那些他们最想看的展厅吧。对于学龄前孩童，馆内的参观时间不宜超过 1 小时。

● 参观后

史密森建议：结束参观之旅后，也要寻求机会，延伸馆内的学习。父母可以这么做，来加强全家尤其是孩子的学习体验：

使用博物馆家庭导览手册，并发挥创意，在家开展一些活动。

将孩子观看的展品与他们之前的知识勾连。比如，如果孩子对宇航员展览感兴趣，不妨和他们谈谈第一个上月球的人，或是在其他行星上生命存在的可能性。

提议让孩子开始收集他们的最爱，并搭建自己的家庭博物馆。有效增添藏品的途径是找寻社区内的庭院旧货出售或是前往跳蚤市场。如果你们足够幸运的话，还可能以超低的价格买到心爱的藏品。

就拍卖或收藏信息查看电视和报纸的节目清单，这些节目通常会聚焦许多不同的拍品，并描述它们的历史、价值和背景信息。

上网。许多博物馆网站上都有关于展览和孩童互动活动的信息，上网去捕捉一些资源。例如 http：//www. ed. gov/pubs/Museum/resource. html。

鼓励孩子发挥创意。建议他们利用家中的物品如报纸、旧玩具、积木或是黏土等,复制馆内看到的某件展品,并在家中展示这件"新展品"。如果你们刚参观完科学博物馆,不妨在家中利用度量衡、光影等来做实验,还可去图书馆找寻相关家庭实验和活动的书籍。

鼓励孩子与亲戚或朋友分享此次博物馆之旅。什么是他们最喜爱的展品? 不喜欢什么? 为什么?

查看你的笔记本,别忘记那些未能及时回答孩子的问题。找寻答案并与他们进行交流,看看有些问题是否与其学校课程也相关。

运用社区资源。参与特别节日活动或观看附近图书馆、高中、社区中心、购物中心内的展品。你们周围的人也可能是资源——收藏家、画家、自然学家,或许他们都非常愿意与你的孩子分享所知。

在家当小小收藏家:收集的过程能给予孩子机会,锻炼和学习每天都需用到的技能。其实,大多数孩子都已拥有许多玩物来构建小小藏品库。只需集结一些洋娃娃、图画书、棒球卡、纽扣、贴纸、海贝或是岩石便能开启这次收藏,或许它还能成为孩子一生的兴趣爱好。当有了小小收藏后,鼓励孩子就它们进行分类、组织和安排,并将藏品中的各件物品编号。他们还可根据尺寸大小、形状、颜色或质地来重新组织和安排。这将教会他们从多重角度看待自己的藏品。如果孩子急切地想分享自己收藏的诸多细节,千万别惊讶。鼓励他们讨论各物品间的关系和模式,同时这也是表扬并激励他们继续增添藏品的好机会。

案例2

史密森博物学院优化师生实地考察的三阶段建议

今天,博物馆需要进一步提高教育服务能力,将过去学生进馆后才开始实施的教育,前移至他们准备博物馆之行时就开始,以减少盲目参观、无效参观,努力提高参观质量[1]。史密森注重传播"学生实地考察"(field trip)的价值,且给予教师务实引导和扶持,建议并提醒他们在参观前、中、后三阶段分别做些什么,以及如何做。

● 实地考察的价值

首先,史密森建议教师无论时间、经费如何匮乏,实施以下经研究表明

---

① 沈岩:《从免费开放反思当前博物馆教育的改革》,《中国文物报》2010 年 2 月 24 日。

是有效的措施,并至少执行其中一项。这些方法将有助于确保学生经历有意义的、卓有成效的博物馆之旅:

参观前,带领学生浏览博物馆网站、观看史密森介绍光盘等。

明确告诉学生此次参观的学习目标。

将参观与课程结合。教师若需帮助,可直接联系博物馆教育部门。

规划整个参观进程,同时留有一定的时间让学生自行探索。无论哪个年级的学生,尤其是中学生,都希望有时间纯粹地观察展品,或是与展项互动。

给学生机会,以小组为单位进行活动。

在参观中,与学生互动。进行开放式发问,以解析展览的奥秘,并鼓励他们将所看到的、所参与和体验的都表达出来。

回到教室后,回顾此次参观并进行延伸学习,使实地考察之旅更难忘。

研究表明,当教师在参观前的规划上花费时间和精力(尤其当学生数次前往同一座博物馆时),认知型学习会更有效。

● 如何为实地考察做准备

参观前,先为学生就博物馆及其展览做一定的介绍,并尝试开展如下活动,运用如下方法:

运用类比。让学生通过绘画形式来回答"博物馆是什么?"这一问题,然后请他们解析各自的答案,并将图画归类。从归类的图画中,能让他们概括博物馆究竟是什么吗? 这些图画又告诉他们关于不同类型博物馆的故事了吗?

比较博物馆。询问学生之前是否参观过博物馆,他们又是否喜欢先前的博物馆之旅。画一张表格,设两栏。左栏列举学生提及的所有馆,右栏则写下他们在馆内探寻到的展品类型。通过比较两栏内容,能让学生就博物馆进行一些概要性的表述吗? 运用表格写下大家对博物馆的定义。

分享各自的收藏。询问学生各自的小小收藏。他们收藏了什么,又为什么会收藏这些东西? 他们是如何选择收藏品的? 如何梳理,又如何保管?

收藏物品。将学生带入社区,引导他们进行一次小小收藏之旅。鼓励他们将所收集的物品梳理好,研究它们并书写标签。同时,讨论如何发挥这些物品的用途,并发现它们背后的故事。

● 具体规划实地考察

普通的游览信息,可运用搜索引擎从博物馆网站上获得。

个性化的游览信息:如果想个性化地游览史密森博物馆群,不妨先联系各馆教育部。教育部工作人员会帮助制订契合课程需要、学生需求或是包含一系列流程的参观计划。同样,你们也可自行制订包括餐饮、观看巨幕影院及其他娱乐项目在内的参观计划。

多重选择,规划属于你们的史密森之旅。比如,从史密森各馆网站的"教育"网页上,找到自导型素材和相关资源;咨询史密森之旅的基本信息,如博物馆开放时间、地址,及经常更新的项目诸如"孩童类活动"情况;进入http://www.gosmithsonian.com,规划你们的博物馆之旅。了解史密森各馆的最新资讯,并为住宿和行程等做出安排;购买官方的"观众手册",综合并概要地了解史密森各馆的丰富典藏和常设展览;浏览史密森的官方网站Smithsonian.org(或http://si.edu/),通过链接可以看到许多在线展览和电子手册,并覆盖了相关地图、平面图等。

● 有效运用"实地考察工作手册"

"实地考察工作手册"为教师提供了宝贵信息,鼓励他们在组织班集体的实地考察时,给予学生充分的个人空间。这份手册可于网上下载,分为英语和西班牙语两种,详见 http://smithsonianeducation.org/educators/field_trips/ask_yourself/index.html。工作手册中的活动项目专为师生们设计,并且可在课堂上使用,适用于任何班级和年级,亦可应用于任何一座博物馆。通过回答手册上的系列问题,学生将以更全面的视角来参观一个展览,并且就他们最感兴趣的部分进行深入探究。

活动组织建议。选择一个展览,供学生学习和研究。花5分钟对展览进行简介,并分发相关素材;给学生30分钟参观展览;花10分钟用于小组讨论。

小组讨论。当学生完成工作手册上的活动后,向他们提问,激励他们多动脑。包括:

运用先前的知识:让学生谈谈他们目前对展览主题的了解,鼓励他们多思考。

信息集成:鼓励学生将所看到的展品展项进行小结,或是描述它们之间的关系。教师可询问诸如"该展厅物品展示了19世纪美国城市的哪些方面?"等问题并引导他们自行小结,或是询问"本展览中的所有菩萨图像,共同点是什么?"等,激励学生描述展品展项间的关系。

大胆想象:鼓励学生大胆想象,真正进入展览的世界,并思考:如果你是艺术家,将如何来表达?如果你是发明家,将如何来解决这个问题?

运用感觉来应答:鼓励个人情感和感觉的表达,诸如,"在所有这些风景中,你最想去哪儿,又最不想去哪儿呢?"

　　点评参观体验:引导学生就整个参观过程表达个人观点,甚至是相互辩驳。"什么是最令你感兴趣的东西?""为什么对它感兴趣?""物品、标牌、展览设计是否一齐表达了主题或是讲了一个故事? 它们又是如何做到的?""如果可以改动展览,你会修改哪里?"

● 实地考察后事宜

教师可以提不同的问题,来激发学生的多维度思考。先询问他们在观赏展品或触摸时的感觉,然后鼓励他们进行更深入的思考。一些建议如下:

　　回忆信息。学生会通过将新信息与先前的知识联系和比较来学习。首先,让他们回想关于某一主题都知道些什么。然后在他们观看了展览后,彼此讨论学习到了什么。鼓励他们将新信息与先前的想法结合起来并比较,看看新信息对先前的想法有没有带来冲击和改变。

　　建立信息连接。让学生通过总结事实、解释概念或是描述关系来合成信息。比如,看了这件展品,能谈谈 19 世纪的社群吗? 能描述飞机是如何飞的吗? 在所有的佛陀图像中,什么是始终不变的呢?

　　发挥想象。一切皆有可能。试着这样发问:如果你是艺术家,你会如何来表达这份情感或创意? 如果你是发明家,你会如何来解决这个问题?

　　对自己的体验做出反应。如果学生对某段经历有着强烈的情感反应,通常他们会特别铭记。让他们审视自己对某件展品的个人反应。比如,这幅艺术品让你感觉如何? 如果你是当时非洲美国裔移民潮中的一员,从南部迁徙到北部,你会如何看待这段旅程?

　　评价体验。让学生选择立场,表述意见,并为自己的选择辩护。比如:如果在本展览中选择一件最喜欢的展品,是哪件? 为什么? 本展览中的展品、标牌和设计是否契合,有无表达展览主题和故事? 它们是怎么做的? 如果可以改变,你会改变展览的哪个部分? 你觉得本展览缺少了什么? 你认为一个好展览应该包含哪些部分? 明确你的标准。

案例 3

史密森早教中心就如何为幼童策划博物馆之旅的建议

　　史密森早教中心坐落于美国首都华盛顿、全球最大的博物馆群落中,它是幼年项目的模型和典范,将孩童置于每一次体验的中心。史密森博物学院庞大的藏品是该中心文化多样性课程的基础,并为 3 个月至 6 岁间的孩童提供了难得的学习机会。

史密森早教中心认为,为幼儿策划一次博物馆之旅,五大步骤必不可少,它们是确保成功的关键。具体包括:确定主题;策划方案;引入概念/理念;参观博物馆;扩展想法。

● 启动

明确一个与课堂课程相关的主题。研究那些有助于丰富课堂体验的物件和艺术品。参观博物馆或是致电其教育部门,找出博物馆提供的相关展览或藏品是什么。这些物品方便幼儿的观看吗? 小组参观的空间够吗? 孩童能坐在地上吗? 参观前一天致电博物馆,明确想要看的艺术作品或展览没有被移走或更改。策划博物馆参观方案。记住短途旅行对幼儿最佳。你们的博物馆参观之旅需要包括3—4方面的相关体验。确保不同的活动水平;囊括一项户外游戏或活动。保持活动的互动性。告知幼儿博物馆内的行为举止该如何。强调他们在博物馆内能做什么,诸如讨论艺术,看新事物,发挥想象力,开心玩耍等。

去博物馆之前。将重要信息与陪护人员分享。他们将要做些什么? 你们有没有策划活动或问题,让他们与孩童在一起时运用? 在博物馆之行前就于课堂内引入一些概念。这包括讲故事、讨论一位艺术家、演示一个概念或是艺术技巧。

博物馆参观。到达博物馆后,将孩童分成若干小组,每组容纳6—10名幼儿。你们需要规划一些活动,供每个小组参与。各组都应体验不同的活动。将那些与孩童会看到的艺术品或展览相关的物件一起带来,这有助于创设他们的感官体验。通过使用相关的、符合年龄的问题,就孩童的观察给予提示,并引导讨论,这将激发他们的思考和理解。

后续。当孩童回到课堂,提供他们进一步探索的机会。记住使用表现艺术活动,诸如舞蹈、倾听、讲故事及表演游戏。

● 策划方案范例

仔细思考成功的五大步骤,为你的孩子或是一个班级的幼童搭建通往博物馆的桥梁。考虑孩童的兴趣、课堂课程或是特别的博物馆产品和服务。

这份策划方案范例探索了"借由音乐和舞蹈来交流"这一理念。

主题:音乐和舞蹈。

艺术作品：Edgar Degas 的绘画作品。

熟悉的物件：芭蕾舞鞋、观剧用的小望远镜、玫瑰花。

理念：音乐和舞蹈是用来表达情感和与他人进行交流的。

介绍活动：在去博物馆之前，向孩童介绍"有多种不同的音乐和舞蹈种类"这一概念。舞蹈和音乐能用来讲故事，正如"天鹅湖"或"胡桃夹子"那样，抑或是允许个人通过动作或声音而不是言语来表达情感。

倾听适合芭蕾的音乐，并让孩童跟随音乐起舞。让一名孩童表演跟随音乐起舞的特别方式，并让其他孩童模范该动作。展示每个人的动作都是独一无二的。

阅读 Laurence Anholt 的《小舞者》一书，故事是关于一位年轻的芭蕾舞女演员的。让孩童想象成为一名芭蕾舞演员是怎么样的。请一位孩童摆出芭蕾舞者的姿势来。

参观博物馆：观看 Degas 的画作"老歌剧院的舞者"。询问孩童画作中发生了什么故事。当他们讨论舞者的时候，请他们描述芭蕾舞者可能穿什么鞋子。会不会是运动鞋、拖鞋、高跟鞋或是牛仔靴呢？为什么需要这样的鞋子？告诉孩童，你包里有非常特别的东西，然后将芭蕾舞鞋从包里拿出。让每个孩童都感受一下芭蕾舞鞋，并讲述其触感如何（光滑的、一半软一半硬）、它的外形如何（粉色的、有光泽的）。讲述为何芭蕾舞鞋有助于舞者的表演。

询问孩童画作中除了舞者，是否还有他人。希望他们能谈论到观众。告诉孩童有些东西画作中看不到，但是有人可能会将其带至歌剧院。向孩童展示观剧用的小望远镜。询问他们，人们会如何使用该望远镜呢？为什么有人需要它们？

讲述关于该画作的故事，包括其中的舞者和观众。在故事的结尾，不妨这样引导孩童："当歌剧结束后，舞者常常会受到朋友及倾慕者给予的特别礼物。闭上你们的眼睛，看看我们能否根据味道猜出礼物是什么？"将玫瑰置于每个孩童的身旁，让他们来闻一闻。

后续课堂活动：博物馆之行后，让孩童穿上戏服和舞鞋，表演戏剧。准备不同类型的音乐。让孩童来告诉你，什么音乐最适合他们穿的戏服。

● 相关的艺术家、艺术作品及物件

Edgar Degas 小舞者（雕塑）；Edgar Degas 老歌剧院的舞者（绘画）；

William H. Johnson 吉特巴舞Ⅰ（绘画）；William H. Johnson 街头音乐家（绘画）；Pablo Picasso 三个音乐家（绘画）；Barry Flanagan 鼓者（雕塑）；Sakari Douglas Camp 戴船头饰的人（雕塑）；Marc Chagall 绿色的小提琴家（雕塑）；Auguste Rnoir 舞者（绘画）；Alexander Calder 约瑟芬·贝克（雕塑）；非洲艺术家 Chiwara（个人物件）；George Bingham 愉快的平底船夫（绘画）；Henri Matisse 黑人妇女（剪贴画）

乐器：国立美国历史博物馆、国立非洲艺术博物馆

音乐：国立档案馆（National Archives）

音乐家：国立美国历史博物馆

特别服饰：舞鞋、戏服、面具

策划额外的博物馆活动。不妨按照上述艺术作品来策划博物馆之行或是课堂活动。课堂内可以使用印章、海报、明信片或是到博物馆观看艺术真品。

到你们的当地博物馆选择绘画作品，以契合音乐和舞蹈的主题。比较艺术家之间关于舞蹈和音乐的不同观点。例如，你可能会使用一双高跟鞋和吉特巴舞来引入 William Johnson 的艺术作品。该活动和围绕 Degas 的舞者作品的活动很不同。

择取那些代表了不同文化背景的艺术家的绘画作品，以及那些选择了不同舞蹈作为绘画主题的艺术家。在进行主题探索时，不妨囊括绘画、雕塑及物件，这样会内容丰富。

● 策划工作表

主题

博物馆物件/藏品

熟悉的物件

概念/理念

博物馆参观前：

在课堂内引入主题。开展 2—3 项活动，为学生的博物馆之行做准备。尝试调动大家的五官，并从"熟悉"的事物开始。

活动 1

活动 2

活动 3

在博物馆内参观：

提供 3—4 项小组活动,在能量级上做出区别,并调动大家的五官。询问开放式问题,鼓励所有人都参与。

活动 1 _____

活动 2 _____

活动 3 _____

博物馆参观后:

通过在家或在教室内的后续活动,强化并延伸博物馆体验。

活动 1 _____

活动 2 _____

活动 3 _____

(三) 实行"衍生化"教育项目管理

纵观欧美等博物馆事业发达国家,其博物馆教育活动组织管理的另一大特色是,注重围绕某个主题,开发一系列衍生化项目。

"艺术基金奖"是英国最大型的艺术奖项,旨在对每年国内博物馆、画廊具创造性的杰出艺术项目[①]给予认可和激励,并提高公众对艺术的鉴赏能力。2011 年,大英博物馆与英国广播公司(British Broadcasting Corporation,BBC)合作的"一段世界史"项目最终将桂冠收入囊中。它是双方共同策划的、一项历经 5 年(由策划到 2010 年正式实行)的大型社会公共服务项目,以 BBC4 台播出的"100 件藏品中的世界历史"系列广播节目为核心,另外包括"互动式数字博物馆"、面向青少年儿童的"'遗产'系列项目""BBC'一段世界史'综合网站平台"等涉及广播、电视、网络多种媒体形式的扩展项目。英国国内 550 家博物馆和文化遗产部门先后加入。总之,大英博物馆发起的这一项目辐射面大、受众面广、颇具与媒体及同行合作的广度和深度,其开展的各项活动在博物馆社会服务、学校教育、公众历史文化教育等方面都产生了深远影响,被多家国际知名媒体评价为"空前的""开创性的""巨大的成功"[②]。

---

① 获奖机构可得到高达 10 万英镑的基金奖。
② 湖南省博物馆编译:《"一段世界史"获"艺术基金奖" 大英博物馆登"年度博物馆"宝座》,湖南省博物馆网站,2011 年 6 月 21 日。

██████ **案例 1** ██████

展现"一段世界史"：大英博物馆与英国广播公司的深度合作①

● 核心项目：100 件藏品中的世界历史

"100 件藏品中的世界历史"系列广播节目，是大英博物馆与英国广播公司针对世界历史进行的开创性公共服务项目。并且，双方合作旨在确保此项目能够最大限度地呈现在广播、电视、网络等媒体平台上。

节目由英国广播公司电台 4 台制作出品，每期 15 分钟，周一至周五播出。节目通过大英博物馆在世界范围内独特的标志性收藏讲述历史故事，每周都设置一个主题，使听众体验某一特定历史时期的文化成就。所选择的实物尽可能广泛地涵盖时间和地域跨度。

该节目按时间顺序编排，最早从约 200 万年前一些坦桑尼亚的资料开始，一直延续到今天。它通过以实物为中心的故事来讲述世界历史，探索人类历史发展的关键，从远古文明到近代事件。每集节目关注一件藏品，并且全部是人工制品，从平凡的工具到伟大的艺术品，一些可能很著名，另一些尽管同等重要但鲜为人知。节目撰写者和主持人都是大英博物馆的馆长尼尔·麦克格雷戈（Neil MacGregor），他在讲述世界史中各地类似的发展时，常别出心裁地强调其中的联系和普遍的主题。

"100 件藏品中的世界历史"节目是"一段世界史"项目的发端和核心。大英博物馆精心挑选了 100 件实物并为其设计节目内容，集中体现了馆方希望传达的"透物见史"理念。对于博物馆而言，该理念传达了一种对待藏品的态度，目的是促进馆方对其藏品内涵的关注和解读。而对于社会公众来说，"透物见史"理念则提示了一种关注生活和历史的方式，特别是在教育方面，这一理念的正确传达，有助于青少年形成自己的历史观。另外，培养公众的"透物见史"思维，有助于引起大家对博物馆的重视，使他们在参观时获得更多的启示和更好的效果。除此之外，收集公众多元的历史视角，亦可为博物馆工作提供启发。

● 三个衍生项目

（1）互动式数字博物馆

互动式数字博物馆是"100 件藏品中的世界历史"系列广播节目在"一

───────────────

① 《展现"一段世界史"：大英博物馆与英国广播公司（BBC）的深度合作》，中国文物信息网，2011 年 4 月 20 日。

段世界史"网站上搭建的开放平台。它的基础是广播节目中介绍的 100 件实物的信息,包括基础信息、图片和蕴含在实物中的历史内涵。大英博物馆以此为范本,鼓励其他英国博物馆以及普通听众在节目网站上上传实物图片和相关文字信息,从而构成了一个独一无二的数字博物馆。

该数字博物馆以实物信息为藏品,将信息上传视作一种捐赠行为,并对上传信息的格式、内容、所有权、版权等有十分细致明确的规定。

所有上传"藏品"在拥有独立信息页面的同时,都以缩略形式在数字博物馆的主页面上按时间顺序随机显示。此外,"一段世界史"网站首页上也会显示近期捐赠信息。

整个数字博物馆的界面形象生动,上传操作简便,格式要求清晰,但对内容没有专业性的要求,所有 16 岁以上网站注册用户均可随时上传和编辑自己的实物。数字博物馆除了按照时间顺序显示"藏品"外,还以上传实物的基础信息为索引,建立了明晰的检索系统,方便参观者按需检索和浏览。此外,他们还可对"藏品"进行评论,评论内容会显示在"藏品"页面的最下方。

这一项目充分利用了网络在信息传播方面快捷、便利的优势,迅速建立起了一个数字化信息库。在广播节目播出的同时吸引听众互动,收集公众对广播节目所传达的"透物见史"理念的反馈。公众可以通过上传自己的物品图片,表达历史观念。由于公众视角大多集中于身边的日常生活,这为博物馆在关注当代社会和收集当代藏品方面提供了信息和思路。而馆方除了借此重新发掘藏品内涵外,更可借助这一平台对本馆进行宣传。

(2) 针对青少年儿童的"遗产"系列项目

由于"100 件藏品中的世界历史"系列广播节目和互动式数字博物馆主要针对成年公众,为了更有利于儿童与青少年的理解和参与,大英博物馆与英国广播公司结合学校教育,设计了契合他们的系列项目。其目的同样是为了更好地传达"透物见史"理念,使儿童和青少年在正确的引导下理解该观念,并掌握通过实物解读历史、发现身边蕴涵历史信息的实物并建立历史观的能力。

一是电视游戏节目。

"遗产:博物馆的守卫者"节目是召集儿童夜间探索大英博物馆的挑战游戏。在"幽灵导游"Agatha 的引导下,参赛者与黑暗势力对抗,穿越时空,回答与藏品相关的问题,并最终向黑伯爵发起挑战。战胜黑伯爵,他们将赢得金甲虫徽章,证明自己是合格的博物馆保护者;否则,他们将变成藏品,永远被禁锢在馆中。

大英博物馆与英国广播公司儿童电视台合作该节目,为后者提供拍摄场地和内容。与广播节目相呼应,电视节目参赛者探索的实物都是"100件藏品中的世界历史"里所介绍的。同样以揭示馆藏为核心,"遗产:博物馆的守卫者"节目针对的群体是小学生年龄层的儿童。电视传播具有更强的直观性和生动性,节目内容也被设计得更为活泼浅显,娱乐性较广播节目大大增强。它吸引了儿童对大英博物馆乃至其他馆藏品的关注和热情,为"遗产"系列项目的其他活动奠定了基础。也即,该节目的成功刺激了儿童参加与之相关的、另外两项活动的热情。

二是遗产足迹——地方博物馆家庭活动项目。

这是"遗产:博物馆的守卫者"节目的后续项目,由众多地方博物馆参与组织。这些机构根据其藏品和展览,模仿电视节目的游戏模式,为参观儿童设计家庭互动项目。家长或老师按照说明指导儿童通过完成挑战游戏来探索博物馆,顺利完成的儿童还可在机构接待处获得由"幽灵导游"Agatha签署的证明,成为一名博物馆守卫者。该项目同时鼓励那些参与了"互动式数字博物馆"项目的机构围绕上传藏品设计游戏,并使儿童在参观结束后继续上网关注游戏中的藏品,延伸他们的兴趣,增强教育效果。本项目专题网页公布了所有参与的地方博物馆的链接,以便公众查询。

这一项目基于热门儿童节目"遗产:博物馆的守卫者"而开发,所以比较容易引发儿童观众的热情。博物馆提供的游戏简明易行,具有很高的灵活性和操作性,便于带孩子的观众自行开展,既可作为家庭活动,也可作为学校组织学生参观时的游戏项目。同时,由熟悉儿童性格的家长、老师牵头,更有利于孩童的理解和参与。另一方面,这也突破了博物馆组织儿童活动在人数、时间上的局限,大大节约了馆方的人力和资金投入。

该游戏包括记忆、拼写、画图、猜谜等活动,锻炼了儿童多方面的能力,并渗透了与文物相关的历史知识,启发他们探索博物馆,并鼓励其以团队方式完成挑战。此外,游戏设计注重安全细节,反复提醒儿童不可在博物馆内跑动,尽力消除没有工作人员参与可能引发的安全隐患。

三是遗产挑战。

该项目具体由学校组织学生提供有关世界历史的实物,并以学校名义上传至BBC"一段世界史"网站,参与数字博物馆的建设。学校可以获得独立的捐赠页面,捐献者还将获得"遗产:博物馆的守卫者"节目主持人Agatha签署的特别证书。

其中,每所学校都可挑选5件最具代表性的实物参加挑战,获胜的学校还有机会在英国广播公司广播电台7台录制特别节目来讲述其物品。

这一活动与小学历史教育紧密结合。为了更好地开展该项目,活动网站向教师提供与英国小学教育KS2教纲相适应的教育计划,指导他们利用"100件藏品中的世界历史"系列广播节目来引导学生收听,通过讲解、补充材料帮助他们理解节目内容,并揭示节目所传达的"透物见史"内涵。另外,活动还促使教师在课堂上利用实物来教学,启发学生探索身边物品的历史内涵,并从自我的角度构建和解读历史。同时,教师组织学生提交自己的实物,阐释其中的历史内涵,并最终参与完成遗产挑战活动。教育计划中详细介绍了该遗产挑战节目与课堂活动的联系、课堂活动的方案、课堂活动所应达到的教育目的,以及方便教师讲解的每期节目的内容文案。

项目进行过程中,主办方陆续在"一段世界史"网站上公布部分优秀教师上传的授课视频,以及参与学校上传的物品和已经挑战成功的学校录制的节目。但所有参加"遗产挑战"的实物,都必须由成年人上传到网上。

(3)"一段世界史"网站——综合网络平台

"一段世界史"项目的综合网站由英国广播公司建立,它整合了"一段世界史"项目中的各个子项目,并为每个子项目建立了独立专题页面链接,用以发布项目介绍和相关信息,提供互动平台,收集公众的反馈等。同时它还开设了专门的宣传博客来追踪报道各个项目的最新发展动态。

网站以"100件藏品中的世界历史"系列广播节目和互动式数字博物馆两部分内容为主体。网站提供广播节目的在线收听和下载,并制作发布以周为单位的、同一主题节目的整合版本。而在网站上发布的、广播节目所介绍的100件藏品信息则构成了互动博物馆的基础。该数字博物馆搭建的平台,又吸引了相关地方博物馆加入相关项目,并为"遗产"系列项目提供支持。

事实上,网站成为所有项目的信息传递中心,使所有参与者都能方便地共享信息,并以最低的成本吸纳最多的参与者到各个项目和活动中来。网站体现了整个项目中各子项目之间的联系,扩大了宣传效果,令关注或参与任何一个子项目的公众都可在网站上同时获得其他子项目的信息。同时,这一做法也便于各个子项目在进行过程中相互提供支持。

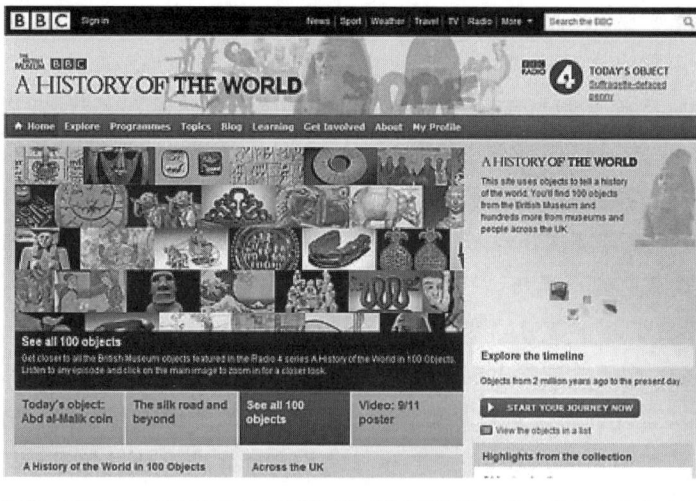

英国广播公司建立的"一段世界史"网站

　　总的说来,"一段世界史"作为一个大型社会公共服务项目,经过5年的打磨,成为博物馆与媒体跨界合作的典范。核心项目以及一系列衍生化节目围绕"透物见史"这一明确的核心理念进行规划与实施,充分利用了不同媒体的传播特点,并契合了不同受众的需求,最终使教育效果达到了最大化。

◀第三章▶

观众参观前阶段博物馆教育
活动的规划与实施

一、 规划教育活动的目标与任务

(一) 目标

美国博物馆教育活动的开展,通常以观众的实地参观为界,将活动划分为观众参观前、参观中、参观后三个阶段。并且,三阶段的活动相互关联,逐次推进,甚至可循环往复,同属于博物馆教育活动的大系统。博物馆普遍重视中间阶段,这毋庸置疑,但仅仅做好观众参观阶段的教育工作还不够,因为参观前阶段是其前提和基础,而参观后阶段则是其补充和延伸,故都须重视。也即,观众参观前、中、后三个阶段的教育活动理应一体化地规划与实施,这样才是完整和一以贯之的,才能力求博物馆教育成效的最大化。

当然,观众参观博物馆前、中、后三阶段的教育活动的目标与任务各有侧重和不同。前阶段的目标可以概括为:明确目标观众,并且以他们为优先服务对象;了解目标观众的预期和需求,并探索潜在观众;吸引目标观众,培育潜在观众,服务虚拟观众,鼓励他们前往博物馆,成为实际观众。

目前,我国许多博物馆都未意识到观众参观前阶段的教育活动开展的必要性,有些仅流于形式,单纯发布活动信息,被动等待观众上门;对于机构教育战略规划的制定、观众研究等必须在前阶段开展的工作也很陌生并鲜少进行。殊不知观众参观前阶段的教育活动如同"先头部队",扮演了不可或缺的先锋角色,并且其内涵和外延也远远超出了大家的想象。这是我国博物馆界亟待正视、重视及解决的问题。

(二) 任务

根据本阶段教育活动的策划目标,对应的主要任务有:

1. 明确目标观众

博物馆教育战略规划的制定,能从纲领上梳理机构的教育工作。它基于博物馆的教育愿景,构建明确的工作重点,并制定务实的教育目标和达成目标的战略。目标观众是各馆教育活动规划与实施的优先考虑对象。馆方首先需要明确其目标观众,并探索:什么类型的教育项目最适合这些观众,什么样的教育活动能在最大程度上使其得到满足。

2. 聚焦目标观众,探索潜在观众

观众研究是博物馆开展教育活动的前提。它有助于各馆了解:一般的参观,观众是谁? 公共教育活动的观众又是谁? 并且他们的经历、体验如何? 博物馆任何一项以特定群众或团体为对象设计的教育活动,必定要对目标观众有充分的认识,唯有如此,才可能针对其特性与需求规划适当的方案。观众研究及其带来的相关数据和信息,在每个环节都扮演了重要角色,不但是教育活动策划的基础,也是持续修正和改良具体执行的关键,更有助于每个流程的环环相扣。

3. 吸引目标观众,培育潜在观众,服务虚拟观众

本阶段的另一项主要任务是发挥多重媒体的力量,宣传推广博物馆的教育活动,并全方位地提供活动信息、在线资源及在线互动体验,同时为师生提供多选择的教学素材。机构还可通过举办一系列活动来吸引目标观众,培育潜在观众,服务虚拟观众,鼓励他们成为实际观众。重要的是,这也是增进公众对博物馆的了解和信任、营造有利于机构生存发展的社会环境的好时机。

二、 实施策略之制定博物馆 教育战略规划

教育战略规划的制定,能纲领性地阐明博物馆的一系列定义域问题,诸如关于"教育"的基本含义、目标观众是谁;博物馆教育发展的环境,尤其是

外部环境;博物馆扮演的教育角色如何等。教育战略规划通常都设有年限,需要定期更新,如 5 年、10 年为一版。那么,对机构而言,具体该如何制定该规划呢?

第一,制定博物馆教育战略规划需要明确:"教育"对机构而言,究竟是什么。也即,博物馆得明确自己的教育使命,并注重对使命的描述,因为该描述能直接让公众对博物馆的教育目标有一份很好的了解。以史密森博物学院的"教育"工作定义为例,狭义上,它主要指代为学校师生和孩童服务,致力于知识的传播;广义上,整个机构所做的一切都围绕教育而展开①。

第二,目标观众的界定,也是教育战略规划的重要组成部分,并且目标观众是博物馆工作开展的优先考虑对象。馆内领导层需要和教育工作者一起探索,什么类型的教育项目最适合这些观众,什么样的教育活动能最大限度地满足他们。例如,史密森博物学院力求通过其教育项目,吸引国内外延伸活动的观众;正规教育的课堂观众(学校师生);非传统的、未受到足够关心的观众以及终身学习者②。需要指出的是,博物馆的目标观众并非只有一类,也并非一成不变,因为博物馆本身在与时俱进。这也是为什么教育战略规划多为中期的,也即以 5 年为限,5 年之后需要重新修订。

第三,博物馆的一系列定义域问题,应在制定教育战略规划时得到探索和明确。诸如:

(1) 教育与展览、藏品、研究领域的联系。包括:展览与教育之间的关联,即博物馆在何种程度上通过展览及展览的相关素材开展教育? 藏品与教育之间的关联,即博物馆基于藏品的教育比重如何? 研究与教育之间的关联,即博物馆在何种程度上将学者的研究工作(成果)通过教育项目和素材传输给更广泛的观众?

(2) 整体与部分之间的关联:是否面对公众的博物馆活动都富教育性? 还仅仅是那些针对学校、青年,致力于知识传播的特定活动?

(3) 正规与非正规之间的关联:博物馆的教育工作理应在多大程度上

---

① Office of Policy and Analysis, *Lessons for Tomorrow: A Study of Education at the Smithsonian*, USA: Smithsonian Institution, Vol. 1 Summary Report, 2009, p. 7.

② Ibid. , p. 23.

支持正规的、基于教室的学校教育①，以及个体观众的自发激励式探索？

（4）现场与非现场之间的关联：教育工作者是否应该主要关注实地参观的观众？地区、国家以及国际延伸和拓展活动是博物馆教育的核心内容吗？

（5）实体与虚拟之间的关联：博物馆该如何达求平衡，处理好需要三维空间和现场工作人员的教育内容以及通过在线或其他媒体传输的内容？

除此之外，不同博物馆还会遭遇不同的定义域问题。对史密森博物学院而言，它还具体涉及：学科与跨学科之间的关联，即史密森的教育内容是否要囿于各单位（博物馆和研究中心等）的学科界限？还是尽可能跨越界限，突破樊篱？比如应用当代艺术品来诠释机械和科学原理？中央与单位之间的关联，即如何使各单位的教育项目与史密森中央的教育目标、工作重点及主题契合？②

第四，制定博物馆教育战略规划时，教育活动开展的外部环境也需得到研究。以美国为例，教育已成为其主要的社会和政策问题。美国的教育体系目前正面临着数十年累计下来的巨大挑战。

（1）对于条件不足的社区，其公立学校境遇惨淡。根据教育部长阿恩·邓肯（Arne Duncan）2009 年所言，这可能会导致一个无法享受现代社会福利的美国阶层的产生。

（2）土生土长的美国学生不进入科学、技术、工程和数学等经济上至关重要的领域工作，导致这些领域人力不足，满足不了国家需求，并且只能依靠吸引国外的人力资源来维持竞争力③。

（3）过去几十年美国的人口状况发生了巨变，带来了诸如如何有效教育"新美国人"（他们不以英文为第一语言）的问题。如何将他们融入民族结

---

① Office of Policy and Analysis, *Lessons for Tomorrow: A Study of Education at the Smithsonian*, USA：Smithsonian Institution，Vol. 1 Summary Report，2009，p. 8．"正规教育（formal education）指代针对幼儿园之前到 12 年级孩童的教育项目，契合课程标准，或是针对更高等教育的学生，契合完成学位的要求。职业培训（professional training）指代针对更高等教育的学生、研究生或是在职专业人员的非学位项目（但可获得继续教育或资质），致力于传输与职业相关的知识和技能。非正规教育（informal education）指代不隶属于上述两类的教育。"

② Office of Policy and Analysis, *Lessons for Tomorrow: A Study of Education at the Smithsonian*, USA：Smithsonian Institution，Vol. 1 Summary Report，2009，pp. 8 - 9.

③ 研究表明，孩子们在八年级之前，如果能够得到科学方面的启发，并且对科学感兴趣，那么将来他们读大学期间，选择与科学相关的专业，概率是那些仅仅应对标准化考试的孩子们的三倍。因此，给孩子们以启发，是博物馆尤其是科学技术中心、儿童博物馆等的一个重要任务。

构,如何为越来越多的老年人服务,以及如何触及倚赖数字媒体成长的年轻一代?

(4) 鉴于学校预算的削减[1],以及提升学生在核心科目表现的驱动,现在艺术和人文领域都在慢慢淡出公立学校的课程表。

但与此同时,这些挑战也为美国博物馆带来了发展机遇。比如,美国目前 20—30 岁年龄人口数量最多,其中 22 岁为数量顶峰。而 2010 年的统计结果是 50—60 岁年龄群体最大。又如,据美国教育部统计,"在家上学"的学生数量达 177 万,占学龄人口的 3.4%[2]。这些机遇具体如下:

(1) 有主张称,美国的各级教育理应从强调内容的获得向培育 21 世纪的技能转变,这些技能包括创造力、批评性思考、解决问题的能力,并应用于一系列领域。

(2) 过去几十年社会对教育的态度发生了巨变。教育主要针对年轻人的想法被更广泛的"终身教育"理念所替代(包括个人提升,职业再培训,对技术变化和社会现状变化的适应)。

(3) 新技术尤其是基于网络的互动技术,正在为各种各样的学习者开辟新的可能性,供其参与教育延伸活动。

(4) 科学政策领域的新理念和发展正在进入博物馆世界的内核。例如,在国家科学基金会的资金支持下,非正规科学教育提升中心(Center for Advancement of Informal Science Education)得以成立。它致力于搭建非正规科学教育社群之间的联系,诸如电影、电视广播媒体,科学中心和博物馆,动物园和水族馆,植物园和自然中心,青少年及社区项目等。

在美国,国家层面对教育充满了大量兴趣。对博物馆而言,则有许多挑战亟待直面,许多机会可供探索。以史密森博物学院这样一个卓越的、在公众心目中与"学习"和"教育"紧密相连的机构为例,它拥有潜力及责任,在国民教育方面扮演重要角色。事实上,史密森富有影响力的利益相关者,诸如国会成员、董事、捐赠人以及咨询委员会成员,都对它的表现拭目以待[3]。

第五,制定教育战略规划时,博物馆还必须清楚自身在纷繁的教育领域

---

① 据美国人口统计局统计,2012 年公共初等与高等教育经费下降 49 亿美元(约合 288 亿人民币),是该局 1977 年统计以来该数据的首次下调。

② 湖南省博物馆编译:《美国博物馆杂志发布博物馆"数字解读"》,湖南省博物馆网站,2014 年 9 月 22 日。

③ Office of Policy and Analysis, *Lessons for Tomorrow: A Study of Education at the Smithsonian*, USA: Smithsonian Institution, Vol. 1 Summary Report, 2009, pp. 10 – 12.

可以或应该扮演的角色。较之其他活跃在国民教育舞台上的机构,如政府机构和部门、教育出版社、大学、研究机构、专业协会等,本馆的比较优势在哪里? 哪些教育需要特别适合博物馆去解决?

例如,对于史密森博物学院而言,它需要基于现今的和潜在的教育优势,明确哪些关键领域可以发挥其影响力,同时解决哪些特别的国民教育需求,甚至是世界性的教育需求[1]。总的说来,史密森的教育角色包含几方面内容:

(1)正规教育。史密森目前提供了非常广泛的教育项目,用以支持正规的、基于学校的教育。包括:策划课程并配送;策划并配送简短的教学材料,许多都与州立标准或国家标准契合;网上(和基于其他媒体的)即时的及非同期的项目;与大学合作,提供本科生及研究生学分课程和项目;教师职业培训活动。

针对学校和孩童的项目是大部分史密森博物馆教育部门的重头戏,虽然这其中只有一小部分涉及正规的课堂教学,不过国立科学资源中心是例外。它和史密森早教中心被建议作为史密森介入正规的小学和中学教育的模板单位。前者通过与美国国家科学院(National Academy of Sciences,NAS)合作,后者则有机会接近史密森的丰富藏品和资源,这是两者的独特之处[2]。另外,史密森教育和博物馆研究中心的大部分项目也都包含了针对学校教师的延伸活动。

(2)非正规教育。史密森拥有无与伦比的博物馆资源及其他公共设施用于非正规教育,它同样还拥有其他资产。诸如:在国内的卓越地位,门类众多的藏品,与国内外教育机构的广泛联系,多样化的观众,对合作伙伴具有的高度吸引力等。它作为国家非正规教育的实验室,提供了一系列模式和方法[3]。其具体的教育形式包括:组织召开全国性博物馆及教育会议;鼓励尝试新型教育项目,以及研究展览的新方式;推进"社区博物馆"理念;举办史密森民俗艺术/文化节(Smithsonian Folklife Festival)等[4]。

(3)职业培训。在一些科学及与博物馆相关的领域,史密森已经是全国最卓越的职业培训中心之一了,并主要针对研究生及以上学历学生、在职

---

① Office of Policy and Analysis, *Lessons for Tomorrow: A Study of Education at the Smithsonian*, USA: Smithsonian Institution, Vol. 1 Summary Report, 2009, p. 16.

② Ibid., p. 20.

③④ Ibid., p. 14.

专业人员等。它拥有一些最负盛名的科学研究中心，在领域内非常强大。例如国家动物园下设的保护研究中心（Conservation and Research Center，CRC）、史密森环境研究中心（Smithsonian Environmental Research Center，SERC）、史密森热带研究中心（Smithsonian Tropical Research Institute，STRI）以及史密森天文观察站（Smithsonian Astrophysical Observatory，SAO）[①]。

最后，各博物馆的特殊性也需在教育战略规划中得到体现。例如，可行的史密森教育战略规划必须给予旗下各单位追求不同需求、兴趣及工作重点的空间，因为它们的使命、观众、学科等都存在差异。决策层、管理层及规划制定者理应明白，中央集权的、一刀切的教育方式是不现实的[②]。史密森制定的 2004—2009 年 5 年期教育战略规划，名为"探索、发现、学习"（Explore，Discover，Learn），内容包括教育宗旨、教育总目标、具体目标以及行动步骤等。

总之，教育战略规划是博物馆开展教育活动的总行动纲领，一份完善的教育战略规划，是各馆规划与实施教育项目的良好开端。

案例 1

美国博物馆与图书馆服务协会之 2012—2016 年度战略计划[③]

美国博物馆与图书馆服务协会在 2012 年 1 月公布了其 2012—2016 年度战略计划。它对未来 5 年里美国博物馆和图书馆的发展方向进行了论述，其主题是"创造一个学习者的国家"。其使命是"鼓励图书馆和博物馆为公众的终身学习和社会文化参与提供支持"。协会通过研究制定政策并提供资金资助来领导各机构发展。

整个战略计划从提供平等的学习机会、强化社区服务功能、保护和开发馆藏内容、提升信息的访问质量以及把协会树立成公共机构的典范这五个方面来阐述。

第一，协会把学习者放在中心位置，通过他们在图书馆和博物馆中的体

---

①② Office of Policy and Analysis, *Lessons for Tomorrow: A Study of Education at the Smithsonian*, USA：Smithsonian Institution，Vol. 1 Summary Report，2009，p. 15.

③　杨雁：《美国博物馆和图书馆服务协会战略计划给我们带来的启示》，《公共图书馆》2012 年第 4 期。

验,促使其更快地融入当地社区和全球社会。

此目标涵盖的内容包括:图书馆和博物馆需要提供均等的学习机会给不同背景(地理、文化和社会经济背景等)的人,并满足各种信息需求(个人的特殊需求和较差社区的需求)。同时,机构还需要利用各类文献来丰富馆内的正式和非正式学习内容。此外,在公众对受教育需求不断变化的今天,还要促进图书馆和博物馆与其他教育机构的合作来扩充公众受教育的内容范围,以及通过类似合作来进行馆内领导层的培训和提高,从而使他们更快地适应发展环境的变化。

第二,协会推动博物馆和图书馆成为社区强有力的支撑,提高社区公民的参与程度、增加公民了解文化的机会以及激发当地社区的经济活力。

此目标涵盖的内容包括:要进一步投资图书馆和博物馆,把它们建设成为社区公共基础设施的核心部分,以增强它们服务社区的作用。除此之外,还要与其他联邦机构合作,利用图书馆和博物馆资源,推进当地社区国家级重点项目的落实,包括教育、健康、防灾、数字化、经济、劳动力发展等各类项目。最后,要确保当地社区公共机构和私营机构的领导们能够利用博物馆和图书馆的基础设施和专业知识,获取他们制定战略方针和投资决策所需的信息。

第三,协会对图书馆和博物馆的馆藏管理提供支持,并且推动先进技术的使用,以帮助发现新知识和文化遗产。

此目标涵盖的内容包括:支持对国家馆藏(物质馆藏与非物质馆藏)的关注和管理,以保证当前和未来几代人都能对其进行访问;制定和实施全国性战略,以扩展公众从博物馆和图书馆馆藏中获取信息和内容。

第四,协会对总统和议会提出一系列建议和方案,用来改善公众对信息的获取条件。

此目标涵盖的内容包括:利用联邦政策来提升那些较差社区对信息服务的获取能力,并消除阻碍个人有效获取信息服务的屏障。同时需要通过图书馆和博物馆的一系列数据来说明目前它们的发展趋势,以确保联邦政策的制定者、各类机构的领导人以及公众对图书馆和博物馆在民主社会中所起的关键作用引起关注。此外,还需要支持国家数字信息基础设施的建设,把图书馆和博物馆作为重要的合作伙伴,以保证公众能够持久地访问可靠广泛和可利用的数字信息。

第五,协会在公共管理上是尽量追求完美的,作为一个模范的组织,它需要通过一定的优先次序对各种方案和资源进行战略整合,为美国公众实现最大化的价值。

此目标涵盖的内容包括:协会需要制定一个有效率的资金管理模式并培养一种基于规划和评估的运行机制,使公共投资的影响达到最大。同时需要增强协会在操作过程中的透明度。此外还需要鼓励协会的员工队伍更好地投入自己的工作中去。

三、 实施策略之开展观众研究

观众是博物馆的服务对象,也是其生命所系。要成为以观众为导向的博物馆,机构必须聚焦目前所服务的观众范围(现有观众),以及希望在未来吸引的观众(潜在观众)。如果博物馆有网站的话,那还需要考虑虚拟观众[①]。

对于对象的认识和活动的评鉴,都是观众研究的核心议题和功能。它让博物馆了解其观众、他们的参观模式、需求及态度,并且这些调查结果还能指引未来的规划。观众研究包括在准备阶段开展的形成性研究和评估性研究。

博物馆事业发达国家往往十分重视对观众的调查研究,并将其纳入教育活动的设计与发展进程。在加拿大,博物馆主张以观众意愿来决定办馆、办展方向,旨在让每一位居民都把博物馆当成自己的馆,让它真正成为民众休闲、参与、思考的场所。因此,馆方定期按专题进行民众的宏观和分类意见调查,并以此为依据建设博物馆和举办展览。在美国亦是如此,为了举办好展览和相关教育活动,博物馆通常是在对观众状况及其需求进行周密调研之后,才开展展览内容、形式的策划与设计。又如,详尽细致的市场调查、分析及研究是英国博物馆营销的基础。其市场调查往往委托专业公司进行,调查的核心是观众。除了他们的性别、年龄、受教育程度、社会阶层、地域、种族、参观频率等情况之外,博物馆所处的社会环境、博物馆观众与其他艺术形式观众之间的关系也成为分析和研究的重要内容。普遍的调查结果

---

① ［英］帕特里克・博伊兰主编,国际博物馆协会中国国家委员会,中国博物馆学会翻译:《经营博物馆》,译林出版社 2010 年版,第 159 页。

显示：博物馆和美术馆是除电影院以外英国公众最爱去的地方，英国所有博物馆和美术馆观众中欧洲白人占了95％，中产阶级及以上社会阶层是主要观众。而观众数量又是英国博物馆和美术馆获得政府拨款与社会赞助的一个关键因素，所以如何吸引和保存少数族裔观众与社会中下层观众成为机构当前面临的一个重大挑战[①]。

史密森博物学院内设的政策分析办公室致力于调研、规划、绩效评估、政策分析并提供管理、运营、活动及服务等方面的咨询，它以高效、独创、务实的作风而声名卓著。其中，"观众研究"是其工作范畴的重要组成部分，并细分为针对展览、博物馆、教育项目以及整个机构的四大类型研究。不少调研报告还对外开放，公众可于政策分析办公室网站上下载。

值得一提的是，在一项有名的、关于观众行为的研究中，学者玛丽莲·胡德（Marilyn G. Hood）确定了六大"观众选择闲暇时间活动"的主要标准，包括：与大家在一起或是社会互动；做值得的事；在环境中感觉舒适和自由自在；有挑战或是新体验；有学习的机会；积极主动地参与。而博物馆如何争取观众，不只是与其他馆竞争，同时与所有的休闲景点竞争？正如玛丽莲所言，根据此标准，博物馆有必要"促使自己成为供家庭和朋友在放松的环境下探索、发现、享受彼此陪伴的场所"。通常，对博物馆而言，"观众支持"包括参观者、会员、志愿者的出席，参与活动，进行口碑相传的营销等。而"财政支持"则包括门票费、会员费、参与活动的费用、在纪念品商店的花费、捐助、反复前来博物馆并带来其他观众等。因此，理解是什么将观众带入博物馆并促使他们反复前来，对机构而言非常重要[②]。在此背景下，"观众研究"的力量毋庸置疑。

（一）观众研究的内容

各机构就开展形成性观众研究而言，首先需要界定谁是"博物馆观众"，它在不同的场合有不同的分类边界。本节主要引用《经营博物馆》（*Running a Museum*）一书以及傅斌晖《以学校教育观点解读博物馆观众研究》一文的论述，将"观众"界定为：目标观众（target audience）——博物馆期望来参观的

---

① 黄磊：《赴英国博物馆学习考察报告》，《湖南省博物馆馆刊》2005年第2期。
② Anna Johnson et al., *The Museum Educator's Manual*, Altamira Press, 2009, pp. 117-118.

人；实际观众（actual audience）——实际到馆参观的人，也即那些登门参观
的人；潜在观众（potential audience）——有可能到馆参观的人，也即现在还
不是观众，但馆方希望吸引前来的民众①。另外，《经营博物馆》一书中还提
及了"虚拟观众"，他们指代那些使用博物馆网站、通过信件或邮购方式购买
博物馆商品，以及与之有关联的观众。事实证明，网站使更多人认识博物
馆，并间接鼓励他们实地造访。

　　需要说明的是，"潜在观众"包括那些造访博物馆可能性较低的民众，
例如残障人士、有低龄幼儿和婴儿的家庭、低收入户、少数民族或新移民。
这些人中很多或许从未有过博物馆参观的经验，而博物馆也很少思考什
么会对他们产生吸引力与效益。对某些人而言，有些障碍（实际障碍与感
知障碍）会阻碍他们造访博物馆，可能是经济上的，例如无法负担入场费；
也可能是物理性的，例如入口处令人却步的阶梯、内部参观线路问题；或来
自社会与心理上的原因，例如博物馆馆员给人以不欢迎带孩子的观众的
印象②。

　　因此，博物馆针对不同观众推出的教育活动的目标、任务、实施策略
与方法理应有所区别。另外，对个体观众而言，每个人的三阶段教育体验
都不尽相同。而对于经常出入博物馆的观众而言，三阶段则是循环往复
的过程。

　　1. 实际观众研究

　　实际观众，也即那些登门参观的人。博物馆越了解自己的访客，就越能
为他们事前计划并做好准备。诸如：知道目前的观众是哪些人吗？这些人
中的哪些人、多少人会再访？博物馆现有的观众资料是如何反映有多少访
客来自当地社区的？是相同的观众群还是不同的？该资料是否如实反映了
当地社区的概况？有多少人是独自参访而不是与家人或其他团体一起前
来？有多少是当地观众，有多少是别的地区来的游客？有没有注意到任何
季节性的参访趋势？在不同的星期/月/年时段，在参访人数或类型上是否
有什么不同？③

---

　　①　傅斌晖：《以学校教育观点解读博物馆观众研究》，坦克美术教育网，2008 年 9 月 7 日。
　　②　［英］帕特里克·博伊兰主编，国际博物馆协会中国国家委员会、中国博物馆学会翻译：
《经营博物馆》，译林出版社 2010 年版，第 159—160 页。
　　③　同上书，第 160 页。

![案例 1]

英国地方博物馆对参访中小学校的研究评鉴①

　　英国地方博物馆与中小学教育的结合工作,在"文艺复兴计划"(Renaissance in the Regions)与"博物馆教育策略委员会纲领"(Museum Education Strategic Commissioning Programmes)的引导下,有大幅度进展。根据英国博物馆和美术馆研究中心的研究报告显示,自 2003 年至 2007 年地方中小学校参访博物馆的评鉴中,最有成效的部分为学校师生的高满意度:学生与老师的参访满意度均达到 80% 以上,大部分学生对于参访博物馆的评价是"相当有趣"和"极为喜欢"。至于大多数老师,对于参访博物馆的期待,除了在教学上可以达到学程指标外,也希望学生借此学到基本的公民道德,而博物馆恰恰可以协助企及这两大目标,因此老师对参访博物馆相当肯定。

　　除此之外,从博物馆和美术馆研究中心针对英格兰地区学校参访博物馆的问卷中可以发现,英国学校参访博物馆的状况和中国台湾地区类似,多以国小学生为主(约 81%),国中、高中参观比例相对非常低(14%)。整体来说,90% 的老师认为参观博物馆与其教育学程有直接关系,其中 50% 是为了历史教育学程,11% 为了艺术与人文,5% 则为了科学教育学程。受访老师认为,博物馆学习是一种很有影响力的教育方式,特别是在激发小朋友的创造力上,借由不同于学校的教学方法,可以让学生拥有不同的体验。而老师在对博物馆的要求上,会比较着重它是否提供资源教室,是否有足够的人力协助老师管理班上学生的秩序,一般大众对学生在博物馆参访时的社会观感是否负面,例如在展厅里,学生秩序是否影响到一般观众的参观,而使他们不悦。最后,博物馆是否能够补助学校高额的交通费等,这些都是老师关注的重点。

　　在这份研究报告中,另外一项重大发现是,在分析这些学生的居住地区后,发现来自偏远地区的学生占相当大的比例,这证明了英国政府长期以来一直想要达到的博物馆全民化目标,终于有了一定成果。从学校对博物馆的选择显示,大多数学校会选择距离较近的地方博物馆,而非长途跋涉至所谓的明星馆。这也验证了地方博物馆在学校教育方面有一定的重要性,因

---

　　①　驻英国台北代表处文化组:《英国博物馆与中小学教育结合 师生满意度达 80%》,《教育部电子报》第 386 期,2009 年 11 月 26 日。

此政府对地方博物馆的支持,不容忽视。

　　研究中也意外地发现,约 30% 的学生在随学校参访后,会带自己的家长再回博物馆参观。这对于各机构而言,无非是一个相当大的鼓舞。英国政府重金投资的"文艺复兴计划",对于地方是否有建设作用、对于博物馆和学校是否有影响,数字会说话。这份研究报告提供了最直接的量化证据,也为未来学校教育在结合博物馆方面,奠定了良好的基础。

　　2. 潜在观众研究

　　潜在观众,也即那些现在还不是观众但博物馆希望吸引前来的民众。将潜在观众转化为实际观众,并扩大虚拟观众的可能性,是各馆的追求目标和努力方向。在名为"人类文明的共享与弘扬"的第十四届文化讲坛暨全球博物馆高峰论坛上,卢浮宫馆长代表凯瑟琳·吉约发表演讲。她指出:客流量对于卢浮宫来说是非常重要的,但关键不在于无限制地提高客流量,而在于不断扩展新的游客,也就是所谓"受到阻碍的游客"。这部分群体其实就是卢浮宫的潜在观众,是受到经济、文化、语言、身体等条件的阻碍,而被排除在文化世界以外的人群。他们可能会认为卢浮宫这样的地方不为其而建,而是为那些精英建的,是属于学者的特权,所以博物馆必须弘扬"好客"的价值,解决这些问题。

　　在此之前,机构首先要开展潜在观众研究。其中,馆方需考虑:博物馆需要做些什么来吸引新的或不同类型的观众(例如学者与研究人员、有小孩的家庭、来自学校或大学组织的团体)? 开馆时间是否便于想要前来参观的一般公众或特定团体(例如学生与研究人员)? 出于特殊使用目的而设立的开馆时间及各种安排,这些信息可否轻松获取?[①]

案例 1

维多利亚与艾尔伯特博物馆的目标: 年轻人和从不进艺术博物馆的人[②]

　　维多利亚与艾尔伯特博物馆(简称 V&A)是世界最大的艺术和设计类博物馆,20 世纪末它的公众形象却落伍到成了"一流的茶馆,附带令人流连

---

　　① ［英］帕特里克·博伊兰主编,国际博物馆协会中国国家委员会、中国博物馆学会翻译:《经营博物馆》,译林出版社 2010 年版,第 161 页。

　　② 李孟苏:《我忘了我在参观艺术博物馆》,《三联生活周刊》2009 年 11 月 30 日。

忘返的博物馆"。1999 年,其参观人数急剧下跌,全年不足 100 万,招致极为严厉的批评。

潜在的观众群不进博物馆是因为他们不懂艺术史,缺乏相关的艺术体验,一直认为机构不欢迎他们,里面没有让他们感兴趣的东西。V&A 学习与作品诠释部总监大卫·安德森(David Anderson)说:"他们不可能像孩子那样被组织到博物馆里来。我们就对他们说,参观博物馆不是参加考试,你无需证明自己了解那些艺术家。参观只图有趣。"

消除"不舒服感"需要淡化艺术博物馆的精英色彩。参观者有种心理,他们希望在展品中看到与其有关的故事、有关的面孔,从而找到自己。例如伦敦国家美术馆/国家画廊(The National Gallery, London)选择的基本是欧洲古典主义大师的作品,少数族裔觉得作品与他们无关,因此国家画廊始终未能很好地解决参观者的种族构成与英国人口的整体种族构成相一致的问题。收藏有 300 万件世界顶尖服装、家具、装饰艺术、建筑等设计藏品的V&A 直接决定了英国的现代生活和审美观,这绝大多数属于金字塔尖的白人。但 20 世纪末,V&A 开始关注普通人的时尚,也就是街头时尚。它派星探到街头捕捉潮流,一旦发现穿衣搭配有型有款的人,就借来其全身行头展览。这项举措进行 10 多年了。另外,非洲裔移民越来越多,V&A 便组织了"黑色不列颠风格"时尚展,借了很多非洲裔英国人的服装配饰做展品。"时尚抑或说艺术,并不只关乎大人物,更关乎普通人。从社会学角度讲,后者更重要。"大卫·安德森如是说。

3. 虚拟观众研究

虚拟观众,也即通过网络或邮件使用博物馆及其设备和信息的人。开展虚拟观众研究,馆方需要考虑:如果博物馆已有自己的网站,评估它对使用者的亲善度如何。使用者需要点击多少次才能获得想要的信息?图像及文字风格是否清楚传达了博物馆对使用者的欢迎?馆方能否辨识观众的不同需要?网页是否有意无意地对观众的优先顺序做出了暗示?例如研究人员优先、家庭观众最后?如果博物馆尚未有网站,可先检视几个不同国家或地区的同类型博物馆网站,并利用上面第 2 项以及第 5 项问题对其进行评估。利用这些分析来改善网站或为未来网站规划做准备①。

---

① [英]帕特里克·博伊兰主编,国际博物馆协会中国国家委员会、中国博物馆学会翻译:《经营博物馆》,译林出版社 2010 年版,第 161 页。

（二）观众研究的技巧①

观众调查一般分为两种形式：质的调查（qualitative）和量的调查（quantitative）。质的研究，让观众表达观点、态度，或是在过程中观察他们如何规划在展厅内的时间和参观路线，供博物馆获悉观众参观体验的反馈。量的研究则收集统计数据资料，例如有多少参观民众，他们的住处离博物馆有多远，有多少人是搭乘公共交通工具或是自己开车前来，有多少来自当地居民等。大部分博物馆都采用多种方法综合这两种形式的调研。诸如：

问卷调查：此种方式由观众自行填写一份印有问题的简短列表，或是勾选适当选项。比较复杂的问题可能需要填写较长的答案，通常有一名采访人确认问题填写完毕，并免除观众自行填写之劳。博物馆可通过提供点心或小礼物给受访者，答谢他们接受访问，更重要的是帮助他们放松，畅所欲言。

重点关注群：从一般民众中选出 5—9 位人选构成一个群体，事先发出邀请，以分享他们对某些议题的想法。例如可询问一对父母，他们认为一次成功的参观经验的特质是什么。这种方式便于深入发现一些观点，然而相对耗时，并且需要管理这些团体的技巧。记住，需要为参与观众提供一些点心。

邮件及网络调查：可根据网站访客名录、团体报名登记表等寄送问卷。这种方式既快速又有效，而且花费较低，但同时只能代表某类观众的想法。如果博物馆有网站，还可通过网络问卷获得更多信息。

观众留言簿及意见簿：这是获得观众主动提供的观点和想法的最佳方式——它常被当作宣传资料，但不宜被视为唯一指南。

有价值的信息可通过与观众进行一对一的讨论、让他们自行填写简单的问卷或通过调研者个人观察获得。但用这些方法收集来的资料都有缺点，有的缺乏准确性（如计算经过门口的人数），或在选择观众上有不自觉的偏向（如只选择那些看起来有时间的观众）。若想资料科学有效，调查的数量相当重要。举例来说，对小型博物馆开展一般的观众调查，大概要调查

---

① ［英］帕特里克·博伊兰主编，国际博物馆协会中国国家委员会、中国博物馆学会翻译：《经营博物馆》，译林出版社 2010 年版，第 160—163 页。

500 人；而较大型的博物馆则需 700—1 000 位观众（国际观众研究组织的网站（The International Visitor Studies Group）提供了更多此方面的建议）。另外，博物馆还可考虑与大学及市场调查公司合作，以获得如何规划优质调查的基本技巧与知识。

　　总之，博物馆在进行观众研究前需要缜密规划。重点在于调查的具体目标是什么，收集到的信息可能产生什么结果，这些都将决定调查采取何种形式及提出的问题。同时馆方也须思考这些资料将以何种形式呈现在不同的阅读载体上（如一份报告、数据表、建议清单）及将提供什么人阅读（如政府人员、博物馆教育工作者、展览设计人员），以方便他们使用。另外，博物馆还须将之前的调查资料整合以避免重复，也可能要用这些信息作为基础资料呈现近几年的趋势，因此在收集资料时宜依据相同的标准做持续性调查。

（三）针对观众群组及其需要①的研究

　　为了便于博物馆了解观众，有的放矢地提供教育活动与服务，有必要对观众群组及其需要也进行研究。其中，每一位观众都可根据不同的标准被编入不同的群组。以下群组并非唯一群组，同时一个人也可能同时或在不同时期被编属在不同的观众类型中。

　　个人：他们通常为了某一特定目的参观博物馆，身为独立的学习者，希望获得与展品、藏品有关的详细信息，或是在指引下获得其他资源。他们还可能参与研讨会、系列演讲或导览等。

　　独立的成人社群：这些人通常因为某种社交目的而结成群体，他们可能会将在馆内的部分时间用于与他人交谈，或是放松自己。博物馆因此需要认识到自身所具有的这项社交功能，并提供适当的座椅休息区、咖啡厅，以及其他适合小规模会面的空间。

　　家庭群组：这一类型的观众群因成员的不同，产生了相当广泛的需求，家庭群组有时还会延伸至表兄弟姐妹及其他亲戚。鼓励家庭前来参观，意味着博物馆期待民众从小培养该兴趣，并为生活创造一种社交行为模式。

---

　　① ［英］帕特里克·博伊兰主编，国际博物馆协会中国国家委员会、中国博物馆学会翻译：《经营博物馆》，译林出版社 2010 年版，第 163—166 页。

有少数馆认为自己的藏品不适合儿童,但若经过创意思考,即使繁复的知识主题都能通过特别的展示、活动转化成易于接受的形式。记住,孩子满意也就意味着整个家庭满意,同样的,一个快乐的儿童观众也会长大为成年观众,最后成为父母观众,甚至还可能变成负责博物馆发展及决定资金政策的领导者。

教育团体:博物馆需要为该团体做好一系列安排。例如:提供摆放背包及外套的空间;供团体在抵达时讨论活动计划的聚集空间;吃饭的空间;由于许多团体会乘大巴抵达,因此安全的下车处及巴士停泊处也是必需的。具有大学或更高教育程度的团体成员,例如艺术系学生,或许还需要为他们提供移动式凳子以供素描时使用(这些年长者也可使用)。

身心有障碍者:以上所有团体中都可能包括有特殊需要的观众,针对残障人士的服务和设施设备信息,必须写在一般观众可使用的资料里,他们理应得到相同的关注。对博物馆而言,相关人员需要接受专家训练,训练者本身或许就是残障人士,或是与残障者共事过。为残障者特别安排的措施有时也会受到其他观众的欢迎。例如提供斜坡道或电梯来代替楼梯,这不仅帮助了坐轮椅者,也帮助了使用儿童推车的家庭和任何走路有困难或携带重物的人。

(四) 观众研究案例

1.《展览及其观众:实际观众与潜在观众》研究①
每年都有上千万的观众走访史密森博物学院。虽然这只是整个史密森观众群的一部分(其观众还包括出版物读者、网站用户、延伸项目的参与者等),但现场观众仍然是整个机构的核心支持者,他们的馆内经历和体验形成了国内外公众对史密森的认知。

早在 2002 年,史密森就针对其"展览观众"这一群体展开了调查,详细探究其属性、体验并且如何扩大观众这三大命题,以明确展览与观众的关系。一直以来,博物馆都力求灵敏应对观众的需求,并为其提供有意义的体验。但史密森发现,许多专业人士试图施加他们自己关于观众及观众预期的想法,而不是将观众意见和需要纳入考虑。

---

① 由史密森政策分析办公室开展,报告发布于 2002 年 9 月。

因此,此次研究主要有三大目的:首先,强调关于展览与观众关系的一些关键问题;其次,小结现在所知的关于展览观众的特征、态度、预期、行为及体验;再次,建议可行的方向,提升观众的参观成果,并扩大观众。而研究的最终目的都是为了使史密森更有效地服务国民,同时研究成果对其他博物馆也有所助益①。

(1)史密森展览观众的属性②

史密森的展览观众随着华盛顿四季游客的起伏而变化。其中,十分之九的人住在美国,十分之八住在华盛顿大都会区以外,十分之七的人选择在春季和夏季前来国家广场上的史密森博物学院游览。大部分美国游客都将史密森参观视为他们向华盛顿特区朝圣的主要组成部分。

家庭成员一同前来史密森是非常普遍的。除去旅行团,十分之四的观众以小组形式参观,并且组内至少有一位成年人和一名孩童;另外十分之四的观众是成年人,并与其他至少一名成年人一起;只有十分之二的观众是独自参观的成年人。

另外,十分之七的观众都不是第一次前来史密森。如以10人为例,这7人中,有5人在参观他们曾经来过的馆。

表 2　美国 25 岁及以上居民接受的正规教育（百分比）

	总人口（%）	博物馆观众（%）	史密森博物学院观众（%）
高中及以下	52	45	16
大　专	25	24	19
大学本科	15	20	35
研究生	8	11	30
总　数	100	100	100

来源: Office of Policy and Analysis, *Exhibitions and Their Audiences: Actual and Potential*, USA: Smithsonian Institution, 2002, p. 2

"高教育水平"是史密森观众的一个显著人口特征。较之美国其他博物馆的参观者,史密森的观众更可能是高校毕业生,具体如上表所示。

---

① Office of Policy and Analysis, *Exhibitions and Their Audiences: Actual and Potential*, USA: Smithsonian Institution, 2002, p. 1.

② Ibid., pp. 2 - 3.

对位于国家广场的史密森各馆而言,弗利尔美术馆和亚瑟·M·赛克勒美术馆的观众教育水平最高,近一半的人都持有研究生学位。相对地,国立美国历史博物馆的观众教育水平最低,仅 29％的人持有该学位。

史密森拥有非比寻常的高教育水平的观众,原因或许有两点。首先,在观众中占主要位置的华盛顿游客拥有个人资源来促成他们的行程,无论是闲暇时间还是经济能力,而这些游客更可能拥有高学历。其次,如同其他博物馆一样,史密森吸引受过教育的、有教养的观众,其教育产物更导向知识和学术,而这与非博物馆观众感兴趣的距离遥远。

但可以得出这样的结论,若史密森旗下的博物馆能够提供更多与传统主题不同的展览,它们应该会吸引到更广泛的观众。

(2) 史密森参观及游客体验[①]

通常,博物馆参观是一项自愿的、业余时间的活动,它和其他闲暇活动一样,致力于满足参与者的个人需求。那些在闲暇时间前往博物馆的人,很可能是为了对一份自我定义的证实,或是找寻自我发展的机会。这是大多数自发休闲活动的两项最基本诉求。

对许多前来史密森的观众而言,一个主要的激励因素是博物馆的内容契合他们的兴趣,无论是广义上的"艺术"或是"科学",还是狭义上的"火山"或是"第一夫人的裙装"等。正因为如此,把握"游客动机"对各馆而言至关重要。

(3) 扩大史密森的观众

● 专门的观众[②]

根据一项或多项特征将观众分成一些小组,该策略称为"细分观众"(segmentation)。组内观众的相近动机、兴趣、态度、观点可用来规划有效的方法,以满足其需求。

对史密森博物学院而言,具备增长潜力的一个小组是地区家庭。之前已经提及,除去旅行团体,十分之四的史密森观众以小组形式前来,并包括至少一名成年人和一位孩童。夏天旺季时分,国立自然历史博物馆 18％的观众都在 12 岁以下,另外 13％的在 12—17 岁。然而国家广场上主要的史密森博物馆针对该人口段的展览非常有限,有些展览规模小,且开放时间也

---

① Office of Policy and Analysis, *Exhibitions and Their Audiences: Actual and Potential*, USA: Smithsonian Institution, 2002, pp. 9 - 10.

② Ibid., pp. 11 - 12.

不固定。

　　另一个拥有发展潜力的人口段则是残障人士。目前,史密森的公共设施都是无障碍设计的,也即入口通道、循环路线、公共区域的入口都契合了联邦标准。然而,展览设计对残障人士的考虑和包容性仍显不够,诸如互动、标牌、照明及展品的放置等。并且,博物馆尚未充分关注有认知和智力障碍的潜在观众。另外,鉴于目前老年人口的不断上升,以及他们参访率的下降,博物馆还需适应老年观众,从照明、减少斜坡、温度、休息座椅等方面做出改进。

　　对博物馆而言,其挑战在于找寻方式来提供针对特别人口段的展览,如家庭观众,并同时兼顾现存观众。幸运的是,大规模的史密森博物馆拥有足够的空间来提供多样化的教育产品和服务。

　　● 多样化的展览目标[①]

　　史密森的观众很大程度上代表了高教育水平人群,因此要扩大观众,最大的可能性在于挖掘那些教育水平稍低的人群。这是博物馆比较难吸引的群体,因为机构一直深深扎根于主题内容的学术性阐释,但博物馆不能只习惯于观众被动接受其传播的信息。希冀有效解决非博物馆观众的疑惑,诸如"为什么我要去?""那儿有什么吸引我?""那儿是我这样的人去的地方吗",博物馆必须做出改变。

　　● 致力于明白观众、理解观众[②]

　　随着由物至人的聚焦点的转变,博物馆正在逐渐建立体系,倾听观众之声,并将其心声纳入展览制作的进程。与几十年前相比,目前博物馆正处于一个好得多的发展位置,可以做一些实质性的改进,提升展览和教育项目,并更好地满足观众需求。具体的形式包括:博物馆内部开展观众研究;合作开展活动。近几年来,提供观众研究服务的独立咨询顾问及专业机构,都呈上升态势。业务中涉及博物馆工作的非专业机构也呈上升态势,大学与博物馆间的合作也在开展。目前,在美国匹兹堡大学成立了博物馆学习合作社(The Museum Learning Collaborative,MLC),并得到了公共机构联合体[③]

---

　　① Office of Policy and Analysis, *Exhibitions and Their Audiences: Actual and Potential*, USA: Smithsonian Institution, 2002, pp. 14 - 15.

　　② Ibid. , pp. 18 - 20.

　　③ 包括美国博物馆与图书馆服务协会(Institute for Museum and Library Services)、国家艺术基金会(National Endowment for the Arts)、国家人文基金会(National Endowment for the Humanities)、国家科学基金会(National Science Foundation)。

的支持。它的建立旨在推进针对博物馆学习的研究,并与10家博物馆开展紧密合作。

2. 针对学校团体的观众研究

在博物馆参观的团体中,学生团体一直是最主要的一群。据美国科学基金会估计,每年有3 900万中小学生参观科技博物馆,其中大部分是学校团体参观[1]。傅斌晖在《以学校教育观点解读博物馆观众研究》一文中强调,随着博物馆及其教育活动与学校团体(包括学生、教师、学校行政人员等)越来越密不可分,观众研究的影响力会愈来愈大。因为学校是个多元而复杂的团体,若无适当而深入的观众研究,博物馆将难以应对该充满变因的观众群,而馆校之间也将难以合作达成教育的目的。

学童是博物馆教育的主要对象之一,而教师则是每天直接面对学生、引导学生的关键人物。在博物馆参观中,教师又是唯一全程参与的,从安排时间、事前准备,到带领队伍、讲解(虽然会请博物馆导览员,但通常教师都会随侍在侧),再到回去后的延续活动、学生学习评估等,都是教师工作的一部分。因此,教师的认知与态度,会影响到学生的博物馆学习成效。而教师对参观活动若没有规划明确的教学目标,学生就容易对其目的和功能感到困惑。部分调研证据显示,一些教师并未意识到参观的教学效果;有些则没有将其整合到课程中,只是让学生去博物馆看看并取得些信息,并非将其发展成学习机会。一些教师将参观当作课外娱乐活动,而非教学行为;还有些则希望学生看完所有展品,这就直接削弱了原本的学习目的,使得博物馆参观失去吸引力,甚至导致学生对以后的参观缺乏兴趣。

另外,即使博物馆可以直接针对观众的反应改善展览及教育活动,但却无法因此完全提升学生的博物馆体验。因为其学习体验不只发生在参观时,还包括参观前的准备与参观后的后续活动,而这两个阶段主要都由教师主导,并非博物馆改善其馆内设施或活动便能直接影响。因此,馆方在规划教育活动时,理应将师生参观的前、中、后三个阶段都纳入考量,并在各阶段与教师开展合作或提供必要帮助,尤其是参观前必须提供教师充分的课程资源以做准备,或者让他们与博物馆成员进行讨论,以帮助教师更清楚内容并一同设计参观课程,如此才能赋予学生观众完整而有效的教育体验,并达

---

① 钱雪元:《美国的科技博物馆和科学教育》,《科普研究》2007年第4期。

到博物馆教育的目标[①]。

　　博物馆在规划教育活动时，必须考虑八个层面的内容：重点和目标、可用资源、主要观众、提供的内容、时间范围、市场营销、活动评估、需要的训练。以学校团体为对象，观众研究应当解答或提供的信息主要包括：学校成员的背景如何，需要对不同年龄层的学生、不同专业科目的教师、学校行政人员都进行了解；各需何种教育内容，不同的学生和教师各需什么样的教育内容、学生发展阶段和知识学习理论等都应加以考虑；何时实施，须配合学校的学年、学生假期或教师课程进度等；如何吸引学校团体，如何让学生有兴趣、让教师乐于安排参观活动；教育活动的效果如何，包括学生参观前

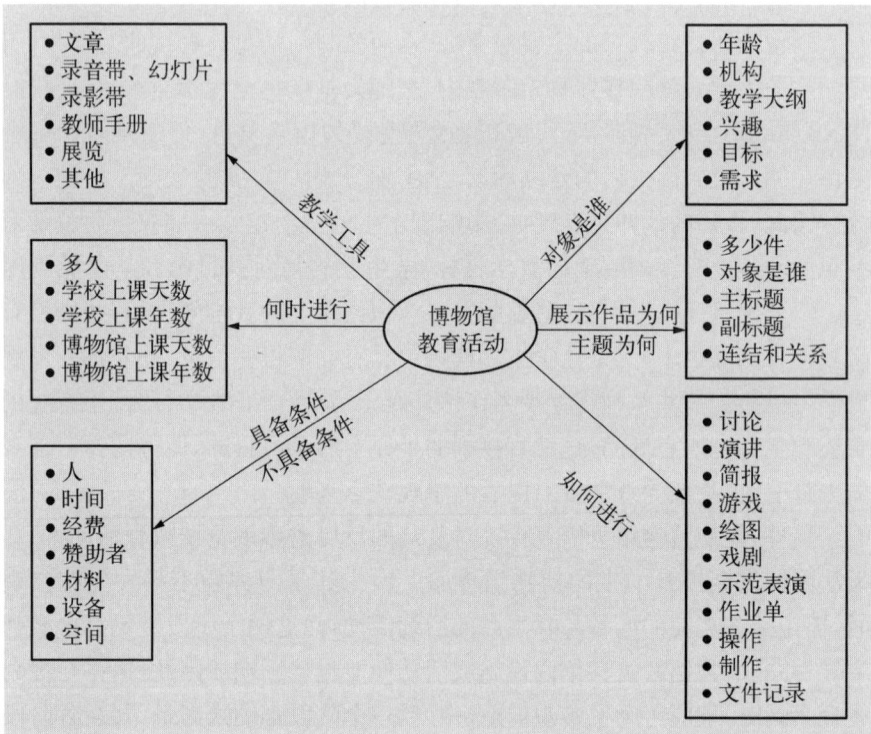

博物馆教育活动企划与管理的思考议题

来源：Eileen Hooper-Greenhill，*Museum and Gallery Education*，Leicester University Press，1991，p. 117

---

　　① 傅斌晖：《以学校教育观点解读博物馆观众研究》，坦克美术教育网，2008 年 9 月 7 日。

的预备知识有多少、学生进场后的学习行为和成效如何、学生参观后的反应如何、教师的事前准备和了解有多少、教师的引导方式如何；馆方人员的准备，即若以学生和教师为对象，馆方人员应具备哪些能力①（见上页图）。

博物馆必须铭记：成功的教育活动，来自详尽而缜密的事前计划，以及有效的追踪和管理。而要针对学校团体发展出具备连续性、系统性的教育活动，在馆校合作中，彼此的沟通必不可少。并且两者之间还需建立起通畅的信息交流管道，这样才能分享彼此的心得与成果。当学校团体参观完，教师除了自行对学生的学习进行评估外，若能获得其他研究信息，包括由第三者客观检视教师带领学生参观时行为和态度的结果，对于教师规划往后的活动或制订参观教学计划，将很有助益。同样，博物馆教育工作人员在学校团体离开后，若仍能接收到学校教师的讯息，了解学生事后的学习心得和成效，对于他们今后的活动规划也能带来实质性帮助。

总之，无论是博物馆教育工作者还是学校教育人员，其目标都在于"教育"，不同的只是实施环境和条件，共同精神是一致的。既然如此，学校教育人员有责任利用博物馆的教育资源，让学生获得更多学习机会，并且实地评估成效；而博物馆教育工作者也有责任与学校密切合作，主动将学校纳入其研究和互动的对象，并对团体参观进行深入评鉴，从而与学校共同设计出更契合教育目的的活动②。

四、 实施策略之发布信息

发布信息，是博物馆吸引目标观众、培育潜在观众、服务虚拟观众的第一步。无论是展览参观，还是活动参与都是一项自愿的、业余时间的活动。当我们思考博物馆教育、博物馆里的学习、机构的未来时，不得不承认这样的事实：社区人口结构正飞速变化，技术世界的发展日新月异，而博物馆争夺观众时间和注意力的竞争也越来越激烈。因此，要在这场持久的竞争中占有一席之地，各馆必须加大宣传力度，将自己的卖点主动抛出。事实上，为了培养新生代博物馆"粉丝"，同时从娱乐消遣行业争取更多受众，世界上大多数博物馆如今都面临着普及与保持专业水准的双重挑战。

---

①② 傅斌晖：《以学校教育观点解读博物馆观众研究》，坦克美术教育网，2008 年 9 月 7 日。

博物馆发布教育信息时,可视具体情况运用媒体手段。有些属于一次性的、"重磅型"的,而有些媒体运用则偏向长期的、"阶段式"的。例如,英国各大博物馆每年都会举办形式多样的特别展,借助网络媒体,一些热门展览在开展前就已家喻户晓。2007 年至 2008 年,中国秦始皇兵马俑展在大英博物馆举行,引起轰动,5 万张门票早早地被预订一空[①]。又如,博物馆在英国社会生活中占有重要位置,有关博物馆的消息常常成为新闻媒体的报道内容。如某位皇室成员支持博物馆新建筑的落成典礼,某个团体或个人向博物馆捐赠重要文物或艺术品,重要文物、艺术展的开幕式,博物馆集资购买某件将要流失海外的重要文物或艺术品,博物馆建筑年久失修等,都会引起普遍关注[②]。

史密森"严肃的惊奇"宣传广告的艺术效果图
来源:湖南省博物馆网站

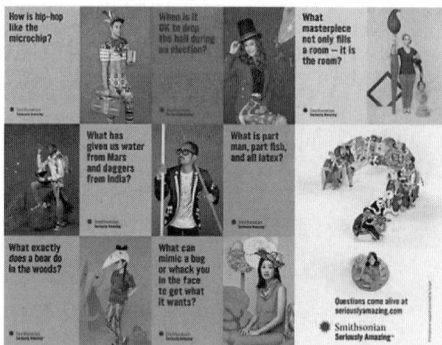

"严肃的惊奇"广告中的 7 个人物
来源:湖南省博物馆网站

而品牌推广活动时下也正为越来越多的博物馆所应用,以发布教育信息,吸引观众等。就连老牌的博物馆群——史密森博物学院也不例外。它于 2012 年年底发起了史上首个品牌活动,向公众展示其新推广战略:史密森将带给观众"严肃的惊奇"(seriously amazing)学习体验,以吸引更多观众了解史密森旗下的网站、博物馆等。博物学院希望通过该新口号来传达:史密森是一个融严肃学问和时尚趣味于一体的机构。它不是观众一生只来一次的地方,而是值得大家经常前来。有趣的是,推广活动的图标是一个问

---

① 郭瑞:《英国人爱逛博物馆》,新华网,2010 年 11 月 3 日。
② 黄磊:《赴英国博物馆学习考察报告》,《湖南省博物馆馆刊》2005 年第 2 期。

号,其中的 7 个人物代表了史密森所涵盖的不同专业领域。他们向观众提出各种奇怪的问题,吸引后者在新的活动网站上搜寻答案并了解更多信息。例如,"到底一只熊整天在森林里忙活什么?"网站将这个问题链接到一个史密森野外研究站的现场摄像头,观众即可一目了然。此次活动策划时间长达两年,史密森共投入 140 万美元(约合人民币 870 万元)并建立了新网站[①]。同时,机构还在史密森杂志、华盛顿特区及其他 4 座城市投放广告。之后,电子版的标识与宣传片也在博物学院的建筑物上张贴和播放。此次品牌推广活动对史密森这个世界上最大的博物馆群和研究机构来说实属首次,之前它仅对展品做过广告[②]。

　　总之,博物馆理应重视媒体的宣传推广作用,将其作为博物馆的教育平台和推介工具。事实上这么做也是必须的,因为一旦展览开幕或活动开启,博物馆就不再是媒体重点追捕的对象,除非机构自己主动出击!而一切可利用的大众传媒、非大众传媒以及博物馆网站和智能移动应用(App)等,若能得到恰如其分的运用,将有效传播教育活动信息,同时宣传推广博物馆的品牌形象。

(一) 大众传媒

　　从公共关系的角度看,对博物馆教育活动进行信息发布和宣传推广的上佳工具是借助大众传媒。而掌握"认清宣传对象""决定传播信息""选择传播媒介"这三条金科玉律,将帮助各馆达到事半功倍的效果。

　　1. 认清宣传对象

　　对博物馆所在社区进行研究,分析各阶层社会公众及其生活方式,一般公众的生活观点、时尚追求及教育水平,政府机关的态度,兄弟博物馆的活动,本地区文化娱乐和社会发展的趋势等。总之,认清宣传对象,博物馆才能有的放矢地进行推广。

　　2. 决定传播信息

　　哪项或哪些活动是博物馆想要对公众宣传的? 活动内容是什么? 然后再决定具体的宣传目标,如为了吸引观众以增加参观人数或是活动参与人数。

---

　　① 这项活动主要通过私人机构和联邦政府共同出资的形式来筹集资金。
　　② 湖南省博物馆编译:《"严肃的惊奇":史密森博物学院发起史上首个品牌推广活动》,湖南省博物馆网站,2012 年 11 月 23 日。

3. 选择传播媒介

在决定了宣传对象、宣传内容和目标后,便可选择最适宜的宣传媒介。博物馆理应慎重权衡每种媒介的利与弊,不能将宝贵的时间、有限的资金投入不恰当的媒介。此外,还应考虑哪种媒介成本最低、涉及面最广、影响力最大,哪种媒介可信度最高、传播速度最快,并且,使用哪几种媒体组合最可取①。

通常情况下,博物馆可以针对自身情况,集结一系列大众传媒的力量,包括报纸、杂志、电视、广播等发布教育活动信息,吸引受众尤其是目标观众的兴趣和关注。美国一些机构还在机场、火车站、码头、商业中心等地设置电视装置式宣传窗,向民众宣传博物馆及其活动。事实上,商店、旅游中心、文化设施、展览会等展示平台现已成为越来越多的博物馆推广自身的好时机、好场合。

(二) 非大众传媒

除了传统的报纸、杂志、电视、广播外,博物馆还可采用多种形式的自有、非大众传媒手段,其种类有印刷品、邮寄品、新闻发布会等。

印刷品方面,诸如博物馆介绍、展览介绍、展示说明书、活动简讯、参观活动单、海报、传单、教师指引手册、其他服务项目介绍,以及定期出版的学术性与通俗性刊物等,多用于赠送和分发,有些则需付费订阅,它们及时向社会公众通报博物馆的最新动态。

史密森博物学院的印刷品等教育素材,皆属原创,主要基于其藏品、展览、研究发展而来②。它出版的几份杂志,读者逾 1 300 万。其中,《史密森杂志》(The Smithsonian Magazine)拥有 200 多万订阅者,以及 700 多万月刊读者,多年来演绎了一个不朽的成功故事。该杂志大多刊载旗下各馆的活动内容、自然科学新知、国内外博物馆动态以及资料中心新资讯等,扮演了博物馆之间资讯联络站与新知中心的角色。另外一本则是在史密森内外都备受公认和尊敬的《航空航天杂志》(Air and Space Magazine),它聚焦飞行这一主题,权威地为小众服务。该杂志拥有非常稳定的用户群,几乎

---

① 陆建松:《论博物馆接待服务中的公共关系》,《中国博物馆》1995 年第 4 期。

② Office of Policy and Analysis, *Lessons for Tomorrow: A Study of Education at the Smithsonian*, USA：Smithsonian Institution, Vol. 1 Summary Report, 2009, p. 19.

75％以上的读者都是博物馆的回头客。而广受民众欢迎的《"去史密森"游客指南》(goSmithsonian Visitor's Guide)，民众可以在华盛顿地区的近300家宾馆、国会办公室、旅游点及国内旅行社索取。除此之外，史密森亦针对中小学教师需要，出版有《从艺术到动物园》(Art to Zoo)月刊。它由史密森教育和博物馆研究中心出品，主题性地介绍博物馆某一展览的特色、教育活动的设计与实施方法等。

对于教育活动的信息发布及博物馆的宣传推广而言，丰富多彩的印刷品和邮寄品具有一系列优点，包括成本低、效果显著，针对性强，选择性大，不拘泥于形式，传播范围既定，能及时得到反馈等①。另外，对师生团体及家庭来讲，许多参观和活动细节需要经由教师与家长转述给学生和孩子听，因此可供他们保留、阅读并提供足够信息的资料形式，通常都较受欢迎。

(三) 博物馆网站

今天，网站已经成为博物馆教育功能发挥不可缺失的一环，它作为传播信息的一大媒体手段，越来越受到中青年观众的喜爱。并且随着因特网的全球普及，还会有更多的受众使用它。网站上各种教育活动信息、资讯的提供，为目标观众和虚拟观众的实地参观做准备，引导他们更富有成效地前去考察。同时，网站的一大优势还在于，为不能前往的民众提供公允的信息获取机会，尽可能地实现博物馆教育覆盖面的最大化。

以史密森博物学院的网站为例，2009年它的年访问量高达1.88亿人次，其在线资源包括150个公共网站和50个内部站点，由150名全职和兼职网管及网络专家共同监管，他们分布在各个博物馆和研究中心，以及首席信息官办公室内工作②。今天，来自世界各地的民众都可在史密森网站主页上通过"谷歌翻译"选择浏览语言，共有近50国语言之多。另外，史密森教育和博物馆研究中心还启动了一个名为"遍及全美的史密森"(Smithsonian across America)网站，它提供了史密森在美国的所有项目和活动信息③。

2011年下半年，大都会艺术博物馆改版后的网站全面上线。这是该馆

---

① 陆建松：《论博物馆接待服务中的公共关系》，《中国博物馆》1995年第4期。

② Office of Policy and Analysis, *Lessons for Tomorrow: A Study of Education at the Smithsonian*, USA：Smithsonian Institution, Vol. 1 Summary Report, 2009, p. 73.

③ *Smithsonian Highlights Fiscal Year 2008*, USA：Smithsonian Institution, p. 2.

大都会艺术博物馆的新网站首页

十多年来第一次大规模进行网站改版，耗时一年，致力于打造"观众乐于访问的艺术殿堂"。改版后的网站加入了大型博物馆网站必备的几项功能，如可放大缩小的博物馆平面图（类似于芝加哥艺术博物馆两年前开发的网站馆图）等。观众还可通过网站近距离欣赏近 400 件展厅艺术品，实地参观时亦可使用智能手机登录网站查询所喜爱的展品展出方位等。根据大都会馆长托马斯·坎贝尔的指示，策展部工作人员为此次网站改版上传了多达 200 万件藏品的图片和文本信息，几乎涵盖了所有馆藏。新网站包含了34 万个带有详细描述信息的藏品词条，其中20 万条都创建于过去的 9 个月。同时，网站还新开设了一个多媒体中心，观众可轻松获取视频、演讲录像、互动式教育项目及其他数字项目资源。数字媒体部门的负责人艾瑞·科伯恩（Erin Coburn）说："网站全面、彻底的改版展现了我们对博物馆网络平台的重视，同时，也标志着大都会将会更加积极地应对数字环境下时刻变化的需求。"①

值得一提的是，现在有越来越多的海外博物馆开始提供简体中文版网站，如卢浮宫、大都会艺术博物馆、大英博物馆、维多利亚与艾尔伯特博物馆、法国罗丹博物馆、东京国立博物馆等。其中，大英博物馆推出中文网站是我国故宫博物院与大英博物馆签订的合作意向书中的一个项目②。而维多利亚与艾尔伯特博物馆已于 2011 年 5 月发布了为中国度身打造的中文官方网站（www. vamuseum. cn），成为首家拥有独立中文网站的欧洲博物馆。并且，为迎合中国用户的特点，该馆针对他们如何利用旧版网站及最感兴趣的网站内容进行了详细调研，以确定中文网站的架构。配合此次中文网站上线，机构的官方微博（http：//weibo. com/vamuseum）也同步亮相③。

　　①　湖南省博物馆编译：《大都会的新面孔——纽约大都会艺术博物馆网站全面改版上线》，湖南省博物馆网站，2011 年 10 月 31 日。
　　②　王云、苑大喜：《建网站、开微博、增导览　欧美博物馆力推中文服务》，《中国文化报》2013年 6 月 25 日。
　　③　李孟苏：《我忘了我在参观艺术博物馆》，《三联生活周刊》2009 年 11 月 30 日。

案例 1

史密森博物学院网站针对家庭与学生观众的信息发布

　　史密森博物学院网站上有相当一部分信息是特别呈现给家庭(包括父母和孩子)的,家庭成员是该机构的重要观众。因此,史密森注重为家长提供博物馆、展览、教育活动信息,更给予他们一定的引导或提醒,帮助他们科学地策划与实施"家庭实地考察游",最大限度地享受馆内亲子游的成效。

　　例如,网站在向家庭介绍史密森的信息时,分为春夏秋冬,并描述一年四季变化着的史密森。不同时节,史密森旗下博物馆会庆祝不同的节日,举办专题教育活动。如每年春季举办的"史密森风筝节",与国家樱花节完美"牵手";在独立日前两周,于盛夏的国家广场上如火如荼地举办的"史密森民俗艺术节";还有金秋 9 月的西班牙遗产月及深秋 11 月的美印第安人遗产月;而圣诞 12 月,则有"发现剧场"(Discovery Theater)特别为孩子推出的、讲述世界各地节日的互动剧目。同时,网站上还有家庭一日游的简要攻略,可供下载,并分为针对 5—9 岁孩童的、偏爱自然界游览或世界文化游览的、珠宝服装赏析等不同主题类型。

　　此外,学生自然是史密森各大博物馆及相关教育资源的主要受众群。史密森网站上设有"史密森的秘密"这一板块,披露了该机构自成立以来最大的三个秘密,分别是"史密森的骨骼"(詹姆斯·史密森(James Smithson)先生为史密森博物学院的创始人)、""希望之星'"的历史("希望之星"重达45.2 克拉,是全球最大的蓝宝石)以及"太空中的蜘蛛"。对于这些秘密,学生可先在线了解梗概,但欲知详情,则需循着网站链接,进一步探索。不过最好的方式,还是迈开步伐,前往博物馆一睹究竟,实地探究!

案例 2

卢浮宫中文网页亮相[①]

　　2009 年上半年,卢浮宫网站中文版正式开通,中文成为继法语、英语、日语之后,该网站的第四种官方语言。在中文版里,中国游客可提前了解卢

---

　　① 林梢青:《卢浮宫博物馆中文网页昨日亮相网上"游"卢浮,不懂外语也不怕!》,《今日早报》2009 年 3 月 28 日。

浮宫的参观路线,足不出户便毫无障碍地畅游该艺术宫殿,并和世界顶尖珍宝来一次前所未有的近距离接触。

卢浮宫多媒体部中国网页负责人安妮·麦泰尔·瑞尼克斯(Anne-Myrtille Renoux)女士说,中国游客已经成为卢浮宫最重要的客源之一,要吸引更多的中国人前来,中文网页无疑是很好的宣传和推广手段。建设中文网站的目的:一是为了帮助华人网友更好地筹备卢浮宫之行;二是为对卢浮宫历史和馆藏品感兴趣的人们多提供一个认知渠道。

点击进入卢浮宫的中文主页后,"卢浮宫""藏品""展览与活动""参观信息指南"四大板块内容清晰可循。在"卢浮宫"板块,民众可以通过360度全景画面感受博物馆华美的展厅;"参观信息指南"中,游客将准确了解博物馆的开放时间、门票价格、交通方式等实用信息;"展览与活动"里则是临时特展等卢浮宫最新动态。不过,最有看头的还属"藏品"板块,这里有馆内最重量级的20件作品,附带了详尽的图片细节和深度文字解说,仿佛这些世界上最顶尖的艺术品顿时变得平和起来。以"蒙娜丽莎"页面为例,共有9张图片高清展示了这幅油画的细节,而详尽的文字则叙述了"蒙娜丽莎"的故事和历史。在细节图上,蒙娜丽莎秀发上常被"视而不见"的朦胧轻纱也清晰可辨,一旁的文字则说道:"轻纱有时被解读为哀悼的象征,但实际上这是妇女贤淑操守的常见标志。"

根据安妮女士的介绍,事实上2005年卢浮宫网站改版时,机构便有了开设中文版的想法。中国网民的数量非常庞大,开设中文版能够让他们使用母语了解卢浮宫的历史和馆藏。在设计中文网页时,馆方并没有将法语网页简单地翻译拷贝,而是尽量考虑了中国游客的兴趣。"卢浮宫藏品数量非常惊人,大家难免会无从下手,因此我们选择了一些主要作品,并提供了高清图片来凸显这些艺术作品的美丽,而细致的文字解释,则可以帮助游客深刻理解西方艺术历史。"

在2008年的世界五大博物馆高峰论坛上,卢浮宫、大英博物馆等世界著名机构都表达了希望吸引中国游客的强烈愿望,而迅速推出中文网页让卢浮宫迈出了最快的脚步。更关键的是,中国游客已经成为卢浮宫的重要客源之一。安妮女士表示,近年来每年参观卢浮宫的中国游客数量都超过20万人次,占博物馆境外游客人数的4%左右。2008年,共有850万游客前来,其中中国游客的数量为22.02万人次。在亚洲各国游客中,这个数字位列第一,紧随其后的才是日本。同时,近年来到卢浮宫游览的中国游客非团体化趋势不断显现,这使得开设博物馆网站中文版变得更为必要。通过网络提供的实用信息,卢浮宫希望为中国游客提供更细致、周到、便捷的参观服务。

(四) 智能移动应用(App)

时下,随着智能设备的迅速普及,越来越多的公众拥有了智能手机、Pad、Pod 等,而且这些设备占据大家的时间也变得越来越多。如何促使智能移动设备使用者便捷了解博物馆的各项教育类信息,并无需印刷品和传统电脑等媒介,开始成为不少博物馆的研究和实践课题。毕竟,这是时下的潮流,尤其在年轻一代人手一机的时代,也是不可逆转的趋势。谁优先推出了信息,谁就更可能拥有主动权。而博物馆开发这些智能移动应用的最大动力在于,希望能用最便捷、最吸引人的方式为观众提供所需信息,为他们了解资讯打造一个愉快的起点,并期待通过智能移动应用为机构带来更多新观众。

大都会艺术博物馆馆长兼 CEO 托马斯·坎贝尔近日宣布,博物馆最大的智能移动应用"The Met"上线。此应用程序暂时仅供 iPhone、iPad 和 iPod 用户使用[1],用户可以从苹果商店免费下载。这一免费的电子资源将成为世界各地的观众了解博物馆每日动态的最便捷途径。坎贝尔说:"大都会博物馆每天都为观众提供了丰富多彩的参观和体验内容,我们希望创造一种简单且个性化的方式,让观众找到他们最想要了解的艺术、展览和活动。新上线的 App 作为一个小型可定制工具,观众只需滑动指尖就可走进大都会。无论是纽约市民,还是想要掌握大都会最新消息的全球观众,都将从中获得非凡体验。"[2]

"The Met"应用程序得到了彭博慈善基金会的资助。该基金会的创始人、三次连任纽约市市长的迈克尔·彭博认为:"博物馆这款新应用将前所未有地打开观众视野,供其了解大都会无与伦比的藏品及活动。'The

---

[1]　该应用软件是由大都会艺术博物馆的数字媒体部门与独立数字创意社 Independent 共同开发,并得到了博物馆各部门员工的帮助。同时,博物馆正在开发供安卓用户使用的同款应用,将于 2015 年上线。

[2]　湖南省博物馆编译:《大都会艺术博物馆发布旗舰 App　为观众打造全方位的移动参观体验》,湖南省博物馆网站,2014 年 9 月 16 日。

Met'应用不仅为现场参观的人们带来了更多收获,即便观众不能亲临现场,也可以通过该应用实现参观体验。它让艺术更频繁地走进了更多观众的生活。"[1]

现在,观众无论身在沿着第五大道的主楼,还是在修道院分馆及花园,都可使用"The Met"应用。该应用提供了所有展览的丰富信息,用户可浏览馆藏精华,在线购票,查询家庭及儿童活动,纵览大都会最受欢迎的Twitter 消息,并通过社交媒体账号实现无缝分享[2]。

大都会艺术博物馆负责手机移动部门的高级经理卢瓦克·塔伦介绍:"这是一款完全原创的博物馆应用。在项目开始之初,我们问观众想要什么样的 Met 应用。他们说了三点:有用、简单、有趣。我们知道大都会提供了丰富多彩的内容,但观众的反馈则是希望应用能简单明了地回答其关于博物馆的最基本问题:'我应该从什么地方开始参观?''今天有什么活动和展览?''有什么适合我孩子的活动?''有什么新内容吗?'正是这些关于博物馆的基本问题才让观众拿起了手机,向我们的 App 寻求答案。同时,我们必须让这款软件功能与美观兼具。通过与全球领先的一家数字机构Instrument 合作,我们设计了该款应用程序,以实现这些目标。我认为我们已经实现了目标。"此外,该款应用还设计了博物馆会员的专属板块,大都会拥有 150 000 多位会员。它提供了会员专属活动的新闻及资讯,观众也可通过软件缴费获得会员资格[3]。

五、 实施战略之（为学校）提供教学素材

时下,国外的文化设施纷纷确立了"教育资源供给者"的社会定位,以教学资源提供为主要服务内容。本阶段馆校之间的联动,主要是博物馆向学校提供教学素材,帮助师生们为实地考察做充分准备,不止吸引他们前来,更让他们有备而来。实践证明,经过提前准备的博物馆考察更有成效。学生若提前在教室中看过馆方提供的工具箱中的复制品、彩色幻灯片或是电

---

①②③ 湖南省博物馆编译:《大都会艺术博物馆发布旗舰 App　为观众打造全方位的移动参观体验》,湖南省博物馆网站,2014 年 9 月 16 日。

子图像,甚至还在网上或是只读存储光盘上操作过图像,他们往往能在展厅中辨认出实物。这比起第一次接触某些看起来有点深奥的展品,教学效果要好得多。

今天,越来越多的博物馆开始重视预先提供教师教学素材,鼓励他们在课堂时间带学生前来馆内学习。事实证明,机构协调开展的、与学校课程相关的项目常常一年又一年地将师生带回博物馆。而馆方提供的一整套工具通常包括复制品、彩色幻灯片或副本,以及打印的文本,甚至还委派受训过的工作人员或是志愿者前往学校及课堂,随时回答师生的问题。现在,电子邮件和互联网也提供了更为便捷的联络方式,教师不仅可以收到参观前的信息和图像,与班级学生分享,还可直接与馆内教育工作者沟通交流相关事宜。大都会艺术博物馆编印有"希腊艺术""韩国艺术""东南亚艺术"等系列专题材料(包括文字资料、幻灯片、光盘等),并向纽约市的每所公立学校赠送一套。在印制的材料中,有的独具匠心,如一些艺术品印有正反两面图像,其中反面图像的说明文字也是反的。因为据研究,学生们常常对反面图像印象更深刻,更愿意认真探究[1]。

另外,有些机构的教育材料还包括参观前的作业(在教室内完成)、现场作业及后续作业。并附有互动式网站支持,以便学生对其作业进行反馈,也为博物馆提供了一种评估作业质量的方法[2]。这些教学素材一般分为适合教师使用和学生使用的不同版本,有些材料师生可经由指示自行在博物馆网站上下载。

对博物馆而言,在开发一项教育资源或一个教育资源包时,很重要的考虑点是有多少资源可供有效利用。时下,馆方为学校观众提供的教学素材主要有:

1. 博物馆介绍光盘

博物馆介绍光盘能给予师生生动形象的参观前导览。以史密森博物学院的光盘为例,它主要针对5—8年级学生,提炼并展示了史密森最华彩的展品展项,同时还告知学生各馆参观的注意事项。该光盘除了可由教师引导学生在教室内观看,还可在他们乘坐巴士前往博物馆的途中观看。本光盘设计有"教师"和"学生"两种版本,前者教师可自行在史密森教育 YouTube 频道上

①　段勇:《当代美国博物馆》,科学出版社 2003 年版,第 100 页。
②　[英]格拉汉姆·布莱克著,徐光、谢卉译:《如何管理一家博物馆:博物馆吸引人的秘密》,中国轻工业出版社 2011 年版,第 146 页。

全屏观看。另外，他们还可通过网上申请，向博物学院索要光盘。

2. 参观活动单、展厅指南

学校利用博物馆的方式以团体参观最为常见，故不少机构常常会事先提供展览及相关教育活动的资料，诸如不同年级学生使用的参观活动单和展厅指南，协助他们利用馆内的设施设备，增强教学效果。

例如，大英博物馆的每个展示区都对应有参观活动单，分为不同年级学童专用活动单与教师指引手册，内容涉及展示区的平面图、相关的问答题、填图、配合活动及评估表等，让学生随着活动单的指引参与展示活动、寻找答案、思考，或互相讨论。另外，美国自然历史博物馆针对学校教师，由教育部人员与研究员（科学家）和老师共同讨论、设计、编写了内容详尽的各展厅教师指南。该展厅指南包括诸多内容：参观之前准备事宜的建议；学生想了解的重要问题；参观展览时的教学策略；展厅地图；参观展览时不同年级学生使用的工作纸；参观完回到教室后的拓展学习活动；有用的专业术语和概念；与课程标准之间的相互关联；和其他展厅之间的联系等①。

3. 海报

一些博物馆的海报不但设计印刷得非常精美，而且包含的内容也很丰富。以史密森旗下的弗利尔和亚瑟·M·赛克勒美术馆为例，它们 2007 年的"东方伊甸园——亚洲艺术中的花园"展览海报，介绍了伊朗 16 世纪的书籍中绘制的花园插图，海报内容则包括课堂活动、教师资源、展览和参观信息等。其中，"课堂活动"提示学生从 8 个方面去注意画中发生的事，同时告诉他们如何变换角度进行观察，还提出了写作练习的要求。"教师资源"提供了博物馆网站上的教育资源、收藏、展览和参观信息栏目的网址，以及各种教师手册、光盘的名称和价格。"展览和参观信息"则公布了 2007 年度所有特展的时间、博物馆开放时间、观众服务内容及儿童和学校活动安排，可谓详尽而细致②。

4. 教师工具包

美国博物馆为了满足教育界的需求，特别设计制作有各种类别、不同层次的教师工具包等辅助教具，免费发放给相应的大、中、小学，为教师进行相关课程讲授提供多元教育手段。有些工具包根据馆藏特点，制作有等尺寸

---

① 湖南省博物馆"中国博物馆与青少年儿童教育项目"赴美学习考察小组：《浅谈当代美国博物馆教育——湖南省博物馆教育人员赴美考察报告》，2010 年，第 12 页。

② 林健：《从美国博物馆观众教育谈起》，中国文物信息网，2008 年 3 月 17 日。

的复制品等①,有些还包含教师(指引/指导)手册。以史密森的亚瑟·M·赛克勒美术馆和弗利尔美术馆的一本《古代中国的艺术和古迹》教师手册为例,它共有 104 页,内容包括古代中国概况、历史背景、年表、特色文物、专业词汇、发音指导、课时计划、资源,另外还附有一张光盘、十多张印刷精美的文物照片②。

5. 课程教案

为配合学校课程,许多欧美博物馆都为教师准备了课程教案。它们有些是打印后的纸质版本,有些馆方通过电子邮件发送,有些则建议教师直接在博物馆网站上下载。在这种情况下,包括学校教师在内的教育工作者可根据年级或主题搜索合适的课程教案。

史密森博物学院网站上载有"新近课程教案"及"本月排名前十的课程教案",并附有简介和相关下载素材。这些教案注重"发问"这一学习方式,并应用史密森的藏品等基础资源。每份课程教案都可直接打印,并提供教育工作者所需的素材和资讯,包括照片、复制品、手册、活动、建议使用的方式方法、基础信息以及额外的网上资料等。

案例 1

"植物学与艺术:它们在保护中扮演的角色"课程教案

一份名为"植物学与艺术:它们在保护中扮演的角色"的史密森博物学院课程教案,旨在介绍植物学家及植物类插画家的工作,他们为记录世界各地的濒危植物竞相奔走,甚至与时间赛跑。详细的课程教案介绍包括:

第一堂课,学生将了解六种濒危植物。他们可查看插画、照片以及弄干了的植物标本,并思考一个问题:如果科学家能拍下某个植物的照片,那插画还有存在的必要吗？随后,他们将思考一些大问题(其实这些问题植物学家也经常自问),诸如"哪些植物种类最需要保护？有没有更值得拯救的植物？"

第二堂课,学生将跟随一位史密森插画家教授的方法,自行尝试绘画植物插图。课堂所需器材为:铅笔、马克笔、透明纸以及复印机。

---

① 张颖岚:《美国博物馆与社区发展的互动》,《中国文物报》2007 年 4 月 27 日、5 月 4 日。
② 林健:《从美国博物馆观众教育谈起》,中国文物信息网,2008 年 3 月 17 日。

　　课程所需下载的素材包括：“植物学与艺术，它们在保护中扮演的角色”课程教案；第一堂课的活动器材；观看加里·A·库帕尼克（Gary A. Krupnick）博士（国立自然历史博物馆植物保护小组组长）和爱丽丝·探戈瑞尼（Alice Tangerini）（国立自然历史博物馆科学插画家）在2011年史密森题为“研究土地”的教育会议上的演讲——《应用自然历史的方法研究植物及其保护》。可收听演讲录音，并查看会议的其他资料；收听科学插画家爱丽丝录播的特别节目“走向绘图板”；查看由美国植物艺术家协会与史密森合作举办的题为“正在逝去的天堂？本地及世界各地的濒危植物”的在线巡回展览（内含课程中提及的关于加里和爱丽丝的视频）。

案例2

大都会艺术博物馆摘得“美国博物馆协会年会”桂冠①

　　2011年5月底在休斯敦召开的“第105届美国博物馆协会暨博览会”上，大都会艺术博物馆凭借《古代近东艺术：教育者资源宝库》（*Art of the Ancient Near East: A Resource for Educators*）教学指南项目，一举摘取了“2011年美国博物馆协会出版物设计大赛”中“教学资源”类别的桂冠。

　　该教学指南项目由大都会艺术博物馆教育、数字媒体及古代近东艺术部门的工作人员合力完成，旨在为幼儿园至12年级的教学工作者提供指南，帮助他们将藏品带入教室，让学生在感受艺术魅力的同时，学习一些历史、社会研究、数学、科学、语言艺术等学科的知识。纽约市区的公立学校可免费获得这份教材，其他地区的教育人员也可在博物馆网站上免费下载。

　　“出版物大赛”（AAM Publications Competition）奖项由美国博物馆协会设立，旨在对博物馆领域发行的优秀出版物给予认可和鼓励。该奖项下分展览图册、书籍、年度报告、杂志、学术期刊、日历、教学资源、邀请函、宣传册等15个类别，由平面设计师、博物馆专家和发行人等成员构成的评审团将根据作品的整体设计效果、创造性、能否体现该机构的个性、使命和特色等方面进行评奖。

---

　　①　湖南省博物馆编译：《纽约大都会艺术博物馆摘夺“美国博物馆协会年会”两项桂冠》，湖南省博物馆网站，2011年6月23日。

六、 实施策略之提供在线资源与
在线互动体验

时下,几乎全世界的博物馆都在推行数字化,第一个"吃螃蟹"的是卢浮宫。2004 年 7 月,该机构把 3.5 万件馆藏和超过 13 万幅库藏放到网站上,提供 3D(三维数字化)虚拟参观服务。运营 10 年来,上网逛卢浮宫的民众已经与去巴黎实地的观众数量相当。

事实上,藏品数字化随着互联网的发展已成为博物馆必做的事情之一,同时这也是现代社会艺术突破时空限制的努力。早在 5 年前,史密森博物学院网站的年访问量就超过了 1.88 亿人次;大都会艺术博物馆几乎将所有藏品图片都上传至网站,誓要打造互联网上的艺术殿堂;2011 年,耶鲁大学成为第一个加入艺术品数字化浪潮的常春藤名校,公开了校博物馆收藏的 25 万幅艺术品图像;同年,梅尼尔收藏博物馆(Menil Collection Gallery)与惠特尼美国艺术博物馆(Whitney Museum of American Art)、哈佛艺术博物馆(Harvard Art Museums)合作,将艺术家档案数字化并公开;洛杉矶郡立艺术博物馆(Los Angeles County Museum of Art,LACMA)的 App "artmuseum"介绍了馆藏的 2 000 件艺术品;泰特现代美术/艺术馆(Tate Modern)[1]为了将所有馆藏都放到官方网站上已经忙碌了 5 年仍然没有完成,因为单是上传特纳的 3.7 万张绘画就至少还需要 4 年。而英国广播公司与英国图像目录基金会(Public Catalogue Foundation)也合作推出了网上艺术博物馆 Your Paintings。该网站展示了全英 21 万张油画、丙烯画和蛋彩画,它们来自英国各地的博物馆、画廊、大学、议会、法庭和医院等。若不是有了 Your Paintings,普通观众根本无法跑遍英伦三岛遍赏这些杰作[2]。

如前所述,时下不少教学素材师生都可经由指示自行在博物馆网站上

---

① 泰特美术馆是英国国立博物馆,收藏英国与现代艺术,在英格兰有四个据点:泰特不列颠(Tate Britain,1897 年成立,2000 年重新命名)、泰特利物浦美术馆(Tate Liverpool,1988 年开放)、泰特圣艾富思美术馆(Tate St Ives,1993 年开放)以及泰特现代艺术馆(Tate Modern,2000 年开放)。另外还有一个互相搭配的网站:泰特线上(Tate Online,1998 年开放)。
② 孙琳琳:《博物馆都在网上忙活什么》,《新周刊》2013 年第 393 期。

查看和下载,如导览光盘、课程教案等,非常便利。事实上,今天的博物馆网站早已超越了单纯提供观众信息和资讯浏览的功能。网站强大的数据库及搜索引擎,供观众检索所需信息;并且,许多素材还可供下载,这些都属于博物馆的在线资源提供。

另外,一系列在线互动体验机会,如虚拟游览展厅、展品预览、填字和拼图游戏等,甚至是虚拟博物馆的应用,都为公众的实地参观进行了生动形象的"预演"。技术的作用,最终在于让艺术通过互联网这条管道深入民众的寻常生活。值得一提的是,青少年是网民的主体,网络教育对于促进博物馆青少年教育有着其他教育途径所无法比拟的有利条件。日本许多博物馆都在其网站上开辟了儿童板块,通过各种方式向他们提供在线学习服务。神户地震纪念馆网站上的"防灾儿童博物馆"和京都国立博物馆网站上的"博物馆小辞典"都用孩子们喜爱的卡通形象介绍博物馆相关知识,寓教于乐,收到了良好的教育效果①。

展览和活动是很多艺术机构的基本职能。基于对美国 1 224 个在2006—2011 年间享受美国艺术基金会补助的艺术机构的在线调查结果显示,29％的机构举办过在线活动和虚拟展览。当被问及近几年是否提高在线活动和展览的数量时,86％的受访机构给予了肯定答复。其中,81％的机构近期就上传了活动或藏品、展览视频,15％的机构开设有虚拟展览②。

有趣的是,2013 年上半年,大都会艺术博物馆还在其网站上推出了首批名为《82nd & Fifth》(博物馆馆址,纽约第五大道 82 街)的系列短片。短片的"主演"为纽约市 100 位博物馆策展人,在短片中,他们各自讲述了一件大都会中"改变其世界观"的馆藏珍品。事实上,用"主演"一词来介绍影片中的策展人并不准确。在首次推出的 6 个时长 2.5—3 分钟不等的短片中,这些策展人并没有轮番登场,而是以背景声音的形式向观众介绍艺术品,因为这些珍宝才是观众的最爱,它们才是真正的"主角"。据悉,今后大都会将在每周三定期更新 2 部,计划至 12 月 25 日上齐全部的 100 个短片③。

---

① 孔利宁:《日本博物馆的青少年教育》,《科学发展观与博物馆教育学术研讨会论文集》,陕西人民出版社 2007 年版,第 223 页。
② 李慧君编译:《美国发布"新媒体与博物馆观众参与"调查报告》,《中国文化报》2013 年 1 月31 日、2 月 7 日。
③ 李慧君编译:《大都会艺术博物馆推出"策展人眼中的百件馆藏珍宝"系列短片》,《中国文化报》2013 年 3 月 7 日。

首批在大都会艺术博物馆
网站上发布的 **6** 个短片
来源:《中国文化报》数字报

　　当然,博物馆网站提供的在线资源与在线互动体验,不止在观众的参观前阶段发挥大作用,在他们参观完之后仍然发挥了大效应。甚至观众在现场考察时,也可通过电脑、手机等,纵览网站内容,享受其一系列学习资源与体验。

(一) 提供在线资源

1. 搜索引擎及数据库

　　当观众打开史密森博物学院的网站,并在主页上点击"活动"一栏,便会有本月的活动日历表呈现,大家可根据日期查看当天在任何一座博物馆内举行的、任何形式的教育活动。除了日历表,页面上还有两种共三个搜索引擎存在:一种供观众自行输入活动关键词进行检索;另一种的两个搜索引擎则提供了选择项,观众可择取一项或是多项,来不断缩小选择范围,以检索到满意的结果。其中,一个引擎根据教育活动类型来设置(诸如庆典、演示、电影、展厅导览、讲座和讨论、节目表演、孩童和家庭活动、签名售书、工作坊、烹饪艺术、五点后的活动等),另一个则按照活动的举办地,也即具体哪座博物馆来设置。

　　另外,史密森博物学院的中央教育门户网站 SmithsonianEducation.org,致力于"通向史密森教育资源"的发展方向。在史密森教育和博物馆研究中心的营建下,它已连续荣获"人民之声奖"之"最佳文化机构网站"殊荣。该奖项隶属于国际数字艺术与科学学院(The International Academy of

Digital Arts and Sciences)颁发的威比奖(Webby Awards)①,并且一年一颁,声名远播。该网站主要针对三类观众,分别是教育工作者、家庭、学生。它包含有一系列史密森教育项目的介绍及链接,更重要的是还带有检索功能,其"一站式采购"的设计,供教师等教育工作者轻松找寻各种素材②。

以网站上的"资源图书馆"(Resource Library)栏目为例,观众可在其中自由检索。检索词条包括年级(或级别)(下设所有年级、学龄前至3年级、4—8年级、9—12年级、一般观众),资源类型(下设实地参观、创意实验室、课程教案、出版物、网站),主题(或科目)(下设航空航天、美国艺术、动物、远古文化等),博物馆(下设19座博物馆、史密森研究中心等)。观众可在下拉词条中进行选择,或是直接输入关键词进行搜索。并且,他们在检索词条中提供的信息越详细,搜索范围就越小,结果也离期望的越近。值得注意的是,"资源图书馆"中针对教育工作者的搜索引擎,和面向大众的略有不同。学校教师等教育工作人员除了可使用关键词检索外,还可按各州的学习标准搜索。

案例1

纽约古根海姆博物馆"通过艺术学习"网站改版上线③

重新改版后的纽约古根海姆博物馆"通过艺术学习"网站上线了。作为古根海姆的艺术家进驻计划,"通过艺术学习"将进驻的艺术家带到了纽约市公立学校的课堂。经过重新设计和内容扩充后,该网站为那些想把艺术融入课堂的学者、艺术家及教育工作者提供了丰富资源。用户可以便捷地在网站上查找所需内容,如教学技巧、课程计划、研究文献、视频资料以及其他教育工具,提升了其网站体验。

例如,用户可以通过访问"教育者"版块来了解"通过艺术学习"项目以

---

① 威比奖(Webby Awards)是由国际数字艺术与科学学院主办,针对网站设计、功能以及创意而设立的评选全球最佳网站的奖项,这个奖项开始于1996年,大约500位Web专家、企业代表、杰出人物、幻想家和创意名人共同参与评奖,被誉为互联网界奥斯卡奖。由于互联网的迅猛发展,Webby Awards将评奖项目扩充到了60多种,在评选中每个项目将有5个站点可获提名,而最终评奖则只有两个名额,分别为Webby Award和People's Voice Award。其中有People's Voice Award是所有人都可以参与投票的奖项。威比奖的评选注重创新和技术,而不注重商业模式和盈利。

② Office of Policy and Analysis, *Lessons for Tomorrow: A Study of Education at the Smithsonian*, USA: Smithsonian Institution, Vol. 1 Summary Report, 2009, p. 74.

③ 湖南省博物馆编译:《古根海姆"通过艺术学习"网站改版上线》,湖南省博物馆网站,2012年1月5日。

及该项目所提供的资源,包括利用艺术来启发课堂讨论、合作的教学策略和最佳做法等。该版块有许多课堂视频和启发课程,还有可供检索的课程计划数据库、推荐书目和网站列表等。另外,这一版块还为寻求创意和灵感的教育工作者设置了"通过艺术学习 YouTube 频道"链接。YouTube 频道提供了一套珍贵的视频集,分享了许多具有丰富教学经验的艺术家开展的课堂示范和讨论。除此之外,该频道还收集了在古根海姆论坛及会议期间许多顶尖科学家、学者、决策人的完整访谈视频,内容涉及他们对创新和艺术教育的看法等。比如,用户可以看到库珀·休伊特国立设计博物馆当代设计分馆的策展人艾伦·路顿的设计理念和对疑难问题的解决方法;心理学家、哥伦比亚大学教育学与心理学助教迈克尔·汉森分享他对创新在学习中的作用的观点;"零点项目"负责人莎莉·狄西曼介绍用艺术来开发和增强学生批判性思维能力的技巧……

在"研究文献"版块中,用户可利用网站新开发的搜索功能,轻松下载 PDF 文档、音频剪辑、视频及其他古根海姆对艺术教育的影响进行研究的资源,如"解决问题之艺术""通过艺术教知识""推动创新研究"等项目的研究报告。网站通过重新设计页面和简化导航,突出显示了与报告相关的重要文件,如管理报告、媒体报道以及有关研究情况的新闻稿等。

"研讨会与活动"版块则列出了与教育工作者、艺术家和研究员有关的、即将召开的研讨会及项目日程表。而"活动回顾"版块的内容则全部可供检索,而且该版块作为存储过去会议录音、视频、MP3 文件的资料库,内容还会继续增加。

案例 2

维多利亚与艾尔伯特博物馆的藏品数字化实践①

很多博物馆都勇敢尝试将其数字化藏品通过创新方式在网站、社交媒体、论坛、互动在线展厅等平台展示。维多利亚与艾尔伯特博物馆(简称 V&A)即是博物馆藏品数字化的先驱之一。V&A 网站一直走在世界前列,并应需求变化不断改版,2010 年机构还专门建立了馆藏展示网站——

① 湖南省博物馆编译:《国际博物馆协会最佳做法系列(八):藏品数字化——英国伦敦维多利亚与阿尔伯特博物馆藏品数字化实践》,湖南省博物馆网站,2014 年 6 月 30 日。

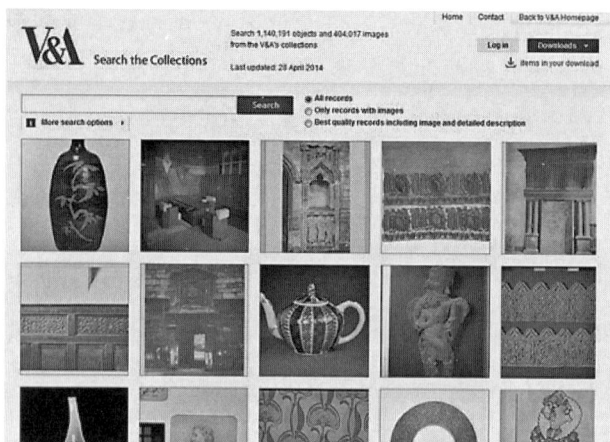

V&A"藏品搜索"网站页面

"藏品搜索"。

　　● 分享收藏

　　为了在展陈空间有限的情况下提高公众可及性/可达性,V&A 决定将其所有图录都发布在"藏品搜索"网站上。V&A 技术部主管查德·摩根(Richard Morgan)解释说:"我们拥有关于这些藏品的所有信息,我们强烈地感觉到应该让公众也能获取这些资源,而不是将它们锁在大门里面,特别是在博物馆展地有限、不能向观众展示所有藏品的情况下。"最初,V&A 只发布了部分图录信息,如今机构决定在"藏品搜索"网站上发布所有信息,这意味着在线藏品数据库将长期不断更新。

　　"藏品搜索"网站是 V&A 扩大资源可及范围的战略的一部分,机构希望通过虚拟方式服务全球各地公众,而不是局限于当地或可实地参观的观众。"我们希望进一步满足公众的需求,让他们在 V&A 网站上就能寻找灵感、获取资源、重复使用……"摩根介绍说。

　　截至 2011 年,"藏品搜索"网站上的信息量已多达 100 万条,其中 17 万条都附有创建者图片、文字等信息。与普通图录不同,"藏品搜索"上的藏品信息更加丰富、详尽。

　　● 提升体验

　　V&A 通过本馆团队与外包结合的方式开展藏品数字化工作。V&A 将"藏品搜索"网站的整体设计工作外包给一个名叫"The Other Media"的资深数字媒体机构负责。V&A 在之前主网站创建时就与它有过合作,此次,双方再度联手,共同为 V&A 观众及普通大众打造全新的网络虚拟藏品欣赏体验。

V&A 的典藏和信息部负责提供数据，技术部负责网站建设。由于 The Other Media 缺乏策展技能，而博物馆业务人员在网络设计方面力不从心，所以 V&A 定期召集馆外媒体公司和馆内团队的碰面座谈，同时也邀请博物馆不同部门的代表出席，从而为网站建设吸纳不同的观点和视角。

"藏品搜索"网站使用的是开源（指多方共同操作）技术。网站采用 Django 和 Symfony 网络框架，分别为网站创建应用编程接口和前端设计；采用 Sphinx 搜索引擎。据摩根介绍，这种开源方案"对我们非常适用，不仅降低成本，而且非常灵活，可以避免一个环节出问题导致整体工作瘫痪的局面，非常适合大型网站的建设"。

另外，V&A 还利用"众包"（crowdsourcing）[①]途径发动社区观众的力量。与其他很多博物馆不同，V&A 热情地邀请观众在展厅拍照，并将照片上传至 Flickr 等图片共享网站。这种举措产生了大量高质量藏品图片，同时也让观众对博物馆发生兴趣。

"藏品搜索"网站使用多重手段将所有藏品通过明晰的、描述性的关键词相互链接，这对网站点击量产生了积极影响。"当'藏品搜索'网站刚上线时，点击量出现第一次高峰，这是因为我们对此进行了很多宣传，但随后，我们发现点击量又攀升了 1/3，这次是因为用户都已经熟练掌控网站的链接了。"

● 用户调查

据调查，70％的用户通过 Google 搜索进入"藏品搜索"网站，但搜索的关键词不完全是"V&A"，因此用户调查非常难操作。例如，V&A 特别希望能吸引创意产业的兴趣，为此，它使用分析与测试两个软件来跟踪和调查创业产业部门登录网站的情况，并请其填写反馈报告。这种方式有利于博物馆掌握某一类型的用户如何获取信息及如何互动。

---

① 李慧君编译：《芝加哥历史博物馆向民众征集展览主题》，《中国文化报》2013 年 12 月 5 日。"'众包'一词最早出现于 2006 年，原用于描述利用互联网向未知群体征集内容创意、解决方案、建议等的新型组织生产模式。对博物馆而言，'众包'不仅利于博物馆获取广大公众的无私支持，还能让越来越多不仅想'看'还想'做'的观众更广泛、更深入、更多渠道地参与博物馆工作。因此，众包形式在博物馆的应用绝非新鲜事，从辨认一张老照片中的人物、征集项目意见到挑选馆徽，博物馆可借助公众力量完成的工作无所不包。"

"藏品搜索"网站取得的成绩令人欣慰。已有人开始为 V&A 编写安卓和苹果应用程序。另外,V&A 和 The Other Media 公司还摘夺了 2010 年英国互动媒体协会"可及性与操作性特别奖"的桂冠。

不言而喻,V&A 拥抱数字变革并取得了丰厚回报。对此,摩根总结说:"博物馆不能再做孤岛。外界的公众期待能与藏品互动,我们应该做的是积极欢迎这种变化,而不是装作一切如旧。"

2. 素材下载

传统上,所有博物馆都习惯将其独具特色的艺术品挂于展厅墙上;现在,部分机构已着手将艺术品置于互联网上。2013 年,在荷兰阿姆斯特丹的国立/国家博物馆(Rijksmuseum)开始提供免费下载高清(艺术品)图像的服务,鼓励人们分享、下载及复制馆内所有艺术品的高清图像,且对其用途不设任何限制。该馆藏品主任塔克·得贝斯表示:"我们是一家公共机构,因此从某种程度上讲,馆内艺术品属于每一位公民。鉴于在互联网上控制版权或图像用途非常困难,所以,我们决定宁愿让人们使用高清图像,也不要使用蹩脚的复制品。"[1]

无独有偶,洛杉矶的保罗盖蒂博物馆(J. Paul Getty Museum)稍后宣布发起"Open Content"(开放内容)项目,用户可以免费下载多达 4 600 张馆藏艺术品的高清图片,且不限用途和使用范围。用户在下载某张图片时,只需简单叙述下载的原因即可,博物馆也想借此了解人们的用意何在。这些免费资源不乏艺术家的名作,用户能够在自己的电脑上细细品味莫奈、梵·高或是伦勃朗画作中的每一个细节。实际上,在此之前,已有不少具前瞻性思维的组织,诸如沃尔特斯艺术博物馆(The Walters Art Museum)、史密森美国美术馆、耶鲁大学、大英博物馆等,开放了许多研究文献与艺术藏品。盖蒂博物馆同时表示,在未来将继续与公众共享更多来自博物馆及盖蒂研究所的特别收藏、数字出版物和知识资源,激发公众的创造力[2]。

一般,对师生观众而言,可供他们在博物馆网站上下载的教学素材包括:特别主题的背景信息、独立的课程计划、地图、文件、第一手资料、历史照片、物体照片、工作表、视频、大事年表、参考书目、音频等。通常,博物馆

---

[1] 金叶:《阿姆斯特丹国立博物馆开免费下载图像服务》,《广州日报》2013 年 6 月 16 日。

[2] 郑苒编译:《盖蒂博物馆艺术品高清图免费下载》,《中国文化报》2013 年 8 月 22 日。

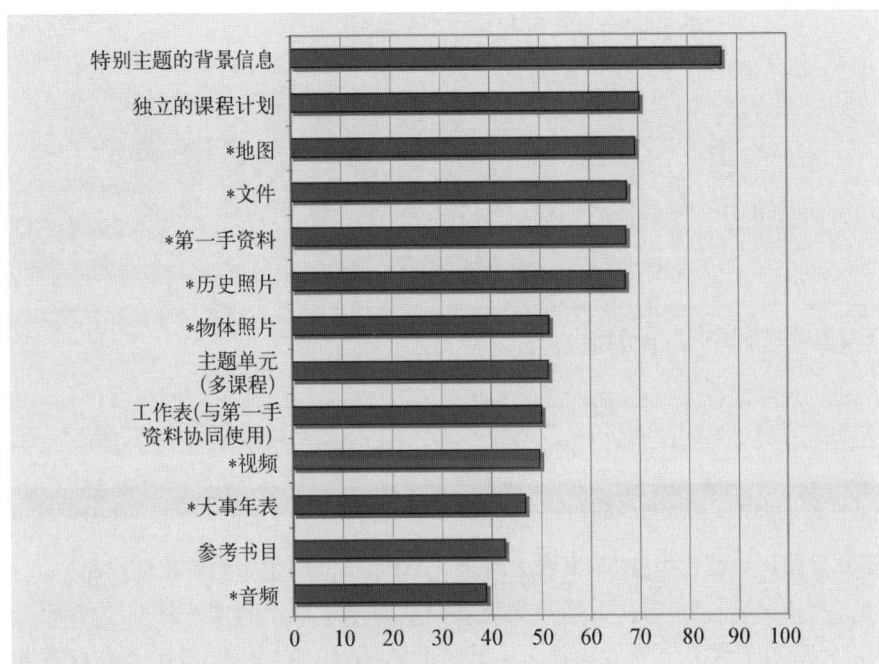

下载素材的类型(百分比)

来源：Office of Policy and Analysis，*Classroom Realities: Results of the 2007 National Survey of Teachers*，USA：Smithsonian Institution，2008，p. 7

网站的下载功能与其搜索引擎、数据库是紧密相关的。

国立美国历史博物馆和政策分析办公室曾于 2007 年携手开展了一项研究(《课堂现状：2007 年对全国教师的调查结果》)，探索美国历史教师使用什么类型的博物馆教学资源，并且使用偏好如何。研究发现，90％以上的受访教师(总共 967 名)都在网上下载了一定类型的教学素材(如上图所示)。其中，前 6 种素材为将近 70％的教育工作者所使用，接下来的 5 项受到了约 50％的受访者的使用，而最后 2 种也有近 40％的比例，并且课程计划至少经由 70％的教师下载。当被问及什么样的教学素材使用起来最方便时，他们公认能够电子化下载的最受欢迎。

若要粗略估计这些教师的下载程度，可通过他们下载的教学素材种类来反映。平均起来，他们会下载 6 种不同素材，其中 20％的人下载 3 种甚至更少，而 30％的人下载 10 种甚至更多，如下页图所示。

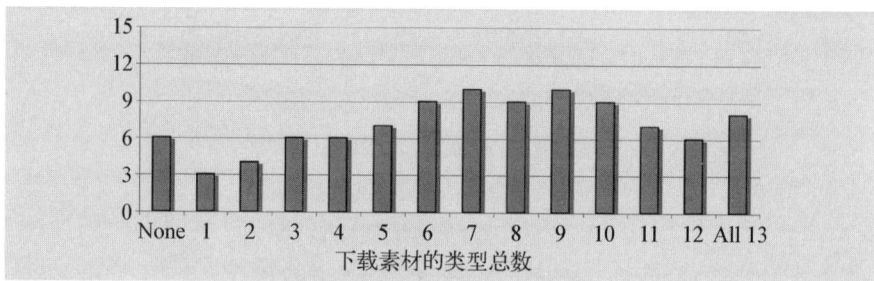

下载素材的类型总数(百分比)

来源：Office of Policy and Analysis, *Classroom Realities: Results of the 2007 National Survey of Teachers*, USA：Smithsonian Institution，2008，p. 8

案例1

国立美国历史博物馆在"苹果线上商店"(iTunes Store)发布教育软件产品①

　　早在 2011 年，国立美国历史博物馆就在苹果线上商店发布了自己的页面，利用该平台为消费者提供上千种免费课程、视频、书籍，以及来自世界各地的学习机构的博客信息。

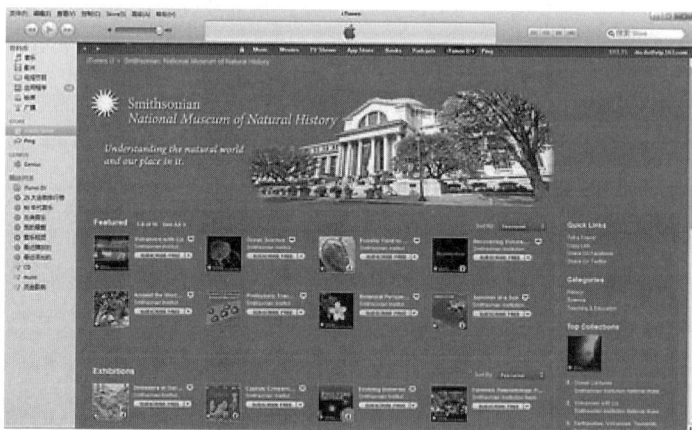

国立美国历史博物馆目前在"苹果线上商店"的页面
来源：湖南省博物馆网站

---

①　湖南省博物馆编译：《史密森在"苹果线上商店"上发布教育软件产品》，湖南省博物馆网站，2011 年 11 月 4 日。

iTunes Store 是苹果公司运营的在线数字媒体商店,苹果用户可在线付费或免费下载各类音频和视频资源。国立美国历史博物馆在 iTunes Store 中为学生、教育人员及任何对博物馆感兴趣的人士提供了各种免费的下载内容。访问者可以通过苹果电脑、苹果手机、iPad、iPod 等设备乐享机构资源。可下载的内容涉及讲座、幻灯片、PDF 文档、视频、博客和展览活动等。

博物馆国内延伸项目主管罗伯特·科斯特洛说:"我们很高兴能和 iTunes Store 合作,把员工积累的知识与藏品分享给大家,包括这些年进行的研究、藏品收集、展览发展和非正式教育项目。"据悉,博物馆今后还将不断更新研讨会、学术会议、工作坊、展览、播客和公共项目等内容,并将定期增加藏品数量。

案例 2

大都会艺术博物馆数字化 600 余本出版物供免费下载①

大都会艺术博物馆的馆长托马斯·坎贝尔回忆说,多年来,博物馆费心费力设计出版了很多装帧考究、精美丰富的展览图册,但却眼睁睁地看着它们很快脱印绝版,永远退出公众视线。于是,托马斯馆长决心"让大都会的这些学术遗产也走进数码时代"。

2012 年 11 月初,"大都会出版物"(MetPublications)栏目在该馆网站上隆重上线。栏目共汇集了 600 余本展览图册、期刊、博物馆公报等出版物,其中包括 368 本已不再发行的出版物和 272 本在售图书。用户可通过书名、关键词、出版物类型、主题、藏品类型等进行搜索、预览和下载。另外,绝版图书中有 140 本可应观众需求由耶鲁大学出版社进行数码彩印,最后向大家提供平装纸质版本。

托马斯馆长还介绍说:"该栏目的可贵之处还在于这些出版物与大都会馆藏之间

"大都会出版物"栏目网页
来源:大都会艺术博物馆网站

---

① 转引自湖南省博物馆网站,2012 年 10 月 24 日。

的紧密连接。"此栏目不仅提供有每本书籍的概述、目录、作者介绍、书评等信息,还附有其他出版物及相关馆藏的链接。另外,用户亦可通过链接在线购买在售的纸质版本。

对于那些希望在附近书店找寻书籍的读者,"大都会出版物"栏目通过链接引导他们进入全球最大的图书馆书目数据库"WorldCat"。博物馆附近的居民也可使用"Watson在线图书馆"搜索大都会在书店有售的书籍目录。

"大都会出版物"栏目才刚刚起步,目前网上提供的只是20世纪60年代以后的出版物。但托马斯馆长透露,网站会逐步更新扩充,最终会将1870年之后的出版物全部上线,供观众免费下载。

事实上,大都会并不是首个提供在线书籍和研究资料的博物馆。在此之前,古根海姆博物馆、洛杉矶艺术博物馆等也发布过在线学术资料。

托马斯馆长最后总结说:"我们所服务的人群不仅仅是实体参观的观众,还应该是全世界各种形式参观的观众,这是我们共同认可的使命。"

(二) 提供在线互动体验

时下,博物馆网站的另一大功能是为观众提供在线互动体验,如虚拟参观展厅、展品预览、填字和拼图游戏等,有些还致力于开发虚拟博物馆。这一方面是应用日新月异的科技手段,生动形象地为观众的实地参观进行"预演";另一方面也为无法前往博物馆的人群提供在线体验式学习机会,实现博物馆教育覆盖面的更大化。

据悉,大英博物馆目前已有200万件藏品透过互联网向全球观众做全面展示,同时它通过与英国广播公司的密切合作,让观众无论身处何地都能多维度地欣赏其展品,并且利用博物馆的过程也由原来的单纯参观,变成了由参观中、前、后三阶段构成的完整学习体验[①]。

1. 在线游戏和活动

游戏总是能吸引很多人的目光和参与,尤其是那些针对孩童、青少年,并适合家长协同参与的在线活动,它们是博物馆数字化平台的一大卖点,也是机构通过寓教于乐的方式传播知识的优良渠道。

以史密森教育和博物馆研究中心网站上的"活动表"(activity sheets)栏

---

① 程奕:《文化共享是艺术更是智慧》,《东方早报》2008年3月19日。

目为例,它罗列了多项针对孩童并适合家长协同参与的在线体验活动。每项活动都伴有一个主题,形式则包括文字和数字游戏、艺术赏鉴练习、趣味测试等,并附有相关素材供家庭成员下载。在游戏和玩乐中,孩子们轻松学习新奇的知识,包括如何解剖巨型鱿鱼、巧克力的历史等。比如,其中有一项"估计鱿鱼的大小"活动,孩子们将学习作为海怪之一的巨型鱿鱼的相关知识,还能虚拟游弋在鱿鱼身旁,与之比较身体大小,真切感受这条鱿鱼的"巨大"。

另外,网站上的"创意实验室"(IdeaLabs)栏目也非常权威,它将美国历史、科学和文化活灵活现地再现。这一空间促使孩童进行多维度学习,也供学生了解并探索多学科知识,从岩石收集到美国总统,再到阿波罗二号太空遨游等。"实验室"的活动内容非常丰富,诸如"估计宇宙的大小""史前气候变化""第二次世界大战期间的定量供应""探索答案""月球漫步""总统先生""令人惊叹的收藏"等,这些都适合孩童和学生参与。总之,"创意实验室"以其动态和互动的特点广受不同年龄学习者的喜爱,它是名副其实的"在线导师",并将史密森带入民众的生活。

2. 博物馆走向虚拟数字化

随着数字技术的提升和互联网络的发展,数字博物馆(Digital Museum)应运而生。目前,它大致分为三种:一是"数字保管库"(Digital Archive),指的是运用数码技术,将有形和无形文化遗产以数据库的形式加以保存;二是"数字博物馆",指的是通过数字保管技术,将现实中的博物馆资料数字化,并作为展示物在互联网上公开数据;三是"虚拟博物馆"(Virtual Museum),也即通过利用虚拟现实技术、网络技术构筑虚拟博物馆,打破实体博物馆的局限性,大大延伸馆内空间,最大限度地拓展机构功能。

相比传统的博物馆,数字博物馆具有三个显著优势:一是通过数字技术对藏品加以公开;二是在避免藏品受到损害的前提下,对所有访问者敞开大门;三是不受时间和场地限制,随时随地都可供用户浏览[1]。值得一提的是,3D[2]技术也已运用到博物馆展示中,网民可通过互联网享受3D沉浸式的虚拟博物馆参观。

1995年,在网络3D数字虚拟技术还未普及的时候,卢浮宫就向大众开

---

[1]　蔡山帝:《日本博物馆的困惑和求变》,《中国文化报》2009年2月18日。
[2]　3D是英文"Three Dimensions"的简称,中文是指三维、三个维度、三个坐标,即有长、宽、高。今天的3D,主要特指是基于电脑/互联网的数字化的3D/三维/立体技术,也就是三维数字化。

放了官方网站,它也是第一个把藏品从展厅搬到网络的博物馆。5 年后,卢浮宫官网提供了多种语言版本的 3D 虚拟参观项目,从而成为世界上第一个拥有最完备教育功能的虚拟博物馆,这也是卢浮宫网站访问人数持续上升的原因之一。虚拟展馆的建立不仅扩大了卢浮宫在全世界的影响力,而且带来了更多游客前去实体馆体验其独特魅力①。

而据维多利亚与艾尔伯特博物馆(简称 V&A)的学习与作品诠释部总监大卫·安德森说,21 世纪的 V&A 实际上分为三部分,即 V&A 伦敦、V&A 全球巡展和 V&A 虚拟展厅。其中,虚拟博物馆的发展最为迅速,每年有 2 000 万访问者,人数增长很快。观众在 V&A 网站上可以看到重要展览的网络版。"我们最特别的一点是,鼓励观众在网上参与博物馆建设,而不仅仅把网络当做信息平台。"②

2008 年 11 月 19 日,欧洲虚拟博物馆"European a"开始免费向用户开放。博物馆的"藏品"包括来自欧洲各个文化中心的 200 多万件作品,数字图书、绘画、影像和其他资料一应俱全。据报道,由欧盟委员会推动的这个文化项目收集了上千家图书馆、美术馆、录像资料馆、报刊陈列馆和档案馆的"藏品",读者只需登录 http://www.europeana.eu,就可以一饱眼福。用户还能直接寻找获得以原文记载的作品,大部分情况下都是免费下载。不过,目前该虚拟博物馆的网站尚处于试运行阶段,因为欧洲文化机构珍藏的作品中只有 1%实现了数字化③。

在现实中的博物馆,观众可能需要在某件展品的外围等上数十分钟,才可凑近那发黄的小物片刻,虚拟博物馆在此时发挥效用:攒动的人潮没有了,距离没有了,推到眼前的只有高度还原的展厅景观与 70 亿像素无限细腻的细节和质感。而且,博物馆虽然拥有丰富的馆藏和长期陈列,但因为空间有限,并不会将所有作品都呈现在展厅,藏品的命运无非是"收集—入库—有限展出"。在数字展馆,大家可以看到在展厅里都难得一见的艺术品。同时,数字化也是对藏品的抢救与保藏,很多年深日久的藏品面临损毁,数字化保留了它们最鲜亮的一面。当然,数字博物馆除了扩大影响力,还可省钱。英国密德萨斯大学关闭室内设计与建筑博物馆并开通网站版,就是为了节省开支。据此,我们不禁要问:当可以在互联网上轻松浏览精美馆藏,

① 《博物馆走向虚拟数字化》,新浪读书网,2011 年 1 月 21 日。
② 李孟苏:《我忘了我在参观艺术博物馆》,《三联生活周刊》2009 年 11 月 30 日。
③ 《欧洲虚拟博物馆向公众开放》,新华网,2008 年 11 月 22 日。

还需要去博物馆看原作吗？实际上，越是容易看到艺术品的影像，你越会产生强烈的与它面对面的渴望。正如"谷歌艺术项目"的创建，并非为了取代博物馆参观。相反，工作团队期待这一项目能够鼓励更多人以新方式参与艺术互动，并最终促使他们走进真正的博物馆去探索艺术珍藏。事实上，技术的作用，正在于让艺术通过互联网这条管道深入百姓的寻常生活，民众可以通过网络查看作品，也可以浏览视频、交流观点、预约参观、买票、对博物馆进行捐赠，甚至在互联网上上艺术课[①]。

案例 1

谷歌艺术项目/计划[②]

由 17 家世界顶级博物馆美术馆组建的"谷歌艺术项目"（www. googleartproject.com）于 2011 年 2 月初上线。从此，人们可以使用便携式电脑在美国纽约大都会艺术博物馆、纽约现代艺术馆、法国巴黎凡尔赛宫（Chateau de Versailles）、意大利佛罗伦萨乌菲齐美术馆、俄罗斯圣彼得堡艾尔米塔什博物馆/冬宫（State Hermitage Museum）、英国伦敦国家美术馆和荷兰阿姆斯特丹凡·高博物馆（Van Gogh Museum）等进行身临其境的视

"谷歌艺术项目"利用"街景"技术游览美术馆
来源：《深圳商报》多媒体数字版

---

① 孙琳琳：《博物馆都在网上忙活什么》，《新周刊》2013 年第 393 期。
② 徐佳和：《谷歌艺术项目上线 17 家顶级博物馆珍品在列》，《东方早报》2011 年 2 月 9 日。

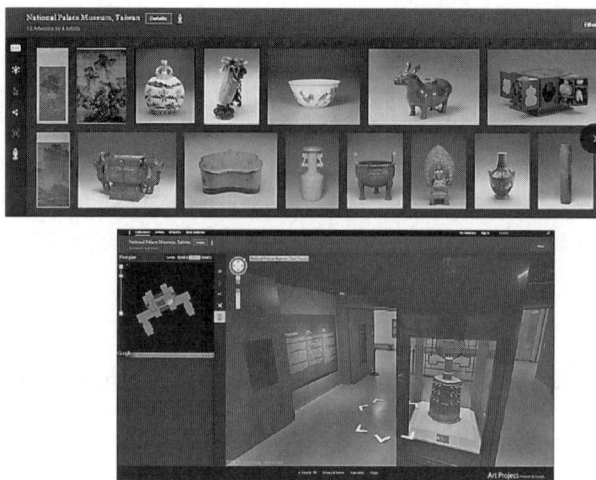

"谷歌艺术项目"利用"街景"技术游览台北故宫珍品
来源：中国台湾网

觉旅行,并对博物馆提供的超过 1 000 件艺术品进行高精度浏览。

　　谷歌艺术项目的运行意味着,用户可以一边舒服地躺在家里的沙发上,一边在世界著名的博物馆内独自闲逛,随便看多久都行,且面前没有挤满来自各地的艺术爱好者。该项目所运用的谷歌"街景"软件室内版的进步在于可 360 度全方位观看博物馆实景,连凡尔赛宫的天花板和水晶灯都能清晰检视。这得益于谷歌专门研制出的名为"手推车"(Trolley)设备,它不同于穿梭在大街小巷的谷歌街景车或是专门在观光景点拍摄的三轮车,手推车可以在馆中四处奔走,拍摄超过 385 个房间的全景照片。

　　比如,在通过谷歌进行的乌菲齐美术馆视觉旅行时,你可以一英寸一英寸地检视波提切利的《维纳斯的诞生》,事实上没有什么比站在经典名作的面前更让人屏住呼吸了。在网页上,用户通过一个可调制大小的长方形工具框放大影像细部,详细观察画作笔触、人物神态等,喜欢的作品还可收入个人收藏夹反复欣赏。如此这般,感觉像是一位医生在为画作进行一次详尽的数字化诊断,而这样"亲密接触"的高规格待遇,在现实中通常只有著名艺术家和他的助手或者博物馆管理人员才能享受得到。

　　谷歌的该项目中,首先有 17 家博物馆提供的近 1 000 件高分辨率艺术作品加入,让用户看到普通的人类视觉无法察觉的细节。每个博物馆还贡献出了单件镇馆之宝,作为"明星视点",供大家以 70 亿像素的极高分辨率观看。纽约现代艺术馆的"明星视点"选择了凡·高的《星夜》，观者不仅可以细致地看到每一笔的颜色运用，还能发现艺术家涂抹在画布上的笔画间留下的缝隙。大都会艺术博物馆的镇馆之宝是勃鲁盖尔的《收割》，大家可以清晰地看到背景中一群农妇在池塘里裸泳，而观者如果站在原作面前，背景不放大，只能模糊地看到水面的波纹。

谷歌工程副总裁尼尔森·玛图斯（Nelson Mattos）表示，该艺术项目网站允许来自拉丁美洲、印度和非洲不能看到原作的孩子们在网络上近距离观赏作品。谷歌计划在未来几年把网站扩大。"我们不认为这项技术会阻止人们前往博物馆，"他补充道，"我们希望这项技术能够促使人们前往博物馆参观。"

谷歌艺术项目自 2011 年 2 月首度上线，至 2012 年第一季度全球已有网友超过 2 000 万人次免费浏览，并建立了 18 万个个人在线收藏集。同年 4 月 3 日，谷歌推出第二波上线计划，将原先 1 000 多件在线作品，拓展至超过 3 万件的文物典藏。该项目共收录全球 40 个地区、151 家文化机构的高像素艺术品[①]。上线 3 年来，谷歌艺术项目成为全球共享艺术品的最重要据点，这不仅因为其团队是一心热爱艺术的发烧友，更因为他们背后有谷歌的技术支持，Picasa、App Engine 和街景等产品技术是该项目不同于其他的秘密。截至 2013 年年中，项目共吸引了超过 40 个国家的 200 多家博物馆加入，收录了逾 4 万件艺术精品。全球超过 30 万人在线建立了个人博物馆/个人收藏集，350 多万用户通过谷歌关注该艺术项目[②]。

案例 2

加拿大国家虚拟博物馆（Virtual Museum of Canada）的运作策略[③]

近年来，在加拿大遗产部文化遗产网络信息中心的大力推动下，加拿大国家虚拟博物馆无论在文博机构和专业人员的参与规模、参与程度，还是全民共享文化资源的可行性、高科技的引入、数据信息的开发和储存等方面，都处于世界领先地位。

---

① 吴斌：《台北故宫博物院珍品收入谷歌网络平台　网友可免费浏览》，中国台湾网，2012 年 4 月 11 日。
② 孙琳琳：《博物馆都在网上忙活什么》，《新周刊》2013 年第 393 期。
③ 张海云：《加拿大虚拟博物馆的运作策略》，《中国文化报》2011 年 11 月 19 日。

● 足不出户便知天下事

虚拟博物馆这一理念由加拿大文化遗产网络信息中心于 10 多年前提出。加拿大拥有各类博物馆和美术馆 1 300 多座,大的国家级馆拥有员工数百人,小的只有几个管理人员、一间小平房。随着网络的普及和数字化的发展,民众对博物馆的诉求发生了变化,博物馆不再仅仅是为参观者提供实地考察的场所,也成为远程学习、推动民众间了解和多元文化交流的载体。加拿大文化遗产网络信息中心的工作职能也随之发生了很大变化,由对全国博物馆和美术馆施行行政式宏观管理转为创建国家虚拟博物馆的专业技术开发主体,通过数字技术将全国 1 300 多家博物馆和美术馆串联起来,让全民共享文化资源。

传统博物馆采用各自为战的"土围子"运作模式,而虚拟博物馆则采用网络合作研究模式,共享资源,有效打破隔膜,令从业人员得以通过在线学习提高专业技能。同时,通过技术研发,实现博物馆藏品的数字化,使在线展览能够大量推出,既拓展了知识输送渠道,又丰富了教育资源。现在,加拿大民众只需点击网络链接,即可观摩任何一座博物馆,还可建立个人的虚拟博物馆,真正做到了足不出户便知天下事。

● 构建虚拟博物馆的运作策略

在创建虚拟博物馆的过程中,加拿大文化遗产网络信息中心既是一个政府职能部门,又是一个特殊的运作机构,是一个连接全国 1 300 多家文博机构的博物馆网络中心。其特点是能够有效整合文博专业人员的力量,以合作的方式,在文化遗产数字化的王国里大展拳脚。据了解,参与构建虚拟博物馆的大部分是博物馆从业人员和志愿者,也有来自画廊、艺术品展览中心、植物园、动物园、水族馆、天文馆、名人故居、历史遗迹等单位的专业人士。

作为虚拟博物馆的运作主体,加拿大文化遗产网络信息中心采取的策略主要有三点:

首先,推动和支持博物馆之间以及专业研究人员之间的网络合作。具体做法:一是协调研发项目,重点解决博物馆面临的问题和受众需求,提供合作管理软件、可移动技术等;二是创造合作机会,促使博物馆开发新的专业领域,比如鼓励它们与私人企业、国家科研机构及加拿大太空总署合作,研发三维立体扫描技术等;三是引导和资助当地人参与合作研发表现原住民艺术品的创意项目。

其次，为博物馆机构专业人员开发并提供专业技能资源和服务。具体做法：一是专门为加拿大本土的博物馆和文化遗产保护工作者设置课程科目，提供一对一的学习机会和专业技能培训，同时也根据具体要求，为国际同行提供有偿培训科目。近年来，加拿大文化遗产网络信息中心与各省市文博机构及各地的预科学院等联合举办了许多这类学习班和培训班，科目涵盖知识产权、标准化和数字化等。二是提供在线服务。加拿大文化遗产网络信息中心为文博机构专业人员设置的网站每年访客达 400 多万人次，提供的专业技能资源和服务包括标准化文本、在线课程、专题文献和资料库、研究报告、最佳案例等。

再者，创建虚拟博物馆，充实其数据库的内容和条目。协调信息资源的分享、维护资源的完整性是信息中心工作的重中之重。目前，经常性参与信息资源收集的文博单位已超过 300 家。

●"领头羊"也有压力和挑战

虚拟博物馆的展品主要有三类：第一，虚拟展览。研发富有创新性和特色的在线产品，吸引对加拿大历史和文化遗产感兴趣的访客，项目研发与互联网潮流、科技相结合；为中小学教师和学生研发 Web2.0 多媒体学习资料等。第二，社区人文记忆。包括支持社区制作关于人文历史发展的在线展览，保护加拿大的物质和非物质文化遗产；向小型博物馆提供方便使用的软件和一定数额的投资，用以开发展品；帮助博物馆制作在线展览，鼓励社区民众参与项目制作等。第三，最新的媒体产品，包括加拿大现有国家级藏品的三维展示图像等。目前，国家虚拟博物馆的数据库收藏了 2 500 多个加拿大文化与自然遗产胜地的专题介绍、550 个在线展览、73 万件艺术品的图像和介绍。其采用搜索引擎式策略，吸引了近 200 个国家的访客。另外，虚拟博物馆还设立了教师中心，供老师和学生通过 Web 2.0 工具进行互动。

尽管在行业中处于"领头羊"地位，但加拿大国家虚拟博物馆也面临着多重挑战和压力：科技发展迅猛，形势难以预测；数字软件的应用者大部分是参与者而不是消费者；人们对数字化实践的诉求和期望值愈来愈高。对此，加拿大文化遗产网络信息中心也想方设法积极应对，如鼓励参与者合作研发更多的非营利产品，引进创意性思维方式，提供创意性工作的合作机会，努力在国际遗产保护数字化技术方面继续保持领先地位等。

案例 3

Cybermuseum 平台[①]

　　随着网络 3D 技术越来越普及,更多博物馆尝试建立自己的 3D 虚拟展馆。在 3D 数字虚拟技术领域,Cybermuseum 平台非常著名,它是专门针对博物馆建立的一个国际性 3D 互动虚拟博物馆平台,其优点在于把全世界的博物馆都整合到同一个平台上,各地的人们通过该平台可以足不出户在电脑前沉浸于博物馆的虚拟展馆并进行多种形式的交互。

在沉浸式虚拟展馆中建立属于自己的角色
来源:新浪读书网

Cybermuseum 平台上的新加坡亚洲文明博物馆
来源:新浪读书网

用户可以在 Cybermuseum 参观藏品、探讨艺术、交友、聊天、视频
来源:新浪读书网

　　数字化 3D 虚拟博物馆的建立对于各馆来说,拓展了展示空间和手段,其经营方式也跟着呈现不同的方法与面貌,这是传统馆受限于时空因素所无法达到的理想;对藏品而言这也是一次全新的梳理机会,更多的不能在实体馆展出的馆藏都能以最真实的效果呈现,并且解决了馆长及策展人面临的最大挑战——如何让已经结束的展览永久地存活下去;同时 Cybermuseum 平台还将成为馆长的一个策展工具,

---

　　① 《博物馆走向虚拟数字化》,新浪读书网,2011 年 1 月 21 日。

他们可以自由摆放虚拟展馆中的任何一件藏品，并对虚拟馆内的颜色、布局、灯光进行更换；而强大的 3D 数据库还可将藏品信息以媒体形式归类、保存，使得工作人员更好地管理馆藏并调取相应信息。

目前，Cybermuseum 平台为新加坡国家遗产文物局创建了整套 3D 虚拟在线展厅，其中涉及新加坡国家博物馆、亚洲文明博物馆、新加坡美术馆、新加坡集邮馆、新加坡国家档案馆等。新加坡已经搭建的虚拟博物馆平台社会反响颇为显著。事实上，Cybermusuem 已经成为学生了解艺术的一个窗口，并且是他们创新和设计的一个新工具。更重要的是，网上虚拟博物馆让博物馆文化为更多的人学习和探索，并且吸引他们去实体馆参观。

七、　实施策略之开展教师培训与活动

本阶段博物馆需要充分吸引教师的兴趣和关注，让他们明白馆内教育资源之于教学的价值，因为只有通过教师才能带动广大学生。作为日本历史最悠久、规模最大、藏品最多的馆，东京国立博物馆特别重视接待学生团体。该馆学艺企划部长松本伸之说，他们在举办特别展出时通常都会先邀请学校老师参观，再通过老师动员学生和家长前来。

另外，对博物馆而言，一系列教师职业发展机会的提供同样不可或缺。专业培训与活动，致力于向教师发布信息，推介教育项目和教学素材，并着重指导教师如何在课堂内以及实地参观中利用馆内的教育资源，同时指导他们具体规划学生团体的参观教学。这样一方面能提升教师对博物馆及其资源的认知，了解教育活动和项目情况，并有助于提高其教学水平和成效；另一方面，鼓励教师带领学生前来，也为他们酝酿或准备中的实地考察提供从课程到后勤的一系列帮助，解除其后顾之忧。目前，全法国的中小学教师均可免费到卢浮宫接受三天至一周的艺术史培训。培训期间，他们可借阅馆内的图书音像资料，由资深馆员引导参观，参与专题讲座等，另外卢浮宫教育网站也为他们提供了了解艺术的另一种途径[1]。

一般情况下，倘若教师有兴趣带队前来，都可提前告知博物馆教育部并预约，馆方会根据他们的情况提供相应的硬件和软件配套，尽可能地满足不

---

[1]　韦坚：《法国博物馆的儿童教育》，《中国文物报》2012 年 1 月 2 日。

同年级和学科的教学需求，促使师生将展览及教育活动作为第二课堂。

(一) 职业发展工作坊（Professional Development Workshop）等教师培训

　　教师职业发展工作坊提供的不止是培训，还有许多附加值。在一些博物馆、美术馆中，教师享有教育工作者的陪同，一系列教育素材及茶点。这就是史密森博物学院专为学校教师打造的"对话式"培训，致力于分享如何将博物馆藏品为课堂所用。另外，史密森还为教师团体提供量体裁衣的在职培训，或是与教师开展实时网上会议交流。部分工作坊项目收取少许费用。比如，美国艺术博物馆与国立肖像馆就联合开办有为期一天的、免费的职业发展工作坊——"当一回策展人"（Be the Curator）。参与的教育工作者探索策展人是如何做决定的，包括选择某一主题的艺术品、有效组织展品来讲述一个故事，以及书写标签来串联它们，然后创设自己的展览。参与者可以将自己置于策展人的位置，运用博物馆藏品或是他们构思的展品创设展览，并将这些应用在今后的课堂教学中。现场有教学素材提供给参与教师。

史密森教师项目的协调人苏珊娜·尼泊德（Suzannah Niepold）在一次工作坊中进行参观导览
来源：史密森博物学院网站

　　卢浮宫目前提供有一系列教程，并分为针对教师的、学生的以及社会工作者的。其中，针对老师的教程，主要是教会他们更深入地观察和分析作品，掌握艺术技巧及基本的讲解技巧。其目的是教师经过培训后能够给学生导赏，或者参与到为少年儿童开设的"工作坊"中①。

---

　　① 陈滢：《欧美博物馆的青少年教育》，《广州艺术博物院年鉴》2006年，第70页。

案例 1

英国国家美术馆围绕"带走一幅画"(Take One Picture)项目的教师培训①

伴随暑假的来临,伦敦国家美术馆面向英国境内所有小学发起了"带走一幅画"全国教学倡议。

"带走一幅画"是国家美术馆一项成功的教育项目,至今已有 10 多年历史。每年,美术馆都会从馆藏中挑选一幅西欧名画,面向全国教师组织教育培训,并号召教育人员在小学课堂中开展与该油画相关的跨学科教学。最后,该馆还会在其专题网站上展示学生受画作启迪而创作的作品。

2011 年"带走一幅画"的作品:《托拜亚斯和天使》
来源:湖南省博物馆网站

职业后续发展教育培训
来源:湖南省博物馆网站

入选 2011 年度"带走一幅画"的作品是意大利著名艺术家安德烈·德尔·韦罗基奥(Andrea del Verrocchio)创作的《托拜亚斯和天使》(Tobias and the Angel)。画作挑选完成后,国家美术馆教育部门面向小学教师及所有教育工作者开展了职业后续发展(Continuing Professional Development, CPD)教育培训。CPD 培训为期一天,内容遵循全国小学教学策略——"卓

---

①　湖南省博物馆编译:《"带走一幅画":英国伦敦国家美术馆发起全国教学倡议》,湖南省博物馆网站,2011 年 6 月 30 日。

越与快乐"(Excellence and Enjoyment)的原则,并与教学大纲紧密结合。培训通过讲座、讨论、实地参观等多种方式,引导教师多角度理解作品,创造性地设计文学、历史、科学、艺术、手工等跨学科课程,以激发学生的想象力和艺术创作潜能。培训结束后,美术馆还为每位教育人员提供了一幅复制品,方便教师在课堂中开展教学活动。

学生作品展示
来源:湖南省博物馆网站

2011年5月11日至9月25日期间,美术馆教育部门在全国范围搜集"带走一幅画"的课堂创作品,并将其上传至美术馆为本次活动建立的专题网站。活动结束后,国家美术馆教育部门还举办了"学生作品展",展示一部分具有代表性的习作。

(二) 教育工作者活动

培训之余,博物馆还通过举办一系列教育工作者活动,为各类教育人员提供近距离了解馆内教育资源的平台,并最终有助于激活正规教育和非正规学习,丰富师生的教学体验。

案例 1

"史密森教师之夜"(Smithsonian Teachers' Night)
作为教育工作者的你们,知道史密森有一个拉丁项目吗? 知道史密森网站上有1400多份合适课堂使用的资源吗? 史密森成员单位将在教师之夜,向你们解析这些,以及数以百计的教学机会。
由史密森教育和博物馆研究中心组织的、一年一度的"史密森教师之夜"活动(晚上7:00—9:30),于每年秋季在史密森旗下的某座博物馆举行,它至今已有近20年的历史。该活动吸引了各式各样的教育工作者前来捧场——教师、课程专家、校长、图书管理员等，是不收费的职业发展之夜，供来宾近距离了解史密森的教育资源。

2006 年 10 月 20 日，第 14 届"史密森教师之夜"在国立邮政博物馆举行，吸引了近 1 600 名教育工作者。

2007 年 11 月 2 日，第 15 届"史密森教师之夜"在国立航空航天博物馆举行，吸引了近 2 800 名教育工作者。

2008 年 11 月 14 日，第 16 届"史密森教师之夜"在美国美术馆举行，它由国立肖像馆（National Portrait Gallery）和美国历史博物馆共同承办，吸引了 2 800 多名教育工作者。

2009 年 10 月 23 日，第 17 届"史密森教师之夜"在国立自然历史博物馆举行，它是有史以来参加人数最多的教师之夜，吸引了 4 800 名教育工作者。拥有 29 年教育经验的基尔·拜登（Jill Biden）博士，同时也是副总统拜登（Joe Biden）的夫人，担任了嘉宾演讲人。

2009 年第 17 届"史密森教师之夜"，于国立自然历史博物馆举行，国立邮政博物馆在现场设摊
来源：史密森国立自然历史博物馆网站

2010 年 10 月 22 日，第 18 届"史密森教师之夜"在国立美国历史博物馆举行。

2011 年 10 月 21 日，第 19 届"史密森教师之夜"在国立美洲印第安人博物馆（National Museum of the American Indian）举行。

2012 年 9 月 28 日，第 20 届"史密森教师之夜"在国立肖像馆和美国美术馆举行。

2013 年 11 月 15 日，第 21 届"史密森教师之夜"在国立自然历史博物馆举行。

每年的教师之夜，教育工作者都可探寻契合教室内使用的新资源，并与史密森的教育专家们见面，还可在一年一度的史密森教育博览会上观看学校节目和材料演示等。

八、 实施策略之开展参观前课堂展示

在参观前阶段，博物馆教育人员其实完全可以主动、率先地走进课堂，为学生开展各式与学校课程相关的介绍活动。如应教师要求，展示和讲解藏品模型或图片；介绍可留借给学生使用的"博物馆百宝箱"；特殊装扮后以某历史人物的身份表演或讲演等。展示内容可以独立于博物馆正在展出的展览，也可以作为博物馆体验的一部分，在学生实地参观之前进行。

位于美国巴尔的摩的沃尔特斯艺术博物馆即是参观前课堂展示的践行者。该馆工作人员会走进周边 50 英里（约合 80 公里）范围内的学校，在学生到馆参观前提供"参观前课程"，为其实地考察及参加"手工坊"等体验活动做充分准备。据该项目的负责人阿曼达·柯戴克介绍："'走进课堂'活动会让学生在到达博物馆后感觉更舒服，特别是当课堂展示和博物馆导览为同一人时。另外，如果他们在实地参观前就已通过复制品或图片对展品有所了解，他们会在已有知识的基础上，更愉悦、更轻松地吸收和掌握新信息。"[1]

当然，博物馆在参观前课堂展示方面需要注意以下几点：针对特定人群进行设计，在确立主题方面等方面征求教师的意见；清晰说明项目与各领域学术标准及学校课程大纲的相关性；周密计划，在遵守学校安排的基础上，最大化利用课堂时间；准备藏品复制品、放大图片、服饰等材料；设计有助于学生自主探索、创造性思考及知识应用的教学活动；提前向教师提供展示内容大纲，课前准备及课后延伸学习建议，深入学习资源列表等；所设计的项目能够根据学生人数灵活调整；评估[2]。

九、 实施策略之举办特别活动

史密森博物学院一直强调，希冀其教育项目既让传统观众满意，又延伸至非传统观众以及未受到足够关心的观众。对许多机构而言，一系列特别活动的举办，致力于走近"叛逆"的青少年以及平时不太参观博物馆的民众，这其实也是当前各馆逐渐重视为全民服务、为普通民众服务、达求教育公平性和教育覆盖面最大化的一大转变。通常，扩大博物馆教育辐射面和影响力的特别活动形式有以下几种。

---

①② 李慧君编译：《美国博物馆为学生群体做些什么》，中国文物信息网，2014 年 1 月 8 日。

(一) 举办竞赛、评选

博物馆通过举办各种竞赛和评选,广泛调动公众的参与欲,并有效提升教育活动的辐射面和影响力。并且,竞赛、评选的形式符合青少年求知欲望强烈、爱评论和争论的心理特点,因此常被博物馆引入作为展览活动的方式。

以有奖征答为例,它包括活动单式有奖问答、现场问答、登报纸的有奖征答,以及有奖征选等,一般是配合特展造势或吸引大众注意力所举办的活动,并借得奖的诱因,制造热潮,提高公众的学习乐趣及博物馆的知名度。如台湾省立博物馆常配合特展举办有奖问答活动,另外馆方也借此进行观众调查,收集参观者的背景资料、兴趣与看法。对新兴或筹备中的博物馆,则常以选拔馆徽的有奖征选活动,来吸引大众对机构的关注[1]。

其他竞赛则包括征文征图比赛、生态摄影比赛、馆内展品问答、CIS (Corporate Identification System,企业形象/识别系统)设计比赛等。比如,以科学教育为核心使命的美国自然历史博物馆每年都举行一次青少年自然学科论文评比活动,旨在激发 7—12 年级学生对自然科学的兴趣。有趣的是,英国班克斯与布里斯托尔博物馆(Bansky vs Bristol Museum)提出,博物馆不是一个中立场所,而是一个竞赛场,这一观点得到了许多青少年的认同。2010 年该馆 308 000 名观众中有三分之一是 25 岁以下的,原因就在于博物馆推出的展览引起了他们极大的兴趣,甚至他们还分出了正、反两大阵营,纷纷在微博、报纸、杂志上谈论展览,分享感受。博物馆市场部则及时将这些文章放到机构网页上,从而引发了更广泛的讨论,年轻观众的数量自然不断增加[2]。

(二) "众包"活动

2013 年年底,芝加哥历史博物馆利用"众包"形式,在网站上向当地居民发起倡议,征集他们对未来博物馆展览主题的提议。美国博物馆联盟称此种"众包"形式在美国历史类博物馆中"首开先例"。事实上,"众包"一词

① 黄淑芳:《现代博物馆教育:理念与务实》,台湾省立博物馆 1997 年版,第 63 页。
② 李宏坤:《如何举办适合青少年的展览》,中国文物信息网,2011 年 7 月 15 日。

最早出现于 2006 年,原用于描述利用互联网向未知群体征集内容创意、解决方案、建议等的新型组织生产模式。短短数年,众包现象已蔓延至博物馆领域。"众包"不仅有利于博物馆获取广大公众的无私支持,还能让越来越多不仅想"看"还想"做"的观众更广泛、深入、多渠道地参与机构工作。因此,众包形式在博物馆的应用绝非新鲜事,从辨认一张老照片中的人物、征集项目意见到挑选馆徽,机构可借助公众力量完成的工作无所不包[①]。

1. 邀请观众策展

时下,即便博物馆基本都为观众开辟了留言板等平台供其畅所欲言,但机构还是很难做到根据观众意见来举办一个新展览甚至将某幅画作稍稍左移一点。大部分时候,观众仅作为展览的接收者,没有机会参与策展与布展过程。针对此情况,一些博物馆基于教育与培养人才的长远考虑,特别以项目的方式主动邀请观众参与策展。

例如,英国博物馆协会(Museums Association)曾推出一个有 500 件展品的展览,由国家博物馆和地方博物馆共同支持完成,主办方是学校博物馆俱乐部。该俱乐部完全由学生管理,学生在充分讨论的基础上提出展览计划,博物馆专业人员从旁协助。在维多利亚与艾尔伯特博物馆、牛津大学自然历史博物馆(Oxford University Museum of Natural History)和瑞丁大学英国乡村生活博物馆(Museum of English Rural Life)的鼎力支持下,学生跟着工作人员一起筹备展览,并有机会为这个在学校周边举办的展览挑选展品,学生的主人翁精神当然也发挥到了极致[②]。

案例 1

美国克拉克博物馆/克拉克艺术中心(Clart Art Institute)推出观众虚拟策展软件[③]

克拉克艺术中心是美国最重要的艺术类博物馆之一。目前,它推出了首款"邀您策展"(uCurate)应用软件,号召观众出谋划策,共同策展。观众可利用该软件在 3D 虚拟展厅中布展,并把自己的"大作"保存在机构网站上。

---

① 李慧君编译:《芝加哥历史博物馆向民众征集展览主题》,《中国文化报》2013 年 12 月 5 日。
② 李宏坤:《如何举办适合青少年的展览》,中国文物信息网,2011 年 7 月 15 日。
③ 湖南省博物馆编译:《美国克拉克博物馆推出观众虚拟策展软件》,湖南省博物馆网站,2012 年 7 月 6 日。

　　秋季来临之时,博物馆将根据这些"非专业人士"的设计来布置其中一间展厅。未来两年内,博物馆还计划依据公众建议对该展厅进行多次重新布置。这些客座策展人甚至有机会与博物馆工作人员一起决定展品的文字介绍。

　　目前,克拉克正在进行大规模的改扩建工程,新馆预计于 2014 年建成。这一特殊时期,博物馆为解决展出空间受限的问题启动了多项措施,包括将著名馆藏世界巡展、精选经典馆藏举办小型展览等。而"邀您策展"软件的开发无疑是一系列措施中最激进的一种。该馆馆长同时也是美国艺术类博物馆馆长协会(The Association of Art Museum Directors,AAMD)主席迈克尔·康福蒂(Michael Conforti)解释说:"多少年来,都是策展人组织展览,告诉观众应该相信什么。如今,随着博客和维基百科的普及,我们意识到可以从观众中学习,从多元化的阐释中汲取灵感。"

　　目前,观众通过"邀您策展"软件设计的 250 幅入选作品正在"克拉克·重新搭配"展览中呈现。克拉克装饰艺术策展人及展览部主任凯瑟琳·莫里斯介绍说:"我们想找到那些和平常所做的不一样的设计,我们甚至能将一些好的想法用于今后的常设展览中。"

　　可供观众策展的展品范围涵盖了大部分馆藏,如汉斯·梅姆林、温斯洛·霍默和梵·高的画作,塞夫尔瓷器和美国银器等。克拉克高级策展人理查德·兰德表示:"即使将这些作品随意排置也会出现一些意想不到的视觉效果,而这正是我们想要的,因为你会从中突然发现之前从未一起展示过

克拉克博物馆推出的"邀您策展"页面,观众可点击"挑选藏品并布展""展厅上色""添加评论""保存并分享"等选项操作

来源:湖南省博物馆网站

的两件物品之间的联系。"兰德指着巴托洛梅奥·蒙塔纳的《圣母爱护着圣子》(1503 年)和阿尔弗雷德·史蒂文森的《圣母和圣子》(约 1870 年)两幅画举例说:"这两幅画在克拉克举办的传统展览中从来没有一起展出过,但它们的构图和表达的观点都很类似,虽然一个是文艺复兴宗教画,另一个是19 世纪世俗画。"

然而,这种新民主也并非毫无限制。策展人需要排除一些太过随心所欲的设计,比如最近一个"邀您策展"设计将所有装饰艺术物件都堆在展厅中心的展柜上,而展墙上却什么也不放。"邀您策展"程序在使用时要求设计者遵守大部分艺术展览的规则,如不能将画作倒置。兰德解释说:"在展厅中不可能实现的事情在我们设计的这个程序中也不能操作。"但用户依然对此提出了很多建议,如兰德的女儿就想把油画挂在天花板上。

2. 其他活动

如今,"众包"在博物馆中的应用不再局限于互动和收集反馈意见,越来越多的机构开始借助技术的力量开辟新渠道让更多观众更广泛、深入地参与博物馆工作。近期,史密森博物学院还引领"众包"潮流,开设了"在线转录中心"网站,邀请观众加入数字志愿者行列,共同破解那些电脑不易辨识的大量文献资料。

案例 1

芝加哥历史博物馆向民众征集展览主题[①]

2013 年下半年,芝加哥历史博物馆利用"众包"形式,在网站上向当地居民发起倡议,征集他们对未来博物馆展览主题的提议。该馆馆长格瑞·强森在接受《芝加哥商报》采访时介绍说:"我们生活在'众包'的时代,但我觉得博物馆界并没有充分认识到网络即时沟通的本质,也没有充分利用'众包''全民参与'的优势。我们总是花费大量财力和心思专门雇人研究观众的需求,却忽略了生活的世界早已改变,我们可以直接向观众询问他们想要的究竟是什么。所以,芝加哥是博物馆所在的城市,我们为何不直接对市民说'给我们一个新任务吧'?"

这个被网友们称为"芝加哥历史碗"的项目一经发起,立刻引起了市民

---

① 李慧君编译:《芝加哥历史博物馆向民众征集展览主题》,《中国文化报》2013 年 12 月 5 日。

的广泛关注与参与,他们积极地通过信件、电子邮件、Facebook 等渠道参与"展览主题大赛"与后期投票。该项目为期两个月(10 月 14 日至 12 月 15 日),形式上采纳了淘汰制模式。整个"众包"过程主要分为以下三个阶段:

芝加哥历史博物馆"众包"项目海报:"你的城市,你的博物馆,你的选择"
来源:湖南省博物馆网站

第一轮,海选。博物馆向公众征集未来展览的主题建议,只要是与芝加哥历史相关并适宜家庭参观的提议均可参赛。

第二轮,公众投票。博物馆确定符合参赛条件的提议后,向网友发起投票,确定得票数最高的 16 个参赛提议。接下来,博物馆继续号召公众"16 选 1",先将范围缩小至 8 名;然后"8 选 1",其中的 4 个提议进入决赛。

第三轮,终选。博物馆依然将决定权交给公众,让其继续以投票形式甄选最终获胜的提议。

据悉,此次大赛的获胜结果于同年 12 月下旬公布,博物馆依此确定下一次展览主题并开始策展工作。

美国博物馆联盟展览交流部主任杜威·布兰顿赞誉芝加哥历史博物馆的此次"众包"项目"在国内博物馆界首开先例,为其他希望通过这种形式策划展览的博物馆提供了蓝图,并且该项目的每一步都积极、有效地促进了博物馆的公众参与"。

案例 2

史密森开设在线转录中心　观众协力破解难辨文字[①]

近期,史密森博物学院开设了"在线转录中心"网站,邀请观众加入数字志愿者行列,共同破解那些电脑不易辨识的大量文献资料。"史密森数字志愿者:转录中心"网站为 https://transcription.si.edu/。

---

① 湖南省博物馆编译:《史密森开设在线转录中心　观众协力破解难辨文字》,湖南省博物馆网站,2014 年 9 月 12 日。

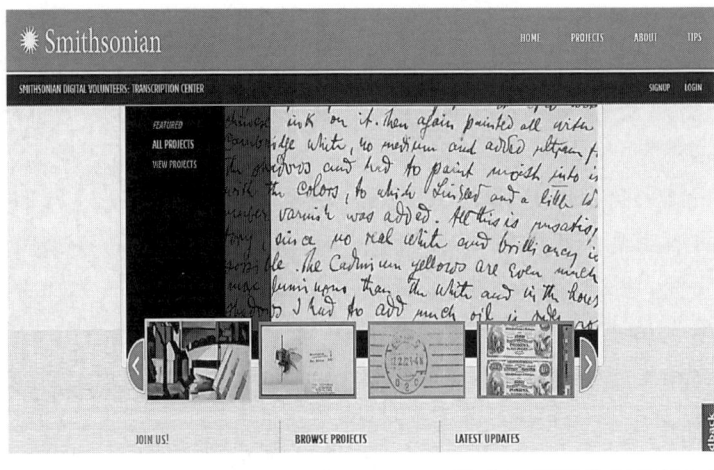

史密森"在线转录中心"网站

　　史密森需要转录的海量文献包括内战时期日记、植物学标签、信函、笔记等。据统计,过去一年,数字志愿者队伍已转录了 13 000 页文献,包括"盟军夺宝队"①成员的私人信函,首位徒步完成阿帕拉契山径的"美国狂人"厄尔·谢弗(Earl Shaffer)1948 年的旅途日记,19 世纪密密麻麻的剪贴本,一部分国家自然历史博物馆近 45 000 枚大黄蜂标本的微型标签等。

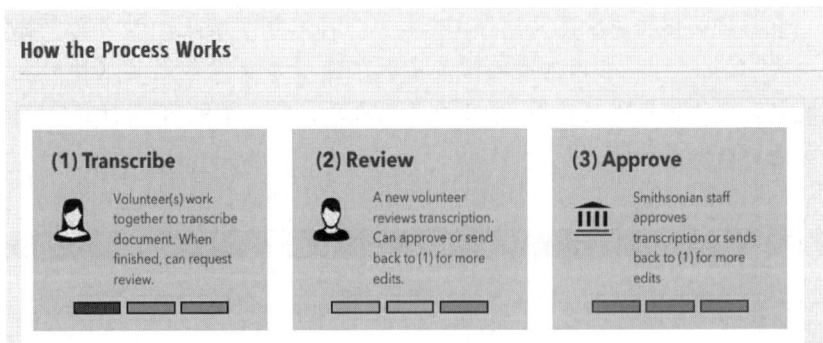

How the Process Works

(1) Transcribe
Volunteer(s) work together to transcribe document. When finished, can request review.

(2) Review
A new volunteer reviews transcription. Can approve or send back to (1) for more edits.

(3) Approve
Smithsonian staff approves transcription or sends back to (1) for more edits.

在线转录流程:转录(志愿者一)—审校(志愿者二)—通过(博物馆工作人员)
来源:湖南省博物馆网站

---

　　①　二战时期保护并从纳粹手中夺回大量珍贵艺术品的一批博物馆艺术专家。

在线转录工作分三个步骤完成。第一步,志愿者选择自己感兴趣或擅长的某一项目对数字化文本上的文字进行识别、录入并在线提交;第二步,另一志愿者对提交文字进行校对和修正;第三步,史密森的一名专家将最终对转录的准确性进行认证。据悉,这些文献一旦完成转录即会全文发布,以供学者和一般观众使用。

史密森最近发出号召,希望能有更多公众加入几个重点文献的转录项目,包括弗吉尼亚州鸟类观察员詹姆斯·艾克(James Eike)的田野笔记,物理学家、史密森第一任秘书长约瑟夫·亨利(Joseph Henry)的研究笔记,美国众艺术家的笔迹藏品(将出版《笔迹的艺术》)等。

新闻发布会上,史密森博物学院感谢无数志愿者作出的贡献,如果没有他们的帮助,博物馆的员工将花费几十年才能完成所有文献藏品的转录工作。

(三) 举办"与青少年做朋友"活动①

若以学程判断,青少年指初中与高中阶段学生;若以人生发展阶段界定,青少年则处在儿童到成人之间的青春期阶段。著名心理学家艾瑞克逊(E. H. Erikson)认为,人生的每一阶段都有其主要的发展危机,发展的顺利与否视其能否成功化解危机。而"认同"与"认同混淆"是青少年的主要发展危机,也即他们对"我是谁?"和"我将走向何方?"等认同问题,感到迷失与彷徨。

由于青少年已不再如儿童一般容易直接接受教师与教育机构给予的一切,他们对于同伴的认同也常常大于对成人社会规范的遵守,因此这个"令上帝也疯狂"的群体往往难以成为博物馆的最爱。事实上,相对于备受重视的儿童与成人观众,青少年并非许多机构特别关注的服务对象。例如,过去10年,博物馆免费开放政策极大地推动了英国博物馆事业的全面、快速发展,博物馆针对不同阶层、职业、地区、文化等群体的特色项目层出不穷。但令人遗憾的是,本该是这一利民政策最大受益者的青少年(13—19岁)却依然处于被遗忘的角落。对博物馆而言,该年龄群体尴尬地处于"家庭项目"与"成人项目"的夹缝之间;对青少年而言,课业的繁重压力及经济尚未独立

---

① 刘婉珍:《与青少年做朋友——美术馆能为青少年做什么? 如何做?》,《朱铭美术馆季刊》2003 年第 13 期。

的窘境使参观和参与博物馆无论从时间还是消费层面(英国博物馆虽免费开放,但绝大多数活动为收费项目),都成了一种奢侈①。英国文化部在2007年做过一次统计,在这一年中,只有35％的青少年参观过一次博物馆。因为博物馆对他们来说是"无聊"的同义词②。

　　然而,由于博物馆平等对待服务对象的宗旨与能够为青少年提供不同于学校环境的潜力和责任,努力为青少年规划、实施教育活动的机构仍不乏其人。有些博物馆教育工作者甚至认为引导青少年学习所获得的成就感大于教导儿童,因为他们已经能够针对主题进行独立探讨,并且专注时间长,还可以为自己作选择。时下,不少欧美博物馆都不再视青少年观众为被动的接收者,而是希望通过教育活动,让他们成为常客,成为博物馆的朋友,更成为推动机构教育的好帮手。重要的是,在此过程中,青少年经历了学习与成长③。

　　英国文化创意产业顾问马·迪克森(Mar Dixon)说道:"吸引家庭已不足够,博物馆下一步要向青年人出击,欢迎他们来使用馆方资源。"目前各馆面临的一大问题是缺少针对青少年的推广宣传活动,不少年轻人并不知道博物馆为他们专门设计了项目,甚至有些人压根没注意到博物馆的存在。另外,面向青少年策划的活动往往缺乏吸引力。比如,英国每年都会举办"接管日",邀请青少年与各行各业的成人共事并参与决策。2011年,马·迪克森对参加文化机构"接管日"的青少年做了调查:绝大多数人表示,如果不是学校"强迫",他们是不会参加的。问及原因时,这些大孩子觉得"不适合自己""做不了""没钱"……究竟该如何引导青少年独立参观博物馆?如何让他们觉得博物馆期待其到来? 马·迪克森集多年调查采访经验,提出了以下几点建议:

　　(1)举办非正式的随到随加入活动。青少年乐于和朋友一起做点研究或参加某项工作,但他们不希望被要求每周都必须参加。

　　(2)别用批判的眼光打量。如果他们带着自己的男/女朋友来参观,你的斜视会让他们很不舒服。他们是青年,不再是8岁孩子了。

　　(3)扔掉笔记本。年轻人理解考试评估的必要性,但他们也希望政府

---

　　①　湖南省博物馆编译:《英国:博物馆应如何吸引青少年》,湖南省博物馆网站,2012年4月6日。

　　②　李宏坤:《如何举办适合青少年的展览》,中国文物信息网,2011年7月15日。

　　③　刘婉珍:《与青少年做朋友——美术馆能为青少年做什么? 如何做?》,《朱铭美术馆季刊》2003年第13期。

和学校能让他们松口气。即使只用眼睛看,他们也能学到东西。

(4)构建长期关系。相对于一次性活动,长期项目产生的影响更加深远。泰特美术馆、曼彻斯特博物馆等很多机构都设有青年人委员会。以伍尔弗汉普顿美术馆(Wolverhampton Art Gallery)为例,该馆面向14—25岁青年人组建了艺术论坛,几乎所有论坛工作都由参与者打理。围绕正在举办的展出,这些会员有权决定讨论的主题、媒体、参与的项目等事宜。他们可以参与策展人、艺术家的工作,但却没有必须要做什么的压力。任何时候您来博物馆一定会在展厅看到这些年轻人,馆方甚至还专门为他们设立了休息区域。但您无需担心他们会滥用这些"特权",他们用责任心表达了对这个团队的尊重,而团队的成功也为他们带来了荣耀。

这些青年人委员会等团体的最大意义在于,它们吸引青年人走进博物馆,而年轻人又会带来更多的朋友。久而久之,这群曾经被遗忘的群体就会主动探索这片天地,而不再觉得自己"不够聪明""欣赏不了""不够格"了……

(5)做好宣传工作。经济衰退期,博物馆更应凸显其对青年人的重要性。年轻人也在寻找一些无需过多开支的活动。英国图书馆的调查显示:越来越多的青年人抱怨DVD租金太高、书本太贵。这对博物馆来说是邀请年轻人参与的契机①。

日本博物馆向来把青少年教育放在十分重要的位置,认为从小培养孩子对博物馆的喜爱,一方面可以将民族的历史和文化植根于其幼小的心灵;另一方面他们成人后还会带着家人和孩子前来,是博物馆未来不可或缺的参观群体。因此,日本的博物馆都把青少年作为重要服务对象,在展览形式、内容和教育活动方面十分重视孩子的感受,"用孩子的视角看世界"以及"快乐地学习"等都是博物馆的核心教育理念。日本第四大国立博物馆——九州国立博物馆副馆长宫岛先生讲:孩子平时学习的负担已经很重,到博物馆来就不能再强迫他们去学习,要让他们在一个快乐的环境中学习,没有快乐的环境,头脑中就没有创造力,因此博物馆教育的出发点是为孩子创造一个快乐轻松的学习环境,让他们在这样的环境中去发现和创造②。

总之,了解青少年需要什么,他们如何与同龄人交流,博物馆为什么使他们感觉不舒服,其他的文化机构如何与青少年建立长期关系等,这些都非常重

---

① 湖南省博物馆编译:《英国:博物馆应如何吸引青少年》,湖南省博物馆网站,2012年4月6日。

② 孙丽梅:《日本博物馆的青少年教育》,中国文物信息网,2006年5月12日。

要。现在的博物馆要与电脑游戏、通讯技术等竞争,争夺青少年群体,因此必须改变自己,积极探索青少年与展览及教育活动等紧密关联的契合点①。事实上,这群年轻人即将成为国家的栋梁,等到其挑大梁的那一天再让他们理解博物馆的重要性就太晚了。而博物馆平时为青少年做的事情有很多。

1. 成立专门组织,召开学生会议

一些博物馆为了了解青少年观众,进而吸引他们,组织有中学生代表会议。美国印第安纳波利斯艺术博物馆(Indianapolis Museum of Art)于1973年就开始组织有"中学学生代表会议"。社区中的每所中学皆可推荐学生代表加入此团体,并于隔周周二傍晚5点15分至9点,在馆内与工作人员进行固定的晚餐会报。来自各校的学生代表除了对馆方提出建议,还负责将机构讯息散布给同校学生。此代表会议的组成旨在直接建立博物馆与学生的沟通管道,而非仅限于馆校间机构对机构的关系。近年来,美国沃克艺术中心(Walker Art Center)的青少年艺术委员会代表们也扮演了意见表达与讯息传达的角色,他们积极与馆员合作,规划设计各类活动②。

每年,在美国自然历史博物馆,教育部都会举办一次名为"年轻人能行"的大型活动。"年轻人能行"是由青少年自己创建运行的一个组织,该组织希望通过科技手段来激励、联系和教育全世界人民关注环境问题。在整个活动中,来自世界各地的青少年自己选择年度主题进行研究学习、主持仪式会议、策划布置展览、发表成果演说等。2010年的主题为"可再生能源让地球更清洁"。美国自然历史博物馆教育部、国际教育资源网、国际环境管理组织美国分部赞助支持了该活动。博物馆教育部不仅提供场地、经费等相关资源,而且还委派一名资深教育人员负责此活动,在每周五和参与的老师、青少年碰面,为他们提供支持及指导③。

案例1

伦敦博物馆(The Museum of London)之"'汇聚点'(Junction)青年会"

"'汇聚点'青年会"是伦敦博物馆为改变"英国年轻人不热衷博物馆"的

---

① 李宏坤:《如何举办适合青少年的展览》,中国文物信息网,2011年7月15日。
② 刘婉珍:《与青少年做朋友——美术馆能为青少年做什么? 如何做?》,《朱铭美术馆季刊》2003年第13期。
③ 湖南省博物馆"中国博物馆与青少年儿童教育项目"赴美学习考察小组:《浅谈当代美国博物馆教育——湖南省博物馆教育人员赴美考察报告》,2010年,第14页。

窘迫现状而特别成立的青年组织。该团体由 16—21 岁的年轻人构成,目前他们已广泛参与到博物馆的宣传、策划、演说、摄影等工作中。青年会的队伍正日益壮大,为了协助馆方吸引更多年轻人,成员还为博物馆青年人项目提出了如下建议:

● 别把我们放在"笼子"里。在很多人眼里,我们年轻人好像有自己的标签,比如垮掉的一代、无趣的一代,在博物馆看来亦是如此。但博物馆应该贴标签的是展览和展品,而不是我们年轻观众。我们想学习,只是并非通过你们预期的方式,所以在策划活动时不要想当然地觉得我们应该怎样,而应该在策划之前就走出博物馆,认真地与我们交流,聆听我们的想法和意见。

● 摆脱条条框框。"知识就是力量",博物馆应该站在这一高度来策划项目,因为活动的目标理应是终身学习而不是学校教育。我们希望这些活动能贴近我们的兴趣并富有创造性。比如在策划"古罗马时期的伦敦展"时,我们就将侧重点定为那一时期的青年人,并依此为基准与博物馆工作人员和其他艺术工作者交流合作,最终打造出全新视角的展览。

● 找寻青年人感兴趣的切入点。博物馆应该与当前发生的事情紧密联系,并留意那些青年人真正关心的话题。如果不与现实生活相联系,单纯地学习历史真的无聊透顶。如果博物馆能将历史和当前热议的话题联系起来,就能更好地帮助观众了解所生存的世界。例如,青年会在自编自导《古罗马时期的角斗场》电影时,就将其与今天的街头暴力联系起来。

● 最好的宣传武器——青少年自身。如果博物馆真的想吸引年轻人,那最好的途径就是让他们自己推荐给身边的好友。如果博物馆能让青少年在与同伴闲聊时对某个馆大加赞赏,那势必引导更多同龄人走进这家馆。所以,博物馆要仔细思考究竟哪些活动能吸引和打动年轻人,接下来再努力让这些"活广告"充分参与,享受乐趣,然后"推而广之"。①

2. 邀请青少年参与博物馆的发展

目前,一些博物馆已经开始基于教育与培养人才的长远考虑,主动邀请青少年、儿童参与策展等一系列博物馆发展项目。例如加拿大新斯科细亚

---

① 湖南省博物馆编译:《英国:博物馆应如何吸引青少年》,湖南省博物馆网站,2012 年 4 月 6 日。

艺术馆(Art Gallery of Nova Scotia)及美国芝加哥艺术学院等机构就与儿童一起策划并推出了"讲述艺术影像的故事"特展。而英国约克郡的两家博物馆则提供了数千英镑向青少年有奖征集展览创意。约克郡博物馆(Yorkshire Museum)的"中世纪画廊"和约克城堡博物馆(York Castle Museum)的"玩具展"于 2013 年改陈,16—24 岁的青少年均可向两家机构提交展览创意,获奖创意最终将被采纳并付诸实践①。

青少年处于多梦、充满好奇的年龄,而博物馆完全有潜力成为他们的成长伙伴。因此,要整体策划与实施青少年"走进博物馆""体验博物馆""爱上博物馆"等活动、项目,激发他们的参与意识,并经常感受博物馆的氛围,从而逐步养成参观和利用的习惯②。

案例 1

2012 年伦敦"文化奥林匹克"呼吁青少年参与博物馆发展③

文化与奥运同行。2012 年伦敦奥运会不仅是体育盛会,还成为现代奥运会与残疾人奥运会历史上最盛大的"文化奥林匹克"。博物馆作为此次文化盛事的重要组成部分,受到了"文化奥林匹克"理事会的高度重视。

此前,博物馆还算不上是伦敦年轻人的热衷地。为了改变这一现状,"文化奥林匹克"理事会特别策划了一系列青少年项目,呼吁年轻人更多地参与博物馆的运营与发展。

其中,由英国 23 家博物馆共同发起的"世界的故事"互动被誉为博物馆青少年项目中规模最大的活动之一。它号召青少年以全新视角解读藏品,探索全世界文物的奥秘。

另外,伦敦博物馆还为此次博物馆青少年项目特别成立了"汇聚点"青年顾问小组。瑞切尔·金托(Richelle Quinto)于 2010 年 2 月加入。他说:"我在这里能够帮助博物馆听到年轻人的心声。我们参与了博物馆的很多运营工作,比如活动策划、新型媒体宣传等。这些社交媒体已经成为博物馆

---

① 湖南省博物馆编译:《英格兰约克市两家博物馆向青少年有奖征集展览创意》,湖南省博物馆网站,2012 年 11 月 5 日。
② 单霁翔:《从"馆舍天地"走向"大千世界"——关于广义博物馆的思考》,天津大学出版社 2011 年版,第 91 页。
③ 湖南省博物馆编译:《2012 伦敦"文化奥林匹克"呼吁青少年参与博物馆发展》,湖南省博物馆网站,2011 年 2 月 14 日。

与年轻人交流的主要工具。"通过一年的努力,已经有百余位 14—24 岁的年轻人加入"汇聚点",共同协助博物馆展览策划与观众互动活动。会员数量预计在 2012 年伦敦奥运会开幕之前过千。

"文化奥林匹克"理事会主任露丝·麦肯思(Ruth Mackenzie)对此项目称赞道:"年轻人为我们的博物馆注入新活力,他们新颖独特的创意将成为伦敦 2012 年'文化奥林匹克'最宝贵的财富。"

据悉,这些年轻人将通过选拔,最终参与到伦敦四大历史展览的宣传、设计、演说、摄影等工作中去。

◀ 第四章 ▶

观众参观阶段博物馆教育活动的
规划与实施

一、 规划教育活动的目标与任务

(一) 目标

参观博物馆是最基本和普遍的教育活动。对绝大多数机构而言,他们的默认焦点都是实际观众。尽管每年有几千万观众走访史密森博物学院(这还只是整个史密森观众群的一部分,其观众同样包括出版物读者、网站用户、延伸项目的参与者等),现场观众仍然是整个机构的核心支持者。他们在博物馆内的经历和体验形成了国内外公众对史密森的认知[①]。

本阶段和参观前阶段的最大不同之处在于,目标观众、潜在观众或虚拟观众成为了实际观众,他们迈开了实质性步伐,前来博物馆实地体验。这些观众无疑是对博物馆感兴趣、有好感的人,也是各馆的主要服务对象并推动其进步的重要力量。观众的满意度不仅能衡量各馆展览和教育的成功与否,也是一座博物馆专业水准和服务水平的证明。更重要的是,这些感觉满意的观众,还可能成为博物馆固定的回访客,甚至是长期支持者。因此,能否做好实际观众的教育和生活服务工作,不仅直接影响到他们在信息、知识和情感上的收获,而且从长远看,也影响到他们的忠诚度,关系到各馆今后生存和发展的社会基础。

总的说来,本阶段博物馆教育工作的目标是:努力为每位前来的观众

---

① Office of Policy and Analysis, *Exhibitions and Their Audiences: Actual and Potential*, USA: Smithsonian Institution, 2002, p. 1.

提供优质服务,包括学习上和生活上的。其中,最重要的是聚焦他们的"学习体验"。据《美国快报》统计,72％的美国成人倾向于为"体验"买单,而非具体的某物①。所以,馆方理应围绕展览、藏品和研究,提升观众的"过程式学习""互动体验"和"愉快教育",让实际观众觉得此行值得,并且下次还想再来。

时下,美国博物馆界遵循这样一种运作模式:博物馆提供公众服务—获得公众的关注和支持—博物馆提供更好的公众服务—获得更多的公众关注和支持。通过这样的运作模式,博物馆得以不断地发展和创新②。事实上,"去博物馆"在西方已成为人们闲暇时间的最佳选择。博物馆中除了展览外,展厅谈话、电影、演讲、音乐会等公众服务项目不一而足,并且很多都是免费的③。这些延伸和拓展型教育活动,有些偏重认知型(重视传播事实和信息),有些偏向情感型(力求影响观众的情感),其目的都在于满足多元化观众的多层次需求。另外,今日的博物馆还需更新一个观念,那就是:展览已不再是观众进馆的唯一目的。他们可以前来参观展览,也可以只参加一项活动,听一场讲座,或是查阅图书馆等。因此,现代博物馆及其工作者,需要有多元的思想和包容的胸怀,并尽所能地给予观众多一份选择,多一份尽享学习的自由。

(二) 任务

本阶段教育活动开展的基本任务有三方面:一是展览教育活动;二是与藏品、研究相关的教育活动;三是公共服务,涉及问询、接待、购物、餐饮、休憩、导引等。其中,展览教育活动是最重要的一项。

另外,观众参观阶段教育活动的规划与实施需改变单向的"博物馆教、观众学"的刻板模式,而要鼓励双向、平等的沟通交流,以及参与互动。通过一系列教育项目的创新和发展,引导观众"耳听、眼看、手动、心跳",并最终赋予他们有意义的、精彩、难忘的博物馆之旅。

1. 开展展览教育活动

展览教育活动是本阶段的"重头戏",参观展览亦是博物馆最典型的教

---

① 湖南省博物馆编译:《美国博物馆杂志发布博物馆"数字解读"》,湖南省博物馆网站,2014年9月22日。

② 张颖岚:《美国博物馆与社区发展的互动》,《中国文物报》2007年4月27日、5月4日。

③ 杨玲、潘守永:《当代西方博物馆发展态势研究》,学苑出版社2005年版,第163页。

育活动。人工和机器并行的导览解说,加上智能手机等智能移动应用设备的启用,为观众的展厅游览带来了"深入挖掘展品背后的故事"的机会。而一系列互动展项(包括机械和多媒体展项)、影剧院、教育/学习中心、活动中心、工作坊、探索室、实验室、教室的应用,以及示范演示、节目表演的开展,为实际观众带来了高度互动与沉浸式体验。另外,一系列围绕展览的延伸活动,例如讲座、研讨会、学术沙龙、纪念活动、庆典、竞赛、评选、年度专题活动、学生课后项目、夜场活动等,以及针对未成年观众、嘉宾观众的特别服务和通用设计应用,亦成为博物馆扩大观众源、吸引观众前来并反复前来的有利理由。

需要强调的是,本阶段展览教育活动的规划与实施理应特别重视学生观众的实地考察。它是指学校团体到博物馆进行参观教学,是最常见、最频繁的馆校互动。通常博物馆会为师生提供许多教育服务,它们认为这种支持学校的项目应当是高度优先的,力求为学生创造自由和社会化的学习环境。

2. 开展与藏品、研究相关的教育活动

与藏品、研究相关的教育活动开展主要包括开放库房、图书馆、研究中心、独立研究室、教师资源中心等,以及经营数字化档案、图片、照片、幻灯片等。

今天的博物馆观众,特别是一些专业观众或对博物馆藏品和研究有进一步需求的观众,已越来越不满足于单纯的展览参观。因此,博物馆有责任围绕和配合藏品及研究,开展一系列延伸和拓展型教育服务,并提供相关的学术设施设备和资源,这为博物馆争取更多的拥趸型观众提供了可能。同时,博物馆也可适当经营数字化档案、图片、照片、幻灯片等,为有需求的社会公众和机构提供深入服务,传播机构的学术影响力。

3. 开展公共服务

公共服务同样是博物馆教育工作的重要组成部分,具体包括问询、接待、购物、餐饮、休憩、导引等。它们不仅涉及必要的设施设备,如总问询处、咨询台、纪念品商店、餐饮地、室内外休息区、贵宾休息室、包裹寄存处、育婴室、集体出入口、集体餐室、导引标识系统等,更重要的是工作人员热情周到的服务。另外,虽然每家博物馆都有其主要观众和相对固定的观众源,但来馆的游客仍然比较参差,充满了不确定因素。因此,优良的生活服务不仅能够让观众感觉安全、温暖和舒适,留下对博物馆的美好印象,重要的是,它们还能有效延伸展览空间,并辅助教育活动的开展。

二、 实施策略之开展展览教育活动

　　从王宫到博物馆,再到集收藏、展示、修复、研究和教育于一体的大型国立文化机构,卢浮宫一直在求新求变中发展。在展示方面,它总是不断推出新展览。以 2010 年为例,卢浮宫推出了俄罗斯艺术、阿联酋考古、当代艺术、启蒙时代艺术等大型展览,并邀请著名导演帕特里斯·夏侯走进卢浮宫,全权策划了"身体与面孔"展览。同时,围绕这些大型展览,馆方还开展了讲座、研讨、电影放映等配套教育活动①。

　　2013 年上半年,美国纽约新博物馆举办了名为"回忆 1993"的展览,除了展出相关艺术作品,为配合本次展览,博物馆还推出了一项名为"回忆 1993"的活动。民众只需在曼哈顿任何一个付费电话亭拨打一个免费号码,就可聆听一堂历史课,了解这座城市 20 年前发生的故事。据博物馆活动策划人介绍,"回忆 1993"将引领人们走出博物馆,来到曼哈顿的每个角

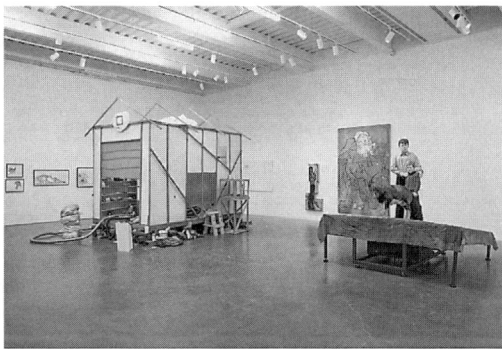

纽约新博物馆的"回忆 1993"展览
来源:湖南省博物馆网站

落,使用电话,从电话中了解纽约曾经发生的一切。博物馆会为你提供一张地图,以帮助你定位周边的公用电话;另外,还会提供一些录音样例。你只需找到离你最近的公用电话亭,然后拨打免费电话 1 - 855 - 367 - 1993,就将听到一段录音,里面有人在讲述关于你打电话的附近地区 1993 年发生的一个故事。这一活动将通过曼哈顿的大约 5000 个公用电话来操作实现。据介绍,在拨通电话后,人们会听到一些社会活动家、记者、名流和儿童叙述当年社会治安的无序、居住环境的肮脏和无家可归人群的极度贫困。在那时,时报广场色情文化盛行,充斥着情色剧场和脱衣秀表演,电话中甚至可

---

① 苑大喜:《"大卢浮宫规划"20 年:成功背后有隐忧》,《中国文化报》2010 年 12 月 25 日。

以听到妓女和色情演员的谈话①。

对于绝大部分观众而言,展览是博物馆吸引他们的关键诱因,参观展览亦是他们走进博物馆的主要缘由。因此,对教育工作者而言,策划实施好展览以及与展览配套的教育活动是本阶段的"重头戏",后者能有效延伸展览,并进一步烘托其内涵。

(一) 导览解说

为了更好地发挥社会教育功能,博物馆首先要解决的问题是如何促使观众透彻了解展览所承载的文化含义。正如克利夫兰艺术博物馆 20 世纪 30—50 年代的教育部主管托马斯·芒罗所言,一个随意的参观者如果没有专业的引导不可能掌握作品复杂、细微或较有深度的艺术含义。因此,无论是团体观众还是个体观众,若能在参观过程中被赋予优质的导览/导赏和解说服务,将有助于他们欣赏到博物馆的精华,并更大程度地获取信息和知识。尤其是那些外地(国内和国际)游客,他们可能只有一次机会前来,或是在馆内的逗留时间非常有限,因此不同语言的语音导览和人工讲解服务,将有助于他们覆盖更多的展示重点和亮点。

比如,为了让来自海外的参观者对展示内容有更好的理解,日本千叶县佐仓市国立历史民俗博物馆与千叶大学国际教育中心进行了共同策划。来自中国、韩国、印度尼西亚、俄罗斯、泰国等 13 名千叶大学短期留学生受邀接受培训,并耗时一年完成了包括 7 种语言版本在内的解说单的制作。解说单以"日本陶器之旅""室町欢迎你""体验日本——农村风俗"等为题,并使用了大量照片及解说图。为了激发参观者的兴趣,解说单中还附有猜谜形式的解说文和体验型故事,在向游客宣传相关知识的同时融入了趣味性。2010 年 8 月 5 日,日本国立历史民俗博物馆还向留学生们颁发了"结业证书"②。

另外,中国香港的几大博物馆如香港历史博物馆、香港艺术馆、香港科技馆、香港太空馆、香港文化博物馆等,一般都提供有普通话、粤语和英语等版本的导赏服务。并且,馆方除了在大厅公布当天的导览场次和位置,还会

---

① 刘莉:《纽约一博物馆推出"电话忆历史"活动》,新华网,2013 年 3 月 27 日。
② 凌铃:《日本博物馆邀中国留学生撰中文解说方便中国游客》,中国新闻网,2010 年 8 月 11 日。

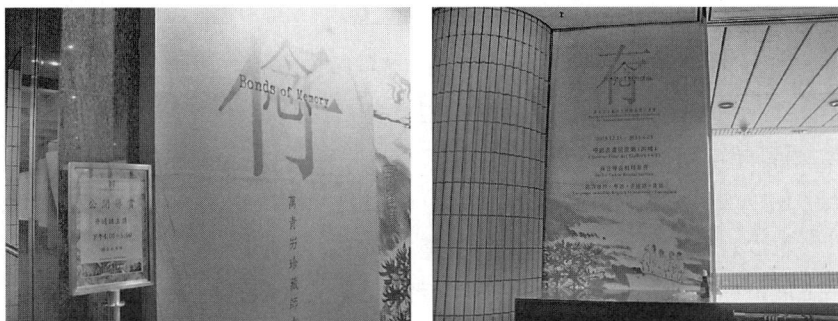

香港艺术博物馆针对同一个展览提供的公开导览和录音导览
来源：笔者摄，2014 年 2 月

在提供导赏服务的展厅门口树立标牌，提醒公众。同时，有些馆还设有免费导览报名处，整点或半点时分，会有工作人员带领大家采撷各大展览的重点亮点，此谓"展品精华游"。

在大都会艺术博物馆的"馆长推荐"语音导览中，馆长亲自用 4 种语言讲解 54 件他最喜欢的藏品（展品），并且他还经常为特展的语音导览录音。而该馆义工导览的导览词则由义工自己撰写并经业务主管审核，这样既能发挥个性又能保持统一的水准。同时，博物馆业务主管、外来研究学者、艺术史专业高年级学生也定期在展厅内针对特展或馆藏的某一主题向观众讲解。每天都有 1—3 个展厅推出讲解活动，每次约 1 小时①。事实上，西方很多博物馆都这么实践，它最大的好处在于满足了不同观众的口味，使他们能够真正融入展览及藏品，从而实现博物馆教育的目的。

科技进步为博物馆带来了新的发展机遇，正如卢浮宫副馆长、数字化发展部门主任所说："在今天，一个博物馆如果不能在各个运作层面使用新技术，就将坐失良机。"卢浮宫于 2012 年 5 月引进了"任天堂 3DS"掌上视频游戏控制导游系统。该系统表现为一个可实时定位的交互式地图，使游客随时知悉自己在馆内的具体方位，并可依据游客的不同要求直接引导其前往想观赏的某一件或几件展品。除高科技导游系统外，游客在参观过程中还能听到 700 多条关于艺术作品的音频评论，并可观看手语视频演示。卢浮宫同时还运用了 3D 模拟技术展现"胜利女神像"，游客无需佩戴特制眼镜即可观赏。目前，卢浮宫正在开发可供下载的智能手机和 iPad 应用程序，包

① 段勇：《美国博物馆的公共教育与公共服务》，《中国博物馆》2004 年第 2 期。

括 3DS 音频游览程序的智能手机版①。

如今,博物馆内(尤其是展厅内)的导览解说方式主要有人工讲解、语音导览和应用智能手机等智能移动应用设备,有时人工讲解也被称为公开导赏,语音导览则被称为录音导赏。

1. 人工导览讲解

不少观众尤其是非团体客参观博物馆时,习惯于自我导览。对于非常熟悉展览的个体,如某领域的专家学者,或是多次前来的观众,这不失为一项自由的选择。但大部分观众往往倾向于探索对自身更具意义的对象,而这些只会加强他们已知的内容。也就是说,当博物馆学习转换成自我选择时,观众通常不想大幅扩展他们的认知。好在博物馆导览员拥有能事先厘清观众特质的优势,还可将环境、展品的探索性、各种可能的学习方法等因素都纳入考量。并且,补充与拓展展示说明和标识上提供的讯息,诸如文物的文化起源、观众与该文物之间的关联等。对导览员而言,最大的挑战在于如何激励观众学习,并让他们保持兴趣②。

生动活泼、趣味盎然的口述解说和对答,可使展品生命化。波士顿儿童博物馆的志愿者解说员常常携带装载有各种国家儿童玩具、动物标本、模型等的活动箱,并在展示空间实地解说及演示,有兴趣的观众可随时加入一起玩。有些博物馆还安排了解说人员扮演各种历史人物,穿梭于展览中讲故事或与观众进行趣味问答。馆方甚至经常收到观众来信,署名向剧中人问好或道谢。

时下,人工导览已越来越注重融入"教育对话"色彩。也即,博物馆教育工作者运用一系列互动形式,鼓励学校儿童等参与者积极投入并调动感官,同时鼓励他们自我表达,脱离问与答的教学模式。导览员无需向他们解释所有,相反地,让他们自行发现、形容并体验所看到的,帮助观众自己去发掘意义③。一般而言,有效的导览解说拥有如下共性特征:激发观众提问,而不仅仅是告诉他们事实;将观众纳入讨论,而不是让他们保持安静;引导观众细致观察、赏析展品,而不是带着敬畏远观;尊重每一组参观人群,区别应

---

① 曾乔圆:《博物馆应学学"吸客妙招"了》,《文汇报》2013 年 4 月 7 日。

② Alison Grinder,E. Sue McCoy:《如何培养优秀的导览员》(*The Good Guide*),台湾:五观艺术管理有限公司 2006 年版,第 85 页。

③ [英]帕特里克·帕伊兰主编,国际博物馆协会中国国家委员会、中国博物馆学会翻译:《经营博物馆》(*Running A Museum*),译林出版社 2010 年版,第 182 页。

对他们的兴趣和热情。

对博物馆而言,配备信息量大的、积极主动的导览员至关重要,无论是全职的教育部门员工,还是志愿者。当然,导览员面对观众提出的各种问题,总会有知识受限的时候。这时理应通过其他手段找寻答案,并将其尽快告知提问者,而非为了颜面,在观众面前假装什么都知道,编造答案应对他们。值得一提的是,犹他州艺术博物馆馆长格丽卿·迪特里希曾提及:随着社区文化与经济鸿沟的不断增大,人口结构快速变化,传统的导览活动面临着严峻挑战。导览活动一般都由年龄较长的富裕白人女性主导,而她们服务的观众从各方面来讲越来越多元化。因此,导览员的工作会变得更困难,而不是更容易[①]。

近年来,不少博物馆都尝试推出针对青少年的导览训练课程,帮助他们成为志愿导览员。不论有无酬劳,这些中学生都成为儿童活动、亲子活动与学校活动的重要人力资源。有些机构在常规导览员之外,亦在特别的展览及场合邀请科学家等重量级人物,为观众做深入浅出的讲解,带给大家新奇感,更让人感觉"专家其实近在你我身边"。例如,史密森国立自然历史博物馆组织有"科学家邀你参观 Sant 海洋厅"节目(每周三下午 1:00—3:00)。该导览活动由一位海洋科学家带领观众参观展厅内的藏品标本或是复制品,有些则通过显微镜或监视器来观看,导览内容与海洋厅的展览相关。另外,科学家还会与大家交流许多信息,比如他们去不同的地方考察、实地研究、收藏标本、新发现、最喜爱的研究课题等。而每月的第三个周三,国立海洋和环境局的科学家还将在展厅内与观众交流。

惯常的导览顺序依据展览的序列展开,但有时导览员也会在讲解脚本的基础上,做一定的、灵活机动的改变。美国大部分博物馆和美术馆教育部门的导览员都会针对不同观众,运用不同的阐释方法。同时,也有一些机构会在每天不同时段推出数次不同主题的导览,如盖蒂博物馆等设有"博物馆建筑游""博物馆经典藏品导览""艺术家现场导览""博物馆花园导游"等。

过去,博物馆常常希望在导览中尽可能多地覆盖展示内容,甚至包罗万象,但往往让观众精疲力竭。现在,许多馆已开始采用"亮点游""展品精华

---

① 湖南省博物馆编译:《犹他州艺术博物馆馆长论述博物馆教育》,湖南省博物馆网站,2014年9月1日。

游"的导览方式。该方式在大型博物馆内使用尤为频繁,因其展品展项过多,而观众无法在一次行程内将所有的重点都覆盖;或是馆内拥有一些四散在各展厅的镇馆之宝,对任何观众而言,它们都值得串联起来一睹真容。另外,"亮点游"的方式也非常适合第一次前来、不太了解博物馆和展览的人或是参观时间有限的外地游客,他们甚至可能只有唯一的一次参观机会。在荷兰国家博物馆,如果是海外观众,并时间仓促,可以选择"经典展品导览之旅"(有 45 分钟和 90 分钟的)。而作为阿姆斯特丹当地人,可能会选择"建筑导览之旅",回味一下 10 年前该馆的建筑与今日建筑之差异。可见,对于导览员而言,不仅要关注本地观众,还需关注游客观众,包括他们的语言、平均年龄、疲劳程度(有些人当天可能已经去过其他博物馆了)等。事实上,"亮点游"可以有效将一系列分散的展品或展示特征串联,而如果导览合宜,还可吸引观众反复前来,因为每一次都将为他们呈现不同的重点和亮点。

眼下,好的博物馆导览并不止于做好展览导览工作。对于团体客的到来,尤其是乘坐大巴前来的观众,一些博物馆发现,有必要安排一位"欢迎者"等候在大巴停泊处,上车欢迎大家的到来,同时与他们做简要交流,并掌握该团体还剩多少参观时间(有些团体的到来,会比预定时间晚或是早)。人数较多的团体在参观前可能还需要分组。

值得一提的是,现在不少博物馆都在正式的展厅导览开始前为观众准备有"定向/定位"节目。该活动主要针对团体观众,诸如学校师生、旅游团等,它如同正式参观前的"预热",旨在为他们介绍此次博物馆行的目的、大致行程、馆内的主要展览和活动、不容错过的重点亮点等,但最终都是为了促使观众的博物馆之行更为高效和有意义。定向活动可在专门区域如导览室内举行,也可在公共区域的一角,时间不会长,仅让观众做短暂停留。具体形式则包括:播放关于博物馆的短片,或是由专门的工作人员简要介绍此次参观的情况,有些馆甚至还会有小型表演。比如,史密森博物学院的"发现剧场"①开设有"与博物馆面对面"(Meet the Museum)节目②,活动通

---

① "发现剧场",隶属于史密森会员组织(Smithsonian Associates),位于史密森 S·狄龙·利波雷中心内,每年 9 月至次年 7 月为 2—12 岁的儿童举办演出,其中包括音乐、戏剧、讲故事、木偶等多种形式的现场教育表演。发现剧场旨在为华盛顿地区的年轻观众呈现动态表演。
② 该节目系由"发现剧场"和部分史密森博物馆的教育部门联合举办,目前参与的博物馆和机构有:国立航空航天博物馆、国立美国历史博物馆、国立美洲印第安人博物馆、国立自然历史博物馆和史密森拉丁中心(Smithsonian Latino Center)。

常在合作馆的剧院等地举行。其亮点是在博物馆展厅游览之前,呈现一段20—30分钟的剧场表演作为开场白,并围绕一定的主题和内容。整个过程历时1小时左右。这样的活动适用于小规模人群,如家庭或是少量的学校师生。表演开始前工作人员还会下发相关素材。表演结束后,教师将学生分成若干组,并带领他们参观展厅。大家人手一份地图,并配套有相关展品的讨论问题和答案。

案例 1

针对学校师生团体的导览

学生一直是团体观众中最主要的一群。博物馆针对团体观众的导览通常都基于展览内容,而针对学校师生的讲解则须立足学校课程和其他相关需求。导览员可以是全职的教育部门员工、志愿者,也可能是学校教师。

一般情况下,为师生团体讲解的要求更高,因为须契合一些正规教育的要求。在英国,博物馆针对师生的导览被建议与国家课程挂钩。在加拿大和美国,则须与学校课程要求相关,并契合不同年级的课程要求。因此,博物馆必须根据特定的学习目标,择取展览的某些部分或某些点,也即挑选展示信息作为讲解内容。而馆方开发这一系列教育项目的动力之一在于,它们知道教师的时间精力有限,无暇顾及不相关的内容,因此如果教育活动与其所授课程相关度不大,教师多半不愿意带学生前来。

博物馆组织学生现场参观学习的形式有很多,如"视觉思维"导览模式(由讲解员带领学生对展品进行欣赏和思考),"先自助参观、后集体讨论"模式,"现场问答"模式等。优秀的博物馆教育人员会根据展览内容、环境,学生团体的年龄、人数、参观时长等具体因素选择最有效的学习模式。

而要有效规划并实施契合师生的导览讲解活动,则须教育部工作人员熟谙本地课程情况。对于公立和私立学校,城市或郡县学校以及宗教类附属学校,若其课程不同,工作人员须区别对待。通常,活动策划者要与顾问团合作(顾问团包括学校教师、课程专家或主管人员),并尽量满足教师的一些特别请求,促使师生尽享其博物馆之旅。例如,3年级学生被要求学习某段地方历史,历史博物馆推出的活动一定和针对4年级学生学习国家历史或州历史的活动不同,并应用不同的展示元素。同样的,针对学龄前儿童推出的"什么是爬行动物"的展示元素和教育活动也一定和针对高中生的"爬行动物学入门"不同,虽然两者都会涉及参观自然历史博物馆的爬行动物厅。

事实上,针对学校团体的参观,有些周到的导览还始于他们进入展厅前,比如从停车场开始。导览员可以在师生们下车前先上车,让他们安静下来,并将人员合理分组,同时采取一些必要的安全措施(如将学生手中的圆珠笔替换成博物馆的铅笔,参观完之后再归还)。建议每位导览员带领不超过 15 人的小组,因为需要确保组内所有学生都能听得见讲解,同时留有足够空间确保学生和展品的各自安全,并且不妨碍其他散客的参观。

另外,博物馆还得明白,目前有一些不利因素影响着学校团体的实地考察,包括:课程上的改变,现在更关注教室内的教学,而博物馆学习有时被视作华而不实的附加物;教学经费的缩减,影响到学校支付实地考察相关费用的能力。即便某些博物馆已给予了折扣,有些学校还不得不从学生家长那里收取更高的门票和交通费用;租用校车的困难;授课教师的一致同意,学生参观博物馆可能会缺席好几堂课,因此必须征得所有任课教师的同意。

针对这些情况和挑战,博物馆也积极应对,各出新招。一些馆专门建立了馆校联系委员会,保持与教师的联动,并确保他们持续使用博物馆,将其作为教室之外的非正规教育资源。有过成功经历的教师还可能受邀作为学校代表,或是在每学期初获邀参加博物馆的"教师之夜"活动等。活动现场,各馆会向教师推荐相关展览及教育活动,希望他们回学校后将信息传递,使得各年级或各学科教师都能把握机会结合博物馆资源规划教学。

2. 语音导览

语音导览,也即使用语音导览器的解说方式。其优势在于能够让观众自由选取段落边走边听,而这份自由是许多人选择电子音频设备的一大原因。在日本,人工导游的方式基本已经在博物馆销声匿迹了,人们习惯带着耳塞,安安静静地听电子导游器里的介绍①。但语音导览器也存在一定的缺陷,某种程度上它限制了观众之间的交流,尤其当团体客人手一枚导览器时,他们之间发表观点、分享体验的机会也就少了。

目前,不少语音导览装置都考虑到了残障人士的需求,配有点字、配音或手语影像等服务。并且,绝大部分装置都提供有不同语言的解说,甚至音

---

① 《"微信导览"代替"人工导游"新媒体成博物馆新宠》,中国广播网,2013 年 6 月 12 日。

频脚本还由博物馆馆长或策展人亲自书写并录播。例如,大都会艺术博物馆的语音导览设备不仅输出有英、法、德、日、中、意、韩、葡、俄等多语种,同时导览内容还分为"馆长推荐""专家推荐""儿童展线"等多层次①。在"馆长推荐"选项中,馆长亲自用 4 种语言讲解 54 件他最喜欢的馆藏展品,同时他还经常为特展的语音导览录音。又如,史密森国立航空航天博物馆的导览系统提供有英、法、德、荷、西、日等语言服务,让外国观众有宾至如归之感。

随着科技的加速更新换代,目前博物馆中常用的导览器有多类,如无线自动感应式导览器、应用 mp3 播放器或是无线射频识别技术的导览器等。今天,如何让科技为我们所用,让观众更便捷地分享到文化结晶,是各个博物馆不断探索的课题。卢浮宫之前特别推出了高科技语音导览器,为第一次进入博物馆的观众及年老者、残疾人和孩童提供互动服务。卢浮宫拥有高达 67% 的外国观众和 58% 的首次参观者,高科技的导览系统可以根据参观者的个人状况量身定制路线,推荐不容错过的展品。卢浮宫的态度是,参观者本身就是刺激其不断创新发展的动力。实现与观众的交流,博物馆的存在才真正能体现价值②。

而同为世界四大艺术博物馆之一的大英博物馆则于 2009 年 12 月 1 日正式推出了提供 11 种语言服务的多媒体导游器。据馆长尼尔·麦克格雷戈介绍,博物馆每年吸引世界各地 600 万游客前来参观,为了帮助他们更好地了解展品,此次专门推出了使用英、韩、法、中、意大利、日、俄、西班牙等语言的导游器(此前,该馆设备仅提供英、西班牙、日三种语言的导览服务)。并且,这次推出的设备不同于传统的语音导游器,游客输入展品号码后,导游器界面上会显示地图指引及经典参观线路。同时它还应用了世界领先的触屏视听解说系统,为残疾人增加了手语服务。麦克格雷戈表示:"现在越来越多的游客期望了解中国,参观馆内的中国展。此外,通过奥运会,伦敦与北京的联系也更密切了。未来几年中,将有更多中国游客来到英国,我很高兴能够告诉他们,大英博物馆现在能为他们提供普通话导游设备了。"另外,该馆还同时推出了专门为儿童设计的趣味导游器,以增强孩子们与博物馆之间的互动③。

---

①　张颖岚:《美国博物馆与社区发展的互动》,《中国文物报》2007 年 4 月 27 日、5 月 4 日。

②　程奕:《文化共享是艺术　更是智慧》,《东方早报》2008 年 3 月 19 日。

③　郭瑞、康逸:《大英博物馆推出 11 种语言多媒体导览器》,新华网,2009 年 12 月 2 日。

3. 智能移动应用导览

当博物馆意欲吸引观众时,新技术是极具前瞻性的制胜法宝。时下,越来越多的观众都在使用智能手机等智能移动应用设备,并且将来这样的用户还会继续增多。因而,不少机构都开始发展契合观众需要的现场手机服务,希冀通过智能移动应用设备等媒介,为他们呈现多层次的、可自由选择的信息。比如,手机微信讲解服务就是其中重要的一项,而机构一旦开通官方微信等公众平台,民众即使身处展厅以外,也可通过该平台"阅读"博物馆。

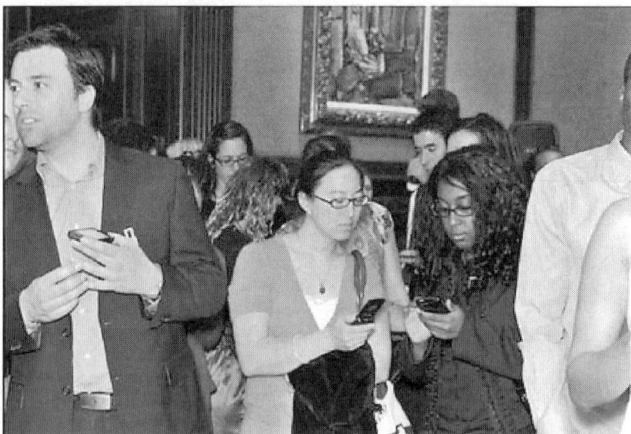

观众在展厅内使用智能手机等智能移动应用设备
来源:史密森博物学院网站

事实上,博物馆界长期以来的做法是将大量信息包括作品和展馆介绍存储进无线手持讲解机里,观众需要找到作品旁标注的对应数字,然后输入讲解机。但问题来了,有时候一大堆人挤在一幅作品前,很难找到那个隐藏在角落的不起眼的数字。而拥有浩瀚收藏的大都会艺术博物馆在前任馆长菲利普·蒙特贝罗(Philippe de Montebello)的大规模扩建后,参观路线更为复杂。现任馆长托马斯·坎贝尔说,鉴于此,馆方准备将无线网络覆盖全部 21 个展馆,然后将馆藏的 160 万件作品介绍一一输入网络数据库中。游客只需要下载 App 软件,打开无线网络浏览功能,所有信息都将一览无遗,也即通过 iPhone 或 iPad 阅读有关介绍,而无需再花钱租借讲解机了。最人性化的一点还在于,区别于传统讲解机填鸭式的语音解说,新的网络系统有机结合了文字和视频,比浓缩的信息更易于普通游客的理解。并且,坎贝尔认为,博物馆不应该只针对专业研究人员,而更应该面向普通老百姓:"我们必须承认许多参观者并不一定非常了解艺术,对参观路线更不清楚。""这个计划听起来并不宏伟,比不上建一个新馆来得激动人心,但是我想这样可以让大都会博物馆更加开放、更加被普通人理解。"①目前,大英博物馆也正与一些外包公司商议,开发用于馆内的手机应用,届时可具备馆内导航、讲解、文献链接等功能。

又如,2011 年年中,史密森下属的国立非洲艺术博物馆发布了配套展览"史密森艺术家对话 2"的 iPhone、iPod、iTouch 移动应用程序。该程序由史密森与多伦多一家软件公司联合设计,是史密森拥有的首个英语与葡萄牙语双语应用程序。它突破了展览原有的地理界限,让远在南非和巴西的用户也能轻松参观和参与展览。但博物馆特为此次展览研发的移动应用程序的最大亮点是"策展人专题导赏"视频项目。其中,用户除了可欣赏作品的高清图片之外,还可观看艺术家如何描述自己的作品、如何通过合作方式进行艺术创作等独家报道。同时,用户还能应用该程序在 Twitter 和 YouTube 上提问和发表评论,与艺术家视频对话,在木雕、绘画等小游戏中虚拟体验艺术家的创作技巧,或者做一些关于南非和巴西的智力小测试,进而更好地理解展览中的艺术品②。

美国博物馆协会 2012 年年初发布的《博物馆移动技术应用调查》③结果显示,移动技术在大多数馆的《观众战略规划》中占据至关重要的地位。2011 年,移动设备在博物馆中的应用获得前所未有的突破,不仅为观众带来了全新互动式参观体验,也为机构拓宽了收入模式。并且,42%的博物馆已提供有移动技术服务。预计,移动技术在博物馆还将迎来更长足的发展:美国约三分之一的博物馆计划在 2012 年引进新移动技术,最受瞩目的当属智能手机应用(被列为 2011 年在博物馆领域发展最快的新技术),占 21%;位居第二的是传统手机导览,占 17%;而排名第三的是"移动捐赠"(Mobile Giving,即通过手机短信向博物馆捐款,款额将从手机费中扣除)。现任美国博物馆联盟主席的福特·贝尔(Ford Bell)先生说:"建立新观众关系、提高效率、加强观众教育体验是美国博物馆的三大核心使命,我们一直在探索

---

①　周云编译:《用 Wi-Fi 引导观众参观博物馆　纽约大都会博物馆高调参与谷歌"艺术计划"》,《东方早报》2011 年 2 月 16 日。

②　湖南省博物馆编译:《史密森博物学院开发"艺术家对话 2"移动应用程序》,湖南省博物馆网站,2011 年 8 月 19 日。

③　来自全美 50 个州、1 000 余座博物馆的近 2 300 名美国博物馆协会会员参与了该项在线调查。

实现使命的新途径。此次调查证明了移动技术将帮助博物馆更有效地实现三大使命,并对提高机构在上述领域的影响力大有裨益。"另外,此项调查的负责人马修·皮特里(Matthew Petrie)评论说:"调查结果充分展示了博物馆行业对移动技术投入的巨大热情。到2011年年底,美国近50%的博物馆已提供了移动设备服务。随着移动技术风暴的继续蔓延,更重要的是,随着博物馆人对移动技术扩大观众群、推广、创收等方面潜能的逐步认识,这一比例还将提高。"①

值得一提的是,史密森博物学院在2010年即开展了聚焦智能手机业务的观众研究,其最终目的是针对实地参观者,发展契合他们的手机服务。受访观众表示,希望手机上呈现的信息能够像电子版的 GoSmithsonian("'去史密森'游客指南")一样,但信息量需要契合手机界面的大小,这样他们就不用携带印刷品上博物馆了②。同时,该手机业务的信息展示和组织,最好兼顾考虑第一次前来的观众以及回头客,也即提供的信息类型随观众参观频率和居住地的不同而有所区别。第一次前来参观和居住在华盛顿特区外的观众更倾向后勤类信息,以及"目前正在进行的"展览和教育活动信息。而回头客、本地观众则更倾向一些列表型和提醒类信息,比如哪些展览、特别活动是新的,哪些即将结束,他们更关注时间敏感的、有别于常设展的展示和活动③。

案例 1

美国自然历史博物馆推出导航系统④

2010年7月29日,美国自然历史博物馆推出了全新移动导航系统,通过无线网络为观众带来21世纪逛博物馆的奇妙体验。

该馆馆长伊林·富特(Eleen Futter)在新闻发布会上说:"这项移动导航系统让博物馆能随时随地和参观者对接,让他们全方位了解馆内的丰富资源,这重新定义了21世纪逛博物馆的理念。"

---

① 李慧君编译:《美国博物馆协会调查:博物馆走向"移动化"》,中国国家博物馆网站,2012年5月18日。

② Office of Policy and Analysis, *Smart Phone Services for Smithsonian Visitors*, USA: Smithsonian Institution, 2010, p. 12.

③ Ibid. , p. 27.

④ 荣娇娇、杨新华:《美国自然历史博物馆推出博物馆导航系统》,新华网,2010年7月30日。

这项经过 3 年时间研究开发的导航系统可以免费下载到手机和多种无线终端接收设备上。它不仅能帮助观众明确所处位置,还能对博物馆全部 45 个展厅、剧院、卫生间和餐厅进行导航,让观众在馆内行走自如。

除移动导游功能外,导航系统还通过手机的演示平台,在观众每次移步换位时,都提供有图文并茂的馆藏信息和藏品介绍。同时,该系统也为观众定制了个性化参观路线,事实上他们在参观前,在家中就可通过导航系统预先设定路线。同时,还可通过该系统上网,与远方的朋友分享实时参观体验。

伊林说,每位前来的观众都可免费下载该导航系统软件,馆方也会免费提供 350 部移动装置供观众体验此系统。

案例 2

兵马俑展亮相新加坡 iPhone 导览带观众重回秦朝①

2011 年 6 月 24 日,"千秋帝业:兵马俑与秦文化"在新加坡亚洲文明博物馆隆重开展,来自中国陕西省 12 座博物馆的 100 多件无价珍品首次亮相东南亚。该展览持续至同年 10 月 16 日。

为了配合此次展览,亚洲文明博物馆特别推出了世界首个专为博物馆设计的苹果手机(iPhone)综合导览程序。该程序的最大亮点是应用 AR 技术(Augmented Reality,全称"增强现实"技术)②并开发了故事性极强的互动节目。iPhone 用户只需在"App Store"下载"ACM Terracotta Warriors iPhone App"程序,就可用手机观看兵马俑拉弓、射箭等虚拟场景,切身体验秦国将士昔日之风采;亦可与兵马俑合影、玩转各种秦文化浓重的迷你游戏,以 3D 动画欣赏自己感兴趣的展品等。展出期间,观众均可免费下载、使用这一程序。

该导览程序主要分为"手机相机看 3D 展品""重返秦朝之旅""参观信息"三部分。

---

①　湖南省博物馆编译:《"兵马俑展"今日亮相新加坡 iPhone 导览带您重回秦朝》,湖南省博物馆网站,2011 年 6 月 24 日。

②　指把原本在现实世界的一定时间空间范围内很难体验到的实体信息如视觉信息、声音、味道、触觉等,通过科学技术模拟仿真后再叠加到现实世界被人类感官所感知,从而达到超越现实的感官体验。

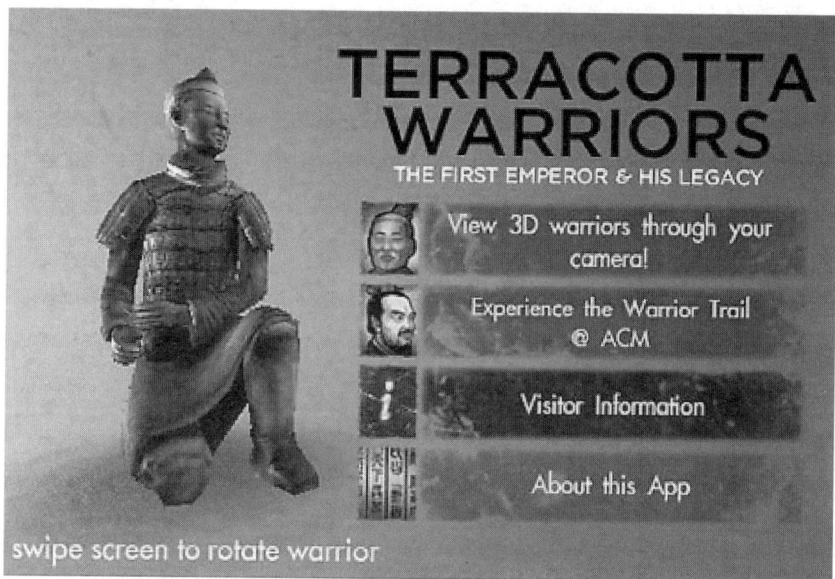

iPhone 导览程序主菜单
来源：湖南省博物馆网站

　　进入"手机相机看 3D 展品"页面，观众可选择自己感兴趣的展品，观看其 360 度全景图，还可用触摸屏幕的方式移动兵马俑，用 iPhone 相机功能与兵马俑合影，并学习画面中用秦小篆书写的汉字。"重返秦朝之旅"则是利用增强现实技术开发的一个 iPhone 动画故事。通过它将秦朝的文化、习俗及展品一一呈现在观众面前。而"参观信息"栏目则提供了票价、博物馆地图、开放时间等。

　　另外，该程序还设定了"上传"功能，观众可把自己喜欢的内容以"屏幕快照"方式分享到全球最大的社交网站 Facebook 上，以吸引更多的 iPhone 用户前来体验。

　　这种利用高科技、结合展览而开发的手机程序不仅有助于提升观众的博物馆体验，更加深了他们对藏品和文化的认识。亚洲文明博物馆副处长孙德浪在推介会上说："我们的生活离不开科技，尤其是年轻人。所以我们希望利用科技与观众联系，提供他们一份新颖的多感官体验，从而吸引更多的年轻观众。"据悉，"兵马俑展"结束后，馆方还将把这个程序应用到今后更多的展览中。

案例3

大都会艺术博物馆的智能移动应用导览

● 应用 Google Goggles[①]

Google Goggles（中文意思为"护目镜"）是Google 推出的一种智能手机应用程序，它能让使用者通过手机拍照的方式，在几秒钟内就搜索到与拍摄物一致的图片和相关信息，拍摄的内容可以是书本、商品、海报等。

Google Goggles 程序自 2009 年年末被应用到安卓（Android）手机上，2010 年又被应用到苹果手机上。近期，这一程序被用于开发一个通过手机拍照以搜索标题、艺术家和艺术作品出处的项目，而且应用性能越来越好。通过使用该程序，观众能在参观博物馆时，随时访问对应的图片数据库，获取相关信息。事实上，2011 年下半

"Google Goggles"在智能手机上的应用
来源：湖南省博物馆网站

年，著名的盖蒂博物馆就已经向 Google 提供了上百张藏品图片，成为第一个应用该程序的博物馆。

现在，大都会艺术博物馆也参与进来。该馆之前宣布，已向这个项目提供了超过 76 000 张绘画、印刷品、相片等藏品图片[②]。这意味着如果你看到了一件似曾相识的绘画复制品，如"Juan de Pareja"，但是又记不起该画的作者是谁，那么，你的手机在几秒钟之内就可以帮你找到答案——作者 Diego Velázquez。随后，Google Goggles 还会帮你直接导入大都会博物馆网站，告诉你可以在大都会的什么位置找到这幅作品，并显示与之相关的更多信息。大都会艺术博物馆馆长托马斯·坎贝尔在一次发言中这样形容与 Google 之间的伙伴关系，"这是我们共同努力的见证，它为全球观众提供了一条更好地了解博物馆藏品的途径"。

---

① 湖南省博物馆编译：《纽约大都会艺术博物馆向 Google Goggles 提供藏品图片》，湖南省博物馆网站，2012 年 1 月 6 日。

② Google Goggles 很善于搜索二维的作品，而对于雕塑作品还有些勉强，所以到目前为止，大都会艺术博物馆仍然只提供绘画和其他平面作品的图片。

● 推出首个手机侦探游戏①

2012年上半年,大都会艺术博物馆推出了名为"大都会谋杀案——美国艺术之谜"的移动设备应用程序。智能手机和平板电脑用户均可在程序的引导下,通过"侦查"大都会内的美国绘画、雕塑和装饰性艺术等展厅来侦破一起谋杀案。

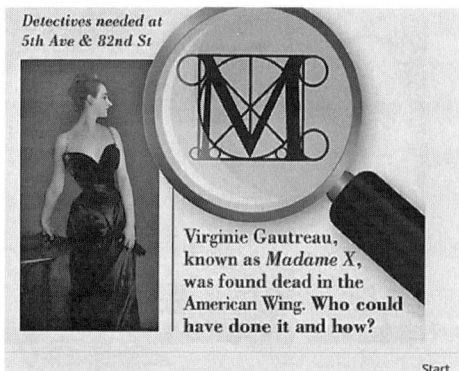

游戏开始界面:在美国翼展厅发现 X 女士的尸体,谁是凶手?
来源:大都会艺术博物馆网站

游戏中,玩家将会被带回1899年的一个晚会,然后围绕丽人维吉妮·高特丽(Virginie Gautreau)谋杀案而展开调查。维吉妮·高特丽是约翰·辛纳·萨金特(John Singer Sargent)经典名画《X 女士》(Madame X)中的人物原型,这幅作品也是大都会的著名珍宝之一。整个案情全为虚构。

玩家以侦探的角色参观这些展厅。展厅中的艺术品都有着不同的角色,它们有些是证人,有些是武器,还有些是犯罪场景。通过仔细观察和研究艺术品,玩家可以得到很多有用的线索。

游戏任务是推断出罪犯、行凶武器和作案地点。该程序提供了 3 条参观展厅的路线,每一条路线都有独特的故事情节,所以玩家可以反复把玩这个游戏。游戏引人入胜、新颖有趣,有助于玩家学习和了解多个展厅中的展品。

如果成功"破案",玩家还将欣赏到案发当晚的现场视频。如果未成功,玩家可选择"再侦查一次"或观看"揭晓谜底"视频。

"大都会谋杀案"是博物馆推出的首个手机侦探游戏。它是多方合作的结晶,参与方包括博物馆教育和数字传媒部门(案情)、绿门实验室(游戏)和 TourSphere 公司(游戏开发)。

---

① 湖南省博物馆编译:《纽约大都会艺术博物馆推出首个手机侦探游戏》,湖南省博物馆网站,2012 年 6 月 5 日。

▨▨▨▨ 案例 4

台北故宫之"带着故宫走 App"①

台北故宫博物院耗时一年多,制作了台湾第一支具文物互动功能的手机应用程序"带着故宫走 App"。自 2012 年年底用户可下载 Android 版本,iOS(由苹果公司开发的移动操作系统)版本则于 2013 年 1 月上架。

"带着故宫走 App"由太极影音公司设计,从台北故宫 69 万多件院藏文物中精挑最具代表性的百件精华,分别制作了 20 个文物互动和 80 个文物介绍页面。文物互动页面可透过智能手机的各项感应,包括触碰、倾斜、吹气等,展现国宝的各项特色。

民众可借由手机操控,完整观看故宫人气国宝"翠玉白菜"各角度的样貌。而近年来深受大家喜爱的"宋代白瓷婴儿枕"与"东汉玉辟邪",亦可借由轻触手机屏幕画面,呈现或坐或站、咯咯笑甚至仰天长啸的动漫造型姿态。虽然在展场欣赏"西周宗周钟"时无法当场亲身敲击,但借由 App 的互动页面,民众点击屏幕就可听其浑厚的声响。故宫表示,"带着故宫走 App"的推出,将有助于赋予经典文物现代风貌,让民众以更多元的方式认识中华文化。

"带着故宫走 App"贴心地针对民众参观故宫"前、中、后"各阶段的需求加以设计。在参观前,大家可先浏览馆内各项展出内容及活动,得知确切的展馆位置与交通信息,并参考院方精心规划的"故宫一日游"行程。而在游历故宫的当下,该项 App 还可进行户外院区各建筑体的导航,引领观众游览各项设施。在观看文物相关信息时,大家还可评分,表达对文物的喜爱与反馈。游览之后,亦可借由 Facebook、Twitter,与亲友分享参观心得,并挑战 App 中的小游戏。

为了让民众进一步了解"带着故宫走 App",故宫特别量身打造了微电影"古今穿梭游",由舞台剧大师金士杰及金钟奖迷你剧集最佳男配角陈竹升,化身为汉代宫廷画家毛延寿与苏东坡,透过趣味剧情解析 App 特色,并带领民众一同体验文物掌中游的乐趣。

台北故宫的另一项具导航功能的"故宫常设展 App"也将推出,并提供完整的院区及展览导引服务。

---

① 《台北故宫推 APP　随时与珍宝互动》,《大公报》(香港)2012 年 12 月 21 日。

由演员金士杰化
身汉代宫廷画家
毛延寿,大玩古今
穿越剧
来源:《旺报》(台北
故宫博物院提供)

(二) 互动体验

时下,互动展项在展览中的应用越来越普遍,尤其是科学类展览。互动展项可以是高科技的或低科技的,机械的、电动的或是基于计算机的。"互动"有多种含义,那什么是博物馆展览中的"互动"(interactive, interactivity)？一直以来,对"互动"的阐释版本众多,有时还将其与"动手做"以及"参与"等同。其实,这三者有共通点,但也有区别。《(如何) 为民众规划博物馆展览》(*Planning for People in Museum Exhibitions*)一书的作者凯瑟琳·麦克莱恩(Kathleen McLean)在书中第七章"参与型展项及互动展项"(Participatory and Interactive Exhibits)中对此作了区分:"互动"侧重观众与展项之间的相互行动,"动手做"聚焦"触摸"这一行为,但它未必是互动的,而"参与"则强调了观众的行为,非展项的反作用力。举个例子,有些人可能会将"手翻书"误认为是互动展项,因为它是能触知的、参与式的,但它通常不需要一个响应,除了翻页。事实上,好的互动展项还需要精神上的响应,比如做决定,而非仅仅物理上的响应。例如,某展项要求观众将物品以一定的顺序摆放,然后提供他们一个积极的或是消极的反馈。因此,互动展项需将行为施于观众,并要有引人思考的回应。正如凯瑟琳所言,互动是交互的。"互动"这一术语强调展示成分的、应对观众刺激的能力,互换的能力[1]。另外,凯瑟琳还注意

① Anna Johnson et al. , *The Museum Educator's Manual*, Altamira Press, 2009, p.144.

到,互动展项始于 1889 年①。

　　史密森博物学院对展览中"互动"的界定是:强调身体活动(Physical Activity)、结果(Outcome)、技术(Technology)以及信息(Information)。具体包括:伴随身体活动,即吸引观众的多重感官,不只是视觉,而且要求他们参与;在智力和情感上激励观众;有时是一套电脑程序,供观众自由导航,允许他们根据各自兴趣来处理信息②。

　　而有效的互动项目,不仅加深观众的展览体验,而且为展览带来价值。包括:为展览增添更多层次的内容;跨越惯常的界限,给予观众体验;融入诙谐幽默和情感;让观众多渠道地触及展览主题;激发观众的多重感官等③。总的说来,好的互动展项的特质包括:聚焦的——有清晰的学习目标;需要一个引人思考的回应;基于观众投入,提供结果;可能会请观众开展活动、搜集证据、选择选项、形成结论、测试技能、提供投入、基于投入改变情形;有简易的导引;与展览主题/理念清晰相关并强化它④。

　　这里,需要强调几点。首先,所谓的"互动"及相关技术应用,并非越复杂越好,越高新科技越好。相反,一个展项越简约和直观,才更贴近使用者。复杂性常常使观众感到困惑,如果指令复杂或是任务需要很多步骤才能完成,他们很可能会离开。因此,指令必须清晰。另外,对于观众正确完成后的一份回报或是奖励,并不总是必需的,但会受到欢迎。其次,互动展项也并不是越昂贵越好。互动展项有各种样式和尺寸,因此其预算通常差距较大。但一个考虑的重点是:好的互动展项未必要花费很多。关于"计算机互动是不是最有效的触及更年轻观众的方式"有很多争论。结果显示,这并不一定! 时下,计算机越来越成为孩童日常生活的组成部分,以至于机械互动鉴于其"新颖性"反而能够更有效地吸引和保持学生的注意力。再次,开发互动展项要求创新的思维,以及制作原型、测试、倾听观众反馈的意愿。最重要的是,每个展项都应拥有一个清晰的学习目标:希望观众从中学习到什么? 理应有不可抗拒的理由来创设任何一个互动展项。最后,不是所有的创意都能演变成一个好的互动展项。基于故事的通常比基于科学的互

---

　　① 　Office of Policy and Analysis, *Developing Interactive Exhibitions at the Smithsonian*, USA: Smithsonian Institution, 2002, p. 11.

　　② 　Ibid., p. 2.

　　③ 　Ibid., p. 7.

　　④ 　Anna Johnson et al., *The Museum Educator's Manual*, Altamira Press, 2009, p. 145.

动展项更难开发。前者常常不是关于进程或理论测试，而是关于叙述或比较。当你试着证明现象、阐明进程、展现变化或是比较时，使用互动展项会很不错①。

曼斯菲尔德博物馆（Mansfield Museum）是位于英国诺丁汉郡的一家小型馆，该馆的收藏主要是瓷器和动物标本。2011年，它击败了伦敦的科学博物馆及自然史博物馆，获得了英国卫报颁发的"最佳家庭友善奖"。家庭评委杰基·希尔斯带着她的3个孩子（其中最大的孩子8岁，最小的只有3岁）参观了该馆，她很喜欢馆中低技术含量的互动展览，也很高兴孩子们可以在每间展厅中坐下来画画。家庭评委卡拉·蕾思汉姆有2个孩子（男孩8岁，女孩5岁），孩子们非常喜欢馆内的恐龙展和垃圾回收活动小径，卡拉说："博物馆给人以幸福家庭的感觉。"②可见，"寓教于乐"不是简单地将学习过程游戏化，展览互动也并非技术含量越高越好，而是要让参与者真正感受到学习过程中"豁然开朗"的快乐。

1. 机械互动及多媒体互动展项

现代教育理论认为，多重感官的立体感知有利于激发学习者的兴趣，增强其理解力。在这方面，博物馆比起其他学习机构或媒介有着天然的优势。无论是机械互动还是多媒体互动应用，亦或是两者的结合，都致力于充分调动观众的五官，让他们在互动和体验中学习。

机械装置展项能够让观众与展览进行触觉上的直接互动，在对观众兴趣的全方位和持续调动中帮助他们得到自助式学习，这正是新型博物馆教育所追求的。有些观众曾说："听讲解的知识，有时听完就忘了，如果我动手做一遍，我就记住了，道理也明白了。"这正是机械互动的魅力。

多媒体互动展项自诞生以来一直受到欢迎。它是利用多媒体技术实现人机交互，通过对视频、音频、动画、图片、文字等媒体加以组合应用，实现普通陈列手段难以做到的既有纵向深入解剖又有横向关联扩展的动态展览形式，促进观众多感官和行为的配合，从而最大限度地领略展览设计者与教育活动策划者的意图。

就多媒体互动展项的应用而言，目前"视频游览"在博物馆展示中越来越风靡。它为观众提供了一场聚焦展览的视听盛宴，尤其是那些他们不方

---

① Anna Johnson et al., *The Museum Educator's Manual*, Altamira Press, 2009, pp. 144 – 145.
② 辛德编译：《英国曼斯菲尔德博物馆荣获2011年"最佳家庭友善奖"》，《中国文物报》2011年6月1日。

便直接涉足的区域,如陡峭的、多岩石的、不平坦的区域(洞穴、悬崖边、不平的小路等),以及一些危险环境,如遗迹、考古地等。这些区域不利于观众的安全,同时涉足也会影响到文物遗址的保护。虽然应用该技术仍旧无法让观众接触原物,但至少架起了两者连通的桥梁。同时,较之实地游览,视频游览还能呈现更多、更深层次的内容。美国加州大学伯克莱分校内的古生物博物馆(University of California Museum of Paleontology)现存只有院系办公室外的2—3处展品,但在视频和网络虚拟世界,观众却能看到一系列展览和活动内容。视频游览的强项在于低成本,便于修改程序,还拥有画面优势,同时辅以文字,可传播至非常广泛的公众(通常比博物馆的实际观众数量还要大),所以虚拟展览行将成为未来博物馆的特质之一,并发挥展示和教育的双重功能。其劣势当然在于观众无法接触实物,这也从侧面反映出藏品和展品的优势,亦是鼓励大家亲自前往博物馆的一大原因①。

时下,还有一些展览整体性地运用多媒体数字技术,包括虚拟现实技术和增强现实技术(也被称为扩增实境科技)等。其中,虚拟现实技术是指一种"让参与者即时在模拟的立体世界中观看、漫游或互动的科技"。而增强现实技术则是一种可将电脑虚拟出来的物件与真实情景巧妙结合的科技。比如,在香港科技馆,一些展区内的展品纷纷嵌入了图案,称为可见标记。当观众操作展品时,电脑系统会侦测这些标记,然后按它们的相对位置产生相应的虚拟场景或物件,并与真实影像做出配合,制造奇妙的互动效果。

其实,无论是机械互动还是多媒体互动,抑或是两者的结合,关键都在于让观众"动起来",让他们"参加进来",让其与展品展项"发生关联"。比如,在史密森国立航空航天博物馆的模拟器展厅,观众可乘坐"飞行模拟器",经历一段5—6分钟的惊险旅程。他们将驾驶在航天飞机上,进入国际空间站,或体验古老的、喷气机时代的飞机驾驶,相当刺激!或者,观众还可以选择担纲飞行员或是炮手角色,尝试变成喷气作战"王牌"——F-4幽灵Ⅱ的飞行员,驾驶"互动飞行模拟器"进行360度桶滚,展示自己的飞行特技!

值得一提的是,诸如香港科技馆、香港天文馆等机构都在入馆处或展厅入口处向公众明示其"服务承诺"。其中,科技馆的承诺为:我们承诺本馆

---

① Barry Lord, Gail Dexter Lord, *The Manual of Museum Exhibitions*, Altamira Press, 2001, p. 300.

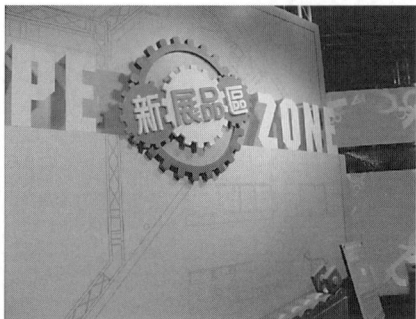

香港科技馆专设的"新展品区"
来源：笔者摄，2014 年 2 月

在任何时间最少有 500 件展品，其中七成为可供操作展品（即 350 件），并保持最少 90％的可供操作展品（即 315 件）正常运作。所有展品的资料均可于"访客服务中心"查询。并且，香港科技馆还公布其展品的实时数字，如 2014 年 2 月 9 日 15 点 53 分，展品总数为 623 件，正常运作展品数目为 589 件，可供操作展品数目为 409 件，正常运作的可供操作展品数目为 376 件。同时还附有主要展品/展厅暂停通告。而香港太空馆的服务承诺是：本馆在任何时间均至少有九成可供参观者触摸和操作的展品，维持可供使用的状况。另外，香港科技馆还专门开设了新展品区，一方面有效利用了部分面积较小的公共空间，更重要的是，机构通过观众的互动反馈来测试新展品，以观众为本决定哪些展品展项受欢迎，并将其投入下一步使用。有时，工作人员还会通过评估表等形式来探寻观众的反应。

案例 1

台北故宫荣获美国博物馆协会 2012 年缪思奖（MUSE Awards）①金牌双奖②

　　2012 年的缪思奖评审结果于 4 月 29 日揭晓，台北故宫博物院共有两项作品获颁最高荣誉的金牌奖，为该年度亚洲唯一获奖的博物馆，更是唯一摘下双金的机构。其得奖作品分别为诠释性互动装置类金牌奖——"山水合

---

　　①　缪思奖由美国博物馆协会媒体与技术专业委员会主办，2012 年已迈入第 23 届，每年皆有来自世界各国博物馆界的数字作品参赛。
　　②　《台北故宫荣获美国博物馆协会 2012 年缪思奖金牌双奖》，湖南省博物馆网站，2012 年 5 月 8 日。

璧：黄公望与富春山居图新媒体艺术展"，与多媒体装置类金牌奖——"清明上河图长卷动画"①。

近年来，台北故宫陆续将珍贵的文化资产数字化，透过多媒体科技与全球观众分享，并参与国际竞赛，屡获佳绩。本次荣获缪思奖金牌双奖，显现了台北故宫的数字应用成果备受国际博物馆界的瞩目与肯定。

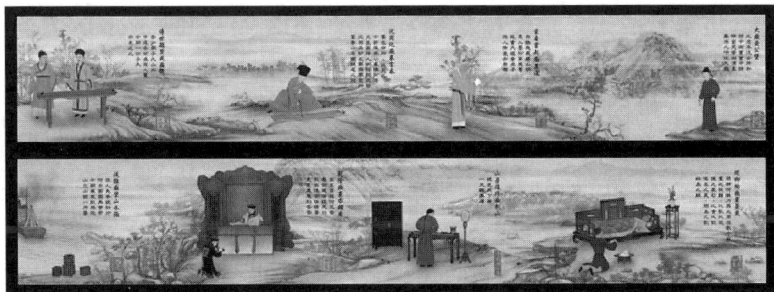

观众可以在叙事画作历史的画面中，以手指触动年代时间的文字，观看画中故事
来源：湖南省博物馆网站

"山水合璧：黄公望与富春山居图新媒体艺术展"由台北故宫和青鸟新媒体艺术有限公司共同策划制作。此展览以新艺术手法延伸了画作美学及相关文史知识，展示内容涵盖"山水化境""画史传奇""写山水诀""听画""山水对画"等系列作品，结合动画、触控、拼贴、光影、音乐以及魔幻剧场等技术，邀请观众一同走入黄公望所描绘的富春美景。其中，"山水化境"以数字3D动画的当代视觉影像和集锦摄影来拼贴文化山水，该作品运用42台投影机，40公尺长的画面连成一气，完整呈现了《富春山居图》，创造了展览中丰富的赏游层次。

另外，自2011年度起，台北故宫陆续推出了"清明上河图"等六个系列的故宫书画之高清动画，以无接缝熔接技术，将4台1080p Full HD高清投影机组成仿书画长卷的长形屏幕光墙，让观众仿佛置身于八公尺长的科技画境中。"清明上河图"长卷动画以台北故宫院藏的《清院本清明上河图》为发想基础，原作中画家对人物的互动与情绪、传统活动、城市中的招幌与植物都有清晰描绘，而透过动画技术，画中各式民情风俗，如虹桥上的来往人潮，烟波浩渺的金明池与富丽的宫廷殿宇，热闹的迎娶队伍和旁观人潮等，

---

① 委由太极影音科技股份有限公司制作。

都在观众眼前活灵呈现。

3D佛窟之旅——赛克勒美术馆举办莫高窟"净土"虚拟展①

2012年年底,赛克勒美术馆为观众献上了一场精美绝伦的佛像洞窟3D虚拟展。"净土——走进敦煌莫高窟"展出了中国西北部佛教洞窟内的壁画,以3D数字形式创新呈现了莫高窟一座千佛洞窟内的场景。

3D佛窟之旅——莫高窟"净土"虚拟展
来源:史密森博物学院网站

香港城市大学的杰弗里·肖(Jeffrey Shaw)教授和敦煌学院合作完成了此次展览的数字制作。肖介绍说:"敦煌的悬崖上开凿有600多个洞窟,壁画绘制的时间跨度长达千年。我们以此为原型,采集数字数据来探索洞窟。"

近10年来,虚拟现实技术被广泛运用于艺术场景再现。但有些场合,这些技术的频繁使用分散了观众的注意力,因此效果并不尽如人意,也引起了业界的抱怨。然而,"净土"洞窟展向业界呈现了博物馆如何利用沉浸式环境来引导观众积极探索和理解文物的丰富内涵。

此次展览是数字洞窟展首次在中国以外的地区展出。观众一旦踏入一个黑暗的帐篷,戴上特制的3D眼镜,一个360度的虚拟洞窟就会立即铺展在其眼前。观众站在小暗房中央,各种细节丰富的画面和岩壁会从各个角

---

① 湖南省博物馆编译:《3D佛窟之旅——赛克勒美术馆举办莫高窟"净土"虚拟展》,湖南省博物馆网站,2012年12月19日。

落涌入眼帘,仿佛伸手就能触碰到那些历经千年而风化的岩石。这和电影院的 3D 体验完全不同,数字洞窟具有让人震撼的真实感。

敦煌是古代丝绸之路上的一个天然绿洲,莫高窟则是古代佛家修行的圣地。几个世纪以来,他们在悬崖峭壁上开凿了数百个洞窟,并在洞中绘制了精美壁画。其中一个洞窟称为"药师佛的东方乐园"(现称为莫高窟第 220 窟),壁画中描绘了 7 个药师佛的形象,还有其他一些传统图像,如香炉、动物、舞者、乐器等。如今这个洞窟已被制作成数字影像,是新展览的一部分。

来自莫高窟的敦煌学院团队完成了虚拟项目初期的艰苦工作,他们用长达 7 年的时间将莫高窟进行数字化。肖介绍说:"他们对每个洞窟进行激光扫描,为壁画拍摄高像素照片。"尽管采集了几百个洞窟的数据,但最终他们只完成了一个洞窟的全交互式虚拟 3D 展。

展厅中间放置了一台迷你 iPad,观众可通过安装在 iPad 上的应用程序来控制数字界面。该界面为观众提供了导览服务,他们能从界面上选择不同角度进行欣赏。屏幕首先呈现的是一个黑暗的房间,接着一个虚拟的手电筒光束四处闪耀,照亮其中的某个部分。然后,灯光突然点亮,6 台投影仪和新一代 3D 技术制作的画面令游客一阵阵惊叹。

这场虚拟展还为观众配备了非同一般的"超能量"。点击 iPad 上的导览图,观众可以立马将画面移至天花板,也可以放大某个细节,甚至可以激活壁画中的人物形象——翩翩舞者走出了古老的壁画,伴着音乐飞天起舞。

这些新技术和设备还供观众体验在实际洞窟中无法看到的壁画原始状态。观众只需轻轻点击,7 位药师佛就会突然变装,原本黯淡的色彩顿时鲜亮起来。"在这个效果中,我们根据原作的颜色特质对绘画进行了虚拟上色,"肖介绍,"我们采用了敦煌学院对原始色彩的研究成果。"

保护莫高窟是该创新工程的一个关键目的。"为了减少对壁画的损害,莫高窟计划减少游客的参观量,"肖介绍说,"而莫高窟旅游业发展迅猛,采用这种方式能减轻来自旅游业的压力。"除了巡展,敦煌还将在真实的洞窟旁设置永久的虚拟洞窟。它们在满足日益增长的文化旅游需求的同时,也保护了洞窟。

赛克勒美术馆馆长朱利安·罗比(Julian Raby)在该馆 25 周年庆典上发言说:"赛克勒正迅速成为一座 21 世纪的博物馆,在改进数字技术以适应博物馆环境这一方面走在前列。'净土'项目就是未来展览的一个范例。"

案例 3

增强现实技术为博物馆"增光添彩"①

"增强现实"概念特别吸引人,它是指通过声音、图像和其他附加信息来增强对现实世界物品感知的技术。

在博物馆里,增强现实技术主要通过小型荧屏来实现。现在,来馆参观的民众花费了很多时间在手机上,如拍照、给朋友发短信或彩信等。所以,未来的发展趋势之一是如何把手机变成一个"讲述故事"的工具,为无生命的东西赋予生命的色彩。很多机构都在朝这个方向大跨步迈进,虽然有些技术成果并不令人特别满意,但至少这个发展方向是对的。

"终极恐龙展"手机应用程序
来源:史密森博物学院网站

2012 年夏季,多伦多的皇家安大略博物馆举办了一个"终极恐龙展",它就是增强现实技术运用的一个实例。借助于此,观众视觉看到的是有血有肉并且移动的恐龙,而不是毫无生气的化石骨架。此外,观众还可以把程序下载到自己的智能手机上,让展览中的野兽从荧屏里显现。博物馆则准备了一些 iPad 租给观众,这些 iPad 都安装好了程序,能够让观众直接看到栩栩如生的野兽画面。

同时,展览墙壁上也有许多精心设计的恐龙投影,互动性很强。在投影恐龙的眼睛位置都装载有 3D 相机,当你移动时,恐龙眼睛会盯着你的一举一动。这听起来有点让人毛骨悚然,但是博物馆通过这些技术手段给观众带来刺激,未尝不是一种可取的尝试。

而洛杉矶的盖蒂博物馆也另辟蹊径。在一个名为"艺术生命"的展览中,观众借助 iPad 可以让增强现实后的虚拟展品旋转起来,并尽享展品的各个细节。这些展品主要是该馆基本陈列中的经典藏品,包括 17 世纪亚洲产的带盖陶瓷碗、18 世纪的法国扶手椅等。

但最具特色且最吸引观众的增强现实技术应用要数伦敦自然(历史)博物馆

---

① 湖南省博物馆编译:《增强现实技术为博物馆"增光添彩"》,湖南省博物馆网站,2012 年 10 月 12 日。

之前举办的一场展览。参观过程中,观众只要在自己的 iPhone 手机上安装相关软件,就能看到英国广播公司电台流行节目主持人詹姆斯·梅恩为博物馆做的虚拟讲解。"走向现代世界"展厅中设置了 9 处有信号感应的摄像头,观众只要对准该摄像头,发送信号,就能够"召唤"出一个虚拟版本的梅恩,为大家提供蒸汽机的发明、第一台家庭电脑等的讲解,其言语从容舒缓,娓娓道来。

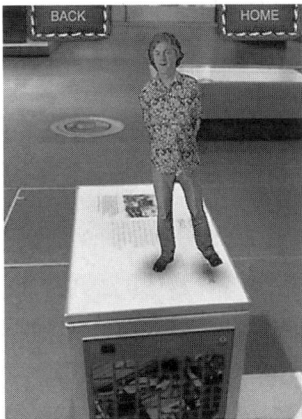

詹姆斯·梅恩的虚拟讲解
来源: 史密森博物学院网站

2. 影剧院

随着文学和电影业的风靡,戏剧和好的故事叙述越来越充满吸引力。今天,博物馆内形形色色的影院和剧场受到了各年龄层次观众的欢迎,如立体/3D 影院、4D 影院、动感影院、穹幕/天幕影院、球幕影院、全景/全天域影院、巨幕影院(IMAX)等。

时下,博物馆的影片或剧目类型多样,举办地也早已突破了影剧院的樊篱。有些是在展厅再现与展览有关的艺术作品或历史事件和人物,有些则是在星象馆上演某位英雄人物探索宇宙的故事,还有的是在儿童博物馆中常见的、由孩童担纲主角的现场非正式演出。伦敦动态影像博物馆(Museum of the Moving Image, London)是该领域的先锋。它在展厅内使用第一人称表演,也即演员们穿着戏服扮演角色,并且在与观众的互动中也以此人物自居。同时,在全景场景中还会邀请观众参与[1]。

香港历史博物馆的"民俗剧场",二维影像和三维实物同步呈现
来源: 笔者摄,2014 年 2 月

---

[1] Barry Lord, Gail Dexter Lord, *The Manual of Museum Exhibitions*, Altamira Press, 2001, p. 312.

在实践中,"实物影院"被证明是非常成功的。也即,一系列手工艺品(或复制品)成为"明星",辅以光影效果和音频视频影像,有时还伴有烟雾和气味制造的特别效果。香港历史博物馆中的"民俗剧场"就是一个典型。当民俗故事逐次推进,屏幕上方及影院周边的实物会一一亮起,如手工艺品、服饰、花灯、乐器等(如上页左图所示),让观众在二维影像和三维实物间进行切换和比照,加深理解。待影片放映完毕,各实物则会悉数亮起,供观众近距离观摩(如上页右图所示)。而较之"实物影院",更复杂的是"互动剧场",因为观众可在剧目演出的关键节点进行投票,决定剧情的发展①。21世纪初,加拿大不列颠哥伦比亚大学的学者为温哥华科学馆(Science World)设计了一种"可选择式科教电影"。放映过程中,影片提出问题请观众选择,依据不同的选择,演绎不同的发展结果。比如,当大部分观众选择"居住面积很大的房子"时,影片直观地给出资源浪费的结果——土地过度占用,森林大量被伐等。反之,则给出其他剧情。该"科教电影"甫一问世,就吸引了大量未成年人,更深受家长的好评。馆方试图在寓教于乐中告诉年轻人,科技的发展必须与生态环境的良性循环同步②。而巨幕影院或其他大屏幕影院,在科学中心和自然历史博物馆中相当风靡,赋予了观众极限般的体验。影片大多与地质类题材有关,大型画面被投射在几层楼那么高的银幕上,呈现的实景和电脑特制画面震撼人心,配套的音响系统也都融合了最新科技。而"模拟剧院"的屏幕则可大可小,多在军事和交通博物馆内使用,通常伴有好的故事线贯穿始末,给予观众一种速度体验,让其感受展陈中的交通工具的力量。

眼下,大部分博物馆都非常注重营建和提升其影剧院的设施设备,但这些终究只是"硬件"。如何把握"软件"也即影片和剧本的质量、数量并定期更新,才是吸引观众前来并反复前来的真正法宝。2013年上半年,台北故宫博物院参加美国第46届休斯敦影展,共荣获6项大奖。其中,"古今穿梭游——App微电影""国宝娃娃入宝山2:山水篇"荣获影展最高奖项白金奖;"清明上河图""国宝娃娃入宝山"获颁影展金奖;"悠游古今·品味生活"获得铜奖;"翰逸神飞"则摘得评审特别奖。台北故宫此次在休斯敦影展发光发热,6部得奖影片从全球4 500部影片中脱颖而出,可见台湾的数字文

①　Barry Lord, Gail Dexter Lord, *The Manual of Museum Exhibitions*, Altamira Press, 2001, pp. 312 - 313.

②　王乐:《寓教于乐就是在玩中学习? 玩中学习并非没有讲究》,新华网,2009年12月14日。

创软实力再次受到国际肯定[①]。

史密森博物学院的影剧院

史密森的影剧院主要坐落在国立自然历史博物馆(Samuel C. Johnson 巨幕影院)、国立航空航天博物馆(Lockheed Martin 巨幕影院)及国立美洲印第安人博物馆的乔治·古斯塔夫·海伊中心(空中客车巨幕影院)内。几个影剧院在 2007 年总共带来了逾 1 100 万美元的收入以及约 390 万美元的净利润,利润率达到 35%。最近各馆还开始采取行动促进增收,包括替换那些表现不佳的影片,引进新节目,并在影片播放结束后继续利用影院(如在国立航空航天博物馆的史蒂文·乌德沃尔哈齐中心内)。

值得一提的是国立航空航天博物馆的爱因斯坦星象馆所给予观众的数码穹幕技术体验。它在一直应用的蔡司透镜 VI-A 放映机基础上,新添了首度使用的双声轨数码放映系统 Sky Vision™[②],以及六频道数码环声系统。这一次,观众能感受前所未有的穿梭宇宙的惊险刺激,并被各种动态的影像和音响效果所包围。星象馆放映的影片有《今晚的星空》《黑洞》《探索恒星之旅》《同一个世界,同一片天空》等。

香港太空馆之何鸿燊天象厅

2009 年,经过 7 个多月大型翻新工程的香港太空馆何鸿燊天象厅于 7 月 1 日重新开放,以全新面貌服务市民。

此次翻新工程耗资约 3 400 万元,主要用于更换一套全新的数码天象投映系统,以及安装配备多语言互动系统的座椅。新装置的数码天象投映系统分辨率高达 5 300 万像素以上,是现时世界同类系统中具最高分辨率的。目前世界上只有两间天文馆,即北京天文馆及香港太空港拥有如此超

---

① 《台北故宫荣获 2013 年美国休斯敦影展多项大奖》,湖南省博物馆网站,2013 年 5 月 23 日。
② SkyVision™是一种应用最新科技的、高清的穹幕播放系统,为爱因斯坦星象馆原先一直使用的蔡司透镜 VI-A 放映机增添了新动能。

高清影像质素的数码天象投映系统①。

此外,太空馆亦采用了刚在 2009 年年初才推出市场的、新力最先进的 SXRD 投影机,使机构成为现时全球拥有最先进数码天象投映仪的天文馆之一。以往的投映系统未能充分使用太空馆的全圆顶银幕,新系统则可播放全圆顶银幕的动画或电影,并且可实时模拟在任何时间以及从宇宙中任何地点观看星空。观众将有"飞往"宇宙之感,漫游某个恒星或其他天体,更可飞至宇宙尽头,研究宇宙的宏观结构②。

而全新的座椅则配备了多语言互动系统,可为所播放的节目提供四种以上的语言旁白。座椅扶手上装设了显示设备,以便观众自己选择播放语言及使用其互动功能,例如发短讯,或参与实时游戏等。此外,新系统亦设置有无线头戴式耳机系统,让观众使用时更方便舒适。

2014 年上半年,何鸿燊天象厅在映的影片有:我们都是外星人(3D,立体球幕电影)、活力地球:气候解码(天象节目)、冰河巨兽(全天域电影)、企鹅(全天域电影)。

香港太空馆何鸿燊天象厅逢星期二休馆(公众假期除外)。票价分为 24 元(前座)及 32 元(后座),全日制学生、残疾人士及 60 岁或以上高龄人士获半价优惠。门票现于太空馆票房及城市计算机售票网发售。

根据"神奇古怪的野兽"特展展品设计的拼图游戏,观众通过自己动手拼制,能够更好地理解艺术品
来源:湖南省博物馆网站

3. 教育/学习中心、活动中心、工作坊、探索室、实验室、教室等

对于孩童和青少年来说,玩游戏是对现实世界规则的模仿,因此游戏在他们的学习过程中占有重要地位,并且这些都可以转换到博物馆环境下③。目前,许多欧美博物馆通过开辟教育中心/学习中心、活动中心、工作坊、探索室、实验室、教室等,为观众的亲身

①②《全新的香港太空馆何鸿燊天象厅七月一日重新开放》,香港特区政府新闻公报网,2009 年 6 月 23 日。

③ [英]帕特里克·博伊兰主编,国际博物馆协会中国国家委员会、中国博物馆学会翻译:《经营博物馆》,译林出版社 2010 年版,第 185 页。

实践、体验型学习提供场地、设施设备和人员,如配合学校课程开展"第二课堂"教育等。更重要的是,借助这些互动区域能增加馆方与观众交流的机会,帮助后者理解展览,并给予他们当下的生活以启迪。实践证明,能赋予观众深刻印象的展览,往往都在观众参与方面花费了很多心思和精力。尤其对青少年而言,动手做是最好的学习方式。正如波士顿儿童博物馆的一个形象说法:我听了,我忘了;我看了,我记住了;我做了,于是我明白了。

"我们的脸部表情能够表达什么样的情感呢?"通过提问,鼓励观众对艺术品进行思考
来源:湖南省博物馆网站

"乐高展览"互动角:让观众参与制作自己的雕塑,充分发挥想象力
来源:湖南省博物馆网站

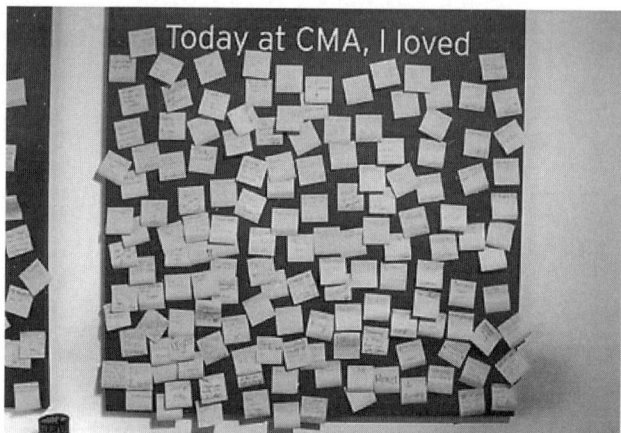

"今天在博物馆参观，我最喜欢……"在展览大厅的墙壁上，贴满了观众评论的便签
来源：湖南省博物馆网站

位于美国俄亥俄州的哥伦布艺术博物馆（Columbus Museum of Art）完成了展厅整修，希望借助全新的展厅互动设计给观众带来更深入的艺术参观体验。改建中，博物馆专门在展厅四处增添了各式"互动体验区"，观众可在欣赏展览与展品的同时进行模型制作、绘画、拼图、小游戏等活动。另外，博物馆还专门开辟了"家庭展厅"和"创意展厅"两处特色场地。在"创意展厅"中，观众可亲自参与展览设计与艺术品创作，大大激发了他们的想象力与创新精神。"家庭展厅"则是父母利用博物馆资源与孩子开展亲子活动的园地。据悉，哥伦比亚艺术博物馆还将进一步推进其改建项目。新项目以"给每一位观众带来精彩艺术与精彩体验"为宗旨，更加注重他们的互动体验[①]。

（1）教育/学习中心、活动中心等

越来越多的博物馆开始认识到集聚一些或全部学习空间以创设教育中心、学习中心和活动中心的价值。这类中心主要有两大功用：一方面能接收和接待专为教育活动前来的群组；另一方面将相对"喧闹的"教育活动与"宁静的"展厅氛围区隔。一般，教育/学习中心和活动中心等在博物馆中的设置相对独立，面积通常较大，并拥有一系列设施设备，同时结合了博物馆藏品、研究、展览等多项资源，功能多元。

---

① 湖南省博物馆编译：《哥伦布艺术博物馆试打造观众参与式新参观体验》，湖南省博物馆网站，2013 年 1 月 17 日。

案例 1

史密森国立自然历史博物馆之"Q？rius"学习中心①

　　史密森国立自然历史博物馆的首个青少年交互式学习中心于 2013 年 12 月 12 日正式开放。中心名为"Q？rius"(音同"curious"好奇心),运用把科学与青少年参观经历联系在一起的全新学习方式,以期培养未来的科学家。该中心拥有科学实验室、藏品库、工作室和消遣场所等,综合激发青少年、教师与家长对科学的好奇心和兴趣,让青少年体验与自己生活息息相关的科学知识,增强科学技能。在 1 万平方英尺的全新环境中,公众将置身 7 个独特空间,参与多种科学活动。中心还建有可容纳 100 名观众的影院,为科学展示、演讲、电影以及全球专业领域研究的互联网现场活动提供场地。

史密森国立自然历史博物馆首个青少年交互式学习中心
来源：湖南省博物馆网站

　　本学习中心最大的特点是资源极其丰富,拥有超过 6 000 件博物馆藏品供公众探索和研究,还拥有世界上最多的可供教学的藏品,诸如 4 亿多年前的骨骼、矿石和化石等。学生们将有机会利用专业工具研究藏品——和

─────────

　　①　湖南省博物馆编译:《美国国家自然历史博物馆建立首个青少年科学学习中心》,湖南省博物馆网站,2014 年 2 月 8 日。

史密森研究人员在日常工作中使用的工具一模一样。并且,通过与史密森科学家、专家的互动,青少年还可以探索自己的职业方向,因为在"Q？rius"中心的经历会帮助他们迸发新理念,与科学建立长久关系。而中心的另一个主要特色则是为青少年团队提供科学项目——自然历史调查。它通过一个时长 60 分钟的工作坊,推出各种与学校自然学科课程相关的、某一专业领域的深度研究。并且,透过博物馆员工的引导,学生们还可利用机构的藏品、数据、设施以及数字资源解决各类科学难题。

值得一提的是,该学习中心的模式已突破了博物馆的围墙,延伸到虚拟世界,参观者在离开博物馆后仍可继续其探索。在中心内,公众通过扫描专属于自己的 QR 码,就能够在虚拟"实验笔记"中保存已完成的科学项目、笔记和草稿,并赢得徽章。这项虚拟软件的灵感来源于史密森科学家记录田野数据的研究笔记,它帮助学习者追踪调查、记录自己的科学结论,并在网络上继续学习。

案例 2

史密森美洲印第安人博物馆全新打造想象活动中心(imagiNATIONS Activity Center)[①]

国立美洲印第安人博物馆全新打造的想象活动中心于 2012 年向公众开放。该中心为观众提供双语学习工具并设计了多种动手活动,以互动形式展现了遍布西半球的印第安部落的多样性、历史、文化及其贡献。

想象活动中心位于博物馆三楼,每天从上午 10 点到下午 5 点对外开放。在这个 5 400 平方英尺(约合 500 平方米)的房间内,光线充足,大家透过周围的落地玻璃窗还可欣赏到国会山和华盛顿国家广场的绝佳风景。该中心全年都举办有互动游戏、讲故事和手工艺品制作等活动。

美洲印第安土著民族长期以来利用周围的自然环境来满足需求。如今,他们的许多创新发明都在人们的日常生活中得到利用。该活动中心设计的理念之一即是让观众通过多种动手活动来了解美洲印第安民族的奇思妙想,具体活动包括:

穿行于亚马逊棚屋、动手搭建一座圆顶雪屋、端坐在 16 英尺高的金字

---

① 湖南省博物馆编译:《史密森美国印第安人博物馆全新打造家庭活动中心》,湖南省博物馆网站,2012 年 7 月 12 日。

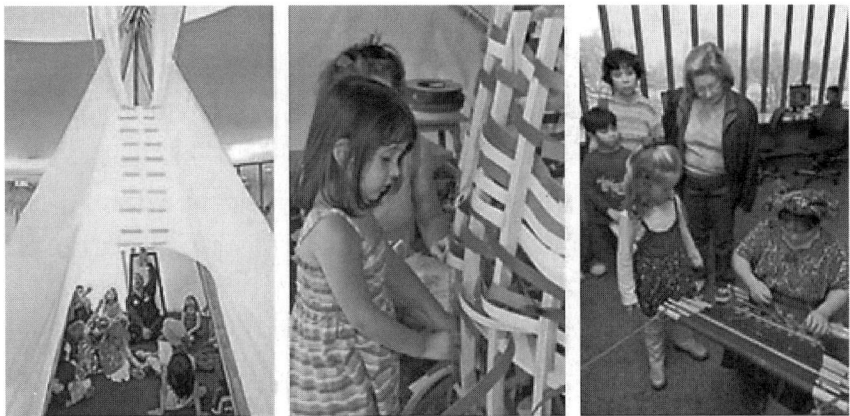

史密森美洲印第安人博物馆想象活动中心的活动区
来源：史密森博物学院

塔帐篷内、亲临逼真的土坯房……观众可通过多种方式来了解传统的土著居民住宅；和家庭成员还有朋友们一起参与互动知识竞赛，以此测试自己在自然历史、文化和风俗等方面的知识；体验各种不同的交通运输工具和运动，如漂流、雪地靴行走及滑冰；编织一个大竹篮，学习竹篮编织的历史、用法和多种样式；通过"护照活动"来了解印第安村庄的多样性和统治制度，观众可以在该活动中集齐来自美洲北部、南部和中部部落的官方印章；在博物馆的奇克哈默尼园艺活动中见识"三姐妹"（豆类、玉米、西葫芦被称为三姐妹），并了解为什么这些部落会集体种植粮食……

　　除此之外，土著艺术家们还会在工艺室带领观众学习传统的土著艺术和手艺，并动手制作属于自己的纪念品。儿童还可在故事厅中阅读有关美国原住民及其宗教信仰、部落起源的儿童书，并自由使用"发现箱"来探索平原部落之间的狩猎习俗、服装和文化的异同。

　　（2）工作坊与"动手做"活动
　　以动手操作为特色的"工作坊"体验是众多博物馆常见且重要的教育形式。在这一环节，大家可将刚从展厅学到的知识或技能付诸实践，如自创绘画、设计建筑、制作手工艺品等。博物馆通过工作坊内的一系列"动手做"活动，让观众经由实际观察与操作，对人文历史、传统技艺、生活型态、自然现象或科学原理更易于了解，进而激发其想象与创作的潜力。

　　例如，国立美国历史博物馆教导民众动手制作绳索、缝纫、刺绣、印刷、烹饪印第安食物、创作原住民图腾等。纽约 SOHO 区的儿童艺术博物馆（Children's Museum of the Arts）引导儿童利用各种素材如纸张、布、叶子、毛线、纽扣、黏土、石头等进行艺术创作，或利用废物制作手工艺品。在加州圣荷西儿童探索博物馆（Children's Discovery Museum of San Jose），小观众们可以学习如何用草绳编制墨西哥传统手工艺品。而大英自然历史博物馆还举办有"海洋无脊椎动物彩绘壁画"及古文明工具制作等活动。在约克考古学资源中心，民众学习罗马鞋之制作。而在东京都儿童会馆，小朋友们学习动手制作玩具。同时，台湾省立博物馆有灯笼制作、剪纸与立体纸雕、标本剥制、植物书签、纸黏土动物造型创作等项目；台中"国立"自然科学博物馆则有热气球、美丽云朵朵、迷你星象仪、声炮及小迷糊闯关等制作活动，让观众利用简单零件设计游戏，并从中了解一些自然科学的基本原理①。

　　目前，卢浮宫设有不少针对学生的服务项目，"艺术工作坊"便是其一。该馆拥有数十个"艺术工作坊"，既为成年人也为学生服务。此工作坊是集参观、讲解及动手三者于一体的艺术活动场所，为 50 平方米的厅室，中间有一工作台，周围则是放置用具的大壁架。设立"工作坊"是为了增加学生的艺术体验，例如园林课上他们先由教师带领参观卢浮宫前的杜伊勒里花园，讲解其风格，回到"工作坊"后，学生可用模具搭一个他们想象中的花园。这些活动 6—18 岁的孩子都可凭兴趣参加，没有任何限制②。

　　大英博物馆针对学校观众的教学支持包括直接教学、对由教师引导的参观的支持、对教室教学的支持和特殊计划。直接教学在博物馆的教育场所、展厅和学校进行。馆内教育活动涉及工作坊、谈话、研究班和表演等形式。其中，工作坊最多可接待 35 名学生，这里组织的活动大多会接触文物。如让孩子们接触一些埃及文物的原件和复制品，以帮助他们理解考古发掘的过程。工作坊的第二项活动涉及角色扮演和第一人称解说，如孩子们会扮演进行和平谈判的古希腊城的外交大使。第三项活动为音乐、舞蹈和喜剧。如馆方会组织西非的戏剧工作人员与一群学生一起以博物馆文物为基础编排喜剧故事。第四项为艺术和工艺品。博物馆工作人员致力于让学生参与到艺术技巧的实际运用中，如学生会在这里练习平时在学校接触不到

————————
　　①　黄淑芳：《现代博物馆教育：理念与务实》，台湾省立博物馆 1997 年版，第 59—60 页。
　　②　韦坚：《法国博物馆的儿童教育》，《中国文物报》2012 年 1 月 2 日。

和不熟悉的中国书画。他们还会使用古波斯的设备和伊朗伊斯兰时代的颜料在纺织面料上作画等[1]。

有趣的是,不少工作坊还鼓励观众将自己的实践成品带回家,无论是以实体形式还是通过电子邮件的方式,如自己制作的工艺品、与喜欢的作品的合影、活动现场照片等。有些小观众还愿意将其作品留在博物馆供其他人欣赏。

（3）探索室与探索活动

根据心理学家研究,透过"自我发现"的方式学习,比用"传授"的方式更让人兴趣高、记忆久,故许多博物馆现在都应用"知识始于好奇心"及"由动手做中学习"等教学理念,设有独立的探索室,并内置各种标本、模型、服饰、童玩、录音带、影片、图书、仪器,或养殖一些活体生物等[2]。总之,鼓励观众充分调动其五官之能动性,并亲身体验探索活动的乐趣。

探索室可以是独立于展厅的空间,也可以是展厅中的小型探索区域如探索站、探索角,甚至是一部可移动的手推车、某个展柜下的抽屉、一盏探索窗口等。探索室内的物品或组件一般都是可操作和触摸的,帮助传递展览信息。

纽约自然历史博物馆的恐龙厅内,在一头巨大恐龙的脚旁,有着厚厚的隔离玻璃,并且玻璃上还开有一个圆形小"天窗",孩子们可以将手伸进去,触摸中生代恐龙的脚脖。一个小小窗口,让小观众们接触到了中生代的生灵陈迹,这种人性化的设计在西方博物馆其实随处可见[3]。又如,国立美国历史博物馆中置有多辆"互动手推车",讲解员会驻守在旁,帮助观众用手触摸"历史",接触历史物件。该探索活动适合任何年龄的观众参与,具体内容包括:教你如何操作轧棉机、如何观察立体镜、体验穿紧身胸衣、如何用印刷机来印制卡片,并尝试用杰斐逊当年使用过的方式来复制一封书信。而在史密森美洲印第安人博物馆的展厅内,许多展柜橱窗下面都有几层抽屉,上面写着:打开抽屉,有更多发现。原来里面存放的是一些小件艺术品,如项链、箭头等,它们如果跟那些大件艺术品一起摆放就很可能被忽视,藏在抽屉里却引起了人们的好奇心。此外,在一些展厅,我们还看到了印第安人讲解员,在其面前的手推车上放着一块树皮、一块动物皮毛和一根干草,原来这是三种最典型的印第安人制造独木舟的材料。当有观众表示出兴趣的

---

① 高翠:《英国博物馆的社会教育》,《中国文物报》2012 年 2 月 3 日。
② 黄淑芳:《现代博物馆教育:理念与务实》,台湾省立博物馆 1997 年版,第 52 页。
③ 杨玲、潘守永:《当代西方博物馆发展态势研究》,学苑出版社 2005 年版,第 164—165 页。

时候,他就会先让观众猜这些材料来自什么动物或植物,然后解释为什么要用这种材料,制作工艺是怎样的。随着讲解的深入,他像变戏法似的不断地从手推车里拿出各种各样的模型和材料,引发了观众浓厚的兴趣①。

而不同博物馆依其特色与服务对象之不同,所设探索室的主题与表现手法也各异。如东京国立科学博物馆的"自然探索室",以自然生态立体造景及开架式触摸盒等方式,让观众动手抚摸各种动植物、化石及岩石矿物,按键聆听一系列虫鸣鸟叫声,掀板寻找答案,或用放大镜及显微镜观察奇妙的生命世界等。史密森国立自然历史博物馆的"昆虫园",养殖有各种活体昆虫。该园以生态造景的方式让观众自行寻宝式地观察昆虫的形态、分布、习性、鸣声、交配等,或探讨其对人类生活的影响,亦可通过电脑查询相关资讯。展区旁还设有昆虫养殖室,观众能透过大玻璃窗观看工作人员照顾昆虫的情景。而在纽约曼哈顿儿童博物馆的"探索室"内,小观众们可按键收听一段口述历史、童谣、戏曲或故事,或利用各种器具创作音乐,或利用现场小偶剧台及布偶表演一出小小偶戏。另外,法国维雷特科学工业城还设有"发明室",提供了各种工具及素材,让观众动手创作发明;波士顿儿童博物馆则置有"衣物间",各种行业与民族的服饰和装饰品供观众透过角色扮演来满足好奇心及模仿心理,并对各族群的生活习俗留有印象;波士顿科学博物馆的"人体探索室"内,观众可透过仪器操作,试试自己的嗅觉与听力、测量脉搏及血压、照 X 光、按键了解人体血液传送系统,或探索人体各器官的结构与功能等②。

文物保护与修复是博物馆工作的重要组成部分。然而长期以来,它们被"养在深闺",不为人知。近年来,博物馆"幕后探索活动"颇为盛行,致力于改变这一窘境。有些馆在展厅一角开有一扇小窗或是利用整面玻璃幕墙,让民众观看研究人员如何进行清理化石之类的考古研究或展品制作工作,满足他们的好奇心理。例如,大英博物馆和韩国及日本合作,实施"conservation focus"做法,即修复某个建筑或文物并在文保专家修复的同时供观众观看,他们甚至还可以向专家提问③。而曼彻斯特科学与工业博物馆多年来一直将为日后展览准备的手工艺品的保护工作曝露在观众面前,供大家近距离观看整个进程,并且发问。当然,还有一些幕后探索活动只对

---

①　唐泽慧:《美国博物馆的公众定位与筹资模式》,《中国美术馆》2006 年 10 月。
②　黄淑芳:《现代博物馆教育:理念与务实》,台湾省立博物馆 1997 年版,第 54 页。
③　《大英博物馆的新兴"全方位"展览》,山东博物馆网站,2012 年 3 月 15 日。

某部分人群或是在特别时段开放(如"成员之夜")。位于波士顿的新英格兰水族馆/海洋博物馆(New England Aquarium)、纽约自然历史博物馆和位于旧金山的加州科学院等,经常安排特定观众参观馆藏,以及研究、展示和活动等作业流程,或访谈馆方人员,让民众实地了解机构如何经营管理,以争取其认同与支持①。

史密森美国美术馆 Luce 基金会中心内开展的寻宝游戏
来源：史密森博物学院网站

　　值得一提的是,"寻宝游戏"非常吸引小观众们。该活动引领孩童及陪同家长仔细观察展品,并在寻找答案的过程中训练团队合作精神,同时进一步认识博物馆。史密森美国美术馆的 Luce 基金会中心就是开展寻宝游戏的完美之地。它拥有超过 3 300 件艺术品,包括绘画、雕塑及肖像微型画等,它们被呈放在大型落地玻璃柜内。该寻宝活动全年举行,且免费开放,各年龄的观众都可投身这项冒险,并根据线索,发现更多的新艺术。

　　需要说明的是,若探索室内配备有受训过的教育工作者,对观众而言将更受益。这些教育人员不仅能监管室内的物品和活动情况,更重要的是,他们可以通过一些技巧促进观众的互动,并将这些互动与更广泛的展览构想和信息勾连。

　　过去,探索室多在儿童博物馆和科学中心内出现,现今已在其他类型的博物馆中得到广泛应用。它的一大优势还在于能够激活相对静态的展厅。毕竟不是所有的博物馆都拥有资金来改造年久的展厅或是营建独立的探索空间,因此通过添加一些探索区域和探索元素,并重新思考如何使动态的教

　　① 黄淑芳:《现代博物馆教育:理念与务实》,台湾省立博物馆 1997 年版,第 54 页。

育活动助益于现存的展览，这或许是不少机构以相对低的成本完善自身的一大捷径。

（4）实验室、教室与研习课程、研习营

史密森博物学院旗下机构不少都拥有独立的实验室，有些还有不止一个。国立美国历史博物馆 Lemelson 中心的"火花实验室"（Spark! Lab）提供了许多手动实验供各年龄层次的观众操作，传授他们科学的进程以及技术在美国历史上的作用等知识。各项活动皆围绕发明进程而展开，并且定期轮换，以赋予观众常换常新的学习体验。实验室每天开放，时间段为上午 10 点至下午 4 点。活动全部免费，无需预约，但鉴于室内的最大容量为 45 人，故先到先得。另外，每天上午 11 点到下午 3 点间的整点时分还有博物馆工作人员亲临现场指导，示范实验。此外，国立自然历史博物馆的"法医人类学实验室"（Forensic Anthropology Lab）的活动内容则与"骨头上书写的历史：17 世纪切萨皮克①的法医档案"展览相关。其形式以手动为主，孩子和家长可一起用真人人骨来破案，辨识远古的人类，并就他们的生活导引出结论。实验室内的活动也是全部免费的，无需预约，但开放时间全年有别。

国立美国历史博物馆 Lemelson 中心的"火花实验室"
来源：国立美国历史博物馆网站

目前，不少博物馆都针对特定主题与服务对象，在独立的实验室、教室

---

① 美国弗吉尼亚州东南部城市。

或是展厅中的实验区域开展活动或研习课程,通过讲授、实验、动手做及讨论等多元教育手段运用,使观众深入了解博物馆的展示与资源、自然科学原理,并启发美学创作等[①]。

东京国立科学博物馆设有"自然观察入门研习",指导观众如何观察地层化石、植物生长、水鸟活动,或分析矿物的化学成分。波士顿科学博物馆置有12间科学教室,分为物理、化学、生物、地质、天文与电脑科技等领域,依据观众的不同年龄安排有不同课程。例如,幼稚园亲子研习有"大自然的颜色""动物对话""奇妙身体"等课程,小学生有"透视昆虫""数学探险""太阳与星星""化学燃烧""神奇的气体"等课程,15岁以上者有"博物馆收藏品背后的故事""电子显微镜下的世界"等课程,并依对象学习能力之不同,施以不同的方式与步骤。其课程时间一般为40分钟至2小时左右。而研习营乃综合一系列研习课程,进行密集式讲习与训练,一般连续一天至数天。如台湾的博物馆开设有"教师北海岸生态研习营""高中生野外求生营""小学生昆虫研习营""义工干部研习营""认识生物之美亲子研习营""民俗技艺研习营"等[②]。

法国博物馆不仅为3—7岁儿童开设了博物馆入门教育班,培养他们的兴趣和感情;而且还为7—18岁中学生开设了实物教育班,学生除了参观陈列外,同时利用幻灯、录像等视听设备学习历史、文学、自然科学等课程[③]。以维雷特科学工业城为例,它独特的青少年项目包括"维雷特班",也即中小学整个班级搬到科学城上课1—2周,学生利用那里的设备、常年展览和短期展览提供的知识,在教师和工作人员的双重协助下,完成一项科学小试验。科学城平均每年接待250个"维雷特班",一些欧洲国家的学生也慕名前往[④]。而大都会艺术博物馆和纽约古根海姆博物馆则专门为不同年龄段的孩童提供美术教育课程,甚至部分学校课程也直接在馆中进行,馆员与教师之间不仅形成了紧密和谐的关系,而且共同为孩子的成长和发展搭建了良好平台。

有趣的是,2013年美国自然历史博物馆出炉了一个为期两周的训练营,名为"捕获恐龙:重建灭绝物种数字化制造"。参加这次训练营的高中生可以使用扫描恐龙骨骼的尖端技术、数字重建,最后用3D打印机打印出

①② 黄淑芳:《现代博物馆教育:理念与务实》,台湾省立博物馆1997年版,第63页。
③ 国家文物局博物馆司调研组:《关于将博物馆纳入国民教育体系的调研报告》,2010年。
④ 韦坚:《法国博物馆的儿童教育》,《中国文物报》2012年1月2日。

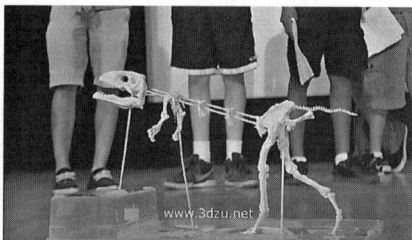

美国自然历史博物馆之"捕获恐龙：重建灭绝物种数字化制造"训练营现场
来源：cnBeta 网站

3D恐龙骨骼。参加的学生不需要任何经验，所有相关知识都会在课堂上教授。博物馆会提供一些原始化石，学生要学习如何处理这些化石，并确定如何将它们组合在一起。课堂上，学生将使用智能手机上的 Autodesk 123D Catch 软件扫描恐龙化石，然后数字重建，最后将 3D 模型文件传送到 Tinkercad 和 Makerware 准备打印项目，用 MakerBot Replicator 2、3D 打印机打印出来。最后，学生还将花一些时间搞清楚每块 3D 打印骨骼的位置，组合起来，完成一个 3D 打印的小恐龙骨架，每位学生都可以将其带回家①。

4. 示范表演或演示、讲故事等节目表演

（1）示范表演或演示

这通常由博物馆教育人员担纲表演人或邀请专家，在现场运用各种道

---

① 《美国自然历史博物馆帮助学生制作 3D 打印恐龙骨骼》，cnBeta 网站，2013 年 7 月 30 日。

具开展示范表演或演示,用以阐释文化、历史、艺术、工艺的风貌与变迁,以及自然现象、科学原理及应用等。他们通过生动的演出或互动性的对话,加深观众的认知,并提升其学习的兴趣[①]。

巴黎发现宫是世界著名的科技馆,它的每一个展厅都设有演示台,并且每天举行 50 场以上的演示活动,内容涉及闪电、镭射、动物行为、心理测试、电磁光谱、核子物理、结晶、燃烧及有机化学等。由于演示者生灵活现的肢体语言,加上声光电的搭配,以及观众的受邀参与,此演示活动营造出了趣味横生的气氛,故向来最受欢迎。又如,史密森国立自然历史博物馆的 O. Orkin 昆虫园定期开展有"活体狼蛛喂食"演示,与园内的展览内容直接相关。志愿者们不止为观众进行狼蛛喂食的演示,还教他们如何触碰各种活体昆虫,并回答现场的问题。此

香港科技馆的"示范剧场"
来源:笔者摄,2014 年 2 月

外,香港科技馆的"示范剧场"每逢有演示,几乎总是人满为患。每天的不同时段,会有不同内容的示范活动呈现,如上午 10 点半开场的"液态氮"演示,下午 3 点半和 4 点半分别开场的"恐龙真面目"和"分子美食"示范。由于围观人数较多,因此馆方还安装了电视机,以供站在后排的民众观看演示画面。当然,前排的观众往往比较幸运,常常会被表演嘉宾请上台去一同参与。

大部分博物馆的示范表演或演示活动都在室内进行,也有一些在户外,并配合环境做整体性情境与气氛的塑造。例如美国的老史德桥村,中国台湾的九族文化村、台湾民俗村、香港集古村等,都综合了自然景观、建筑物、实物摆设、角色扮演等,为观众复原当时当地的技艺、歌舞戏曲、节庆习俗、日常生活操作(如畜牧、收割、挤牛奶、烹饪、裁缝、编织、挽面)等,呈现了一个个自然且真实的情景,以传达活生生历史中的点点滴滴[②]。

通常,示范表演或演示是科技和自然类博物馆的主要活动,由示范者展示某些技能或某个实验过程,用以阐明与展览相关的知识点或原理,如美国纽约州的康宁玻璃博物馆(Corning Museum of Glass)就向观众栩栩如生地

---

①② 黄淑芳:《现代博物馆教育:理念与务实》,台湾省立博物馆 1997 年版,第 46 页。

展示了吹玻璃的过程。一般来说,演示地点多在展厅内,并配有相关器材,也可以在独立的多功能房间进行。但无论如何,馆方必须严格考虑开展示范表演的安全性和空间规划问题,有些演示活动需用到火、水等条件,因此安全和保安问题要定期检查。而示范表演的受欢迎程度也影响了活动所需空间,当人群围绕示范者时,该留多少空间让观众站立、倚靠在栏杆上或是坐在可移动的凳子上? 这些都需要博物馆提前规划①。

另外,演示活动成功与否的一大关键因素还在于示范者的沟通技巧、热情度及责任心,无论他们是博物馆的全职员工还是受训过的志愿者,都需要与观众面对面地进行沟通交流、答疑解惑等。因此其个性特点在活动开展中起了非常大的作用,他们的角色并不等同于一般的博物馆导览员或讲解员②。

(2) 讲故事等节目表演

这包括由博物馆工作人员或特邀的表演家呈现的歌舞表演、讲故事、诗歌朗诵及角色的模仿扮演等节目。

由美国国立美洲印第安人代表大会和美洲印第安人博物馆联合呈现的土著舞表演,将博物馆的特色、主题和内容动态表达,且淋漓尽致。表演家是墨西哥阿卡摩普韦布洛族群的舞者,他们已在美国、欧洲和日本等国的文化盛典上表演了近 30 年。观众可了解并感受他们的包括印度土耳其舞蹈、北美野牛舞等在内的社会舞蹈传统,这些都保留了阿卡摩的生活方式,并且是在向自然界致敬。活动的特别之处还在于,博物馆额外赠送观众带有传统太阳标志的纽扣,纽扣上还附有他们参观当天的日期,非常有纪念价值。

在过去的 90 多年中,大都会艺术博物馆举办了很多著名的表演活动。日前,该馆的这项业务步入了新轨道——从传统的经典朗诵、室内音乐会等形式转变为更具参与性并带有博物馆特色的系列活动。现在的表演都在某一特定的展厅进行,且针对特定的展览而举办。2013 年下半年,大都会艺术博物馆在馆内的阿斯特庭院(中国古典园林)为观众推出了 16 世纪中国戏曲经典曲目《牡丹亭》。这些在特定地点的表演为博物馆藏品添光增彩,同时它们与相关展览的结合,也给观众留下了深刻印象③。

---

①② Barry Lord, Gail Dexter Lord, *The Manual of Museum Exhibitions*, Altamira Press, 2001, p. 313.

③　湖南省博物馆编译:《大都会博物馆:提升博物馆项目质量,满足观众的期望》,湖南省博物馆网站,2013 年 10 月 9 日。

　　国立美洲印第安人博物馆展览的规划设计系馆方与西半球土著社群合作而成，而一系列教育活动的开展，则与博物馆展示主题和内容休戚相关。该馆的讲故事活动，在史密森博物学院中别具特色。活动标语是：Hok—noth—da?（萧尼语：你听见了吗?）——听！我要为大家讲故事哦！另外，现场工作人员本身也是印第安人，他们为儿童朗读美洲印第安人的书籍及故事。这项活动主要针对5—9岁儿童，他们参与时需要有家长陪同。

　　颇受鼓舞的是，旧金山非洲裔历史博物馆（Museum of the African Diaspora，MoAD）于2014年收到了来自詹姆斯·埃尔文基金会用于"发展观众参与"的专项拨款。该拨款计划将持续多年，以资助该馆推出的一项为期两年的讲故事项目——"跨越藩篱：与非洲裔美国男性的跨代对话和故事分享"。由于讲故事项目受到越来越多观众的青睐，一些博物馆正通过举办讲故事活动来吸引新观众群体，而这一举动也得到了很多私人基金会的资金支持。事实上，过去5年来，讲故事这一艺术传统得到了重新发展。YouTube等社交媒体和数字技术的出现使得人人都可变身为故事家。在这样的背景下，博物馆没有理由不参与进来。毕竟，博物馆本身就是精彩故事的宝库，这在非洲裔历史博物馆的活动提案中也得到了验证。据MoAD工作人员介绍，他们"计划在两年内向不同年龄的本地黑人男性征集他们的一些具有重要意义和影响力的故事"。这些不曾与人说过的经历"体现了美国黑人男性中独有的一些重要品质"[①]。

----

　　①　湖南省博物馆编译：《美国博物馆利用"讲故事"项目吸引新的观众群体》，湖南省博物馆网站，2014年5月19日。

讲故事本质上是一种面向普罗大众的、口语化的对话形式,因此,它更能吸引新观众。这也是埃尔文基金会特意为该项目提供"发展观众参与"专项拨款的原因。基金会为受资助机构尝试新项目和做法提供了风险资金,并把拨款看成是一种"创意首付款",以此来吸引非传统社区的新观众。而这也是 MoAD 的愿望——让更多观众看到这些故事,从而走进博物馆。"故事项目"的创始人和总监查奥·泰何玛巴·泰勒(Cheo Tyehimaba-Taylor)介绍,"我们要做的并不是坐在博物馆中等待观众戴上耳机被动地收听这些故事,相反,我们计划将这些故事搬上整个湾区的剧院和教堂舞台,为观众现场表演"。将这些鲜活的历史故事进行模拟吸引了很多新观众群体,这种经验值得所有博物馆借鉴[1]。

(三) 延伸和拓展服务

时下,"节目与特别活动"开始成为越来越多的博物馆教育部门的工作内容,以延伸和拓展其惯常的教育服务。许多大型机构拥有专门的节目策划人员,但在规模较小的馆,教育工作者常常要担起这份职责,并与其他员工一起来协调活动。《博物馆教育工作者手册》一书指出,"节目"(program)被广泛地界定为一项活动(activity)或是一系列相关活动,向观众呈现信息和休闲娱乐,并在特定的时间和地点举办。而"特别活动"(special event)则被界定为一项大型的、多层面的节目,它通常会囊括几百名或几千名观众,可能还会持续整天或数天之久。教育工作者一方面必须保持机构的核心观众与回访客对其活动感兴趣,另一方面需要继续构建和吸引更广泛的观众。特别活动帮助强调了"博物馆是动态的、活跃的场所,那儿总有可以体验的新玩意儿",并且诸如巡游、会议、文化盛典、纪念活动、展览会、博览会等特别活动已经成为博物馆提升参访率的风靡方式[2]。

在《博物馆教育工作者手册》一书中,还提及了特别活动策划的八大要义。这八大项代表了教育工作者在策划一项节目与特别活动时必须解决的问题,以及承担的职责。具体涉及:安全、保障、责任;目标、步骤、目标观众;宣传、宣传素材;预算、赞助方;场地、物资、材料;员工、志愿者;表演人、名流、权贵;评估。

---

① 湖南省博物馆编译:《美国博物馆利用"讲故事"项目吸引新的观众群体》,湖南省博物馆网站,2014 年 5 月 19 日。

② Anna Johnson et al., *The Museum Educator's Manual*, Altamira Press, 2009, pp. 96 - 97.

时下，在西方博物馆，演讲、音乐会等延伸和拓展型公众项目已非常普遍，并且很多时候观众都可免费参加。每周五，维多利亚与艾尔伯特博物馆会延长闭馆时间，举办讲故事、表演、朗读诗歌、小型音乐会等活动，或者邀请年轻艺术家、学生来展示自己的作品，营造友善活泼的氛围。事实上，美国许多文化机构已然成为多元文化活动场所，例如华盛顿的各大博物馆坚持为公众举办免费音乐会。美国的周末报纸常常载有博物馆及美术馆的文化活动专栏，地方刊物上也可查到这些机构的活动安排。

纽约大都会艺术博物馆除每年 7、8 月外，每个周末都有面向公众的免费演讲。此外它也举办收费的系列演讲，民众可通过电话和邮件提前订票。免费演讲和收费演讲主要根据演讲者而定。收费固然有经济收益方面的考虑，同时也可适当限制听众人数，保证演讲秩序和效果。另外，大都会每月还在展厅举办一次周末公共诗歌朗诵活动。与此同时，大都会艺术博物馆也是全美收藏艺术纪录片最多的馆，除星期一外，每天下午都免费放映与永久陈列或当前展览有关的各种电影和录像[①]。

而邻近的香港艺术馆等机构也开设有免费周日音乐会系列，名为"艺韵乐音"。每月的首个星期日，在艺术馆的大堂，下午 3:30—4:40，都有香港乐界精英演出，呈现一小时的艺乐天地。值得一提的是，香港艺术馆将从2014 年 10 月至 2017 年进行为期三年多的关闭装修。但为了保证公众的艺术享受权益，从 2015 年 1 月起，音乐会将在九龙公园香港文物探知馆内举行。该新场地距离艺术馆仅 5 分钟步行路程，同时香港艺术馆诚邀所有会员和公众人士继续参加并支持其星期日下午的音乐会。

1. 讲座、座谈会、研讨会、论坛、学术沙龙等

时下，不少博物馆都配合展示、收藏和研究，举办有讲座、座谈会、研讨会、论坛、学术沙龙等，提供观众深入了解相关背景知识，以及与专家学者直接交流的机会，同时通过"名人效应"进一步扩大博物馆的社会影响力。

一般情况下，开放式讲座迎合了感兴趣的成年观众的需求，他们往往更关注丰富和深层次的内容。例如，伦敦科学博物馆定期开展有"科学新知"系列讲座，涵盖了天文、物理、生物、环境、健康、通讯、电脑等主题。台北故宫博物院有各家作品鉴赏讲座，介绍画材、笔法、技法、风格特色、背景资料

---

① 段勇：《美国博物馆的公共教育与公共服务》，《中国博物馆》2004 年第 2 期。

及创作动机等,以提供民众视觉享受并引发心灵共鸣①。纽约大都会艺术博物馆于每年9月至次年6月举办业务主管及著名专家主讲的艺术、建筑、音乐、文物系列讲座。馆方每次支付演讲者600美元,并负担外请专家的交通、住宿费用。每年,该馆还结合新的陈列或特展举办数次专题研讨会或座谈会,为博物馆、大学、美术馆和其他领域的学者提供交流新研究成果的机会②。

　　值得一提的是,一些博物馆现在还主动安排研究人员及学者至各社区或学校举办巡回演讲,以扩大反响。如台湾省立博物馆就配合特展,于全省各地大专院校及社教机构举行"台湾史迹源流""水质污染及水中生物""有毒生物"以及"自然生态保育"等系列的巡回演讲③。

　　今天,博物馆还是一些领域内座谈会、研讨会、论坛及学术沙龙的举办地。博物馆浓郁的研究氛围、丰富的藏品以及展览和活动资源,能为这类专业会议等锦上添花,同时也强化了博物馆的学术地位,促进了馆际交流。史密森博物学院就经常举办收藏、研究、展示、教育、经营管理等领域的国际学术研讨会,邀请世界各地的精英齐聚一堂,共同针对关心的议题提出解决方案,或贡献所学,进行专业人员的培训课程研讨会等④。之前,大都会艺术博物馆馆长托马斯·坎贝尔还宣布,该馆将于2014年4月举办全球博物馆馆长学术讨论会,预计邀请12—15位重要馆长。举办该重量级的学术讨论会将再次巩固大都会博物馆作为全球知名馆的地位⑤。

案例1

史密森合作伙伴组织(Smithsonian Affiliations)的全国会议

　　史密森合作伙伴组织的存在勾连了美国博物馆、文化机构、教育组织以及史密森的藏品和资源,同时史密森也通过该组织的一系列项目实现其分享知识与技术的使命。自1996年成立起,史密森合作组织就同40个州及巴拿马、波多黎各的160多座博物馆、教育和文化机构建立了伙伴关系。该组织每年6月在华盛顿召开全国性会议。届时,所有的史密森附属机构都

　　①③　黄淑芳:《现代博物馆教育:理念与务实》,台湾省立博物馆1997年版,第58页。
　　②　段勇:《美国博物馆的公共教育与公共服务》,《中国博物馆》2004年第2期。
　　④　黄淑芳:《现代博物馆教育:理念与务实》,台湾省立博物馆1997年版,第68页。
　　⑤　湖南省博物馆编译:《纽约大都会艺术博物馆将举办全球博物馆馆长论坛》,湖南省博物馆网站,2013年8月1日。

应邀参加该会议和相关活动,并且来自不同学科的史密森官员和成员还将共享信息、探讨及参与规划工作坊等。而有国会代表出席的晚宴则是每年活动的亮点,另外还伴随有幕后探索、资源展览会等活动。

2008 年的全国会议吸引了 34 个州以及巴拿马、波多黎各 68 个附属机构的代表。雷伯恩众议院大厦举办的国会接待会吸引了 30 位国会代表,包括 5 名众议员代表[①]。

案例 2

埃尔伯马勒博物馆(Museum of the Albemarle)举办"午餐讲座"[②]

2012 年,位于美国北卡罗来纳州的埃尔伯马勒博物馆在公众服务与教育方面又有了创新举措:从夏初开始,博物馆定期举办"午餐讲座"系列活动,邀请观众自带午餐前来共享,并参加馆方专业人士就某一具体话题展开的讲座。讲座主题丰富多彩,如馆藏知识、当地土著美国人历史、伊丽莎白市历史建筑、如何收藏和管理家庭中的珍贵古董、美国内战等。

博物馆馆长万达·斯提勒斯在接受《每日进步报》采访时介绍说:"这个活动的核心是利用午餐时段让观众学点东西。我觉得中午大家有个可去之处,并能够听到一场关于历史方面的讲座,是非常不错的。"很多参加过讲座的观众对这一点也深有体会。

"午餐讲座"时间为每天中午 12:15—12:45。斯提勒斯回忆说,她举办的第一次"午餐讲座"吸引了 17 位观众,当时的主题是关于博物馆收藏的一些奇异藏品,比如维多利亚时期的柜橱及婴儿车等。现在,斯提勒斯馆长又开辟了一个新专题讲座《如何收藏和管理档案材料》。

"这个专题以前我也讲过,"斯提勒斯说,"如果自己家里有很多文件,那么保存它们的最佳方式是什么呢? 应该用什么样的档案袋来分类? 切记,不要把这些档案材料搁置在阴暗潮湿的阁楼里。"

在讲座中,斯提勒斯给出很多诸如此类的建议和方法。同时,她的讲座还涉及博物馆收藏的一些原则等。

[①]　*Smithsonian Highlights Fiscal Year 2008*,USA:Smithsonian Institution,p. 5.
[②]　湖南省博物馆编译:《博物馆举办"午餐讲座"让观众了解更多历史》,湖南省博物馆网站,2012 年 11 月 21 日。

埃尔伯马勒博物馆的"午餐讲座"现场
来源：湖南省博物馆网站

埃尔伯马勒博物馆欢迎大家自备午餐前来听讲座。每天中午,工作人员不仅会给听众送上一杯免费的冰茶,还将奉上一场文化盛宴。

无独有偶,纽约现代艺术馆(简称 MoMA)也举办有"牛皮纸袋午餐会",颇受欢迎。它是一种美术馆策展人、教育者和研究人员之间的非正式午餐会,会上讨论跟现当代艺术或 MoMA 正在举办的展览有关的问题,艺术专业的学生可以自带午餐参加[①]。

案例 3

英国博物馆专家发起"博物馆畅谈之夜"活动[②]

英国博物馆学研究专家瑞秋·苏哈米(Rachel Souhami)女士于 2013 年上半年组织发起了英国博物馆界的"畅谈之夜"活动,号召行业人士汇聚一堂,分享观点、交流信息、探讨各种项目以及讨论每个人心目中的计划。

该活动是一个晚间开放式演讲活动,主要参与对象包括博物馆策展人、藏品保管员、图书员、博物馆学方向的学生、社会历史学家、教育员、多媒体开发者、演说者、观众、理论家以及其他对博物馆和图书馆藏品感兴趣的人士。

该活动每两个月举办一次。每次邀请 10 位演讲嘉宾,每人演说时间为 9 分钟。前 5 位演讲者由公众通过网站自由报名产生,后 5 位演讲者为活动小组的特邀嘉宾。演讲者可以围绕博物馆行业的各个方面畅所欲言。

在这种非正式、轻松的氛围之中,博物馆人卸掉工作的重担,各抒己见。如果你对某人的演讲非常感兴趣,那么还可以一起喝点酒,聊一聊。即使没

---

① 唐泽慧：《美国博物馆的公众定位与筹资模式》,《中国美术馆》2006 年 10 月。
② 湖南省博物馆编译：《英国博物馆专家发起"博物馆畅谈之夜"活动》,湖南省博物馆网站,2013 年 5 月 22 日。

英国博物馆界的"畅谈之夜"活动现场
来源：湖南省博物馆网站

有结识新朋友，你或多或少能够了解到一些前沿信息，比如一家你从来不知道的博物馆、对某个话题的新见解或者仅仅看看别人是如何阐释展品的。重要的是，这个博物馆界人士自我推销的舞台不同于商业推销，无人从中谋取个人利益。

博物馆行业牵涉的角色众多，也涉及很多学科，但让这些人汇聚在一起的机会却少之又少。而在博物馆"畅谈之夜"，建筑史学家与数字化媒体开发商、病理学研究者与项目组织者能够面对面交流。尽管每个人的领域不同，但总可以发现很多和大家分享探讨的共同点。

该活动已运营 1 年多，在伦敦举办过 6 次专场，还去过布莱顿和曼彻斯特，共有 80 人参与演讲（每人每年只有一次演讲机会），而观众一般也在 80 人左右。活动宣传主要是靠口口相传或社交媒体。

为了让博物馆行业不同领域的人都能够参与进来，活动组织者从博物馆界不同领域挑选这 80 名参加者，同时还通过 Twitter 平台与观众进行交流，让人们关注并跟帖。同时，他们也坦承活动中存在一些问题："我们成员中几乎没有来自艺术博物馆或者美术馆的；我们也没有展览设计者或者建筑师；另外，很难吸引小型独立博物馆的人员来参与。"

该活动的发起旨在改变博物馆行业中不同领域之间交流匮乏的现状。组织者发现，如果某个领域有人参与了该活动，很快他们的同事或交际圈中的人也会参与。这一活动为改善博物馆行业内部的沟通交流提供了良好案例。

　　2. 纪念活动、庆典

　　博物馆因其丰裕的人文资源、地标式的建筑、高雅的环境、浓郁的学术氛围等，是举办国家或地区历史性庆典或纪念活动的好场所。美国老史德桥村在乔治·华盛顿的诞辰纪念日（2 月的第三个星期一）举办有游园会、户外音乐欣赏及说故事活动。史密森博物学院则为小马丁·路德·金（Martin Luther King, Jr）的诞辰纪念日（1 月的第三个星期一）开展有一系列活动。

　　有趣的是，2009 年 3 月 30 日迎来了卢浮宫玻璃金字塔的 20 周岁生日。该馆于是推出了一系列活动为这位"玻璃美人"庆生，包括特别参观、夜间照明以及专题讨论等。此外，卢浮宫还通过出版书籍、发行 DVD 及放映电影等方式，向游客全面介绍玻璃金字塔的历史和现状①。而 1759 年 1 月 15 日起正式对公众开放的大英博物馆在 2009 年 1 月 15 日迎来了对外开放 250 周年纪念日。一系列庆祝活动在所难免，其中以在英国 6 个城市举办的"中国——东方之旅"艺术品巡展最具特色。参展艺术品的年代从 3 000 年前到 3 年前不等，既有京剧脸谱和关羽塑像，又有毛泽东主席像，其中很多展品还是它们来到英国后第一次"走出"大英博物馆②。

　　除此之外，一些现当代博物馆眼下还是不少时尚盛典的青睐对象，它们能将时尚、艺术完美交融，同时这也是各馆文化产业开发的重要一环。例如，当地时间 2010 年 5 月 3 日，一年一度的美国时装界盛世——"大都会博物馆时装庆典"在纽约举行，逾 200 位明星、社交名人、时装界红人出席。当晚，群星身着华服亮相博物馆的庆典慈善晚宴红地毯。这次晚宴以"美国女性"为主题，也为博物馆的"美国女性：时尚的民族认同感"（American Women：Fashion a National Identity）展览揭开序幕，并由电视名嘴奥普拉·温弗瑞（Oprah Winfrey）及《时尚》（Vogue）杂志总编安娜·温图尔（Anna Wintour）担任主持，场面热闹非凡③。

　　目前，随着全球化进程的演进，中华文化日益走向世界。博物馆作为人类文化收藏、研究与展示的教育机构，进一步推动了这一传播进程。于是，在中国传统佳节之际，世界各地的博物馆竞相开展一系列庆祝和纪念活动。事实上，一切有特色的传统习俗都可以搬到博物馆中演绎，让参与者真切感

①　尚栩：《法国罗浮宫玻璃金字塔喜庆 20 周岁生日》，新华网，2009 年 4 月 5 日。
②　朱洁树：《大英博物馆 250 岁"走进中国"》，《东方早报》2009 年 1 月 18 日。
③　《纽约大都会博物馆时尚盛典》，腾讯网，2010 年 5 月 5 日。

受无界文化的魅力。

2011 年史密森博物学院之小马丁·路德·金纪念日活动

　　活动一　时间：2011 年 1 月 15 日，上午 10:00—下午 5:30

　　地点：国立美国历史博物馆

　　活动情况：

　　30 多年来，国立美国历史博物馆都通过铭记小马丁·路德·金的精神遗产，以及数以千万计的美国民众在民权运动中对正义和自由作出的贡献，来纪念他的生日。参与观众可一起审视、庆祝并回顾民众致力于构建更美好祖国的超凡勇气和庄严承诺。

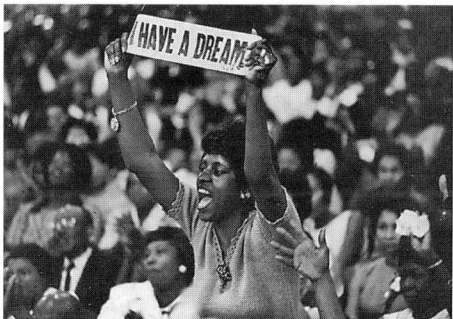

2011 年史密森之小马丁·路德·金纪念日活动的宣传

来源：史密森博物学院网站

　　具体的庆典节目包括：博物馆获奖的互动剧目"加入学生的静坐抗议"，该剧邀请观众在静坐运动中扮演抗议者；观众还可在国旗厅倾听激动人心的演讲"攀至山巅"，重温小马丁·路德·金博士的精彩语录；在"大声说出来"节目中，观众将分享彼此的观点，诸如美国在赋予所有民众人权时收获了什么，今天国家仍在面临什么挑战等。

　　活动二　时间：2011 年 1 月 16—17 日，中午 12:00—下午 5:00

　　地点：国立美洲印第安人博物馆

　　活动类型：庆典、电影播放、展厅导览与讲解、家庭活动、节目表演、签名售书

　　参与机构：由史密森非洲艺术博物馆、国立美洲印第安人博物馆、史密森拉丁中心（Smithsonian Latino Center）联合举办

　　主题："分享梦想：关于爱与正义的跨文化庆典"

　　为了庆祝小马丁·路德·金博士留下的精神遗产，观众可跟随艺术家们一起探索非洲、拉丁国家和美洲印第安人社群之间共有的"爱与正义"。博物馆特邀了一些艺术家，他们会通过音乐、演讲、讲故事、表演等方式分享

并表达各自对于爱与正义的理解。另外还有动手做活动、电影播放、展厅参观导览等,并对所有年龄的观众都开放。

活动一览表:

参观导览——波多马克河中庭:文化使者为观众介绍博物馆的历史、景观、建筑、展览以及其他有趣的故事。

音乐演奏——波多马克河中庭。

演讲和电影播放——RASMUSON 剧院。

动手做活动——文化使者帮助孩子和家庭成员通过一系列手动活动学习土著文化。

演讲——佛比·法瑞斯(Phoebe Farris)博士为观众作题为《红、黑、棕:艺术家与种族美学》的演讲。他还会与大家探讨美洲印第安人、非裔美国人及拉丁美洲人艺术家,他们多为女性,并以多种方式涉及种族或是身份、性别问题。

观看实时网络广播。

案例 2

英国多家博物馆举办第一次世界大战百年纪念活动①

2014 年是第一次世界大战爆发一百周年。为了纪念这一特殊的历史事件,英国伦敦的帝国战争博物馆(Imperial War Museum)于 2013 年下半年宣布成立第一次世界大战百年纪念合作组,号召英国乃至国际社会的多家文化机构联合举办纪念活动。目前,该活动已吸引了全球 1 800 家文化机构参与,它们将在 2014 年至 2018 年期间在全世界范围举办多项纪念活动。其间,合作组会推出 500 个新展览,2014 年将在 14 个国家举办 200 场展览。

● 伦敦帝国战争博物馆:征集战争故事,建立史上最大规模的数字历史档案

帝国战争博物馆利用此次机会发起了一场国际性的私人战争纪念物品征集活动。物品征集的范围包括曾服役军人及其家属的私人信件、日记和照片等,博物馆计划在 2018 年年底征集到 800 万个个人故事,并通过网络

---

① 湖南省博物馆编译:《英国多家博物馆举办第一次世界大战百年纪念活动》,湖南省博物馆网站,2013 年 11 月 15 日。

在线平台向公众展示。

由于很多珍贵的历史信息往往被束之高阁、尘封在当事人家中,博物馆此举是为了收集大量的个人信息,便于公众深刻了解这一段历史。家庭成员提交的信息和个人故事将是这个庞大的在线图书馆的重要内容。历史学家可以通过查阅这些资料进行研究,而军人家属则可以了解自己的亲人在这场战争中发挥的作用。

该项目被称为"第一次世界大战中的生命",于 2014 年 2 月启动,被认为是最大规模的一次历史信息搜集行动。此项目让帝国战争博物馆重新审视其成立之初的使命,同时顺应了网络时代的发展。博物馆成立于 1917 年 3 月 5 日。当时,战时内阁批准了议员阿尔弗雷德·蒙德公爵的提议——创建一座国家级战争博物馆以记录在第一次世界大战中发生的故事和那些为战争失去生命或幸存下来的人们。

负责该博物馆一战百年纪念数字化项目的卢克·史密斯(Luke Smith)介绍说,那些想要寻找自己亲人的故事或进行战争研究的人们都可以通过登录在线档案、图书馆和其他博物馆网站找到大量资料。史密斯说道:"世界范围内仍然有成千上万的信件、照片、日记、明信片、新闻剪报和其他遗物散落在多个家庭中。""战争过后,由于个人遭受的巨大伤痛或当时社会风俗的原因,许多参加者不愿意再谈起他们的经历。一战百年纪念活动使我们在这期间能共同关注、分享这些故事。同时,无处不在的互联网和 Facebook、维基百科、Flickr 等多个平台可以让每个人都参与进来,一起合作完成这个巨大的项目。"

2013 年下半年公布的一项最新调查研究表明,大部分英国人后悔当初没有更用心地记录长辈讲述的、有关第一次世界大战的故事。YouGov 调查公司对 2 000 位民众的一项调查显示,64% 的调查者听过父辈或祖父辈讲述的关于战争的故事,但仅有 8% 的人将这些记录了下来;62% 的人后悔没有将曾经听到的故事记载下来,传给后代。

● 卡迪夫国家博物馆(National Museum Cardiff):举办一战期间的印刷品收藏展

英国卡迪夫博物馆将展出第一次世界大战期间的印刷品收藏,该展览将作为一战百年纪念全球活动的组成部分。1917 年英国信息部为从公众那里获取战争支持而定制了这些印刷品。

这场名为"伟大的战争:英国的努力与理想"展览于 2014 年 8 月 2 日开

幕,届时会探讨战争为女性地位带来的改变。这也是由 37 个国家共同纪念一战百年而组织的系列活动之一。

第一次世界大战百年纪念合作组由英国帝国战争博物馆发起成立,该馆馆长戴安娜·利斯(Diane Lees)介绍说:"第一次世界大战百年纪念合作计划是个庞大的项目,而且每天还在不断增加新计划。我们策划成千上万个活动和展览,同时将众多的资源利用起来,使得人们可以在他们的社区选择有意义的方式来纪念这场战争。"

3. 竞赛、评选

配合博物馆及展览举办各种形式的现场竞赛、评选,广泛调动观众的参与欲,这些兼具趣味和竞争性的活动正在成为博物馆教育工作的一部分,并有效提升了各馆教育的辐射面和影响力。

在这方面的成功探索当属达利基金会和丹麦联合展览集团共同筹划的大型展览《狂想的旅程——大师达利互动展》。它跳出了固有的展览模式,而且主办者还精心筹划了"我的达利"少儿参观默写大赛、观众最喜欢和讨厌的作品评选、"你说我说"观众展墙留言、辩论会等系列节目,并在媒体、出版物上公开发表观众的言论及"作品"。"达利互动展"不仅在巴黎、东京等地引起轰动,2002 年先后在广东美术馆、上海城市规划馆举办,让对西方现代艺术相当陌生的中国市民和学生也兴致勃发,这令我们那些"群贤毕至"的书画展乃至其他博物馆展览的举办者有些惊讶,也为我们探索和实践与观众的互动提供了许多启示①。

又如,2010 年 2 月,史密森国家肖像馆公布了 2009 年"奥特温·布谢弗(Outwin Boochever)肖像竞赛观众选票奖"的一、二、三等奖,这次总共收到来自全美的新兴、专职肖像画家的近 3300 幅作品。"奥特温·布谢弗肖像竞赛"最初是在弗吉尼亚·奥特温·布谢弗(Virginia Outwin Boochever)女士的慷慨支持下创办的,每三年举办一次,设有两项大奖:一项是由专家评审选出 49 件作品进行展览,并最终选出 7 件获得专家选票奖(2009 年专家选票奖已于同年 10 月颁出);另一项是由观众(包括到馆内参观的观众及网上观众)从展出的 49 件作品中选出最受欢迎的,得最高选票的作品获观众选票奖。国家肖像馆绘画与雕刻部策展人及执行主管布兰顿·福城(Brandon Fortune)认为:"在邀请观众投票的同时,我们也向他们提出了这

---

① 《浅议博物馆与观众的"互动"》,中国友谊博物馆网站,2007 年 11 月 27 日。

样一个问题，'哪幅画真正触动了您的心灵？'同时，'观众选票奖'为我们所有的观众——博物馆参观与网上参观的观众，提供了一个与当代肖像艺术对话的平台。'"奥特温·布谢弗肖像竞赛"所有获奖作品都在国家肖像馆展出至 2010 年 8 月 22 日。一同展出的还有一本出版物，详细介绍了展出的49 件作品，游客可在博物馆商店购买①。

纽约古根海姆博物馆举办的"填补空洞"设计竞赛的创意作品
来源：纽约古根海姆博物馆网站

　　除此之外，为了庆祝成立 50 周年，纽约古根海姆博物馆特邀 200 多位艺术家、建筑师和设计者展开想象，为填补其标志性的圆形大厅做设计。2012年年初，这些创意开始在馆内展出，包括 Alice Aycock、Fernando 以及Snøhetta、MVRDV 事务所、丹尼尔·利贝斯金德工作室和伊东丰雄事务所等在内的著名设计公司都呈现了作品。除了展览，博物馆还成立了一个综合性网站 guggenhaim. org。有关各提案的具体情况民众可登录此网站查阅②。

　　4. 年度专题活动

　　博物馆推出年度专题活动，常常契合了特定的时令及节假日，比如青少年的春假、暑假、寒假，或是樱花盛开的季节、圣诞节等。并且，活动的特别之处在于，它们能有效彰显博物馆的特色，与展览、研究与藏品相关。不少年度专题活动还将观众带出博物馆大门，例如在某个考古地举行，跳出了惯常的框框，别出心裁。

---

　　① 　湖南省博物馆编译：《史密森尼国家肖像馆公布"2009 年奥特温·布谢弗肖像竞赛观众选票奖"得主》，湖南省博物馆网站，2010 年 2 月 3 日。
　　② 　《纽约古根海姆博物馆举办"填补空洞"设计竞赛》，自由建筑报道网站，2010 年 2 月 23 日。

2010 年 6 月 14 日,在美国纽约曼哈顿第五大道举办的"博物馆一英里"活动
来源:新华网

在美国,每年 6 月的第二个星期二是纽约的博物馆日,一年一度的"博物馆一英里"(Museum Mile)艺术节①在曼哈顿第五大道举行。包括大都会艺术博物馆在内的 9 家馆免费向公众开放,从第五大道上的第 82 街至第 105 街之间一英里长的街道禁止车辆通行,艺术家在此开展各种文化活动②。2010 年有近 100 万人参加了该艺术节。另外,史密森博物学院在每个夏季举办民俗艺术节。国立航空航天博物馆则于每年春天在华盛顿纪念柱前举办风筝节,这是爱好者及家庭一齐参与的好时机。而台北市立美术馆在中秋节有亲子赏月活动、管乐欣赏及歌舞表演。台湾省立博物馆在过年时,还有舞龙舞狮、布袋戏或中国杂耍特技等表演③。值得一提的是,由史密森库珀-休伊特国立设计博物馆(Cooper-Hewitt National Design Museum)举办的、一年一度的"全美设计周"(National Design Week)活动现已颇具规模和影响力,至 2010 年底累计 5 届。2007 年的设计周(10 月 14—20 日)吸引了 9000 多人前往,而活动的一大亮点——第 8 届全美设计奖舞会,宾客更多达 500 多人,其中不乏设计圈的杰出人士④。

案例 1

博物馆夏令营

- 史密森夏令营

由史密森会员组织(Smithsonian Associates)开设的史密森夏令营已走

---

① 在纽约曼哈顿著名的第五大道上,有 9 家博物馆坐落于第 82 街至第 105 街之间,这段街道的总长度约为一英里(合 1.6 公里),人称"纽约博物馆一英里"。"博物馆一英里"艺术节创建于 1978 年,至 2010 年已经是第 32 届,目的是提高公众参与艺术活动的主动性。

② 《纽约举行"博物馆一英里"艺术节》,新华网,2011 年 6 月 15 日。

③ 黄淑芳:《现代博物馆教育:理念与务实》,台湾省立博物馆 1997 年版,第 83 页。

④ *Smithsonian Highlights Fiscal Year 2008*,USA:Smithsonian Institution, p. 5.

过 40 多年的历史。有趣的是,它对所有年龄的民众都开放,甚至包括孩童的父母,但主要针对幼儿园至 9 年级的孩童。

史密森夏令营的活动内容多样,从聚焦传统艺术、手工艺到剧本书写,再到科学和透视画,参加者可选择参与一种或是多种类型。夏令营分为半天(上午 9:30—11:30 或下午 1:30—4:30)和全天(上午 9:30—下午 4:30)两种,活动时间为周一到周五,持续一周。举办地为 S·狄龙·利波雷中心(S. Dillon Ripley Center)。目前,主办方还增添了下午 4:30—6:00 时间段的节目,参与者可在中心内尽享一系列游戏,亦可在户外活动。

2011 年的夏令营内容包括"欢迎进入卫星基地一号""电子游戏:设计和玩耍""重塑历史"等。家长可根据孩童的学龄以及不同的举办时间来进行选择。

● 布鲁克林儿童博物馆(Brooklyn Children's Museum)之 2010 年夏令营①

作为全世界第一家儿童博物馆,纽约布鲁克林儿童博物馆于 2010 年迎来了 110 岁生日。当中国小朋友在暑假期间去上海世博会领略各国风土人情的时候,该馆举办的夏令营活动之一是为期两个多月的"走近杭州"互动式展览。在这里,美国孩子不出国门,便可游览中国,体验中华文化的魅力。

美国学生观看中国杭州一所中学的简介
来源:湖南省博物馆网站

---

① 荣娇娇、杨新华:《美国儿童博物馆"走近杭州"》,《海南日报》2010 年 8 月 22 日。

两名美国学生在模仿中国戏曲《白蛇传》选段
来源：湖南省博物馆网站

此次互动式展览将中式厨房、学校课堂、中国戏台都搬进了博物馆，让来到这里的美国孩子有身临其境的体验。他们大可换上戏服，登上戏台演一场《白蛇传》；也可在中国课堂里拨弄算盘，朗读中国拼音；或者用积木堆砌自己心目中的万里长城。玩累了，还可把玩中国的大鼓和扬琴，聆听东方韵律。

13岁的唐奈·珀金斯在纽约长岛一所学校上8年级，他觉得这个展览非常"酷"，因为原来只能在电视上看到的红色大鼓、中国戏服，现在居然可以如此近距离地接触。他说："我原来只知道美国的很多东西都是中国制造的，但我从未去过中国，这个展览让我觉得这个暑假好像去了一趟中国。"

在展览的多媒体厅，珀金斯利用中文、英语和西班牙语三种语言显示的液晶屏，了解了中国的地理、文化和风俗，知道自己原来是属牛的，也了解了中国学生暑假的时候还要写作业、上培训班。他说："中国的孩子真刻苦，暑假还要做作业，我这个暑假主要就是打篮球和学习拳击。"

12岁的大卫·罗德哥韦斯喜欢吃中国菜，在这个展览上他第一次看到了中国的厨房、电饭煲、炒菜锅和各种调料瓶。厨房的墙上还贴着烹制杭州老鸭煲的步骤说明。他说："真不可思议，做一道中国菜得花这么多时间，需要这么多调料，下次我也要试着做一次这个鸭汤。"

此次"走近杭州"展览还特设了一个乡村馆，内置一头水牛模型，以及中

美国学生观看中国耕牛模型
来源：湖南省博物馆网站

国南方院落和稻田展示。这样,前来参观的美国孩子不仅能够了解现代的中国,而且对传统乡村有更直观的认识,并感受传统文化之于中国的重要性。

布鲁克林儿童博物馆的儿童早期教育顾问茱莉亚·莫利耶介绍说,此次展览对孩子们非常有吸引力,参观人数最多时一天有1 400多名。她说:"中国文化一直让很多美国孩子着迷。这个展览通过介绍中国古代哲学所注重的阴阳和谐之道,展现中国的传统与现代、人与自然、城市与农村的和谐关系,让美国孩子全方位地了解中国,并学会尊重不同的文化,加强自己的文化融合性。"

● 伊利诺伊州儿童博物馆为儿童打造精彩暑假生活①

4岁的凯文·安德鲁斯期待暑假的到来,2012年的夏天已经是他第二次参加伊利诺伊州儿童博物馆的"万花筒夏令营"了。

3岁的凯特小朋友在伊利诺伊州儿童博物馆绘制玻璃画
来源：湖南省博物馆网站

---

① 湖南省博物馆编译:《伊利诺伊州儿童博物馆为儿童打造精彩暑假生活》,湖南省博物馆网站,2012年6月8日。

凯文的母亲,也是博物馆的董事会成员萨拉·安德鲁斯说:"他就是爱去博物馆,冬季也不例外。这是一个释放能量的好方法。"

伊利诺伊州儿童博物馆自 1990 年在石泉自然中心建立后,就一直举办夏令营活动。2012 年,博物馆提供了 7 个针对学前儿童的夏令营、14 个学龄儿童夏令营,还有多个家庭活动和特别主题活动。例如,博物馆举办的户外音乐会暨冰淇淋社交活动(美国常见的社交方式)就邀请了迪凯特青年乐队、青年公园歌手及迪凯特公园歌手参加。此外,博物馆还为儿童举办有提供艺术创作机会的"基德斯托克"——一个室内艺术和工艺品展会。小朋友甚至有机会在"博物馆奇妙夜"活动中见到海绵宝宝。

伊利诺伊州儿童博物馆馆长梅琳达·肖表示:"2012 年的夏令营主题广泛,每个人都会找到自己感兴趣的内容。我非常高兴我们的'万花筒夏令营'提供了如超人、蛋糕训练营、'疯狂中世纪'网络游戏等形式各样的主题。对每个儿童而言,肯定有一个主题能够激发他们的兴趣。"

博物馆营销和筹资协调人凯特·费内奥兹表示:"我们很欢迎社区及当地机构的参与。今年,我们有幸邀请到一些消防员和警官参加一些学前儿童夏令营,也邀请到青年歌手和乐队参加音乐活动。"

萨拉·安德鲁斯说,凯文见到消防员很激动。"他去年就爱上了消防车主题营。他将一幅消防员和小朋友的合照装裱起来,放在他的床头柜上。他非常期待再见到他们。"

9 岁的汉娜·霍利斯非常兴奋地说:"妈妈今天为我报了一些夏令营。"她对博物馆的"秀一秀"活动非常感兴趣。这些活动让参与者用非传统材料制作服装,并将他们的设计在一个时装秀场上展示。"我婶婶提醒我用非传统材料,所以我希望能够用包装纸或铝盒制作一套服装。"

汉娜梦想成为一名时装设计师或作家。从 3 岁就开始经常参观博物馆的她非常喜欢那儿的员工和热情的氛围。"我有时也在博物馆做志愿者,看到小朋友和大朋友都找到了欢乐,这种感觉真好。博物馆是一个十分吸引人的地方。"

2012 年的夏令营活动吸引了近 200 位儿童报名。费内奥兹表示,博物馆既期待老朋友,也欢迎新朋友。她说:"作为一个教育机构,我们想为迪凯特城出一份力。暑期夏令营是我们教育活动的亮点。我们期待下一个精彩假期的到来。"

伊利诺伊州儿童博物馆的良好声誉及其对儿童和成人的吸引力使它获

得了由兰德·麦克纳利公司和《今日美国报》举行的"最佳旅途风景"竞赛之"2012 年最佳旅游胜地和地标"奖项提名。该项竞赛将评选出美国公路沿岸的最美小镇和旅游景点。

案例 2

第 44 届史密森风筝节——"展翅高飞"

时间：2010 年 3 月 27 日周六

地点：华盛顿纪念柱前,华盛顿特区

费用：免费

活动介绍：

本年度风筝节的主题是"展翅高飞",以传递风筝制作、放飞的乐趣,并表达对艺术的颂扬。参加者可在特别搭建的帐篷里制作风筝并为放飞做准备。对于希冀放飞现成风筝的朋友,也无需担心。这次活动的主要赞助者——史密森女性委员会慷慨捐赠了 1 000 个小型风筝。另外,现场还有手工制作的风筝陈列。

活动当天,成百上千的风筝制作者会来到纪念柱前的草坪上展示并放飞他们手工做的风筝。孩童若参加比赛,有两个小组供他们选择："11 岁及以下"和"12 至 15 岁"。业余的风筝制作者也拥有机会展示并放飞其作品。史密森风筝委员会的评委会挑出最佳作品,脱颖而出的参赛者还将收获别具意义的奖项,包括"最具艺术性的""最有幽默感的""最具爱国主义精神的"风筝等。另外,活动组织方还欢迎风筝放飞者、参与者、观众一起投票选出他们最喜爱的作品。

风筝节的另外一大亮点是诗歌比赛,2010 年恰逢第 6 届诗歌比赛。每年,华盛顿及周边地区的一年级至高中学生都会基于该年度风筝节的主题提交自创的诗歌。主办方从三个年龄组(1—4 年级、5—8 年级、9—12 年级)成员的诗作中各挑选三首。这次"展翅高飞"的主题已引发了许多学生抒写风筝放飞的欢愉、飞行及空中之美等。入选作品的学生可在节日现场朗诵他们的诗歌,并收到特制的气球,晚上还可携带家人参加晚会。

史密森风筝节历史：

史密森风筝节始于 1967 年,由航空先驱保罗·E·加柏(Paul E. Garber,1899—1992 年)创立,他同时也是国立航空航天博物馆的创始人之一。本节日作为国际最负盛名的风筝节之一,由史密森会员组织及国立航空航天博物馆赞助举办,吸引了全美以及世界各地的风筝爱好者,同时也是每年华盛顿最风靡的节日之一。在经历了44年的史密森赞助之后,目前史密森风筝节已更名为花儿风筝节,也即由美国樱花节前来接棒赞助,将其作为樱花节在华府系列活动的组成部分。节日当天,风筝爱好者展示绝技,并竞争超过36个种类的奖项。最高奖项包括主题奖(Theme Award)、民众的选择(People's Choice)、家庭奖(Family Trophy)以及总分最高奖(Highest Overall Score)。

案例3

2014年史密森民俗艺术节展现中国传统文化①

史密森博物学院的民俗艺术节始创于1967年,由史密森民俗与文化遗产中心(Smithsonian Center for Folklife and Cultural Heritage)举办,旨在向美国民众和来自其他地区的游客介绍世界各国、各民族优秀的传统文化,每年都会吸引近百万人前来观看。

本次民俗艺术节于6月25日至29日及7月2日至6日这两个时间段在华盛顿广场第7大道与第14大道之间举行,公众可免费入场观看。展示时间为11:00—17:30,晚场特别活动在下午6点开始。

在2014年夏天举办的第48届史密森民俗艺术节上,游客感受到了世界第一人口大国中国的传统文化。120名来自中国的参加者围绕"中国:生活的艺术与传统"这一主题,展示了国内不同地区的传统文化。此外,众多音乐家、舞蹈家、手工艺人和厨师都带来了精彩展演:尽管面临着许多压力与变化,但中国仍在努力保护自己的传统文化并使其与当代生活相适应。

"团圆"与"和谐"两大主题展显示了中国传统节日在保护传统生活方式方面的重要作用。在这里,游客可以观看艺人制作剪纸、年版画、泥塑、风筝及香囊等——这些都是中国一年一度传统节日的必备品。同时,人们还可欣赏到刺绣品、蜡染品和瓷器等精美艺术品。

文化节策展人吉姆·多伊奇(Jim Deutsch)表示:"来自中国15个地区的专家学者会在文化节上呈现不同民族的传统民俗生活,希望这能帮助游

---

① 湖南省博物馆编译:《2014年史密森学会民俗文化节展现中国传统文化》,湖南省博物馆网站,2014年7月10日。

客更好地了解中国文化的多元性。"另外,策展人索津·金(Sojin Kim)称:"通常,美国人主要是通过电影、食物和唐人街来了解中国的某些方面,而文化节上,他们将会发现一些熟悉而又出乎意料的中国元素。我希望游客能与中国的专家艺人进行接触交流,认识到他们的创造力与精湛技艺,进而重新审视这个国家的艺术与文化。"

在"人民公园"区,艺人们展示并指导观众当场学习花鼓灯、太极、书法等公园里的常见活动,表现了中国当代公园的活力与气息。"五味厨房"则道出中国食物的多样性和它们承载的丰富内涵,游人可以了解面、饺子等食物的制作过程以及一些菜肴在中国社会扮演的重要角色,加深对中国饮食文化的理解。

同时,文化节上还会展示一块长112英尺、高34英尺,由香港艺术家荣念曾制作的花區。花區的主要构架为竹子,是中国南方传统庆典的常用之物。在花區的附近,人们可以参观新月馆,欣赏吴剧团、泉州木偶剧团带来的歌舞戏剧表演。此外,他们还可放风筝,在"家庭帐篷"里练书法,玩游戏,学习中国词语和舞蹈等。

6月29日的"侨民日"则由中国的海外侨民担当主角。通过表演及讨论,他们展示了移民是如何改变文化传统的。

案例4

2012年情人节:博物馆里的别样浪漫①

情人节又至。如今,2月14日的西方情人节已成为全球恋人必过的节日。作为人类文化汇聚与展示的殿堂,世界各地的博物馆也纷纷出炉特色活动,邀请恋人们共度浪漫情人节。

位于英国的图利别墅博物馆和美术馆(Tullie House Museum and Art Gallery)利用其独特资源为情侣观众打造了一个别具一格的中世纪情人节。观众将重回亚瑟王统治时期,踏寻亚瑟王骑士的足迹,重温彼时的爱情经典。另外,他们还能在展厅里寻"宝"——中世纪婚约盒复制品。这是博物馆专为情侣们准备的情人节礼物,以此送上馆方"爱情永恒"的美好祝愿。

---

① 湖南省博物馆编译:《2012情人节:博物馆里的别样浪漫》,湖南省博物馆网站,2012年2月14日。

暴民博物馆的情人节活动宣传海报
来源：湖南省博物馆网站

暴民博物馆（Mob Museum）位于美国赌城拉斯维加斯，是一家致力于展示有组织犯罪及法律制定与实施历史的博物馆。奇怪的是，这家听起来一点也不浪漫，甚至有点惊悚的博物馆不仅选择在 2012 年浪漫情人节这一天开馆，而且为7 对新人举办盛大而别样的婚礼。同时，被选中的幸运爱侣还可在美国历史上审判过诸多著名案件的法庭上说出爱的誓言，并被宣布结为夫妇。

几年前，意大利文化部为了提高博物馆参观量，特发布了"情侣门票二免一"政策，广受民众热爱。情人节到来之际，这一政策再次为各大机构所推行。参与的博物馆和美术馆包括位于佛罗伦萨的乌菲齐美术馆、阿卡德米亚美术馆（Galleria dell'Accademia）、巴杰罗国家博物馆（Museo Nazionale Bargello）、梅迪奇/美第奇教堂博物馆（The Museum of the Medici Chapels）、彼蒂/提宫（Pitti Palace）等。情人节这天，徜徉于艺术殿堂的爱侣们一定会对爱情这门艺术增添许多新理解吧。

位于纽约市中心的性爱博物馆（Museum of Sex）致力于展现人类性行为的历史，收藏并展示藏品 15 000 余件。2012 年情人节，该馆向情侣们发出的口号是："过情人节，有什么地方比性爱博物馆更合适？"除了已有的展览"动物的性生活""欲望世界""性爱艺术"等，馆方还特别为男女及同性恋情侣推出了独家"玫瑰礼盒"。礼盒中包括 2 张博物馆参观券、2 杯博物馆酒吧鸡尾酒、可食心形蜡烛、小玩具等。相信如此"性感"的活动一定会"引诱"丘比特拉开爱情之箭……

加拿大虚拟博物馆"收藏"了国内 1 500 余座博物馆的逾 100 万件藏品图片。此次情人节，该馆利用其丰富资源专门打造了一场"情人节虚拟展"。卡片、诗歌、故事、神话传说、各地习俗、情人节礼物……不同时间、不同空间的情人节在这里汇聚。另外，网友们还能在网站互动版块中，在爱神丘比特的协助下，亲手制作一张情人节卡片，用电邮送给亲爱的她/他。这场虚拟展的另一特色是网站专门引进了布莱叶盲文等软件，使聋哑人也能方便访问，真正实现了"爱不设限"。

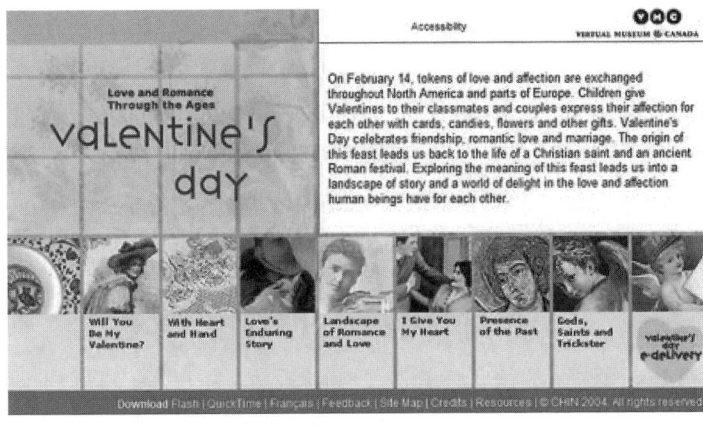

加拿大虚拟博物馆的情人节专题网页
来源：湖南省博物馆网站

5. 学生课后项目①

时下,不少中小学的放学时间为下午 3 点,这距离家长下班"接管"他们至少还有 3 个小时。博物馆能为学生安全且有收获地度过这段课后时间作出哪些贡献? 很多机构都为此进行了尝试,其中有些选择向家长收取一定的费用,另一部分则完全依靠政府、企业或个人资助,对外提供免费项目。据美国博物馆界的经验,依靠这些项目创收似乎有些不切实际,因为项目的开发、执行与管理都需要投入一定的人力和物力。

位于新泽西州的纽瓦克博物馆在课外项目等馆校合作方面树立了典范。该馆通过政府筹资和向家长收取少量费用,为一公立校区的 3 所小学创办了"3—6 点黄金时间"课后项目。此项目将博物馆资源与学校课程大纲相结合,设立有展厅导览、健康户外娱乐、社区服务等活动,每天约有 200 名学生参加。新泽西州特批该项目为"学生课后托管项目",并为此专门另聘了 21 名工作人员。除此之外,教师和家长也可从职业发展、特别活动等延伸项目中受益。

据该项目负责人泰德·琳达介绍,项目对博物馆教育使命的实现意义非凡,尽管博物馆工作人员非常辛苦,但喜人的评估结果鼓舞他们继续走下去。"这个项目除了为学生提供安全的课外活动场所外,对学生的阅读和其他课程也有促进作用。家长和其他公众都很喜欢与博物馆的这种联系,他

---

① 李慧君编译:《美国博物馆为学生群体做些什么》,中国文物信息网,2014 年 1 月 8 日。

们在欣赏藏品的同时,也感谢博物馆工作人员多方面做出的努力。"

总的说来,博物馆在学生课后项目方面应注意以下几点:课程设计精益求精,综合教师、管理人员、社区领导、家长等多方面的意见;依据政策规定,配备充足、合格的工作人员,严格筛选与学生直接接触的人员;安排专人不断筹资;设置充足、安全且有扩展空间的场地;制定经测试和实际操作的紧急事件处理程序;安排管理者、青年委员会、律师等对项目进行监管;利用成熟的评估体制对项目进行长期、全面的评估。

6. 夜场活动

许多欧美博物馆都为儿童开设了夜场活动。一些关于"博物馆之夜"的故事也深受大众喜爱,如儿童畅销书《天使的雕像》讲述了一对姐弟离家出走,藏身于大都会艺术博物馆的故事,而电影《博物馆奇妙夜》中的那位博物馆安保人员在观众离开后发现展品竟然离奇复活。美国许多儿童都曾在国内各地的博物馆过夜,比如参加位于匹兹堡的卡内基科学中心(Carnegie Science Center)举办的夜场活动,充当小侦探;在辛辛那提博物馆中心(Cincinnati Museum Center)探秘洞穴;或在旧金山的蒙特瑞海湾水族博物馆(Monterey Bay Aquarium)观看鲨鱼;还可以在威斯康星海洋博物馆(Wisconsin Maritime Museum)的潜水艇内打个盹等[1]。

如今,成年人也可以享受到这种乐趣,虽然成人专属的夜场活动并不常见,目前影响力最大的属遍及欧洲大陆的"博物馆之夜"活动。但美国筹资顾问保罗·约翰认为:"如今,每个博物馆都在寻找吸引不同观众群体的新方法。举办夜场活动是一个好办法,能够吸引那些不常来博物馆参观的人们,也有助于培养未来的观众和捐赠者。"

案例 1

欧洲大陆的"博物馆之夜"[2]

遍布欧洲大陆的博物馆正在成为潜入夜晚的猫头鹰,活动到黎明——它们通过各种特别措施招揽顾客,"博物馆之夜"便是其中一项。

"博物馆之夜"是指在同一个地区的同一天,多个博物馆和文化机构在

---

[1]　湖南省博物馆编译:《美国博物馆成人夜场活动深受观众喜爱》,湖南省博物馆网站,2014年8月26日。

[2]　徐佳和:《全球文化场馆借助日夜开放恢复活力》,《东方早报》2009年1月20日。

夜间开放,并举办各种文化活动,以便吸引那些平时不太会参观的人。通常,欧洲范围的博物馆之夜在"国际博物馆日"(每年的 5 月 18 日)之前最近的那个周日举办,2013 年的国际博物馆日和欧洲博物馆之夜恰巧完美重合。从 2011 年起,欧洲博物馆之夜活动得到了国际博物馆协会的支持。2013 年也一如既往地得到了联合国教科文组织的支持,在欧洲 30 多个国家拉开序幕,并且超过 2 000 家博物馆为数以百万计的参观者提供免费活动。

2013 年欧洲博物馆之夜的海报
来源:湖南省博物馆网站

1997 年柏林首创"博物馆长夜",1999 年法国举办第一个"博物馆之夜"。2005 年该活动传遍欧洲,法国文化与传播部由此创建了"欧洲博物馆之夜"。活动中,博物馆将闭馆时间延迟至凌晨 1 点,使公众可以在夜间免费参观,更使他们对藏品有了一种特殊的、更为深切的体验。这一天,许多博物馆为年轻观众及家庭播放动画片。2013 年,仅法国就有 200 万观众参与了博物馆之夜专题活动,欣赏了多个临时展览和精彩表演①。

柏林的博物馆之夜,是每年的 1 月 31 日和 8 月 29 日。该活动取得了巨大成功,每次都吸引了大量参观者。2005 年 1 月,柏林博物馆之夜当天参观者达到 154 900 人。在德国,博物馆之夜已经从柏林扩散到了 120 余个城市。除了柏林,莱茵河畔法兰克福和美因河畔奥芬巴赫的博物馆之夜也有很高的知名度。2006 年和 2007 年,参观者达到 4 万人,包括 45 座博物馆、10 多个展会和 40 家画廊对外开放。据报道,在曼海姆、海德堡和路德维希港举办的"莱茵河内卡河三角洲博物馆之夜",有 100 余家机构参加,是德国第二大的博物馆之夜。在莱比锡,莱比锡大学每年也会举行博物馆之夜,其中还包含了富有特色的教学活动。

西班牙马德里的"白昼之夜"定于每年的 9 月 12 日,它以热情洋溢而闻名。每年的这个日子,马德里的所有公共场所都成为展示艺术的舞台,弗拉

---

① 谢颖编译:《2013 欧洲博物馆之夜:一场流光溢彩的文化盛宴》,《中国文物报》2013 年 5 月 17 日。

门戈舞的比赛在各家咖啡馆进行,表演、绘画都成为艺术的组成部分,人们彻夜讨论影像作品和历史文物的保存,参观城市中心的艺术画廊等。

荷兰阿姆斯特丹的博物馆之夜是每年的 10 月 30 日到 31 日,全城 42 家博物馆从晚间 7 点开放到凌晨 2 点,节目包括音乐会、3D 音乐和艺术影像片断在多媒体博物馆的播放等。

事实上,博物馆之夜已经成为欧洲博物馆等文化机构一年中的重大活动。英国《卫报》《独立报》都对其进行了专题报道。著名的"文化 24 小时"网站也打出了"博物馆之夜"倒计时,更反映了这是全民期待的独特夜晚。参加的博物馆提供了涵盖艺术、历史、文化遗产、科学自然等广泛主题的精彩节目,目的是要把各种观众"一网打尽",该活动也成为培养博物馆爱好者的一次绝佳机会[①]。

案例 2

史密森国立自然历史博物馆之"在史密森过夜"(Smithsonian Sleepovers)活动

一部充满温情和想象力的好莱坞大片《博物馆奇妙夜 2:决战史密森》将全球亿万观众带入了博物馆夜间的奇幻世界。而该电影的拍摄地——史密森国立自然历史博物馆也结合电影情节,为学龄儿童打造了一系列夜间探险活动,现实版的"博物馆奇妙夜"正在火热上演。

"在史密森过夜"活动网站宣传:"夜幕降临,观众散去,博物馆大门缓缓关闭,灯光渐渐暗去……恐龙、哺乳动物、鸟类、爬行动物、昆虫、海洋生物……都在等你来探索!"
来源:史密森国立自然历史博物馆网站

---

① 谢颖编译:《2013 欧洲博物馆之夜:一场流光溢彩的文化盛宴》,《中国文物报》2013 年 5 月 17 日。

举办日期：每年 5 月到 8 月，每月 1—2 次。

参与者要求：8—12 岁孩童（包括残疾儿童），每 3 个小孩必须有 1 位家长陪护。报名费为 125 美元/人。

包含项目：

跟随导览员印第安纳·简（Indiana Jane）参观展厅。

"探索护照"，这是一项以学为主的寻物活动，覆盖了四个展厅：哺乳动物厅、恐龙厅、海洋厅和人类起源厅。护照上有专为每个展厅设计的页面，当孩童完成了一个展厅的参观，便可盖到一枚护照印章，而当参观完所有展厅，还能收到一个高度机密的信封。

手工艺品制作，参照展品创作珊瑚礁和化石。

观看 3D 巨幕影片"加拉帕戈斯群岛"，跟随查尔斯·达尔文（Charles Darwin）开创性的步伐，与一位年轻科学家一起探索生物的多样性和加拉帕戈斯群岛的独特地质史。运用巨幕和 3D 科技的影院技术，将带小观众潜深海、攀火山，并与世界上最大的鲨鱼——鲸鲨来一次亲密接触。

自带物品：入场前，报名表必须填写完毕并由一名父母签名；睡袋、衬垫或是小气垫，馆方不提供简易床；枕头；牙膏、牙刷；手电筒；标识所有物的姓名吊牌；擦身毛巾；舒服的睡衣，馆方建议穿运动衫睡觉，衣物要足够保暖；相机（可选，观看巨幕电影时不能录制或拍摄）；睡觉时用的耳塞和面罩（可选）。

活动流程：

晚上 7:00—7:30 报到；7:30—8:00 熟悉情况、饮用茶点；8:00—10:50 跟随王牌导览员印第安纳·简，参与寻物活动、仿制展品等，以及史密森过夜活动的 T 恤售卖（12 美元一件）；11:00—11:40 观看 3D 巨幕影片"加拉帕戈斯群岛"；11:40 睡前准备，与鲸鱼"Phoenix"同眠；12:10 上床睡觉；第二天早上 7:30 早餐；8:00 家庭商店开张；8:45 活动结束，大家惜别。

类似地，纽约自然历史博物馆也有每月两次的"博物馆之夜"活动，深受欢迎。该活动是一项收费活动，会员每人 99 美元，非会员 109 美元。参与者于周五晚 5:30—5:45 入场，随后活动至午夜。有趣的是，该项活动缘起于 2006 年年底好莱坞电影《博物馆奇妙夜》在全球的热映，它再一次掀起了世界各地人们的参观狂潮。该博物馆于是趁势推出了这一项目，邀请 8—

活动现场照片
来源：史密森博物学院网站

12 岁孩童及其家长在馆内度过一夜，感受其夜间氛围。现在，该活动每次一经推出，门票便很快售罄。

案例3

美国博物馆成人夜场活动深受喜爱[①]

　　纽约自然历史博物馆最近举办了首次成年人的过夜活动，活动的同时还提供香槟酒会、现场爵士乐伴奏以及三道菜的晚餐。来宾在海洋生物展厅高达 94 英尺的标志性展品——蓝鲸旁布置睡袋，度过一个难忘的夜晚。

　　组织者介绍，该活动的门票在 3 小时内便售空。观众服务中心高级主管布拉德·哈里斯介绍，自 2006 年起，博物馆的夜场活动就吸引了近 62 000 位儿童参加，而此次活动预计将吸引 175 位观众。哈里斯表示："很显然，我们找到了观众的兴趣点。"

---

　　① 湖南省博物馆编译：《美国博物馆成人夜场活动深受观众喜爱》，湖南省博物馆网站，2014 年 8 月 26 日。

而在纽约的鲁宾艺术博物馆(Rubin Museum of Art),成年人则可在悬挂着艺术品的展厅里睡觉,醒来后,还有人为他们解释梦境。纽约的洛琳·罗宾斯最近参加了该博物馆之夜活动。她表示,活动燃起了她对博物馆的兴趣,"实际上,我希望能在其他机构也体验同样的活动,因为这是一次非常难忘的机会。这和白天充满了观众的博物馆是不一样的,夜晚的博物馆非常安静,灯光黯淡,带给人完全不一样的体验"。

博物馆举办夜场活动并非为了赚钱。鲁宾艺术博物馆108美元的活动费用涵盖了活动策划、安保和工作人员加班的费用。而美国自然历史博物馆375美元的费用相比纽约市住宿一晚、晚餐和听音乐剧的费用,并不过分。

佐治亚水族馆(Georgia Aquarium)阐释项目助理经理认为:"博物馆的这种做法理由很明显,我们的使命是提供最吸引人的体验,钱不是重点,我们在乎的是观众体验。"

(四) 通用设计与特别观众服务

1. 通用设计

我国博物馆界提倡的"实现博物馆无障碍参观"目前还仅仅是一种自觉,但在西方国家这已是一项法律责任。如1990年通过的《美国残疾人保障法》(*Americans with Disabilities Act*)即有"博物馆应提供合理的设施,以备残疾人方便;博物馆所有新增设施都应考虑残疾人士的'无障碍'使用;博物馆须提供盲人使用的电话设施"等条文[①]。

事实上,通用设计(Universal Design,又称全民设计、全方位设计或无障碍设计)的运用在西方博物馆界已经成为一项共识。它是指设计融入了对所有使用者在所有情况下需求的考虑,最大可能地让所有人使用。毋庸置疑,通用设计对博物馆展览与教育项目的意义重大。但如何将其原则恰如其分地融入,博物馆如何实现"让所有人都可参与使用",如何更好地服务残疾人、老年人、携婴观众乃至全社会,是博物馆人永远值得思考的问题。

美国人性化设计研究所执行董事瓦莱丽·弗莱彻(Valerie Fletcher)认为,通用设计是一个动态变化的体系,其主要催化剂有三:首当其冲便是世界范围内的人口老龄化,即便在人口寿命最短的非洲,到2050年,超过60

---

① 杨玲、潘守永:《当代西方博物馆发展态势研究》,学苑出版社2005年版,第148页。

岁的人口数量也会翻番;位居第二的是残疾,而80％的残疾人口都处于发展中国家;第三是对社会公平的追求。并且,通用设计的挑战之一是让人们切实理解:我们考虑的对象是所有人。2001年,世界卫生组织在经过10年努力后,对"残疾"一词重新定义。它把"残疾"定义为一种情景变项,强调"功能受限"是人之常态,除非我们足够幸运,否则每个人或多或少都会有"受限"的遭遇。弗莱彻相信,人的能力有别,但这种差别是正常的,因而无需用"特殊"区分。人们需要达成这样的认识:通用设计是面向所有人的设计,而不是针对某些"有特殊需要"群体的设计。所以,博物馆等机构定下的基调应该是为了每个人的便利,而非专为一小部分弱势群体。不仅物理环境,交际环境、信息环境、社会和政策环境也应如此——为了所有人。弗莱彻还强调,博物馆及其展览、教育活动的设计过程很重要,一定要让观众参与。博物馆工作者不妨想象自己期待达到的目标,不断换位思考,注重细节,坚持走下去,并最终营造一种欢迎所有人的氛围[①]。

通用设计有七大原则,具体包括:公平性,设计能够为所有使用者方便使用;灵活性,设计中融入对使用者不同偏好和能力的考虑;简单直观性,无论使用者经验、知识、语言、注意力如何,设计均可被轻松理解和操作;信息可知性,无论周围环境、使用者感知能力如何,设计都要向使用者有效传达必要的信息;容错性,设计应将危险和由意外或无意操作产生的不利后果降至最低;省力,设计应让使用者在最小耗能的基础上高效、舒适地使用;易达性,大小、空间适宜,无论使用者体型、姿势、移动能力如何,设计都应使他们方便地到达、操纵和使用[②]。

博物馆理应提供多种多样的项目,并且要避免这些项目只关照少数人的体验,必须确保受众的代表性。在实践中,使馆藏艺术品走近每一个人,被许多机构视为一项其本职责。它们在每天的日常项目之外,还组织多种适合病残和有生理发育障碍的观众的活动,赋予他们同样参观和参与的条件。

例如,纽约现代艺术博物馆自20世纪70年代就开始邀请盲人参观展览,从最初的可触摸雕塑展逐步扩展至画作等不允许触摸的作品。近年来,该馆还特意邀请了一批艺术家担任这些特殊参观者的向导,向导们的解说方式也别有新意。譬如,当让失明者"看"挪威艺术家爱德华·蒙克的著名

---

①② 湖南省博物馆编译:《美国专家聚焦"博物馆与通用设计"》,湖南省博物馆网站,2012年7月24日。

画作《呐喊》的一个版本时,向导会先让大家张大嘴巴、双手掩面,模仿画中
人物的姿势①。这些项目由该馆的"社区与特殊需求人群项目部"开发,活动
信息除了在机构网站、出版物上发布之外,馆方还会定期与纽约当地的残障
人社团联系,以确保相关人群得到这些信息②。而芝加哥艺术博物馆则设有
一条专为盲人设计的展线:展品都放在齐腰高的展台上,说明牌是盲文,展
品是可触摸的,且都是真品③。另外,英国遗产馆收藏有 400 多件历史文物,
为了方便失明游客"参观"文物、了解历史,该馆常年为盲人提供如语音导游
等免费服务。多数立体文物展,如雕像、木雕和石雕展,则允许失明者直接
触摸。而英国国民信托博物馆的免费游览手册还制作有标准字体与大字体
印刷版、录像版、磁带版和盲文版。有了这样宝典般的手册,盲人游客就可
自由随意地"看"展了④。事实上,通过让视障观众等更加便利地欣赏藏品,
并且满足他们与其他观众的社交体验,博物馆同时也创造了一个更加包容
和公众广泛参与的环境。

　　有趣的是,新近的远程监控机器人 Beam 的推出,几乎颠覆了过往残障
人士的博物馆体验,为实在无法出户的他们带来了福音。该设备是一个光
滑的白色机器,上端是 1 个平板电脑大小的显示屏,能够显示用户的面孔,
显示屏由 2 根细长支架支撑,机器的底端是 1 个装有轮子的底盘。亨利·
埃文斯是美国加利福尼亚州一位博物馆爱好者,但身患重病,四肢瘫痪,不
能说话。在过去的一年,他通过远程监控机器人 Beam 远程参观了位于堪
培拉的澳大利亚国家博物馆(National Museum of Australia)、旧金山笛洋
美术馆/博物馆(de Young Museum)、加州山景城的计算机历史博物馆
(Computer History Museum,CHM)等,并且享受了一对一的讲解服务。
如今,计算机历史博物馆和笛洋博物馆正在考虑配备几台 Beam 设备,专门
用于远程监控项目,对公众开放。加州大学伯克莱分校的兼职教授和国际
残障人士人权倡导者维克多·皮内达指出,博物馆就是要以尽可能多的方
式,接触和吸引到最多的观众,并与之互动。博物馆的教育使命促使其将新
技术视为对原有技术的补充,而不是替代品。在博物馆环境中,"我们不再
局限于正常人/残疾人这种分类,不再局限于可及性与不可及性的对立,博

① 曾乔圆:《博物馆应学学"吸客妙招"了》,《文汇报》2013 年 4 月 7 日。
② 唐泽慧:《美国博物馆的公众定位与筹资模式》,《中国美术馆》2006 年第 10 期。
③ 李韵:《博物馆:繁荣掩盖下的缺憾》,光明网,2006 年 11 月 1 日。
④ 曾乔圆:《博物馆应学学"吸客妙招"了》,《文汇报》2013 年 4 月 7 日。

物馆是一个流动性的空间,要让观众以他们自己的方式进行参观"①。

　　值得一提的是,史密森博物学院曾开展有名为"展览及其观众"的调研,以探究展览与其实际观众和潜在观众之间的关系。研究发现,若想拓展观众,残障人士是拥有发展潜力的人口段。目前,史密森的公共设施都融合了无障碍设计,入口通道、循环路线、公共区域的入口等皆契合联邦标准。但在展览设计方面,诸如互动展项、标牌、照明和展品等,对残障人士的考虑和包容性仍有待提升。现实情况是,许多博物馆都尚未关注那些有认知和智力残障的潜在观众。

案例 1

"欢迎所有人"的展览——国立美国历史博物馆的"小儿麻痹症面面观"展览②

　　史密森博物学院为展览中的通用设计应用制定了三个原则:其一是要尽早考虑通用设计,从概念设计到完工,通用设计是整个策展过程不可分割的一部分。因为通用设计不是创可贴,事后补救就太迟了。其二,通用设计应融入展览设计。以"小儿麻痹症面面观"展为例,通用设计自始至终都像是展览的天然构成部分,部分原因可能是由于展览主题本身也具有一定的特殊性,但更重要的是,通用设计符合并协助实现了策展人期待的效果。其三,为确保通用设计的切实可行,所有展览组成员都必须在策展过程中将通用设计纳入其核心理念。

　　要做到"贯穿始终",博物馆工作人员考虑到了观众体验远在实地参观之前就已开始,比如网站浏览、电话咨询、宣传册阅读等。从家到博物馆,观众得外出交通、查看地图、使用沿路设施……这些经历并不是发生在真空中,而是整个参观体验的一部分。所以馆方若要为观众切身考虑,必须考量以上提及的环境是不是也能做到"欢迎所有人"。

　　早在"小儿麻痹症面面观"展览策划之前,设计团队就召集通用设计专家、建筑师、残疾观众、小儿麻痹症患者等围绕通用设计话题开了整整一天的讨论会——听取多方意见至关重要。

---

① 湖南省博物馆编译:《技术的力量:远程监控机器人带残障人士参观博物馆》,湖南省博物馆网站,2014 年 8 月 18 日。

② 湖南省博物馆编译:《美国专家聚焦"博物馆与通用设计"》,湖南省博物馆网站,2012 年 7 月 24 日。

最终，策展团队在展厅外开辟了休息区域，观众可在带靠背和扶手的木椅上休息，其间还分布有蓝色轮椅。观众很感谢博物馆为他们设置特定的区域来稍事休息、恢复体力或者等待同伴，这让不同年龄的观众都能更好地享受馆内时光。但目前的现状是，博物馆很少有足够的休息区域，更不用提舒适的靠背椅了。而散布在休息区的蓝色轮椅则是展览的一部分，目的是为了让观众在未进入展厅之前心灵就受到展览主题的碰触。

展厅共三个出口，每个出口处都有持介绍单、可视地图和触摸地图的指路员。这样的安排并不冗余，因为策展人的目的就是为了通过视觉、听觉、触觉各种途径为观众提供信息。有视力障碍的观众可利用触摸地图上的颜色代码和布莱叶盲文了解展览信息，也可使用语音导览器即时获取藏品描述。此次展览的语音导览使用的是超音速扬声器，由于超音速声音的传播如同激光一样不扩散，所以使用者只需站在展厅纹状底板处即可听到讲解，而不会对其他区域的人带来声音干扰。此处设计非常重要，因为认知有障碍的人通常不能忍受嘈杂和交叠的声音，正常人也有受其他观众声音干扰而非常厌烦的感受。

为了让观众能有视、听、触多重体验，团队还设计了一个铁质肺模型。观众可以用眼睛和手感受肺的形状，用耳朵听肺部发出的声音，如果将手伸入其中，还能感受肺部的压力。

从另外一处青铜质小儿麻痹症病毒三维病毒中，也能看出策展和设计人为通过不同途径传达信息所花费的心思。文本、绘图、触摸引导式语音板等信息载体多管齐下，引领观众了解病毒生命的七个阶段。另外，展览还专门为有听力障碍的观众准备了投影仪，显示语音导览器播放的文字。评估显示，视力健全和不健全的观众皆能通过这些周全考虑的设计对小儿麻痹症病毒有较为深入的了解。

展览中，观众最喜欢从讲解员和教育员处获取信息，因为他们身处服务前线，最能与观众发生互动，而且他们有机会聆听观众关于小儿麻痹症的故事并转述给其他观众，或是引导其如何使用显微镜观察小儿麻痹症病毒等。

另外，展览还为小朋友准备了与展览主题相关的玩具和游戏。比如，"糖果乐园"游戏就是一位小儿麻痹症患者开发设计的。据设计和策展人介绍，他们这样做的目的是为了透过"患者个人"来让观众了解小儿麻痹症，而非单纯地从医疗和科学的视角。因此，在展厅四周有各种类似粘贴本的相册,从中我们可以看到小儿麻痹症患者工作、结婚等生活的瞬间。

████ **案例 2**

英国博物馆界发表"老年人友好宣言"①

"博物馆、美术馆如何与其他部门合作,为当地社区的老年人提供更好的服务?"2013—2014 年间,英国博物馆界发起的"老龄社会项目"(Age Collective)吸引了来自 150 多个跨部门组织的 200 多位本地及全国代表,举办了一系列研讨会。最后,经过多次讨论,项目组总结了会议的核心内容,并发表了针对老年人的博物馆友好宣言(The Manifesto for Age Friendly Museums)。以下是该宣言全文:

英国博物馆老年人友好宣言

一个对老年观众友好的博物馆应该:

积极地迎接人口老龄化为博物馆所带来的机遇与挑战,认识到年龄不是互动与参与的障碍。

意识到老年人在生活方式、生活经历、观点看法以及参观需求方面的迥然不同,对展品的认知也不尽一样,绝非千篇一律。

根据老年观众的需求,持续提供高质量的参与式活动,并逐步为那些无法到现场参观的老年人提供延伸服务。

提供基础的便利设施,如带靠背与扶手的座椅。

充分利用馆藏来呈现个体经验,鼓励老年观众探索新体验,学习新知识,同时进行创造性思考。

为老年人举办多种活动,赞颂他们为社会作的贡献。这有利于排除老年人的消极认知,增进他们与年轻人的联系。

重视所有老年人的知识、技能和经验,不管他们是博物馆工作者、志愿者还是游客。

与其他博物馆、社会医疗保健人员、学者、老年人机构以及当地社区的老人一起分享博物馆的实践、工作及学习经验。

为工作人员提供不同层次的培训,以便他们更好地与老年人交流

---

① 湖南省博物馆编译:《英国博物馆界发表"老年人友好宣言"》,湖南省博物馆网站,2014 年 5 月 23 日。

互动,为其提供优质服务。

2. 未成年观众服务

当儿童在展厅内观看展品时,他们的小脑袋瓜正忙碌着,处于"参与"的状态,而这些展品这时也成了最佳学习工具。对博物馆而言,需要了解儿童的学习方式,才能更好地发挥展品的作用和价值。调研表明,大多数孩童若被调动了五官能动性,学习成效会最佳。这包括以听觉、视觉、触觉的运用为主,有些则是两者甚至是三者的结合。如果儿童是运用听觉为主的学习者,通常他们在听展品讲解时能理解更多,并偏爱口头的而非笔头的引导;运用视觉为主的儿童学习者更偏好按照自己的节奏阅读,喜欢多图片的书籍,并且倾向于信息以图像、图表形式展示,还喜欢自己绘画图表和图像;运用触觉为主的儿童学习者倾向触碰展品,感受它们的质地,欣赏艺术和作品,并喜欢置身于短剧表演中,假设自己就是其中他们感兴趣的人物。

当儿童在仔细观察、倾听以及触摸后,可能会产生新想法,迸发火花。因此,博物馆要鼓励他们进行批判性思考,并锻炼综合能力,诸如:比较和对比——认识展品之间的相同和不同之处;辨识和分类——辨识出可归类的展品并将它们组团;描述——将观察过的展品做口头或是笔头描述;预测——猜一猜下一步是什么,接下来可能会发生什么;小结——将所收集的信息简短、精炼地表达出来。

事实上,早在幼儿通过语言和书本学习之前,他们正是通过"物件"来探索世界的。而正是透过物件的物理、感官体验引发了人类的认知发展。例如,简单的贝壳收藏被用来讨论一系列主题,并扩展语言。当学生感觉并描述每片贝壳的质地或描绘其轮廓时,一系列词汇开始具有真正的含义。小组讨论中可以引入新词汇——光滑的、有凹槽的、粗糙的、锋利的、不规整的、扇形的、螺旋形的、圆形的、图案、对称,在此过程中理解力得到了提升,因为学生真正看到并体验到了这些词汇的意义。

作为藏品的宝库,博物馆提供了具体实在的链接来理解我们自身以及所生存的世界。许多机构还持续扩大了未成年观众手动探索藏品的机会。事实上,教师、家长及教育工作者可以通过勾连熟悉的日常物件以及博物馆中的不常见物件,来弥补孩童的世界与博物馆之间的差距。

时下,在欧美国家,自然科学类博物馆等机构是未成年观众名副其实的"第二课堂"——一个可以动手参与的课堂。比如,位于慕尼黑的德意志(科学技术)博物馆(Deutsches Museum),它是世界最著名的科技博物馆之一,现有展览面积 4 万多平方米。该馆每年接待数百万观众,其中一半是学生。有趣的是,德意志科学技术博物馆的陈列大部分都不设玻璃柜,青少年与展品是"零距离"接触。不同年龄段的德国中小学生在宽阔的展厅中显得分外活跃。在这里,教科书上抽象枯燥的公式、定理全都活了起来,深奥复杂的科学技术变得形象、直观。那一张张专注、兴奋、虔诚的青少年的脸庞都在诠释着快乐,然而在这份快乐中,他们接受了人类科学技术发展历史的深刻教育。又如,旧金山的蒙特瑞海湾水族博物馆是一间海洋生物博物馆,它拥有成千上万种海洋生物。该馆有 10 个专门为儿童设计的展览,让孩子们沉浸在海洋的世界里——小观众可以等待一只蝙蝠鳐鱼在自己双手的接触下游过;可以触摸到诸如海黄瓜等海洋生物的形状;如果他们有足够的勇气,还可以触摸一只有钳子的蟹,漫游在崎岖的岩石海岸,或者潜入鲜艳的珊瑚礁,去观察鳗鲡、鲨鱼以及其他海洋生物。儿童通过与展览的"互动",会得到许多答案,更获得一种奇妙的感觉和全新的体验①。值得一提的是,位于巴黎东北部的维雷特科学工业城是欧洲最大的科普中心。"科学城"为 12 岁以下儿童开设了 4 000 平方米的儿童馆(也属欧洲之最),这个儿童馆又分为 3—6 岁、6—12 岁两个不同年龄段的区域,用儿童的思维方式引导他们去观看、触摸和体验植物界、动物界、宇宙空间,在其幼小的心中激发起好奇。该"儿童馆"突破了博物馆的传统,改变了以往只注重收藏、展览、研究的模式,更注重发挥机构在教育方面的作用,而它同时又改变了以往教育的传统模式,注重儿童观众对展览的参与和反应。这种类型的博物馆,是以观众(儿童)为中心的。在那里,观众比展品重要,而且孩子们与实物的接触、与展览的互动,从整个过程中得到的感受,也比一个展览的主题与内容更为重要②。

　　总的说来,对于未成年观众而言,博物馆中基于物件的学习:提供了独一无二的发展批判性思维技能的机会;支持视觉认识能力(从视觉世界中学习和解密的能力)的发展;加强认知,提升学习体验成为长期记忆的一部分的可能性;提高数学和语言能力。通过同伴的讨论丰富语言,并实践重要的数学概念(例如观察部分与整体之间的关系)。

　　另外,从物件中学习也是一个过程,它始于对实体的探索,允许未成年观众从个人体验中获得洞察力,并向理解抽象的概念和观点发展。总的说

---

①　陈滢:《欧美博物馆的青少年教育》,《广州艺术博物院年鉴》2006 年,第 68—69 页。
②　韦坚:《法国博物馆的儿童教育》,《中国文物报》2012 年 1 月 2 日。

来,欧美博物馆突破了传统的教育观念,让未成年观众参与到展览与活动中来,让他们动手做,更关心他们在参与、动手过程中的感受。

值得一提的是,英国博物馆儿童网站(Kids in Museum)近期根据观众评论编写了《博物馆儿童宣言》。该宣言鼓励和支持全英的博物馆、美术馆及名胜古迹为儿童、年轻的观众及家庭团带来更为愉悦的参观体验。英国已有550多家博物馆签署了该宣言,承诺实现《宣言》中的20条要求。以下是《宣言》中提出的、友好对待家庭参观者的20条须知:

热情地打招呼,对每一位观众表示欢迎。研究人员、志愿者、一线的工作人员以及餐厅服务人员都应共同努力为来访的家庭观众营造友好氛围。

积极的语言暗示。不要说"不",在展厅门口告知观众他们可以做的事情,而不要列出一些禁止事项。

分享故事。聆听观众的故事,观众团也可能是专家。

从婴儿开始。参观博物馆,年龄小不是障碍,博物馆是进行社交、刺激感官、激发人思考的地方——这对婴儿来说是非常完美的环境。"这些多彩的颜色和画面为我们带来了生动的艺术之旅,我6个月大的儿子给出了他人生中的第一次点评——挥舞着他的手臂、微笑并制造噪音。"

跨越代沟。祖辈们的作用越来越重要,促进跨代沟通应成为博物馆观众工作的重点。"噢,我们家也曾有那样一个轧布机,奶奶在摇轧布机摆手时还在头上磕了一个伤疤。"

邀请青少年参观博物馆,并任由他们闲逛,询问其是否愿意参与博物馆的工作,并重视他们的意见。让人们了解青少年也能够为社会作贡献,博物馆在这一方面可以充当引路人。

对成年人年龄的界定保持不变。如果你对青少年收取成人的票价,那么如何期待年轻的观众会自己前往?

走出博物馆,寻找新观众。为馆外的参观障碍负责,即便不是你设置了这些障碍。

在活动、参观和家庭团体票等方面采取灵活政策。家庭团体各异,人数也不同,请考虑不同的家庭类型来设计票价和活动。

在线联络。你的社交媒体平台和网站必须是家庭友好型的,并能不断更新,这样观众可以很方便地找到参观信息,准备他们的博物馆参观之旅。

将博物馆打造成让儿童及家庭参观者感觉舒适、安全的地方。博物馆可以是一个安全的港湾,让观众感觉更好。

成为社区的核心,提供可供家庭聚会和聊天的场所——"我很喜欢这座博物馆,它就是这样一个空间,我们可以常去走走,做一点事情,真的很酷。"

不要说"嘘!"如果孩子很吵闹,问问你自己"为什么?"这是因为他们很兴奋吗? 那很好! 然后,抓住他们的兴奋点。是因为他们感到厌烦了吗? 那么,请给他们找点有意义的事情去做。

尽可能地告诉观众"请触摸!"每个人都会觉得真实的物品很震撼,引导儿童参观那些可触摸的物件,向他们解释为什么其他物品不能触摸,并教导他们尊重藏品。

帮助儿童的同时也请向成年人伸出援助之手。有时,表现羞涩的并不是儿童,他们的父母也需要你的帮助。为他们提供向导、地图以及活动,让每一个人都参与进来。

注意到不同家庭的需求,使用所有人都能理解的标牌、符号和语言。保证所有的残障人士与身体健全的观众都能享受到你所提供的服务。

充分利用你的不同空间,无论是室内还是室外。餐厅、花园、楼梯以及接待区都是博物馆的重要区域。

注意观察观众是否感觉舒适。确保卫生间的环境令人愉悦,有专门存放婴儿车和换洗设施的房间。卫生间是唯一一个每个家庭都会到访的地方。请提供存放外套、背包、婴儿车、滑板车和滑板的地方。

提供健康、营养的食物,并配有高脚椅和无限制的可饮用水。你的餐厅应和博物馆其他部门一样体现出对家庭观众的友好。

让参观持续下去。与家庭参观者建立友好关系,让他们知道你想和他们保持联系。请在博物馆的长期决策中邀请他们参与,给他们提供一个再次前来的理由,家庭参观者可以是您最好的倡导者。①

3. 嘉宾观众服务

时下,不少博物馆都开始尝试推出特色服务,致力于为嘉宾观众打造独一无二的馆内体验,并且鼓励社会公众多角度利用博物馆资源。部分特色服务是有偿的。

例如,大都会博物馆在不影响参观者的前提下,提供有一些"高端服务",比如宴会、针对捐赠者开放的小型文化讲座等。但是,为了更透明化管理,馆方会在网上公开经营及财务状况,各方的捐赠款也做到了充分公开。

————————————

① 谢颖编译:《"儿童博物馆宣言"让家庭参观者享受接待》,《中国文化报》2014 年 1 月 23 日。

除此之外,大英博物馆、东京国立博物馆等机构的官方网站上,也都设立了"捐赠贵宾"栏目。馆方承诺多种贵宾服务,以鼓励各界捐款。除了网上公布外,博物馆前台也会摆放此类"价目表",推介态度十分积极。

案例 1

"史密森特别体验"项目(Smithsonian Experiences)

史密森会员组织通过该特别体验项目为嘉宾观众打造与众不同的经历,同时也加大了团体的学习力度。团队负责人可提前与史密森的项目协调人一起商定活动主题和节目形式,以最大限度地满足团队的目标要求。本项目是有偿的,适合会议小组、公司工作坊、大学同学聚会,也可作为员工的激励或奖励、开会期间的团队建设训练、对捐助者的特别感谢和礼物、有深度的师生参观等。

事实上,史密森的学者非常欢迎嘉宾观众来到他们工作的博物馆、实验室及库房,并现身说法,与大家分享学习的乐趣。经挑选前来牵头该项目的专家,来自不同的艺术、历史和科学领域,他们能力卓著,能通过一系列活动将不同的观众有效吸引,包括进行演示、邀请嘉宾参与动手做活动、导览并揭秘展品背后的故事、开展团队建设训练等。

一系列教育活动的开展将提升参与者的知识水平、增强他们的技能、激发其想象力、推进团体协作,并鼓励大家更好地了解世界文化。活动兼具趣味性和深度,供参与者以内部人士的特别身份进入世界最大的博物馆群和研究机构群,包括:单独参观非洲艺术展,并设计心目中的展览;学习实验室是如何修护织物的;与科学家一起讨论太阳系;探索最新的艺术博物馆藏品设备;在崭新的海洋厅开放之前,先一睹鲸鱼的真容……

案例 2

大都会艺术博物馆、大英博物馆、东京国立博物馆运作贵宾服务[①]
　● 管理透明,捐赠资源多

大都会艺术博物馆在不影响参观者的前提下,提供有一些"高端服务",比如宴会、针对捐赠者开放的小型文化讲座等。

---

① 　秦俟全:《海外博物馆如何运作贵宾服务》,《东方早报》2011 年 6 月 2 日。

　　但是,为了更透明化管理,馆方会在网上公开经营及财务状况,各方的捐赠款也做到了充分公开。

　　● 明码标价,丰俭随意

　　大都会艺术博物馆、大英博物馆、东京国立博物馆三大机构的官方网站上,都设立了"捐赠贵宾"栏目。馆方承诺多种贵宾服务,以鼓励各界捐款。三馆均明码标价,详细说明了捐赠级别和相应服务。除了网上公布外,博物馆前台也会摆放此类"价目表",推介态度十分积极。

　　以大都会艺术博物馆为例,可以在其下设的高级餐厅免费享用下午茶(4人份1次);全年免费参观等。2万美元规格以下,尚有13 000美元至1 200美元多个级别,权益相应递减,方便个人选择。

大都会艺术博物馆的屋顶花园常成为上流社会的社交场所
来源:《东方早报》网站

　　除个人捐赠外,大都会博物馆也很重视企业资助。馆方开发的服务项目大多有助于提升企业形象,加强其凝聚力。以顶级"主席捐赠"为例,企业一年可在博物馆内举办两场晚会,场地包括展馆大厅、欧洲雕塑馆、丹铎神庙等。据公开资料介绍,展馆大厅及阳台可举办千人规模的大型晚宴,欧洲雕塑馆也可举办250人的宴会及舞会,著名的丹铎神庙则可同时容纳800人,现场还备有大型投影设备,场面相当豪华。或许是受到"在蒂凡尼用早餐"的启发,馆方推出了"在大都会博物馆用早餐"活动。捐赠企业将获固定名额,嘉宾可以一边享用早餐,一边在第五大道的晨曦中欣赏艺术瑰宝。不过,为了保证社会民众的参观权益,所有宴会都只能安排在黄昏闭馆后,早餐也必须在开门迎客前吃完。

　　馆方在捐赠条款中特别说明,晚会所产生的餐饮费用需企业自理。不过,博物馆餐厅价目表已在网站上公开。以纽约黄金地段的消费标准来看,价格可谓合理。馆内最高档的理事餐厅(The Trustees Dining Room)仅对高级会员开放,主菜价格多在 30 美元上下,波尔多红酒每杯 12 美元左右,普通咖啡仅标价 3 美元。

　　此外,馆方还向捐赠企业派发 60 张贵宾卡。持卡人可享受全年免费参观、馆内购物 9 折等待遇。企业在定制团体参观、馆内会议室使用方面也享有便利,一些不定期的小型文化讲座只对捐赠者开放。至于价格,该类"主席捐赠"门槛为 10 万美元。和个人捐赠一样,企业捐赠也有多种规格。入门级的企业捐赠仅 1 500 美元,一般中小企业完全负担得起。

　　● 捐赠企业多,但不是"广告客户"

　　除了上述服务,馆方也会适时对外宣传。在纽约大都会艺术博物馆和东京国立博物馆的年报上,都有长长的捐赠企业名单。在博物馆网站上,也有同样的"光荣榜"供大众浏览。公开过程中有两个细节值得注意:其一,馆方并不直接公开各企业捐款数额,凡捐款 10 万美元以上者,均按字母顺序标出。这种有意隐去"标王"的做法,避免了企业间的过度竞争,有助于它们和馆方长期合作。当然,媒体仍可通过博物馆财务部门或捐赠方的财务报表获知具体金额。其二,馆方严格控制宣传方式。在博物馆年报和网站上,仅以小号字标出企业名称,并不出现品牌标识。这一原则划清了博物馆和普通媒体的界限,强调了捐赠企业和广告客户的不同,有助于博物馆维护自己的"金字招牌"。

　　大都会博物馆的高级捐赠企业目前有 20 余家,涉及金融、能源、电子、媒体等多个领域。其中比较著名的美国公司包括黑石、埃克森美孚、花旗银行、谷歌、IBM、摩根斯坦利、辉瑞制药、兰登书屋、时代华纳等。

　　值得注意的是,名单中还有不少海外企业的驻美分公司。其中就有德意志银行、欧莱雅化妆品、劳力士制表等。日系企业的表现更加抢眼,索尼、东芝、丰田、伊藤忠商社、三菱重工、日本制铁等知名企业悉数跟进。捐助美国知名博物馆,无疑也是企业本地公关的一环。

　　类似的情况是,东京国立博物馆也获得了劳力士、宝格丽等欧洲品牌的捐赠。这些企业显然很重视日本这一重要的奢侈品市场,此举有助于提升品牌在目标客户中的美誉度,为进入日本艺术及媒体圈提供了机会。

● 账本上网，馆长年薪向世界公开

不难发现，海外博物馆的"贵宾服务"来得相对高调，但批评之声并不多。根本原因在于，馆方完全公开经营及财务状况，各方的捐赠款也做到了充分公开。捐赠款对博物馆运营的重要性民众一查便知，自然较易理解馆方的特殊安排。

在大都会艺术博物馆和大英博物馆的网站上，馆方的年度报告都可直接下载，其中最重要的内容是年度财报。东京国立博物馆则会召开年会，邀请民间主要资助人出席，向他们公布并讲解一年来的经营情况。在这些财报中，都有对捐赠款的详细说明。

以大英博物馆为例，其最新的年度报告共 63 页，其中财报内容占到 30 页。年报的 PDF 电子版可从官方网站上直接下载，同时也有纸质版公开销售。纸本具有 ISBN 国际书号，方便公共图书馆收藏存档。该财报通俗可读，受过中学教育的查阅者就能看懂。为了便于对照，馆方同时开列了前一财年的相关数据，各种变化一目了然。一般情况下，欧美人会避谈个人收入，但依赖国民税金与民间捐赠的博物馆是个例外。其财报辟专页列出了馆员收入，年入 6 万英镑以上的高薪馆员被归类说明。馆长及副馆长享有最高年薪，其收入明细被单独制表公布。另外，博物馆还进一步声明，63 页的年报只是简明版本，更详细的数据可向财务部门查询。在这样的公开机制下，贪腐风险大大增加，亦保障了"贵宾营收"的正当使用。机构每年的藏品购买和展馆维护都会用到捐赠款，普通民众也能因此受益。

● 政府推手，极优惠的减税政策

欧美博物馆的"贵宾服务"之所以应者众多，政府的减税政策起了很大的推动作用。如上所述，大都会艺术博物馆的企业顶级捐赠门槛为 10 万美元，看似数额可观，但可冲抵的税额高达 81 110 美元。个人捐赠的减税优惠更大，2 万美元的捐赠可冲抵税款 18 568 美元。也就是说，实际拿出一二成左右的现金，就可以享受诸多贵宾服务，同时还提升了企业及家族形象。

海外博物馆的成功经验显示，公共资源与"贵宾服务"之间的矛盾并非无解。只要运营得当，富裕阶层可借此回报社会，直接施惠于广大参观者。当然，这一切的前提是，公共博物馆的账目必须逐步公开，最终做到高度透明。唯有如此，方能换回公众的信任与支持。

三、 实施策略之开展与研究、 藏品相关的教育活动

对大部分普通观众而言,参观博物馆是为了获得一定的学习体验,并游览消遣。但对一部分相对专业的观众来讲,仅仅参观展览还不够,他们有着特殊兴趣,并期待运用馆内资源,探索更多。对于这部分观众,博物馆若具备条件,不妨为他们(部分地)开放库房,设立并开放图书馆、研究室、研究中心和教师资源中心等。新修复的柏林博德博物馆(Bode Museum)还定期向游人开放雕塑修复室,供观众近距离接触藏品,并与修复人员面对面交流。

对拥有 300 多万件标本和文物的美国自然历史博物馆而言,教育与科研是其两大基本使命。机构在科研方面积极不懈的努力为其教育项目打下了坚实基础。该馆有 5 个科研部门,目前共有 200 名科学家。此外,还有众多的短期访问科学家、博士后研究员以及研究生在馆内共同开展研究。对博物馆而言,一个很重要的科学资料来源途径是组织科学考察队[①]。目前,每年都会有大约 100 支考察队到不同的地方就不同的领域进行探索,带回了不少收藏品[②]。

值得一提的是,英国于 2011 年年底启动了"藏品有效发展计划"。该计划由英国博物馆协会赞助,其宗旨是为了让观众了解英国"那些并不显赫的过去",激发他们对藏品的回忆和感触,并促使馆藏得到更好的利用。此次"藏品有效发展计划"的基金高达 25 000 英镑,旨在奖励那些创新及最佳利用藏品的博物馆,共有 35 家馆在该项目中受益[③]。

事实上,对于博物馆而言,"收藏和展示真品"是其有别于其他文化机构的一大原因。因此,机构需要与观众更有效地沟通:为什么这些藏品对我们个人和社会是如此重要,或必须重要。藏品不会自己说话——而这恰恰是博物馆的工作。所有成员都需要努力将观众与无与伦比的藏品联结,这是机构神圣的职责。

---

① 自 1887 年以来,该馆已组织过成千上万的科学考察队,足迹遍布各大洲。
② 陈文:《走进美国自然历史博物馆》,《北京周报》2007 年 4 月 17 日。
③ 湖南省博物馆编译:《"藏品有效发展计划"引领全英博物馆创新利用馆藏》,湖南省博物馆网站,2011 年 11 月 3 日。

（一）（部分地）开放库房

　　美国博物馆协会制定的《美国博物馆的卓越性》报告中，设有"藏品管理"专项，并指出"受博物馆使命的导引，在确保藏品保护的情况下，博物馆要提供公众接触藏品的机会"。事实上，美国博物馆界普遍认为，藏品需要为公众充分利用，以达到传承文明的作用。也即，在条件允许的情况下，应尽可能地让更多藏品与公众见面。因此，一些博物馆的库房特别开放给专业研究人员，他们只要提前预约便可接触到没有公开展示的藏品。同时，美国很多大学还将讲课安排在博物馆库房内，结合馆藏进行实地讲授。

　　事实上，越来越多的博物馆开始了（部分地）开放文物库房的大胆尝试，但对象主要还是对该馆发展作出贡献的人，如文物捐献者、会员等。博物馆通过邀请对藏品征集工作贡献力量的各界人士参观库房这一心脏部门，让他们亲眼目睹捐赠品如何得到科学妥善的保管（或许他们还会将自己的其他文物拿出来二次、三次捐献给可信赖的馆）。而受邀的会员则包括团体会员和高级个人会员，他们是社会公众的代表，也是各馆赖以生存和发展的忠实拥趸。对这部分会员进行深度服务，满足其文物欣赏的需求，无疑有着重要意义①。

　　但博物馆开放库房，哪怕只是部分地，也必须首先保证文物的绝对安全，以及博物馆的安全。另外，这项开放活动理应逐步跨越仅仅邀请捐赠人、会员的樊篱，而将对象扩展至更多有研究、教学需求的公众，促使他们广泛和深度利用馆内资源，让定时开放文物库房逐步成为各机构一种亲民的人性化以及务实的教育举措。

　　位于美国堪萨斯州的斯宾塞艺术博物馆（Spencer Museum of Art）的展品数量庞大，但其库房里的藏品数量更是惊人。如今，博物馆这些"隐逸的瑰宝"与公众见面的可能性相比以前大多了。如果观众想看库房中的藏品，尤其是纸质藏品，那么只需提出申请，博物馆就会安排版画室在周五对外开放，由工作人员从库房中把藏品调出来供大家欣赏。纸质艺术品部门副主任凯特·迈耶（Kate Meyer）说，尽管工作量很大，但却能给我馆的支持者提供欣赏这些珍宝的绝佳机会，他们能亲眼看到藏品中的每一个细节、艺

---

　　① 程京生：《博物馆除了陈列展览还能开放什么——浅议图书资料室（馆）和文物库房的开放》，《科学传播者的探索——中国自然科学博物馆协会 30 周年论文集》，上海科学技术文献出版社 2010 年版，第 12 页。

术家的一笔一画,这种体验与在网上欣赏图片是截然不同的。"观众看到这些藏品感到无比兴奋和开心,所以我们愿意把尽可能多的藏品拿出来与他们分享,"该馆全球当代和亚洲艺术展览策展人克丽丝·俄库姆斯(Kris Ercums)说:"我们希望把斯宾塞艺术博物馆打造成为一个充满活力的地方。如果观众不经常来参观的话,很可能就会错过千载难逢的机会,无法欣赏到从未见过的藏品。"[①]

(二) 开设和开放图书馆

图书馆是博物馆教育服务的一个重要载体。在西方,博物馆与图书馆二者的合璧是一大景观。

沿着西方博物馆发展的轨迹追溯,不难发现,它们很早就有与图书馆二者合一的传统。目前公认的最早的亚历山大博物馆便与著名的亚历山大图书馆联为一体,共同组成了当时极负盛名的科学和艺术研习中心。而美国第一座博物馆——查尔斯顿博物馆(Charleston Museum)则由南卡罗来纳州查尔斯顿图书馆协会在 1773 年建立,直到今天,馆内还保存了许多关于南卡罗来纳州历史的珍贵资料。时下,许多美国图书馆仍然具备博物馆的收藏功能;同时博物馆也收藏有大量的图书资料、档案和手稿墨迹等,有的还建有专门的、对外开放的公共图书馆,所以某种程度上也扮演了图书馆的功能。事实上,图书馆与博物馆的这种难解之缘还以另一种更普遍的形式存在于当代:美国几乎每家大、中型博物馆都有自己的图书馆(不是一般的资料室),其宗旨是为博物馆业务服务,因此藏书绝大部分与展览及艺术品有关。这也解释了为何在美国图书馆分类中专门设有"博物馆内图书馆"(museum library)这一类。这些图书馆大都对外开放,普通观众只要提供有效的身份证明,即可进入查阅。且民众的借阅手续十分简便,一般立等可取,亦可预约借书。另外,馆内还免费提供有计算机联网检索服务[②]。

随着资讯科技的进步,许多博物馆现已尝试开设网上多媒体图书馆,让公众足不出户也可查询资料。如维雷特科学工业城的多媒体图书馆,收藏有 80 多万本科技书籍,全电脑化建档并提供视频设备。大都会艺术博物馆

---

① 湖南省博物馆编译:《斯宾塞艺术博物馆:让藏品从库房中走出去》,湖南省博物馆网站,2012 年 12 月 6 日。

② 杨玲、潘守永:《当代西方博物馆发展态势研究》,学苑出版社 2005 年版,第 165 页。

保存有各种图书、期刊、图片、手稿及其他极有学术价值的资料，它们主要以印刷出版物和电子出版物两种形式出现。为了方便利用，馆方根据类别和不同的利用价值与层面，将这些资料划分到几个不同的图书馆中，如专门的学术期刊馆、图片和幻灯片馆等。

　　值得一提的是，在美国诸多博物馆和图书馆中，有一项非常普遍的实践，即"向档案管理员提问"活动。该活动一般有两种形式：第一种是现场形式，即在场馆内与档案管理员面对面交流；第二种是虚拟形式，即通过网络留言与档案管理员交流。每年的 6 月 9 日，美国的许多文博机构还会举办"向档案员提问日"特别活动。该活动由国际档案理事会（International Council on Archives，ICA）发起，鼓励人们向全世界的档案管理专业人士提出行业相关问题，并借此机会了解感兴趣的藏品信息①。

　　美国新泽西州蒙特克莱尔艺术博物馆（The Montclair Art Museum）举办的"向档案管理员提问"活动，就采用了第一种现场形式：该馆专门设立

了一个小亭子，邀请馆内经验丰富的档案管理员来为观众解答疑问，他们可就博物馆的任何方面进行提问。有些观众可能不知道问什么，为了鼓励他们提问，馆方让观众先说出一个年代，档案管理员就可以讲述这一年博物馆的历史，或者观众仅仅提出一个数字，档案管理员也能够给出相关信息，比如"9 有什么特殊含义吗？"——"在博物馆将近 100 年的漫长历程中，有过 9 任馆长"等。而位于麻省威廉姆斯镇的威廉姆斯学院艺术博物馆（Williams College Museum of Art）则邀请了馆外的档案管理员如华盛顿市国家美术馆的首席档案管理员和口述历史学家来与观众交流。这些专家的主要工作是研究博物馆的历史，搜集和保存与机构相关的事实、数据和访谈录等②。

朱迪斯·海德思是蒙特克莱尔艺术博物馆的一名档案管理员，她正在小亭子内准备为观众提供档案信息
来源：湖南省博物馆网站

　　①② 湖南省博物馆编译：《美国博物馆和图书馆界的"向档案管理员提问"活动》，湖南省博物馆网站，2013 年 12 月 25 日。

▋▋ **案例1**

史密森博物学院的图书馆系统

　　史密森博物学院的图书馆系统成立于 1846 年,截至 2007 年,其规模如下：20 家图书馆分支、员工 109 人、总藏书量 1 571 114 册。微缩胶卷及胶片 190 207 份,订阅期刊 5 534 份,图书馆网站每年的点击次数为 103 877 548 次,每年的访客人数为 3 425 485 人。

　　史密森图书馆系统还拥有一个书籍保护实验室及图像中心。其 20 个图书馆分支分布在各博物馆、研究中心以及华盛顿、纽约、马里兰、巴拿马共和国等地的办公机构内。

　　史密森图书馆系统的藏品优势涉及自然历史、科学技术历史、人类学、集邮及邮政历史、非洲和亚洲艺术、美国艺术和肖像画、航空和太空探索、植物学和园艺学、装饰艺术和设计、热带生物学、博物馆学、美国原住民和非裔美国人的历史及文化。特别的藏品还包括珍稀书籍,以及世界博览会上的大型物件、制造商的贸易目录、科学手稿等,共计 40 000 件。

▋▋ **案例2**

大都会艺术博物馆的图书馆

　　大都会博物馆有一家总图书馆(托马斯·华生图书馆,与博物馆同时建立)、一家照片与幻灯片图书馆。此外,18 个业务部门以及教育部均具有一定规模的专题图书馆或资料室,大部分都对公众开放(有的需提前预约)。其中托马斯·华生图书馆有 42 名全职或非全职员工(女性居多)、50 万册藏书、2 000 种期刊,并且每年新增 1 万册左右的藏书(每年购书预算为 45 万美元)。而藏书种类也绝大部分与该馆的藏品类型或展览内容有关,纯理论的书刊很少,亦不收藏文学(小说、诗集)、科学(考古、古建及文物保护除外)、社会通俗读物等。

　　图书馆的服务对象主要是馆内业务人员、附近大学的教师、本地收藏家和大学研究生等,平均每年有 2 万人前来查阅资料,其中 300 多人是常用户。来者若声明是专为图书馆而来,就可不必购买博物馆门票而径直进入[①]。

---

　　① 杨玲、潘守永：《当代西方博物馆发展态势研究》,学苑出版社 2005 年版,第 165—166 页。

（三）开设和开放研究中心、独立研究室、教师资源中心等

　　曾担任国际博协亚洲主席的日本著名博物馆学家鹤田总一郎先生在长期的观众研究后发现，大部分观众来馆是为了游览和消遣，但也有一小部分是专业观众，他们是对博物馆有着特殊兴趣的人，期待了解更多，并利用馆内的有关资源。为了满足这部分观众的特别需要，博物馆有责任开放库房、图书资料室、研究中心、教师资源中心等。

　　独立研究室，相当于一种开放式研究空间，让有需求的教师、学生或专业人士拥有专门的空间及设施设备，利用馆内的文物标本等资源进行研究。而教师资源中心，则通常备有图书、复制品、光盘以及其他教学装置。这对鼓励由教师担任导览员的博物馆而言，是不可或缺的。

　　以大都会艺术博物馆为例，其丰富的教育资源同样体现在它所拥有的图书馆和研究中心上。馆内设有几个特别的研究中心，保存或陈列着各种图像、文献和实物资料以备学者研究之用。事实上，美国博物馆整理藏品档案拥有非常严格而统一的规范。每一件藏品，都附带相关来源、专家鉴定意见以及针对该藏品研究的基本论文索引资料，故研究者使用起来极为方便。同时，除了直接前来实地查找资料，观众亦可通过网上服务获得信息，大大提高了工作效率①。

　　另外，克利夫兰艺术博物馆的"教师资源中心"向数千名注册成员提供24 种不同专题的幻灯片教材。每年 9 月至次年 6 月的周二到周五还设有各种培训、进修活动，定期参加培训班的人可获得大学承认的硕士课程学分②。

案例 1

史密森国立自然历史博物馆的自然学者中心(Naturalist Center)

　　国立自然历史博物馆的"自然学者中心"主要为对自然史研究有兴趣的人士而设。中心面积约 7 500 平方尺，拥有自然历史和人类学标本共 36 000 件，并全部开架式放置，供学生、收藏者及自然历史爱好者触碰、鉴定、开展

---

①　李清泉、林樱：《美国的艺术博物馆》，《艺术市场》2003 年第 1 期。
②　李爱国、王征：《国外公益性文化设施免费开放的指导原则》，《中国文化报》2008 年 3 月 30 日。

调研、临摹等。此外,中心内还有 3 000 多册参考书刊,显微镜、解剖刀和天平等实验设备,以及小型会议讨论室。观众只要登记名字,便可自由观察、使用标本与资料,亦可请中心协助鉴定标本,或探讨动物的结构、功能及生态等问题[①]。

"自然学者中心"内的活动全部免费,无需预约,但主要的研究室只针对 10 岁以上的观众开放,同时该中心还设有一个小型家庭学习中心向年幼孩童开放。6 人及以上团体使用中心必须预约,并提前 2—4 周通知馆方。中心开放时间为周二到周六上午 10:30 至下午 4:00(节假日和冰雪天气除外)。

(四) 经营数字化档案、图片、照片、幻灯片等

图片是除藏品本身以外,博物馆最重要的关于藏品的信息载体。因此,博物馆往往成为有关出版机构、研究机构、媒体、广告公司等所需专业图片的重要来源。英国的博物馆都设有藏品资料图片库,许多已进行数字化处理,顾客只需将索要的图片和有关要求告诉博物馆的图片馆,并支付相关费用,就可得到照片、底片或数码图片,也可支付相关费用取得图片的使用许可。随着近年来网络的发展,顾客还可直接通过互联网浏览博物馆的相关网站,挑选所需图片,并在网上订购获得数码图片。此外,观众同样可以在馆内利用电脑和多媒体查询系统等挑选所需图片,支付有关费用后得到现场打印的版本[②]。

在大都会艺术博物馆,其照片/图片与幻灯片图书馆向需要者出售黑白馆藏照片供个人研究或商业出版使用(学术用途为 100 美元/张,商业用途为 225 美元/张),也租借彩色透明片供学术或商业出版使用(学术用途 15 美元/张,商业用途 35 美元/张)。馆内人员或机构使用免费。此外,博物馆还有 50 万张幻灯片可向纽约市的机构或个人租借,供演讲等使用。而最新的高清数码照片则另附合同,详细规定了使用者的权限。据统计,每年有六七千人次使用该馆的照片,二三千人次使用幻灯片[③]。

事实上,数字化档案不仅能够给观众带来好处,而且有益于博物馆内部

---

①　黄淑芳:《现代博物馆教育:理念与务实》,台湾省立博物馆 1997 年版,第 70 页。
②　黄磊:《赴英国博物馆学习考察报告》,《湖南省博物馆馆刊》2005 年第 2 期。
③　段勇:《美国博物馆的公共教育与公共服务》,《中国博物馆》2004 年第 2 期。

发展。完善的数字化档案可以减轻馆内员工的工作量、节省空间并有利于为后代保存藏品。比如,博物馆数字化声音档案的存在,更加便于档案的保存和分类,工作人员再也无需寻找磁带或胶卷,而且这些档案能轻松转化为方便用户使用的音频格式。同时,博物馆还可利用数字化档案把那些脆弱的、不方便展出的藏品,以在线展览的形式提供给观众,比如纸质的战争协议《慕尼黑协议》(纸质藏品对空气湿度、光度和温度要求都比较高)。博物馆将这些纸质藏品数字化以后,很多观众就可任意放大在线藏品,自由欣赏,但如果是在展柜里,则很难实现这种效果。此外,在线展览尤其为那些小型及偏远地区的博物馆提供了无限可能。有了在线展览,这些机构可以把藏品推广到全球观众的眼前;这既让藏品"走向"观众,又能够节省博物馆的财政[1]。

四、 实施策略之提供公共服务

博物馆公共服务的覆盖面极广,包括咨询、接待、购物、餐饮、休憩、导引等,并涉及一系列室内外公共空间,具体包括总问询处、咨询台、纪念品商店、餐饮地、室内及户外休息区、贵宾休息室、包裹寄存处、育婴室、集体出入口、集体餐室、导引标识系统等。

对大部分观众而言,参观博物馆并不是件轻松事儿,尤其是在一些大型馆。在此期间,他们难免会滋生一定的生活需求。而良好的博物馆公共服务,不仅有助于观众的参观和活动,更重要的是,给他们留下美好经历,促使他们下一次再来,同时进一步增强博物馆的吸引力。本节主要择取与博物馆教育活动开展相关的公共空间和服务,展开叙述。

(一) 问询与接待服务: 总问询处、咨询台

1. 总问询处

总问询处应该置于何处? 无疑是观众进入博物馆后首先注意到并能一

---

① 　湖南省博物馆编译:《数字化档案——让每个人都能欣赏到博物馆藏品》,湖南省博物馆网站,2013 年 5 月 15 日。

目了然的地方。它是观众获得信息的中心地点,主要功能在于:提供一系列宣传册等印刷材料,方便观众拿取;提供问询服务,因此需要配备专门的服务人员,向观众介绍博物馆概况、展览分布和内容、教育服务项目等,并给予他们一些参观和活动建议,解答其问题等。对于国内及国际游客而言,他们并没有很多时间停留馆内,因此小本的导游手册或标示博物馆重点亮点的简介,会大有帮助。

　　另外,博物馆常因各自空间规划的不同,会将一些其他功能整合到总问询处。比如,公布当天的特别活动,如"演讲厅今日节目"等;又如,置放活动报名表收集箱和意见箱等。有些馆还在总问询处设有入会服务。

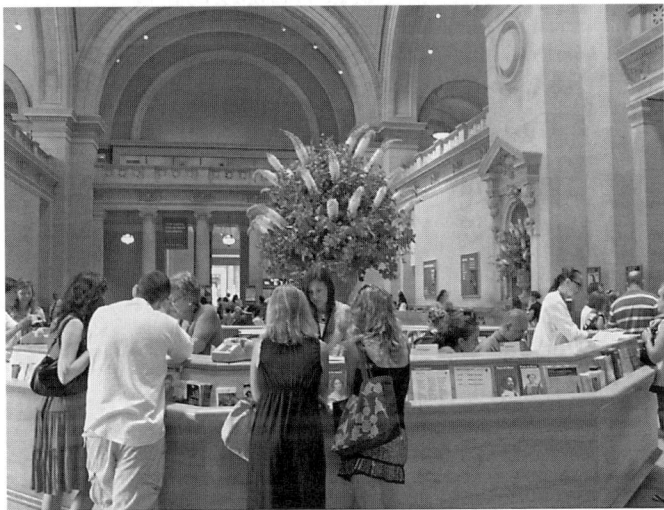

大都会艺术博物馆一楼大厅的总问询处
来源:笔者摄,2009 年 7 月

　　史密森旗下博物馆的问询处置有 300 多万份"'去史密森'游客指南",供观众索取。而大都会艺术博物馆大厅的问询处,除了配备有多名工作者随时为观众提供问询服务,免费提供的一系列教育材料中,大部分都按对象观众进行了细分,例如专门针对成年人、青年人的教育项目册,适合孩童阅读的问答册页,契合家庭使用的地图和导览册页等。有些材料还根据活动的举办时间来组织内容,如"今日活动""(美国)亚太裔遗产月活动"。另外,一系列临时展览的教育活动册页也值得一提,每本都囊括了该展览举办期间的所有活动和服务,包括音乐会、讲座、纪录片、参观导览、青少年项目、残障人士服务、网站、出版物等。

值得一提的是,经过重新构思和撰写的《大都会艺术博物馆导览指南》全面介绍了该馆的丰富藏品,并由馆长托马斯·坎贝尔亲自撰写简介。继2012年英文版首发后,中、法、意、日、葡、西班牙文版本已于2013年全部出版。这是大都会艺术博物馆近30年来首次推出全新版本的导览指南,它翔实地介绍了来自这座世界最著名博物馆的近600件艺术品——是观众和研究学者最理想的参考指南。新版《导览指南》设计精美,藏品图片色彩鲜艳,再配以博物馆专家的最新介绍与描述,为读者提供了广泛而专业的艺术史观点。并且,其内容涵盖了全球不同地域文化从古至今5 000多年的文明史,为艺术爱好者讲述了艺术史中不可或缺的经典故事,以及大都会博物馆中那些令人魂牵梦绕的经典艺术品。其他语言版本也会陆续出版①。

总的说来,问询处的作用和设置不容小觑,在某种程度上,它如同博物馆的门户,是观众进入馆内的必要停留,通过材料的索取和问询可使接下来的参观与活动更为顺畅高效。另外,担任接待工作的馆员也须受过客服训练,并有乐于与公众接触的性格,因为他们绝大部分时间都要用于关注观众及其需求上。

2. 咨询台

观众在参观过程中,常常会有一些后勤信息不甚了解,或是对展览等产生问题。为了帮助他们,尤其是那些零散客,博物馆宜搭建咨询台。若条件允许,不妨按区域或楼层设置。一般规模较大的博物馆,都在总问询处之外,设有一些分咨询台。

有了咨询台,观众对博物馆有什么信息、知识或生活方面的需求,就有了得到排忧解难的去处。此外,咨询台工作人员还可收集观众对博物馆硬件和软件方面的反馈,增进馆方与观众的沟通交流,提高博物馆工作的社会效益。

卢浮宫是世界上参观人数最多的博物馆之一,据统计,2010年其游客总数达到860万人次。然而,万众瞩目的卢浮宫在盛名背后依旧存在隐忧。面对滚滚人流,卢浮宫将用3年时间调整内部规划。首先就是重新规划玻璃金字塔下的接待区域,将那里的问讯服务处分散到一些展厅内部并适当

---

① 湖南省博物馆编译:《〈大都会艺术博物馆导览指南〉推出多语言版本》,湖南省博物馆网站,2013年3月5日。

增设一些问讯点,从而更科学地分配观众流向,并解决观众疑难。

(二) 购物服务: 纪念品商店

2009 年,法国博物馆界逐渐认识到文化衍生品的商机,在经过长期探索和创新后,博物馆商店内的商品从文物复制品到茶杯、从丝巾到冰箱贴一应俱全,其中包括销售量最大的展览图录和明信片。法国国家博物馆联合会共经营着 40 多家商店,2009 年收入高达 4 000 多万欧元,一定程度上缓解了国家博物馆经费紧张的窘境①。2012 年,英国的博物馆和画廊通过会员、门票、赞助、企业租赁和零售等渠道,共获得超过 10 亿英镑的收入,其中约 1 亿英镑来自馆内店铺销售②。美国的博物馆商店通常不销售其他机构的文化产品,因此所售纪念品基本都是各馆独具特色的,美国民众往往将它们作为一份高雅的礼物馈赠亲友。大都会艺术博物馆是世界上开发衍生品最成功的机构之一,商店遍布许多国家。其衍生品皆以自己的藏品为基础进行再设计,既是工艺品又是实用品,每年的销售利润非常之大,又反过来支持了博物馆的建设。

而台北故宫博物院也从其馆藏文物中提取精华元素,设计开发文化衍生品,经过历年积累至今已有 3 000 多种。仅"翠玉白菜"一件文物的衍生品就达百余种。之前,分藏于浙江省博物馆和台北故宫的《富春山居图》前段《剩山图》与后段《无用师卷》合璧展出,引起业内的广泛关注,同时也引发了文化资源如何转化为艺术商机的深度探讨。据台湾艺奇(Artkey)文创集团工作人员介绍,《剩山图》还未到台北,台北故宫博物院的商店内,相关《富春山居图》的商品就已引发了一阵抢购热潮。各种规格的"故宫艺奇典藏"复制画、黄金画以及包括硅胶类在内的数十种艺术授权③类商品备受追捧。事实上,早在 2006 年,该集团就为博物院量身制定了《台北"故宫博物院"艺

---

①　董昆:《基金会模式能否盘活中国博物馆》,《北京商报》2010 年 11 月 29 日。

②　郑苒编译:《英国博物馆衍生品创收潜力大 年销售额达 1 亿英镑》,《中国文化报》2013 年 4 月 11 日。

③　艺术授权又称艺术作品认可,是指授权者将自己所拥有或代理的作品或艺术品等以合同的形式授予被授权者使用;被授权者按合同规定从事经营活动(通常是生产、销售某种产品或者提供某种服务),并向授权者支付相应的费用——权利金;同时授权者给予作者等方面的指导与协助。台北故宫博物院学习了美国大都会艺术博物馆的"授权制",将藏品的版权授权给生产企业,获取授权费。

术授权指导手册》，并设计开发衍生品进行销售，使得该院目前一年的艺术授权收入达 5.5 亿新台币。而相对于台北的火爆热销，浙江省博物馆则显得格外冷清，除两种规格复制画及丝织品等四五种商品外，《剩山图》并无其他相关产品①。我们不禁要问：守着丰厚的文化资源，如何开创艺术授权商机？台北故宫博物院可谓给内地博物馆上了一课。

文化往往能通过商品得到广泛而有效的传播，而在消费时代，商品的文化传播能力更是大为增强。博物馆文化产品就具有这样的属性，包含强烈的文化传播趋向。事实上，兼具文化内涵和经济价值的博物馆文化衍生品的开发、运营，是西方发达国家博物馆延伸教育功能、丰富参观者学习体验的重要手段，也是各馆创收并贴近民众、扩大社会影响力的一个途径。

1. 经营管理

纪念品商店，是整座博物馆文化产业开发的重要一环。商店运作较为成功的机构，大都将产品开发纳入展览的策划进程。一个成功的商店，理应是博物馆的最后一个展厅。观众看完展览，常常会对某件展品产生兴趣，如果有与之配套的文化产品，就可以将兴趣转化为消费②。美国古根海姆基金会非常注重拓展展览的衍生品，充分挖掘展览的附加值。而衍生品的火爆销售反过来又扩大了展览本身的知名度和影响力，产生了一套严密有效、环环相扣的互动效益③。

就美国博物馆而言，它们通常将自身作为一个"商业"运作机构来看待。因此，习惯于通过文化产品来赢得政府和社会公众的关注，进而取得相应的支持，促使博物馆的进一步发展。而其纪念品销售之所以比较成功，原因有几项。第一，这些纪念品"特立独行"，具有"排他性"。一般而言，博物馆开发的文化产品都立足本馆独具特色的收藏品，不销售其他馆的纪念品。也即，观众只有到这家博物馆才能买到与其展览和藏品相关的产物。第二，美国博物馆销售的纪念品很注重品质。一般都制作精致，并附相关文化背景资料，具有很强的吸引力。即便是一个小小的糖果盒，也会在背面标示出装饰图案所取材的藏品时代和相关背景知识。所以，美国民众常常将博物馆纪念品作为一份有品位的礼物赠送给亲朋好友。第三，各馆的纪念品种类

---

① 姜琳琳：《艺术授权：内地博物馆待挖掘的金矿》，《北京商报》2011 年 5 月 27 日。
② 孙中华：《博物馆文化产品开发中的问题及对策》，《中国文物报》2011 年 4 月 14 日。
③ 杨玲、潘守永：《当代西方博物馆发展态势研究》，学苑出版社 2005 年版，第 47—48 页。

齐全。既包括通常所见的画册、明信片、服装、首饰，也包括一些高仿真的复制品、专业艺术书籍，可以满足各类观众的需求①。

时下，大部分美国博物馆都设有规模不等的室内纪念品商店或销售部，它们通常置于各馆的主出入通道附近，以便观众在参观完之后采购。有些馆的纪念品商店甚至还专门辟有一个直接对外的出入口，以满足一些只想购买纪念品而不想入馆的公众，如纽约现代艺术博物馆商店。据研究，观众在看完一个展览后，会对与展品相关的纪念品有兴趣，并产生购买欲。因此，在一些大型馆的不同展示区域附近（有时甚至就在展厅的出口通道旁），还专门设置有小型纪念品亭，只销售与这些特定展览相关的文化产品。例如，在大英博物馆的"阿富汗：古代世界的十字路口"展览结束后，与之相关的首饰、书籍、手袋、围巾等琳琅满目的物品摆满了货架。而英国布里斯托尔博物馆和美术馆（Bristol Museum & Art Gallery）举办临时展览时，展厅外也销售相关的书籍、杯子等纪念品②。时下，一些大型馆还在机场、购物商场开设了纪念品销售柜台或专营店。例如，大都会艺术博物馆就在纽约的梅西百货商店、肯尼迪机场、纽瓦克机场，以及法国、德国等地开设有多家商店。这些馆外实体店不仅为机构带来了更多收益，而且进一步扩大了其影响力③。

许多机构现在都将商店经营得有声有色，并且它们还成为博物馆新的经济增长点，大大补充了经费。事实上，美国博物馆界很早就采取合作联盟的形式，于 1955 年创建了非营利性国际组织——博物馆商店协会（Museum Store Association，MSA）。协会地址设在科罗拉多州的丹佛市，拥有 2 000 多名集体会员，它们大多是美国的博物馆，并且德国、加拿大、澳洲、日本的一些馆也加入了该组织。该"博物馆商店协会"的理念与国际博物馆协会的宗旨相近，其发展目标是：提高博物馆商店在一般零售市场的竞争力，财务上更健全；使厂商会员和博物馆会员充分合作，运用彼此资源，促进博物馆业务的成长；提供会员广大的销售网络，可自由买卖具有博物馆品质的产品；辅导会员必须遵守一定的道德规范；提供与博物馆商店业务相关的数据资料④。

①③ 张颖岚：《美国博物馆的运营理念与文化产业》，《中国文物报》2007 年 5 月 11 日。
② 高翠：《英国博物馆的社会教育》，《中国文物报》2012 年 2 月 3 日。
④ 李林娜：《博物馆开发旅游纪念品效益探析》，《全球化下的中国博物馆》，文物出版社 2002 年 5 月版，第 416—417 页。

美国博物馆商店协会秉持严格的道德规范,以保障产品品质,配合馆方的营运。会员具有交纳会费、定期提供资料和发展新产品等义务,同时有权利在平等的原则下,要求将自己的印刷品或文物复制品等通过该组织行销,提高加盟馆的国际地位及服务水平。协会还通过举办一些活动,促进馆际间的充分合作。

而为了促进非营利组织的健康发展,美国政府往往对博物馆的经营活动实行税务优惠政策,同时加强引导和监管,以保证这些经营活动不损害其公益目标。凡是寻求税收优惠的非营利机构都需要向美国国税局申请免税资格,而为了取得这个资格,机构必须通过组织测试和运行测试。

值得一提的是,德国博物馆的商店大多不是馆方自己经营,而是承包给专业机构。2013年,普鲁士文化遗产保护基金会宣布,其下属17家博物馆小商店经过招标,选中一家从事图书出版的公司专营小商店。该公司除了每年向博物馆缴纳租金外,还要按照利润比例上交提成。专业机构经营博物馆商店的好处在于,它们善于依托藏品资源和陈列展览的优势,从博物馆身上找到商机,同时还可利用多渠道的经营方式。专营机构通常承包多家博物馆的小商店,各馆不但开发售卖自己的特色纪念品,还代售他馆的纪念品,从而形成了一个广大的博物馆商品销售网。从实力上看,承包机构有能力根据市场需求,设计、开发出具有吸引力和个性化特征的博物馆文化商品。即使是一个效益并不理想的承包机构,其2012年上交给普鲁士文化遗产保护基金会的利润也达100万欧元[①]。

总的说来,西方博物馆在经营纪念品商店方面有一套成功的管理模式,值得借鉴。包括:充分利用国家、地方免税等优惠政策,同时严格经营和管理,绝不逾越范围;经营品种丰富,坚持品牌观念;发展多元化的经营与协作网络;实行会员制与网上商店的经营新方式等[②]。

2. 开发理念

史密森旗下的博物馆商店注重自行开发系列文化产品,其宗旨是"从藏品中获得灵感",因此,商品别具特色,并带有史密森独一无二的太阳标记。而每家博物馆因各自定位、展示主题和内容不同,故各出奇招,呈现的纪念品不仅门类多样、风格斑斓,更从价位上做出差异,以迎合不同的观众。每

---

① 柴野:《德国人怎样经营博物馆?》,《光明日报》2013年7月15日。
② 杨玲、潘守永:《当代西方博物馆发展态势研究》,学苑出版社2005年版,第151页。

国立美国历史博物馆的一
楼商店(总店)
来源：笔者摄，2010 年

件文化产品旁,还附有一张史密森独家印制的卡片,讲述该商品的开发缘
由、背后的故事等,让观众在购物的同时再一次学习,同时将美好的记忆带
回家,或是馈赠他人,传播至更多的人。另外,对于未能亲自前往商店选购
或是觉得先前购物还不够尽兴的朋友,大可在史密森网站上购买。根据史
密森 2004 年的观众调研结果,博物学院的零售商店是游客体验不可分割甚
至是决定性的组成部分。各馆的商店运营,一方面恪守了学院使命和宗旨,
另一方面也是其重要的资金来源。包括商店、影剧院、餐饮服务以及售货亭
在内的零售业务,为史密森的项目活动等贡献了最多的现金流——2007 年
的收入约 5 870 万美元,净收益 1 470 万美元。而博物馆商店在其中作出了
主要贡献,同年收入约 3 930 万美元,净利润 570 万美元。并且,近几年的商
店收入一直都较为稳定。

英国博物馆的纪念品开发通常也基于本馆的性质、特点和藏品,其渠道
主要有两条:一是本馆根据对顾客的调查分析和历史经验自主开发设计;
二是委托有关公司进行开发设计,或是出售有关商品的开发权[1]。此外,英
国博物馆在文化产品的开发上,非常强调产品背后的故事。如一家博物馆
商店内的拼图,售价仅为 1 英镑,完整拼接后的图案是 3 只中国陶瓷花瓶。
但在拼图背面,有这样一段话:"这 3 只花瓶于去年被一个因为鞋带没有系
紧的游客撞倒而全部打碎,但是我们现在已经将它们全部修复起来了。"同
时,拼图背面还印上了花瓶拼接及修复现场照片。这盒拼图因其动人的背

---

① 黄磊:《赴英国博物馆学习考察报告》,《湖南省博物馆馆刊》2005 年第 2 期。

景故事成为该馆最受欢迎的纪念品之一①。它同样也是博物馆传递信息的一种方式,提醒游人要小心展品。眼下,不少博物馆缺乏的并不是拼图这种产品形式,而是缺乏一盒有故事、有文化的拼图。拥有故事和文化,是很多纪念品成功的前提。香港在这方面也具备经验。同样是一个书签,当地博物馆工作人员会告诉你,这个书签是用博物馆在修复某个古殿时剩下的木料制成的,于是,小小的商品立刻变得诱人②。此外,德国的博物馆也是根据自身的主题特点,结合展览中的事件、人物、工具、生活用品等,制作各式各样的纪念品。

台北故宫推出的以康熙朱批"朕知道了"设计的纸胶带
来源:山西博物馆网站

有趣的是,新近台北故宫博物院推出的、以康熙朱批"朕知道了"设计的纸胶带,引起两岸网友疯狂讨论及购买。事实上,一直以来台北故宫的纪念品就凭借其独创性和精致的做工在大陆游客中口碑甚佳。如今新推出的皇帝朱批纸胶带更是"稳准狠"地抓住了年轻人的心理,既有文化历史感,又能在实用的基础上幽默一把,想想这霸气的"墨宝"黏贴在任何纸张或礼盒上时,那封存之物立刻就有了岁月的色泽,又会因皇上的"一笔参与"而身价倍增。纸胶带创意来源于院长冯明珠于 2005 年策划的"知道了:朱批奏折展",该展导览手册由当时任研究员的冯明珠执笔主编,目前已再版九次,封面即印有康熙皇帝满汉文朱批真迹"知道了"。也就是说,这款胶带纸其实是作为奏折展的"后产品"而呈现的,具有文化"研发"的基础。的确,非此沉淀和严谨,恐怕也难有如今的流行之势③。

---

①　乔欣:《文化产品开发:博物馆的创意经济》,《中国文化报》2010 年 3 月 24 日。
②　谭娜:《博物馆:改变不好玩的纪念品》,《北京科技报》2008 年 7 月 28 日。
③　肖扬:《台北故宫新奇创意　康熙手书"朕知道了"》,《深圳商报》2013 年 7 月 10 日。

3. 形形色色的文化产品

大都会艺术博物馆以"传播教育功能"为一切活动的中心。其馆内的纪念品商店占地 5 000 多平方米,另外在纽约的一些大型商场和其他城市也设有销售点。有趣的是,美国博物馆商店最初一般只出售书籍和明信片之类的,商店名称也通常为书店,其中书籍以普及类读物居多。但大都会博物馆率先经营其他"与博物馆相关"的商品并大获成功,如艺术复制品等,其他博物馆于是纷纷效仿。但是出版经营书籍仍是大都会商品部的主要业务,它拥有 115 名专业顾问,出售 8 000 多种书籍(文化产品近 2 万种),被视为全国艺术类书籍最好的卖场之一①。鉴于博物馆属于无税机构,它经营的商品被限制在与文物和展览相关的范围内。因此,大都会开发纪念品非常慎重,同时推销面很广,每年寄出 1 300 多万本商品目录,还开设了网上商店,为 60 万人邮售商品。据统计,该馆商店 1949 年全年营业额仅 10 万美元,1972 年上升为 200 万美元,1987 年猛增到 5 500 万美元,2002 年已破 1 亿美元大关,目前更是逼近 2 亿美元②。毫不夸张地说,该商店着实已经从一个小纪念品中心,发展成为推广文化教育的主要延伸机构和重要的经费来源。

维多利亚与艾尔伯特博物馆(简称 V&A)长期经营着 3 个固定商店,同时还伴随临时展览的举办增设临时商店。其商品一般由馆方专门策划,产品设计优美、制作精良,不仅包括文物复制品、图片、画册等,还包括大量根据馆藏品制作的生活用品。为塑造优秀的文化品牌,维多利亚与艾尔伯特博物馆不惜在世界各地寻找合作人和制造商,目前产品开发合作人已达 85 个之多,他们分布在英国、欧洲大陆、北美和日本等地,而 V&A 品牌的影响力也随之扩展到了世界各地③。

时下,聪明的博物馆也趁圣诞、新年等节日或庆典营销独特的礼品。英国设计博物馆(Design Museum)商店就在圣诞深夜拉开帷幕,售卖各种贺卡和专用礼品;英国科里尼翁博物馆(Corinium Museum)和维也纳国际中心(Vienna International Centre)则销售慈善圣诞贺卡之"公益事业卡";加拿大蒙特利尔美术馆(Montreal Museum of Fine Arts)出售有书籍、珠宝、为家庭和孩子设计的游戏及玩具……④相比较而言,博物馆商店平时

---

① 穆言:《欧美国家的博物馆如何向民众开放》,《政工研究动态》2008 年第 5 期。
②③ 陆建松:《全国博物馆事业中长期发展战略研究》,2011 年。
④ 刘萌:《国外博物馆圣诞斑斓季》,《中国文物报》2010 年 2 月 24 日。

所售的纪念品则主要与机构、展览、藏品等相关，同时门类多样，具体包括：

（1）工艺品

一般，博物馆纪念品商店内最多的是基于藏品、展览和研究开发的工艺品，如首饰、邮票、公仔、摆设、模型等，也有广受青少年及家庭喜爱的、物美价廉的实用品，如海报、杯子、明信片、T恤、文具等。

来到台北故宫，礼品部是大家离馆前的热门点，因此只要是在开放时段，这里常常被游客挤爆。该馆礼品部2009年的收入约5.13亿元（未特指均为新台币，下同），2010年增长到6.5亿元，2011年再增至7.3亿元，可谓年年增长。其中每个售价百元的翠玉白菜手机吊饰，2011年就卖了27万个左右，是最受追捧的人气商品；而开瓶器、立体磁贴和迷你文具夹，售价多在120元到140元，也都很抢手[①]。

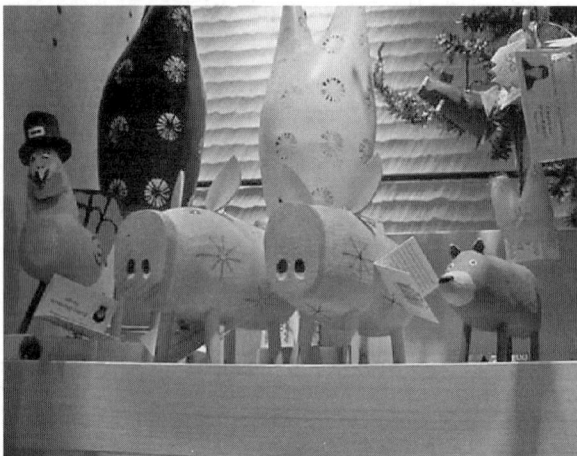

史密森美洲印第安人
博物馆二楼商店内的
手工艺品
来源：笔者摄，2010年

在史密森美洲印第安人博物馆内，一层和二层店铺分别销售风格和价位不同的商品。二楼商店呈现的绝大部分是手工制品，它们由不同部落的民众制作而成，让人惊叹印第安人的精湛技艺，极富特色和收藏价值。而观众在挑选商品的同时，也进一步了解了不同部族人民的生活、信仰、价值观等。另外，以老罗斯福总统（西奥多·罗斯福 Theodore Roosevelt，小名Teddy）命名的泰迪熊（Teddy Bear），则是国立美国历史博物馆商店的一大

---

① 李锌铜：《台北故宫礼品年卖7亿新台币　陆客贡献多　翠玉白菜最抢手》，《每日商报》2012年2月16日。

国立美国历史博物馆商店内的"泰迪熊"系列产品
来源：笔者摄，2010 年

招牌。史密森特有的纪念品卡片会向你娓娓道来，为何这只小熊名叫泰迪，它与前总统之间究竟有何渊源，而美国人民又为何如此喜欢它。以它为形象设计的公仔、杯子、水晶球、明信片、胸针、T 恤、海报等，广受欢迎。并且，即便是同一款式的泰迪熊公仔，也有不同尺寸，价位亦不同。

（2）出版物

据大英博物馆负责零售的工作人员介绍，在展览书籍中，有关目录的书籍比较畅销。而在关于中国艺术的书籍中，大英博物馆亚洲部馆员霍吉淑撰写的《中国的瓷器》(*Chinese Ceramics*)一书销售得很好。此外，游客大多会购买《大英博物馆的精品》(*Masterpiece of the British Museum*)一书留作纪念①。

正如在柏林的德国国家博物馆(Staatliche Museen zu Berlin，SMB)、自然博物馆(Museum für Naturkunde)的商店那样，学术和艺术书籍在纪念品的销售中占有很高比例。很多德国人看完博物馆后，都愿意进一步了解馆藏内容的历史背景或其他细节。这些出版物一方面延伸了观众的馆内体验，另一方面也巩固了他们先前在博物馆中获得的知识。

而针对不同观众，博物馆出版物的规划设计通常也各异。若读者为孩

---

① 高翠：《英国博物馆的社会教育》，《中国文物报》2012 年 2 月 3 日。

童及青少年,内容就必须易于理解,有娱乐性,并且包含漫画、图片等。而年龄较长、教育程度较高的读者则欣赏信息更为丰富的作品,内容包括研究人员及馆外专家深入的研究成果①。例如,卢浮宫出版社推出的介绍新展览的书籍就有成年版和少年版两个版本,少年版的文字简洁明了,有许多启发式提问,封面上还画着一个顽皮的男童②。大都会艺术博物馆开发了许多出版物,一些针对不同年龄段的少年儿童读物令人喜爱,仅凭其装帧设计,就不难判断小读者的年龄、性别甚至性格偏向。读物内容主要有画廊导览和作品猎奇,编辑的基本思路大体是将馆藏艺术珍品分门别类地串连到一些有趣的艺术和历史故事中,并且书中提供的都是馆藏的真实形象材料。比如给儿童讲古代埃及人的故事时,讲他们长什么样、家在哪里,主要吃什么食物、穿什么衣服、住什么房子,他们擅长做什么事情,为什么人死后要制成木乃伊等③。

美国博物馆还与一些主要科学教科书的出版商合作,发展与学校课程相关的辅助教材,帮助充实学校教育的内涵。例如,加州劳伦斯科学馆就与柏克莱大学教育研究所合作,为改进科学教育编写出版了各种教材,范围涉及物理、化学、生物、天文等。另外,大都会艺术博物馆还开发了供全国各地教师使用的辅助手册和资料等,并与国内一些主要科学教科书的出版商有合作,为1—6年级的科学教科书提供内容与材料。

(3)影视与音像制品

影视与音像制品也早已纳入了博物馆文化产品开发的队列。纪录片、简短的录像带以及电影制作有时是为了一些特殊展览和相关事项的永久保存需要,但有心的博物馆工作者总是有意识地将这些与观众教育的长远目标结合在一起。大都会艺术博物馆的尤里斯中心礼堂每周都会安排几次免费放映,而尤里斯图书馆和博物馆商店也常备有这些影片供观众租借或购买。该馆举办的特别讲座、研讨会、教师培训工作坊的录像资料,也被用来拓宽观众对社会事件的见闻和理解,增进他们对这些事件做出积极反应的能力④。

近年来,随着资讯科技的进步,许多博物馆都在发展展览或馆藏书籍的

---

① [英]帕特里克·博伊兰主编,国际博物馆协会中国国家委员会、中国博物馆学会翻译:《经营博物馆》,译林出版社2010年版,第189页。

② 韦坚:《法国博物馆的儿童教育》,《中国文物报》2012年1月2日。

③④ 李清泉、林樱:《美国的艺术博物馆》,《艺术市场》2003年第1期。

多媒体光盘系统。如此一来,不能到馆的公众,亦可在家观赏特展片或馆藏片。奥赛博物馆、卢浮宫、大英博物馆、大都会艺术博物馆等,均发行有精华典藏品及展览光盘,并配备了优越的检索系统。

(三) 餐饮服务: 餐厅、咖啡厅、快餐店等

博物馆通常都非常关心如何吸引观众前来参观展览,参与教育活动,殊不知为他们提供良好的餐饮服务也是传播教育的好时机,亦可增强博物馆的综合魅力。研究表明,大部分观众都将参观博物馆作为节假日闲暇时的文化活动,并且,往往愿意选择那些提供良好餐饮服务的机构。比如,大都会艺术博物馆开设有自助餐厅、酒吧、咖啡厅、大厅廊台酒吧、公共大餐厅、董事餐厅等餐饮设施[1],满足多样化观众的多层次需求。而荷兰国家博物馆的餐厅还供应荷兰风味的食物与饮料,包括咖啡和曲奇饼。事实上,国际上许多博物馆都从实践中体会到:餐饮服务可以起到延伸展览空间、辅助教育活动的作用,并且大大提高观众的满意度以及博物馆的社会效益和经济效益。

餐饮服务往往被视为博物馆公共服务中必要的一环,而非营利的机会。美国博物馆的经营大体可分为馆方负责经营项目和非馆方负责经营项目两类,后者就包括餐饮等服务业。博物馆常常出租一些场地供外部商家开设餐饮类店铺,诸如餐厅、咖啡厅、快餐店等。史密森的餐饮服务,亦采用外包的形式,博物馆与博物学院主楼(城堡)与饭店协会以及麦当劳公司长期合作。

国立航空航天博物馆现有近千万的年参观量,不仅居史密森19座直属博物馆之首,就观众数量而言,还高居全美博物馆之首。它下设的麦当劳餐厅号称"全球最繁忙的麦当劳",深受广大孩童和家庭的欢迎。另外,Donatos披萨店、Boston Market等快餐店的每天开放,一方面快速缓解了大量观众的餐饮问题,另外人均消费也仅10美元左右,可谓经济实惠,而团体餐若提前预订还可享受折扣。

其实,史密森旗下博物馆提供的餐饮服务不仅选择多样、价位适中,而且还富有特色,契合了史密森"增长知识,传播知识"的使命和宗旨。美洲印

---

① 段勇:《美国博物馆的公共教育与公共服务》,《中国博物馆》2004年第2期。

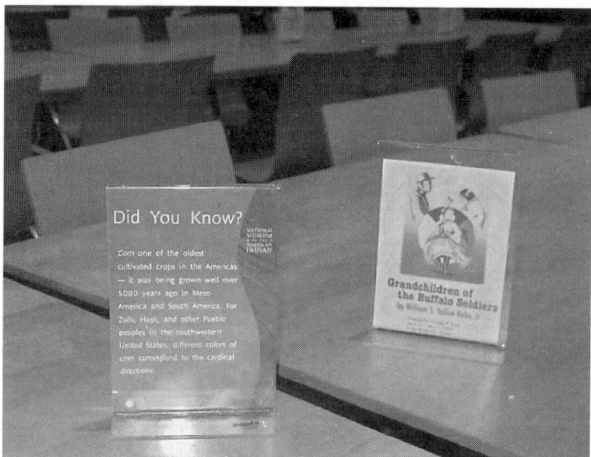

史密森美洲印第安人博物馆米奇塔姆餐厅桌上的知识标牌
来源：笔者摄，2010 年

第安人博物馆的米奇塔姆（Mitsitam）餐厅最具特色，一直以来都好评如潮。在这里，观众可一边欣赏不同部落的典藏，一边自由选择跨越西半球的各印第安部落食物，包括源自南美、西北海岸、中美洲、大平原等地的特色佳肴。每个窗口的工作人员还会向你热情展示各种菜肴的烹饪方法、原材料以及调味品。而每张餐桌上，亦摆有小标牌，以文字、图案形式为你诠释印第安人的饮食习惯、饮食文化、背后的根源等。另外，细心的馆方在重点推出部落食物之余，还附有一般的美式饮料、果蔬、糕点等，尽量照顾到每位观众的不同餐饮需求。简单的一餐饭，居然成了展览与教育的最好延伸和进一步解读。

参观博物馆其实是相当累人的，因此观众需要一些茶点来补充能量，特别是那些在馆内待了很长一段时间或是在抵达前已消耗了一定体力和脑力的人。咖啡厅的规模可视各馆的整体预算而定，在小型博物馆内，茶点售卖的收入通常无法完全覆盖馆方工作人员以及设施设备的成本费用。但是，即便博物馆只提供咖啡、茶与小点心，也可让观众拥有完全不同的体验。另外，咖啡厅还是一个宣传未来活动以及预展的理想场所，或许可以将部分藏品从库房取出，在那里做展示。若实在无法提供饮食，那么博物馆最起码要有饮水机或饮料贩卖机[①]。

① ［英］帕特里克·博伊兰主编，国际博物馆协会中国国家委员会、中国博物馆学会翻译：《经营博物馆》，译林出版社 2010 年版，第 171 页。

案例 1

史密森美洲印第安人博物馆餐厅获餐饮界"奥斯卡奖"提名[①]

2012年夏,国立美洲印第安人博物馆的米奇塔姆印第安人特色餐厅获得了拉美奖(Rammy Awards)提名。拉美奖被誉为"餐饮界的奥斯卡奖",用于褒奖华盛顿特区富于创新精神的厨师和餐厅。米奇塔姆餐厅是第一个获得拉美奖提名的博物馆餐厅。它与其他4家提名的餐厅一起角逐拉美奖新奖项——"最佳休闲餐饮奖"。

"米奇塔姆"在特拉华州方言中的意思是"让我们尽情吃吧",表达了博物馆不仅仅为家庭和社区提供享受美食的机会,更旨在传播这些食物主人的历史、文化和价值观。从秘鲁酸橘汁腌鱼到猪肉馅炸玉米饼,该餐厅为美洲大地几千年种植、生长、收获的丰富食材赋予了与时俱进的现代烹饪理念。

美洲印第安人博物馆于2004年对外开放后,米奇塔姆餐厅就吸引了无数旅游者和美食评论家。它以成为西方独特的、印第安本土菜肴代表为目标,美食网站"大厨与都市"和"瑞秋·雷的美食之旅"都对其进行了特别介绍。

餐厅菜单每季度进行更换,囊括了不同印第安人部落和社区的传统美食。除此之外,餐厅还配合博物馆展览和活动不定期推出特色美食。例如,餐厅在"乔克托族节日"活动举办期间推出了乔克托族菜肴,在"秘鲁节日"活动期间推出秘鲁本土美食。

另外,米奇塔姆餐厅在2012年下半年还新增了米奇塔姆浓缩咖啡厅,提供各式甜点、休闲食品和来自印第安部落的特色咖啡——由土著农民种植,或是由北卡罗来纳州的彻罗基族(北美印第安人的一族)东方乐队会员进口、烘烤并提供的有机咖啡,均为最低售价。咖啡厅的菜单为每道饮品都附了彻罗基文(美国东南部印第安人使用的语言)翻译,这也是西卡莱罗纳大学彻罗基语言专业的学习项目之一。

---

① 湖南省博物馆编译:《史密森美国印第安人博物馆餐厅获餐饮界"奥斯卡奖"提名》,湖南省博物馆网站,2012年8月15日。

（四）休憩、导引等生活服务

如何有效把握公共空间，并妥善安排观众的生活服务，为他们提供雅致、舒心的氛围，是博物馆一直探索的课题。诸如，开辟给学校团体存放衣物和午饭的空间、专门的师生午餐室、独立的团体出入口，以及室内外休息区、贵宾休息室，育婴室、洗手间，或是走廊、无障碍设施、导引标识系统等的规划，都必须以人为本，彰显现代博物馆"为了所有人"的服务理念。

时下，不少博物馆都拥有户外空间，或是在新建、改建和扩建过程中将室内外空间协同规划。在室外区域（如一座花园），除了可放置无法在室内进行展示的大型或较重的物品，还能让人们在此休息、沉思、回忆。另外，这也是家庭和群体享用自带餐点的好去处，所以长凳及遮阳设施是必需的。除此之外，户外空间同样是举办教育活动的理想之处①。

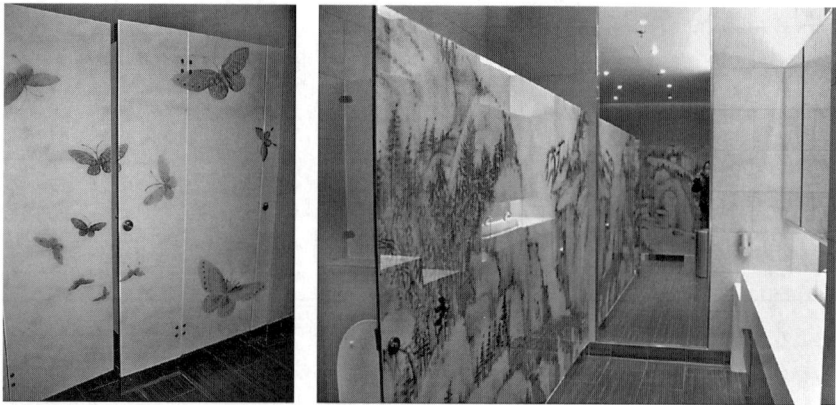

香港艺术馆各楼层的洗手间内皆装饰有不同的图案
来源：笔者摄，2014 年 2 月

另外，有心的博物馆从来不会忽略出入口、广场、走廊甚至是洗手间等空间的功效，因为这是观众进出最频繁的地方，也是传播博物馆信息的好选

---

① ［英］帕特里克·博伊兰主编，国际博物馆协会中国国家委员会、中国博物馆学会翻译：《经营博物馆》，译林出版社 2010 年版，第 171 页。

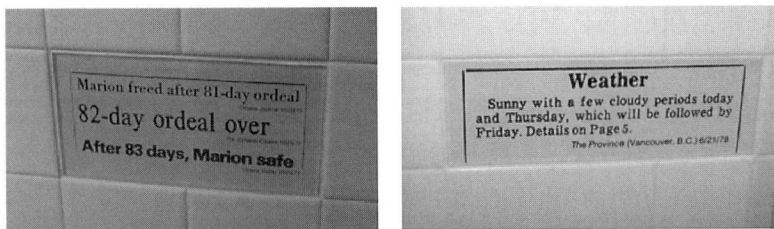

华盛顿新闻博物馆洗手间内墙上点缀的历史大事件、天气预报等
来源：笔者摄，2010 年

择。在香港艺术馆，各楼层的洗手间内皆装饰有不同图案，一方面为了区别楼层，更重要的是烘托了艺术馆的高雅氛围。而位于华盛顿的新闻博物馆（Newseum），其洗手间因为在墙面上点缀了历史上的重大新闻或是天气预报而显得特别，彰显了博物馆主题。而廊道墙壁上，还根据各楼层和展厅的主题与内容，配有新闻人的名言警句，如同点睛之笔，让观众在走廊上穿行或是在座椅上休憩时也能反复揣摩和品鉴。值得一提的是，新闻博物馆的主出入口，是深受广大民众喜爱并吸引他们反复驻足的地方。事实上，馆方并未花费很大，而只是在大门两边的移动式橱窗内张贴了当日各大报纸的头版头条，同时提醒大家还可以在博物馆网站（newseum. com）上浏览详情。无独有偶，在通往香港科技馆正门的路上，不时听到怪物的吼叫声，原来是馆方为配合临时展览——"巨龙传奇"而在馆外广场搭建了两头惟妙惟肖的巨型恐龙模型。它们不时摇头摆尾，发出吼叫，引得小观众争相与其合影，同时也引得无数路人竞回头，为展览赚足了人气。

英国国家传媒博物馆的部分标识牌设计
来源：湖南省博物馆网站

　　值得一提的是，与建筑设计一样，标识也在表达博物馆侧重的展览和目

标,其字体、颜色、风格、材料等同样要能反映机构的形象和特色。英国国家
传媒博物馆(National Media Museum)于 2009 年 8 月至 2010 年 3 月启动
了标识牌的设计项目,旨在改造机构复杂建筑结构内外原有的标识系统,为
其年逾 60 万的观众提供高效的展厅导航体系。而新标识牌体系的设计灵
感来源于电影拍摄的场记板。这一媒介不仅与国家传媒博物馆的展览内容
相契合,而且场记板上的 V 型线状设计可被成功地转化为用于指引方向的
箭头。另外一套新引入的标识牌则是为了解决博物馆夜间活动的导航问
题——使 3 间电影室在闭馆后依然保持客流。博物馆餐厅在下午 6 点打
烊,所以团队新设计了一套标识牌,说明餐厅营业结束时间,并将有餐饮需
求的顾客指引至电影院的茶点吧。标志牌同样使用箭头模式,但却可独立
放置,通过底座安装的 4 个脚轮,工作人员可轻松将其推至所需位置[①]。

　　而大都会艺术博物馆在新广场施工期间,为了使观众走进入口时不受
此影响,别出心裁,利用馆藏为观众指路。具体说来,机构从丰富的馆藏中
挑选出一些符合条件的作品,然后将藏品的细节图制作成指示牌设置在广
场上,以此引导观众步入第五大道 82 街与 81 街之间的入口处以及 80 街的
公共停车场。这些细节图截取自一些摄影作品、绘画和其他藏品图片。

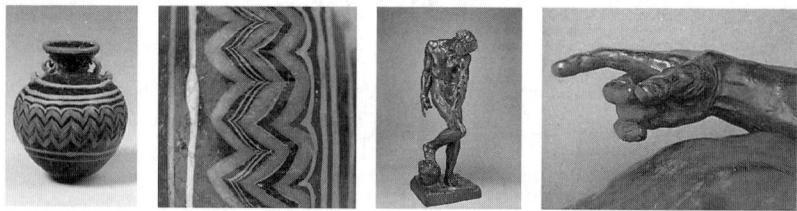

**从藏品图案中截取的细节图——希腊的香水瓶和箭头图案、罗丹的《大卫》和手指
图案**
来源:大都会艺术博物馆网站

　　比如,美国著名摄影家、"动态摄像之父"埃德沃德·迈布里奇在 19 世
纪拍摄的人和动物的瞬时照片就在列,它们记录了人和动物在行走或跳跃
时肉眼无法捕捉到的活动瞬间。这些被做成指示牌的照片被放大了数百
倍,而迈布里奇的这套令人震撼的"动物运动"摄影作品还从未被放大到如

---

　　① 湖南省博物馆编译:《国际博物馆协会最佳做法系列(三):标识牌——英国国家传媒博物
馆的实践》,湖南省博物馆网站,2014 年 5 月 5 日。

此尺寸展出过。此外,策划者挑选了一些含有箭头图形的藏品。从希腊香水瓶上湖蓝和黄色相间的图案,到中国古代皇后的长袍上的精美刺绣,这些多彩的图案创造了一种律动感。同时,一些从绘画和雕塑作品中截取的指尖和手臂图案也被用来引路。博物馆还鼓励观众从其官网上了解这些艺术品的细节图①。

---

① 湖南省博物馆编译:《大都会博物馆的贴心服务:利用艺术品为观众指路》,湖南省博物馆网站,2013 年 4 月 17 日。

◄ 第五章 ►

观众参观后阶段博物馆教育
活动的规划与实施

一、 规划教育活动的目标与任务

(一) 目标

长期以来,我国博物馆界都认为,博物馆教育活动就是观众参观展览、参与期间举办的活动,随着他们踏出馆门,活动自然而然就结束了。事实上,这是一种无比落后的观念,也因此影响了我国许多博物馆教育效能的发挥。

大都会艺术博物馆的亚洲部主任何慕文说:机构面临的一大挑战是发展博物馆之外的活动。按照国际上博物馆事业发达国家的理念和做法,观众离开博物馆后,并不等于教育活动的终结,确切地说,只是馆内活动的暂告一段落。从某种程度上说,它意味着又一阶段的教育项目的开始。事实上,博物馆教育活动是一个系统,覆盖了观众参观前、参观中以及参观后三个阶段。而参观后阶段的重要性还在于,其教育活动的成效将影响到观众新一轮的博物馆之行。

因此,本阶段教育活动的规划目标主要是:

为实际观众提供后续服务,并且与他们保持联动,于馆外空间延伸其学习体验,力求将他们从普通参观者发展成为忠实拥趸;

以博物馆的全民教育和终身教育为目标,将教育项目传播至更多的社区民众,尤其是那些未能成为"实际观众"的"目标观众"或"潜在观众",力求博物馆教育分享的最大化及成效的最大化;

主动收集梳理实际观众的意见建议,评估教育活动成效,为博物馆的下一次进步指明方向并提供决策依据；

继续博物馆的文化产业开发，为其创收的同时更传播教育影响力。

(二) 任务

基于上述目标，本阶段博物馆教育活动开展的任务主要有：为实际观众提供后续服务；将教育活动传播至更多民众，尤其为未能有机会前往博物馆的公众提供学习机会；做好实际观众的信息反馈工作，并进行教育活动评估；为全社会开发更多的文化产品和服务。

1. 为实际观众提供延伸和拓展型教育服务

包括：发展网络联动，即在线满足观众需求，构建社交媒体平台，召开在线会议；发展会员与志愿者；提供职业发展机会，如提供奖学金、实习机会，推进教师职业发展，设立学分、学位等；与学校等教育系统的继续联动（实际观众），开展到校服务、驻校服务，外借教具，开发远程教育，发展中长期合作项目等。

时下的教育项目已再不局限于"博物馆"这一物理空间，理念先进的欧美博物馆早就喊出了"把教育活动带回家"的口号。的确，博物馆理应突破自身藩篱，于馆外空间继续与观众保持联动，尤其是为实际观众提供后续的延伸拓展服务。除了满足他们的一些信息和学习需求，亦可通过构建网络社区提供他们发表观点、结交朋友的新平台，或是通过会员培育、志愿者招募、一系列职业发展机会等将他们从普通参观者提升为忠实拥趸。

2. 将教育活动传播至更多民众，实现全民教育和终身教育

随着资讯科技的发展，现代博物馆已经开始突破空间和时间限制，将教育产品与服务传播至更多民众，比如未能成为"实际观众"的"目标观众"或"潜在观众"、社会弱势群体等。学校师生始终是各馆关注的焦点，尤其是那些未能走入博物馆的群体。输送专家进课堂、外借教具、开发远程教育、与学校开展中长期合作项目，是博物馆于馆外空间发挥其非正规教育特色并与正规教育联结的有力途径。巡回展览以及社区活动的举办，也有助于各馆延展其教育覆盖面和影响力、实现教育分享的最大化及成效的最大化。

3. 开展教育活动评估

教育活动评估是指在设定预定目标的基础上，利用科学的评估手段和方法，评估活动各个环节的绩效，并为下一次的进步提供决策依据。详细的

绩效评估体系包括采集数据、监控进程、评估结果,并运用一系列直接与目标关联的绩效指标。该评估强调切实有形的结果,以及产出计量(output measures)等,以此来表明博物馆教育努力所带来的变化。

另外,博物馆还需建立观众的信息反馈机制,与实际观众保持联动,并且收集、梳理他们的意见建议。他们是有发言权的人,馆方理应将其反馈纳入活动评估及整体教育评估中。

4. 继续博物馆的文化产业开发

纪念品商店、餐饮地、影剧院等,都是博物馆重要的文化产业开发载体,但较之整个机构的文化产业开发,这些都还只是一部分。事实上,博物馆拥有许多可供开发成为产品与服务的教育资源。而观众在馆内的时间毕竟有限,如何在他们跨出馆门后,给予其更多的闲暇时间内的学习体验? 这就需要各馆策划设计更多的文化产品和服务,诸如出版书籍、发行杂志,开展邮购、网购业务,开发文化类旅行,开设频道、电视网并制作播放相关节目等,让博物馆真正融入民众的日常生活。

二、　实施策略之发展网络联动

前些年,大家认为互联网的便利主要在于提供参观前的信息。实际上英国有研究表明,70%的参观者喜欢在参观后上网进一步了解展品信息,反复回味。这是个有趣的现象,也就是说,博物馆不必将所有信息一股脑儿摆在展品旁,避免把自己变成生硬的说教机构,而是要创造条件鼓励参观者在馆内与展品发生联系,回到家再从网上获取深度信息,做虚拟参观[1]。

相比较而言,参观后阶段博物馆网站和智能移动应用的功能发挥,除了继续提供观众信息和资讯浏览、在线资源与在线互动体验等外,更重要的是,它们还可与实际观众保持联动。

一方面,博物馆能够在线满足实际观众的信息化需求,比如将他们感兴趣的展览、展品等信息通过电子邮件发送过去,或由工作人员在线回答他们的疑难问题,或是定期发送电子刊物等。另一方面,博物馆还可通过构建社交媒体平台供他们发表观点、结交朋友。观众参观后,大可登陆此平台,分

---

[1]　李孟苏:《我忘了我在参观艺术博物馆》,《三联生活周刊》2009 年 11 月 30 日。

享心得,发表评论(当然,民众其实在任何时候,都可登陆此平台,分享他人的心得,或发表评论,包括参观前和参观中阶段);而博物馆方面,亦可收集梳理他们的意见建议,同时将这些作为评估教育活动的重要依据。

时下,随着智能手机等智能移动应用设备的风靡,观众已无需使用电脑而仅操作这些"掌中宝"便可纵览网络社区。欧美各馆的网络社区日渐强大,并广受中青年观众的热衷。比如,芝加哥艺术博物馆于 2013 年开通了新浪微博,吸引了不少中国艺术爱好者的关注,也进一步推动了中文人群对芝加哥博物馆及当地文化艺术的了解。而在史密森博物学院的网站主页上,当观众点击"连接"(Connect)一栏,便可看见"Facebook、Twitter、Flickr、Youtube、Podcasts、Blogs、Virtual World、Mobile"等网络社区列表。并且它们还与史密森旗下各单位的网站勾连,同时与史密森总站也相连。无独有偶,卢浮宫与法国电信合作推出了一个名为"卢浮宫社区"的交互式网站,世界各地的艺术爱好者均可在此进行沟通和交流。而古根海姆博物馆也在 Facebook、Flickr、Myspace、Youtube、Twitter 等网站建立了自己的主页,仅从 2008 年 1 月开始的半年时间内就拥有了 30 750 位 Facebook"粉丝"[①]。另外,全世界拥有最强大数字项目的博物馆之一——泰特美术馆的网站于几年前全面改版上线,新网站引进了融合社交媒体应用功能的内容管理系统,用户能够即时向 Tumblr、Flickr、Facebook、Twitter 等平台发送信息。可见,这些社会传媒工具的使用,使得越来越多的博物馆在公共平台上活跃起来,其优势在于信息更新速度极快,机构的最新动态很容易被发现,也非常易于吸引年轻人的关注,有些馆长还会发表自己的博文。毕竟,对于机构来说肯定会有闭馆时间,但通过这些传媒工具有助于馆方及时地与公众保持沟通交流,并给他们带来新体验。

除此之外,博物馆"在线会议"(Online/Virtual Conference)也即"虚拟会议"的推出,也迎合了部分观众进一步了解信息与知识的需求,并缓解了时间和空间问题。更重要的是,它通过科技手段,架起了观众与馆方专家、学家之间直接沟通交流的桥梁。它其实与我们经历过的专业会议类似,只不过这次不管你身处何方都可参加,且无需注册费,对任何人开放。事实上,基于对美国 1 224 个在 2006—2011 年间享受美国艺术基金会补助的艺

① 湖南省博物馆"中国博物馆与青少年儿童教育项目"赴美学习考察小组:《浅谈当代美国博物馆教育——湖南省博物馆教育人员赴美考察报告》,2010 年,第 10 页。

术机构的在线调查结果显示,22％的机构都提供有在线教育、讲解服务或召开在线研讨会①。

需要强调的是,在观众参观后阶段,博物馆的媒体运用仍应一以贯之,包括大众传媒、非大众传媒、博物馆网站及智能移动应用等。事实上,这么做也是必需的,因为一旦新馆或新展览开幕,博物馆就不再是媒体重点追捧的对象,除非机构自己主动出击! 这一方面是博物馆反复吸引媒体眼球的机会,有助于将自身始终曝露于公众视线之下;另一方面也借助媒体的宣传推广力量,促成更多人的新一轮博物馆之行。

案例 1

美国发布"新媒体与博物馆观众参与"调查报告②

基于对美国 1 224 个在 2006—2011 年间享受美国艺术基金会补助的艺术机构的在线调查,皮尤研究中心(Pew Research Center)于 2013 年年初发布了一份关于"新媒体与博物馆观众参与"的报告。其中,97％的受访机构在 Facebook、Twitter、YouTube、Flickr 或其他社交媒体平台上建立有主页。69％的机构有员工在这些平台以机构成员的身份建立个人网页。45％建立主页的机构每日更新,其中 25％的机构一天之内更新数次。

社交媒体的价值已得到了艺术机构的普遍认可。58％的受访机构认为"社交媒体值得机构花费时间和精力"的说法"非常正确",33％认为"部分正确"。另有一些机构"强烈认可"社交媒体在帮助机构建立新观众群方面的价值,同时,它们认为社交媒体有助于观众与机构建立情感联系。

调查显示:90％的机构允许公众在 Email、Facebook、Twitter 中分享机构信息;82％的机构在活动举办之前、之中、之后通过社交媒体吸引观众参与;77％的机构将社交网络视作机构的"晴雨表",用于观察公众和赞助人对机构的看法;65％的机构通过社交网络的在线调查、投票或直接交流来获取观众或赞助人信息;52％的机构用社交媒体来筹集意见,如活动编排、会议召开时间等;35％的机构用 Yelp、Google Latitude、Foursquareden 等定位技术与观众互动;28％的机构在社交网站上设有讨论组,进行连贯性对话。

调查从正反两方面论证了社交媒体的影响。主要的正面影响包括:增

①② 李慧君编译:《美国发布"新媒体与博物馆观众参与"调查报告》,《中国文化报》2013 年 1 月 31 日、2 月 7 日。

加活动参与人数;提高门票销售数量;提高机构知名度;有助于机构筹资。

另有博物馆提到了社交媒体对工作其他方面的影响,包括:社交媒体有助于机构明确自己的工作内容,为吸引观众参与其工作开辟了道路;社交媒体有助于机构与同行、赞助人及观众进行交流;社交媒体为观众彼此交流搭建了平台,并有助于信息的广泛传播。

也有个别机构提到了社交媒体的负面影响,如维持运行这些平台费时费力,更主要的是,公众可以利用 Facebook、Twitter、Yelp 之类的平台自由发表对机构某展览的反对意见,或是抱怨观众服务不够完善等,而机构无法掌控来自公众的批评。但大部分机构都表示愿意利用这些平台获取更全面的信息,将负面意见转化成学习、提高服务及与观众互动的机会。

案例 2

大都会艺术博物馆的"社交网络"[1]

自 2011 年 1 月 5 日起,大都会博物馆在其官网上推出了"联系"(Connections)栏目,邀请亿万网友与馆方工作人员"亲密接触"。工作人员[2]以

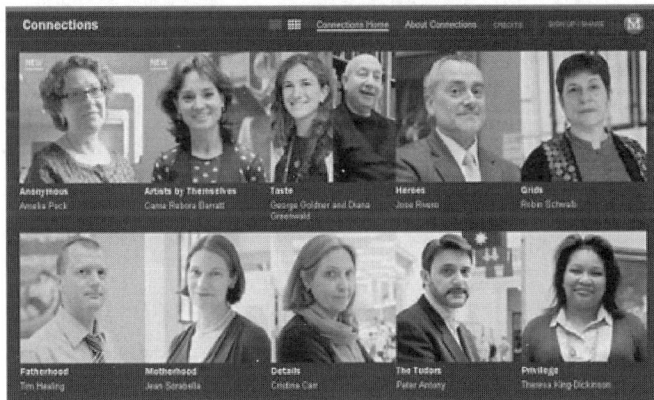

大都会艺术博物馆的"联系"网页
来源: 大都会艺术博物馆网站

---

[1]　湖南省博物馆编译:《纽约大都会艺术博物馆的"社交网络"》,湖南省博物馆网站,2011 年 3 月 1 日。
[2]　包括策展人员、文物保管员、科学家、图书管理员、教育员、摄影师、设计人员、编辑、数字媒体制作人员、技术人员、行政管理人员、执行人员等。

"启迪"为宗旨,在"联系"版块中用亲切、充满个性的笔调记录下博物馆工作中的"片段"(episode)。这些"片段"主题丰富,网友在阅读后表示,其中的文字与图片让他们"深受启发"。

博物馆还将这些"片段"发布到 Facebook 和 Twitter(全球最大的社交网络和微博服务网站)上,得到了众多网友热情的回应与关注。例如,策展人员纳丁·奥伦斯坦(Nadine Orenstein)发布了《理想的男人》之后,博物馆 Twitter 就"大都会'理想男人'代言人评选"展开了激烈讨论。一位叫 Sara 的网友说:"我一直爱慕胡安·德·朴瑞哈(Juan de Pareja)。因为即使 460 年过去了,他依然那么富有生气。"而另一位叫 Stephanie 的"粉丝"却认为"'理想的男人'应该是《年轻的丈夫:第一次赶集》中的丈夫。知道做家务的男人才是世界上最性感的男人!"还有网友评论大都会的藏品中尚找不出这样的代言人,并声称自己才是"理想的男人"。

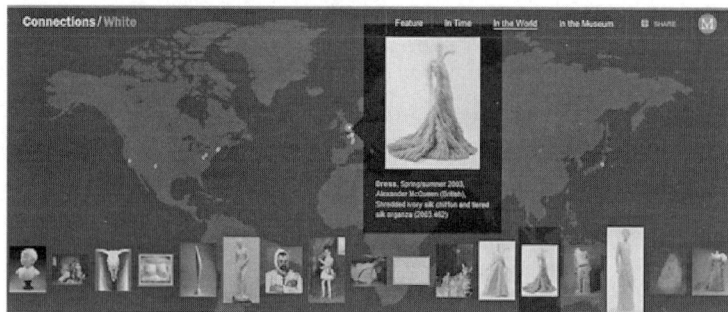

大都会艺术博物馆以"白色"为主题制作的网页
来源:大都会艺术博物馆网站

在一个雪天,博物馆发布了策展人员安德鲁·博尔顿(Andrew Bolton)的"白色"主题"片段",并立即在 Facebook 上引起了"粉丝"共鸣。网友 Marcia 评论说:"白色是一种大胆、干脆、干净的颜色,而大多数人没有穿白色衣服的气质。"Casey 留言道:"我喜欢白色色调的房间。对我来说,白色意味着宁静、和平、无穷无尽。"位于乔治亚州的网友 Barbara 补充道:"我们这儿的冬雪异常美丽。和大家一样,我也喜欢白色,喜欢它的美丽与纯洁"……

"联系"是 2011 年年初大都会博物馆数字媒体部门与其他多个部门合力打造的一档网络互动栏目。它每周三都会推出一个新主题,关注"联系"版块的"粉丝"还会定期收到大都会发出的更新通告。事实上,通过这样的平台,亿万网友得以与馆员"亲密接触",进而探索博物馆和藏品幕后的故事。可喜的是,2011年5月底在休斯敦召开的"第105届美国博物馆协会暨博览会"上,大都会艺术博物馆凭借"联系"社交网络项目,一举摘取了金奖,也即将美国博物馆协会媒体与技术委员会颁发的"缪斯奖"的"网络资讯单项奖"金奖收入囊中[①]。

案例3

加拿大科技博物馆(Canada Science and Technology Museum)频频"触网"吸引年轻观众[②]

为了吸引更多观众,尤其是年轻观众的兴趣,加拿大科技博物馆近年来频频"触网",利用Twitter、Facebook、Youtube等社交网站直播或录播博物馆组织的科普讲座等活动,与网友进行充分互动,并取得了意想不到的效果。

该馆首席执行官丹尼丝·阿米奥特女士表示,博物馆几乎每周都有科普讲座,而且多是围绕时下最热门的话题,比如甲型流感、飓风、海啸等。演讲者深入浅出、趣味横生的谈话深受观众欢迎。为了扩大讲座的社会影响,让更多年轻人从中受益,博物馆于2009年11月初首次通过Twitter网站直播了科普讲座。"我们希望这类讲座能够变成三方对话,所以第一次在该网站推出直播视频,告诉大家正在发生的事情,同时邀请网友参与讨论。这确实是一个吸引公众参与的新方式。"阿米奥特说。

意识到网络特别是社交网站对年轻人生活的巨大影响,加拿大科技博物馆近年来开始向社交网站进军,不但注册了自己的官方网页,还陆续将馆内的活动、展品做成数字视频和图片上传到Facebook、Youtube,方便网络一代的年轻人浏览学习。同时,博物馆还鼓励观众将自己在馆内拍摄的有趣视频和图片也上传到这些社交网站,与其他网友进行交流。这样既增强了博物馆与观众、观众与观众之间的互动,也进一步扩大了机构影响力,将科学知识传播至更多的民众。

2009年夏天,该馆曾组织了渥太华已故摄影师约瑟夫·卡什的专题影

①　湖南省博物馆编译:《纽约大都会艺术博物馆摘夺"美国博物馆协会年会"两项桂冠》,湖南省博物馆网站,2011年6月23日。

②　赵青、杨士龙:《加拿大科技博物馆频频"触网"吸引年轻观众》,新华网,2009年11月21日。

展,以缅怀这位为丘吉尔等世界名人拍下许多传世之作的大师。馆方还在网上发起了"晒我手中的卡什作品"活动,结果不少网友贴出了连博物馆工作人员都未曾见过的卡什摄影作品,引起很大轰动。阿米奥特表示:"这是吸引公众参与的一个不同寻常的方式。突然间,博物馆不再只是静止的陈列厅,而成了一个互动空间,在这个过程中大家都能学到许多知识。"

案例4

史密森博物学院的"在线会议"

　　作为一名观众的你,在参观了展览、参加了活动后,是否还想会见某位策展人? 或是向某位研究人员发问? 自2009年2月始,史密森启动了一系列在线会议,圆大家的这些梦想。每次教育会议上,观众都能与感兴趣的史密森各学科的专家互动。另外,每场会议皆有特定主题,还有专门针对教师的单元,并且史密森的历史学家、科学家、研究人员会与大家分享其研究问题、方法及独特的思维方式。考虑到大家都很忙,会议时间可能会不契合日程安排,因此史密森所有的在线会议都已录音并存档,也即观众在任何时间都可回放使用,还可在讨论区提出自己的想法。

　　比如,史密森教育与博物馆研究中心于2013年2月13日、3月13日为教师和学生举办了两场在线教育会议,主题为"公民权利——历史遗产与今日成就"。每个专场由史密森的博物馆专家主持并发言,同时回答参会者提出的相关问题。会上专家提供了史密森的网上学习资源,向教育工作者传授了有关探索跨文化学习的策略方法。值得一提的是,这一史密森项目通过网络的形式,为教师和学生提供了一个互动的学习平台,实现与史密森专家在现实世界中的探讨和分享①。

　　国立美国历史博物馆的克里斯托弗·W·威尔逊(Christopher W. Wilson)和拿俄米·寇奎隆(Naomi Coquillon)主持了2月13日的在线教育会议——"公民权利:从林肯时代到现在"。该会议关注了林肯颁布的著名权利法案以及多位领袖、普通大众和学生发起的各种公民权利运动,这些努力都改变了今天的社会。参会者就这些历史事件背后的来龙去脉进行了讨论,探讨史密森是如何将这段历史生动地保存下来的。

---

　　① 湖南省博物馆编译:《史密森公布2013年在线教育会议主题:公民权利——历史遗产与今日成就》,湖南省博物馆网站,2013年3月18日。

国家肖像馆的白安娜·载法窦·怀特(Briana Zavadil White)主持了 3 月 13 日的在线教育会议——"他们自己的意愿：朱迪丝·默里(Judith Murray)与早期共和国时代的妇女成就"。参会者与默里女士和其他七位著名女性代表共同探讨了美国妇女为争取权利平等所做的努力。从 19 世纪晚期至今，有关妇女权利运动的贡献等内容也在会上得到了探讨①。

三、　实施策略之发展会员与志愿者

将公众吸引到博物馆来，这还只是公众参与博物馆的第一步，会员与志愿者/义工制度让博物馆与公众之间建立起更密切、更稳定的关系。当民众从观众上升到会员或志愿者时，他们对博物馆来说就成为一个可以联系和追踪的群体，他们对机构的支持就可以被引导和量化。

博物馆会员与志愿者看似是两个不同的团体，但其实有许多共通点。前者致力于支持和赞助博物馆，需要交纳一定的会费并享受馆方提供的一些特殊待遇；后者侧重于在业余时间为博物馆提供义务服务。其成员一般都是热爱博物馆、经常出入的忠实观众，并在工作中支持和协助馆方的各项活动，是各馆依托的重要后盾②。

目前，欧美各国博物馆普遍重视将会员与志愿者作为自身发展的重要社会力量，投入了大量人力、物力开展相关项目，以拓展其数量，并提升他们的投入度、贡献度和忠诚度。博物馆往往与会员、志愿者及其家庭建立了良好关系，当他们熟悉了博物馆工作后，能够提出切实有效的意见建议，教育活动等各项业务也能产生更好的社会效益；同时，他们的参与帮助缓解了部分机构人力、物力匮乏的困境；重要的是，他们还可以为博物馆招徕新观众，并帮助巩固公众对博物馆的持久信赖感，提升机构的公共形象③。

(一) 发展会员

针对实际观众，博物馆可以通过发展会员并提供相关优惠举措的方式，

---

① 湖南省博物馆编译：《史密森公布 2013 年在线教育会议主题：公民权利——历史遗产与今日成就》，湖南省博物馆网站，2013 年 3 月 18 日。
②③ 陆建松：《西方博物馆之友与志愿工作者纵横谈》，《博物馆研究》1997 年第 3 期。

与他们保持联动。如为其组织"博物馆之友"活动,定期发送(免费)刊物,给予餐饮、购物和停车折扣,提供特别参观导览等,并倾听他们的意见建议,尽量满足其服务要求,鼓励他们从普通观众发展成忠实拥趸,或许有朝一日他们还可能成为博物馆的捐赠者。

　　会员制可谓美国博物馆的一大特色,几乎所有机构都有自己的会员组织,有些大馆的会员组织更是庞大到惊人。各馆的会员制也不尽相同,一般根据贡献度的不同,设有个人会员、家庭会员、公司会员、博物馆之友、盟友、核心盟友、圆桌盟友和高端会员等。会员们每年通过缴纳数额不等的会费来保持资格[①],各馆也会根据他们会费贡献的多少给予相应待遇,以鼓励这些会员继续支持博物馆的发展。例如,给予普通会员一年内无限次免费参观、在馆内购买纪念品享有一定额度的折扣,给予特别会员诸如馆长陪同参观、欣赏特别展览的预展、参与博物馆展览项目的讨论等待遇。而芝加哥艺术博物馆还开设有会员旅行项目,该项目的主旨是发展与会员的关系。馆方提供了 20 多条以艺术和建筑教育为主要内容的旅游线路,由博物馆工作人员带队,陪同会员参观,每年都有不菲的回报。通常,会费收入具有来源稳定、无限制条件(许多捐赠有限制条件)的特点。像大都会艺术博物馆的会员费收入占到全馆收入的 14％,是位列第三的收入。并且,会员也是捐款的重要来源,每位会员其实都是潜在的"财神",其带来的收入不仅仅是会费。这些会员构成了博物馆的"朋友圈",是机构筹资的重要对象,并且通过他们,机构在社会各阶层、各领域建立了一个核心支持群。比如,大都会艺术博物馆公布的 2004—2005 财政年度报告显示,其年度总收入的 12％来自会员捐款。事实上,美国博物馆的会员往往是关心、扶持博物馆发展的群体,而且一般都受过较高的教育,具有一定的社会地位和经济实力。因此,无论从资金的贡献,还是其对政府相关决策的影响力方面,都会对机构的发展产生积极影响,这也正是美国各馆不遗余力拓展会员数量的原因之一。事实上,有时候维持会员活动的费用会冲抵甚至超过会费收入,但博物馆方面都十分重视会员建设,并设置专门机构为这些成员服务[②]。

　　纽约现代艺术馆的会员分为普通级和贡献级。普通级又分为个人、双人和家庭会员,年费分别为 75 美元、120 美元和 150 美元。在贡献级里面又

---

① 会员资格均为一年有效,须每年交纳年费,一般没有终身会员。
② 张颖岚:《美国博物馆与社区发展的互动》,《中国文物报》2007 年 4 月 27 日、5 月 4 日。

分为 7 个等级,会费从 300 美元到 1 万美元不等。从相对低级别和高级别的会员所享受的福利上,可以看出不仅是福利数量的增加,更重要的是专享性和尊贵性的突出。比如,普通会员享受入场参观时走会员专用通道而不必排长队,可以参加 4 次专门为会员举办的预展,这只是专享性的初步体现。当会费升为 300 美元时,会员就可以携带一位客人参加特别晚宴,并能通过预约在早晨艺术馆对外开放之前参观。而当会费达到 1 万美元时,就可以与馆长共进早餐,参加董事会主席的私密晚宴,并参观私人收藏。此外,会员还能选择加入不同的"兴趣圈",例如对建筑、设计感兴趣的参加"建筑设计会"(The A+D Circle),对当代绘画感兴趣的参加"当代绘画之友"(Friends of Contemporary Drawing)①。

　　时下,不少美国艺术博物馆为吸引忠实观众再次参观,正不断探索多种新方式,以期培养机构与公众之间更亲密的关系。达拉斯艺术博物馆(The Dallas Museum of Art, DMA)于 2013 年 1 月底开始正式取消基本会费,同时调整了会员制政策,作为对观众忠实度的奖励,这有点类似于航空公司对常旅客进行奖励的方式。人们先缴纳 100 美元加入"博物馆之友"或成为"合作者",然后通过参观展览、参与活动或在网上分享一段经历来获得"信用积分"。观众随后凭这些信用积分购物、享受餐饮打折、参加博物馆特别活动,或获得赠票。费城周边的一个会员咨询委员会的会员事务主管黛安娜·沃德(Diane Ward)就此举措谈道:"会员制的改变,也许会成为博物馆发展的新趋势。"她认为,达拉斯艺术博物馆新的会员模式更加商业化,积分制度的推行会促使人们频繁光顾②。

　　此外,惠特尼美国艺术博物馆开始为其会员提供量身定制的服务。同样的,库珀·休伊特国立设计博物馆亦在调整其会员的基本权利。观众缴纳 500 美元即可成为"钟表设计"会员,他们在 2 年内享受馆长特别导览、藏品鉴赏、参加接待会宴请等服务,并对博物馆藏品具有发言权。当馆长希望征集一件藏品时,会员有权发表意见,参与投票。而弗吉尼亚美术博物馆则于 2012 年 9 月就开始推行会员专享项目,允许会员近距离参观该馆 8 个常设展览中的一个。"近距离参观系列"的会员被邀请来参加讲座,出席演出和社会活动。在这些活动中,他们还有机会与博物馆的馆长和专家交谈,也

---

①　唐泽慧:《美国博物馆的公众定位与筹资模式》,《中国美术馆》2006 年第 10 期。
②　湖南省博物馆编译:《美国博物馆寻求多种方式培养"长期"观众》,湖南省博物馆网站,2013 年 4 月 15 日。

能遇到很多志趣相投的朋友。该馆会员主管汤姆·载窦(Tom Zydel)介绍，从开始至今，这个会费为 150 美元的项目已经帮助机构将会员人数从 3 000 人增加到 4 000 人。该馆正在努力培养会员对本馆特色藏品的兴趣，比如美国现代艺术或非洲艺术①。看来，会员制与时俱进的改革，正在越来越多的博物馆如火如荼地进行。

　　值得一提的是，不同类型博物馆的会员发展侧重点亦不同，很多美国大城市的艺术博物馆就将年轻专业人士定为自己的会员发展重心。这类人群在大城市中占很大比例，他们通常有较高的收入，并且乐于消费，倾向于单身，对社交活动很感兴趣。艺术类博物馆尤其是现当代艺术馆，在吸引这些人群方面有着天然优势。于是很多机构都设立了富有针对性的会员组织，比如古根海姆博物馆的"青年收藏家协会"(Young Collectors Council)、大都会艺术博物馆的"阿波罗会"(Apollo Circle)、惠特尼美国艺术博物馆的"惠特尼同代人"(Whitney Contemporaries)、纽约现代艺术馆的"初级协会"(Junior Associates)等②。

案例 1

"博物馆之友"组织(Museum Friends)

　　"博物馆之友"组织是由博物馆事业爱好者组成的非学术性团体。世界上最早的"博物馆之友"诞生于 19 世纪的欧洲。当时关心和喜爱博物馆的人日益增多，一些爱好者自愿为其服务，义务参加各项工作，有的还捐献藏品、捐赠资金，而各馆发展也需要社会多方面的帮助。于是，在博物馆的组织下，"博物馆之友"应运而生。它有学术性和非学术性两种形式，前者由学术团体成员组成，以面向社会传播科学、历史和艺术等知识为主要目的；后者由向博物馆捐献过藏品的人组成，他们可以享受馆方提供的优惠，并参与部分具体事务，起着联系社会与博物馆的作用。之后，随着博物馆社会基础的扩大，"博物馆之友"逐渐趋向于非学术化和大众化。20 世纪以来，各馆收藏、研究、展示和教育的覆盖面进一步扩展，迅速而大量地吸收馆外的生产、科研和学术成果并争取社会支持，成为办好博物馆的重要条件，而"博物

---

　　① 湖南省博物馆编译：《美国博物馆寻求多种方式培养"长期"观众》，湖南省博物馆网站，2013 年 4 月 15 日。
　　② 唐泽慧：《美国博物馆的公众定位与筹资模式》，《中国美术馆》2006 年第 10 期。

馆之友"组织也愈发得到了各机构的重视。

由于社会制度及国情等的不同,各国"博物馆之友"的任务和组织形式也略有不同。欧美国家的主要为援助性组织,涉及人力、财力的援助。会员们帮助获得藏品,或是直接捐赠藏品;为特殊活动筹集资金或设备;提供学术赞助,如出版书籍、图册、论文、藏品目录、宣传册等;或是给予博物馆影响力支持(某些成员的社会地位和声望较高,利用其影响力促使政府当局、工商界和基金会对馆方提供财政资助及其他支持)[①]。在英国,筹集资金是"博物馆之友"的主要任务。成员中还要推选学有专长的人,作为博物馆志愿人员,参与藏品征集、陈列设计、器材维修等业务工作,在旅游旺季还担任导览员。而美国的博物馆,几乎每家都设有"博物馆之友"(或称为"博物馆会员")组织,有些小型馆将近一半以上的工作都由该组织成员完成。

相应地,博物馆也会策划与实施一系列"博物馆之友"活动,包括招待会友参加特展的开幕活动、幕后探索(如参观典藏库、实验室、展品制作、演示等)、园游会、座谈会等。例如,新英格兰海洋博物馆每月邀请会员在其巨大的海水缸中潜水、拍照、喂食海洋生物,以及参观研究人员的工作实况;波士顿科学博物馆在儿童节邀请家庭会员观察星空并夜宿馆内;而美国自然历史博物馆则在恐龙大厅举行晚宴及音乐欣赏会等,不一而足[②]。

案例 2

史密森之小小慈善家组织(Young Benefactors)

史密森博物学院的"小小慈善家"是一个慈善、教育和文化组织,它的使命包括:帮助完成史密森的筹资目标;提升公众对史密森目标的认知;建立基金会,为史密森找寻更多支持。

相应地,"小小慈善家"的成员也可享受一系列特别待遇,具体包括:参观 19 座史密森博物馆、参与幕后探索之旅、展览招待会、新成员入会晚宴、史密森的节日以及每年度的"小小慈善家"活动如入会和节日派对;享受所有"小小慈善家"收费活动的折扣价格、史密森博物馆商店和餐厅的 10%优惠价格、史密森图录和委托制作的艺术品折扣价格以及停车优惠;与史密森国际知名的策展人和科学家一起社交,在每月免费的活动上与 1 000 多名

---

① 陆建松:《西方博物馆之友与志愿工作者纵横谈》,《博物馆研究》1997 年第 3 期。
② 黄淑芳:《现代博物馆教育:理念与务实》,台湾省立博物馆 1997 年版,第 70 页。

华盛顿最富智慧的年轻博物馆人一起共度好时光,如新会员入会晚宴、博物馆参观之旅以及一些特别活动;为史密森筹资,使之不断为成年人和孩童提供智力开发机会,这也是你回馈史密森和社区的机会。可以尝试在史密森当志愿者,包括通过"小小慈善家"的 Culture4Kids 基金会为当地残障儿童提供奖学金。

案例3

会员战略——泰特现代艺术馆破解忠诚密码[①]

2000 年泰特现代艺术馆的开馆使得其会员队伍迅速壮大——从当时的 2 万名增长到如今的 9 万名。据博物馆解释,会员人数剧增,大部分原因是由于目前现当代艺术博物馆很受欢迎。

然而,即便像泰特这种大英文化的支柱机构也难逃经济危机的冲击。据泰特会员及票务部门主任马丁·拜登(Martin Barden)介绍:"2008 年 10 月信贷紧缩,我们立刻注意到博物馆会员留存率在连续几个月内从 90％下降至 82％。我们意识到必须立刻采取措施避免进一步恶化,也希望找到与会员加强交流的途径。"

事实上,泰特在 2008 年之前就开始思索与会员沟通的问题,经济危机加快了其行动的步伐。宣传与沟通部经理杰斯·蕴(Jess Ring)说:"泰特的会员量很大程度取决于展览项目,也就是说,如果展览很成功,我们招募和维持的会员数量就比较理想,反之亦然。在 2008 年遭遇会员留存率下降后,我们开始采取主动措施扭转局面,尝试能否通过自行控制来提高会员留存率,而不是完全依赖展览。"

● 对象与方法

为了应对这一挑战,泰特聘请一数据分析公司对机构日常采集的重要数据进行筛选。泰特美术馆集团拥有高端的信息库系统,可追踪观众和会员从进入展厅到购买纪念品等一切行为,但对于泰特有限的资源而言,分析这些数据是一项非常浩大的工程。

据拜登介绍,数据分析的目的是为了站在战略远景的角度看待目前的状况。数据分析公司使用"倾向模式"与"分割法"将会员分为 8 组,并按照

---

① 湖南省博物馆编译:《国际博物馆协会最佳做法系列(五):会员战略——伦敦泰特现代艺术馆破解忠诚密码》,湖南省博物馆网站,2014 年 5 月 30 日。

"流失可能性"依次排出等级,这样既可确定不同组别的会员倾向于参加哪些活动,又能锁定那些倾向于流失的群体。

根据这些基于观众行为及参观次数的数据,数据分析公司发现,有些群体如果在过去6个月参观率降低,那么博物馆很有可能会整体失去这一群体;如果一些会员在过去24个月都没有出现,那么博物馆已经失去他们了;而那些已经消失了6年左右的会员,博物馆则完全没有必要浪费精力对其进行分析了。这些结论有助于博物馆采取应对战略。

● 成果

尽管泰特已经对部分结果有所预料,但这些分析对其开发新战略大有裨益。拜登说:"从这些结果中,我们可以清晰地看到现在能做什么,哪些措施有效并将持续发挥作用。毫无疑问,对会员数据进行分析是正确的决策。""这些结论证实了我们之前的一些推断,对建立新的沟通系统非常有帮助。我们可以有的放矢地召唤那些离开博物馆的观众再次参观,比如主动联系,邀请他们。"

自此,泰特沟通部门的员工采取全面手段来维系会员:他们向入会3个月的会员发送邮件,告知他们在下次来馆参观时将收到泰特为会员准备的特别礼物——当代艺术家吉姆·兰碧(Jim Lambie)设计的旅行钱包;向6个月的会员寄送印有展览日历的便利贴;向9个月的会员赠送博物馆咖啡厅免费热饮等。

尽管目前进行项目评估还为时过早,但从会员留存率又回升至90%这点来看,事态正朝着正确的方向行进。杰斯·蕴补充说,还有一点可证明该数据分析公司模式及新沟通战略的必要性,"根据对8组会员群体的活动统计,我们发现各组明显的活跃率提高趋势,会员们正沿着忠诚之梯向上攀登"。

(二) 发展志愿者

博物馆志愿者始于20世纪初,首先出现于美国波士顿艺术博物馆。志愿者普遍为各馆所用则是近几十年的事情。世界博物馆之友联盟主席丹尼尔曾说:"志愿者和专家对于博物馆的作用并不相同,但同样不可缺少。"事实上,早在1975年,美国博物馆中个人工作的57%就由6.22万人次的志愿者来承担。1991年,美国共有博物馆志愿者近38万名,是当时全美博物馆正式员工数量的 2.5 倍,这些志愿者为美国各类博物馆提供了 205 亿小时的服务,创造的经济价值约合 1 760 亿美元①。现在,史密森博物学院拥有近 6 500 名志愿者,已经超过了正式员工 6 000 人的数量②。而小型博物馆对志愿者的依赖性就更强了。以奥巴尼历史与艺术博物馆(Albany Institute of History and Art)为例,它的全职工作人员只有 10 位,而义工多达 170 位,日常工作主要依靠义工开展③。

志愿者,有时也翻译作"义工",他们大多是关心和热爱博物馆的公众,对其留有美好印象。对机构而言,发展志愿者首先在于团结他们,使之乐于亲近博物馆,吸引他们成为一份子,并建立相属关系;其次,这也为热心社会公益的民众提供服务和回馈社会的机会,并给予其成就感;再次,缓解一些机构人力和运营资金不足的困境。重要的是,这是扩大各馆社会影响力、拓展观众群的有效途径,是促使博物馆与社区建立起更密切联系、吸收更多社会资源的重要方式。

志愿者通常在业余时间内为博物馆提供义务服务,例如担当接待员、导引员、讲解员、咨询员、售货员;或发挥个人所长,从事其他专业工作,如整理目录、开展专题研究等;或向公众散发宣传单,传送活动通知和请柬等,着手机构的宣传推广和公共关系事宜;还可帮助馆方开展观众调研等。在欧美博物馆,大部分观众研究工作都由志愿者承担,如选择被调查的观众、指导他们填表并回收调查表。当然,问卷设计、数据分析、总结报告撰写等仍主要由博物馆专业人员和专家顾问完成。

其实,博物馆与志愿者之间是一种共生的、相互依赖的关系,目前越来越多的机构开始注重同志愿者的合作。对馆方而言,首先要对志愿者负责,也即明确并界定他们可参与的工作范围和职责,对他们进行遴选及培训,再配给工作任务并派专人指导和督促。重要的是,要找出真正适合志愿者的工作,既与博物馆的需求一致,又契合他们的兴趣和能力,实现"双赢"。为此,馆方有必要制订科学的志愿者使用计划。其次,博物馆虽然无法(完全)支付志愿者报酬,但必须在各方面尊重他们,给予他们同正式员工一样的荣誉和优惠。事实上,欧美国家将博物馆志愿者视为"不支薪的职员",并给予

---

① 刘修兵:《现代博物馆离不开志愿者》,《中国文化报》2010 年 12 月 1 日。

② 湖南省博物馆"中国博物馆与青少年儿童教育项目"赴美学习考察小组:《浅谈当代美国博物馆教育——湖南省博物馆教育人员赴美考察报告》,2010 年,第 12—14 页。

③ 唐泽慧:《美国博物馆的公众定位与筹资模式》,《中国美术馆》2006 年第 10 期。

其极大的尊崇和礼遇。也即，非常注重保障志愿者的权益，致力于稳定目前的队伍，并吸引更多的人参与进来。在美国，志愿者往往都能免费参加馆方的各种讲座、重要活动以及与藏品有关的培训，在商店、餐厅还可享受和带薪职员一样的折扣，或者享受正式职工的某些福利待遇，以及国家税务政策对志愿者的优惠。此外还有来自馆方的精神鼓励。有些博物馆规定：服务10年以上的志愿者会得到馆长的嘉奖信，服务15年以上者其名字会被刻在博物馆的荣誉牌上等①。再次，馆方还需对志愿者提出一定的要求，希望他们具备热情和责任心，并遵守馆内的各项规章制度，违反者同样将受到批评，严重者还应受到惩罚或劝其退出。最后，博物馆宜配备与志愿者人数及工作范围相对应的专职人员来管理、培训和评估志愿者的工作，保证他们提供高质量的服务②。在史密森的弗利尔和赛克勒美术馆，当一年的培训结束后，志愿者将被要求自己设计参观路线和导览方案，并现场演练，以此作为考核内容。考核通过后，博物馆还将提供在岗继续培训，每个月两次，每次半天，内容包括特别展览介绍、专业知识、教育技巧等③。事实上，在西方的博物馆手册中，志愿者工作向来都被作为重要的课题。

英国博物馆协会政策部门主任莫里斯·戴维斯（Maurice Davies）一直致力于研究大学毕业生如何进入博物馆，以及博物馆需要什么样的人才。他认为，尝试去博物馆做大量的志愿者工作对于正式步入博物馆是非常重要的。英国博物馆界非常有名的达维奇画廊自1987年以来，其教育活动分别获得了8项英国和欧洲的大奖，许多希望进入博物馆行业工作的年轻人，纷纷来到达维奇的教育部，申请做志愿者。因为如果具备了这段经历，在英国其他博物馆找工作就相对容易了。因此，戴维斯提倡那些今后有志于从事博物馆业的年轻人，要从当志愿者开始，增长工作经验，从不同的岗位到不同的馆，这样积累的阅历才是进入博物馆的"通行证"。事实上，近年来，英国绝大多数博物馆都得到过志愿者协会的巨大帮助。志愿者在为机构工作的同时，博物馆也为他们提供了免费的无学位培训。所以，无论对博物馆还是志愿者本人而言，志愿者服务都是大有益处的④。

---

① 刘修兵：《现代博物馆离不开志愿者》，《中国文化报》2010年12月1日。
② 陆建松：《西方博物馆之友与志愿工作者纵横谈》，《博物馆研究》1997年第3期。
③ 湖南省博物馆"中国博物馆与青少年儿童教育项目"赴美学习考察小组：《浅谈当代美国博物馆教育——湖南省博物馆教育人员赴美考察报告》，2010年，第12页。
④ 《培训——英国博物馆管理不变的主题》，中国文物信息网，2011年6月8日。

案例 1

大英博物馆的志愿者①

据大英博物馆 2011 年国际培训的资料统计,馆内约有 570 名志愿者。他们的身份为正在攻读学位的学生、需要获得工作经验的学生、来自国际国内的访问学者和专业人士,并且他们由博物馆的志愿者办公室管理。

大英的志愿者从事了一系列台前和幕后工作。例如在亚洲部,来自台湾的留学生志愿者主要负责接待参加 2011 年大英博物馆培训的中国学员,包括到机场接送他们,带他们到各地机构参观;在钱币徽章部,志愿者从事藏品数据库文物的扫描工作;在成人教育部,正式的工作人员只有 3 名,而他们所组织的活动则主要由志愿者提供支持,包括运作展厅的谈话活动等。

大英博物馆主要通过大英网站、人与人的口口相传、针对某一特定计划专门招募这三种方式招收志愿者,对他们的培训内容则包括客户服务、对儿童和易受伤害的成人的保护、文物的处理、展示技巧、健康和安全等方面。

另外,从事大英博物馆志愿工作的好处也很多,包括:成为大英大家庭的一员;获得博物馆的培训和支持;参与庆祝志愿者周所组织的聚会、会议和活动;获得大英博物馆通行证,凭此证件能以折扣价购买博物馆商店的纪念品,并免费参观许多英国的其他博物馆。

案例 2

英国博物馆界颁发"马什基金会志愿者奖"②

为了表彰志愿者在吸引博物馆观众方面所作的贡献,英国博物馆界正筹备通过推荐和自荐的途径评选"马什基金会志愿者奖"。

该奖由大英博物馆和马什基金会奖项委员会(Marsh Award,一个以表彰无名英雄为使命的非营利组织)共同颁发,目的是为了鼓励并弘扬博物馆和美术馆志愿者为吸引更多公众参观做出的创新尝试和贡献。

截至 2012 年,评委会已完成了志愿者提名收集工作。凡在 2011 年参与博物馆或美术馆公众服务的志愿者个人和小团体均有资格参加该奖项的

① 高翠:《英国博物馆的社会教育》,《中国文物报》2012 年 2 月 3 日。
② 湖南省博物馆编译:《英国博物馆界将颁发"马什基金会志愿者奖"》,湖南省博物馆网站,2012 年 6 月 13 日。

申请或提名。评委会一再强调,参评资格取决于志愿者自身的成就,与服务机构和志愿者项目的规模大小无关。

在目前的评选阶段,评委会制定的志愿者评估标准为:是否为所在博物馆带来特色服务;是否提高了观众的博物馆体验;是否得到博物馆观众和员工的认可。

颁奖典礼将于 2012 年 7 月在大英博物馆举行。据悉,英格兰、苏格兰、威尔士和北爱尔兰地区将各选出 1 名获胜者,并予以每人 500 欧元(约合人民币 4 000 元)的奖励。最后评出的全国获胜者另将获得 2 000 欧元(约合人民币 16 000 元)的奖励。

案例 3

美国《博物馆》杂志建议:如何建立一个卓越的志愿者项目?[①]

美国博物馆联盟之《博物馆》杂志于 2013 年 3/4 月刊上,围绕"如何建立一个卓越的志愿者项目?"议题发表文章。

博物馆志愿者在观众服务、教育活动以及其他工作中承担着重要职责。一个志愿者项目的成功与否取决于一些最佳做法和基本原则。

● 应从哪里入手?

首先,为你的志愿者项目制定一份目标与价值声明,并把它书面化。博物馆为什么需要志愿者? 他们为什么是博物馆的一部分? 该声明应将志愿者项目与博物馆使命相结合来阐述志愿者存在的原因,以此建立志愿者与博物馆员工的良好关系。将该声明分别张贴在志愿者工作区和员工工作区,随时提醒大家志愿者在博物馆工作中的意义和原因。

● 如何创建一项长期的志愿者规划?

利用 SWOT(优势、不足、机遇和挑战)分析法对你的志愿者项目进行科学分析,可帮助你创建长期规划。所有对志愿者进行管理、指导和监督的相关人员都应该参与这一分析过程。这些参与者可以明确志愿者的内部优势——他们提升了观众的参观体验,有助于博物馆获得成功,以及不足之处,如需要不断地招聘志愿者。博物馆外部领域存在的机遇尚未得以利用,例如,你是否正在利用社会媒介招聘年轻志愿者? 挑战也来自外界,包括日

---

① 湖南省博物馆编译:《如何建立一个卓越的志愿者项目?》,湖南省博物馆网站,2014 年 1 月 2 日。

渐具有竞争力的社区志愿者团队、成熟的志愿者基地,或是那些博物馆志愿者对你的机构所做的负面评价。

● 博物馆员工如何与志愿者协同工作?

没有员工的参与,志愿者协调人会感觉自己像在独自划船,孤立无援。员工应基于博物馆的战略规划,提前制订计划清单,让志愿者参与其中,满足部门需求。另外,凡是组织各类员工活动,请确保志愿者和实习生的参加。请记住志愿者工作的社交属性非常重要,寻找机会为他们提供职位,利用各种途径帮助他们相互了解。对志愿者的辛勤工作表示感谢和为他们提供工作机会同样重要。

● 如何确定志愿者是否能胜任其工作?

这个方面是否成功,将决定一位志愿者是否会留在你的博物馆还是另觅他处。如果你把每一位志愿者申请人都录用的话,会造成很多问题。因此要明确需求,而不是仅仅提供一个工作岗位。招聘应该有目标地面向特定人群或具备特定技能的申请者。志愿者的面试也是双向的,你需要向申请人解释他们即将从事的工作,而申请人也可以向你提问题。逐步引导志愿者熟悉工作项目,为他们提供一种过渡方式,这些都非常重要。

● 岗位描述应包括哪些内容?

岗位描述应具体并逐项列出岗位名称。志愿者理应轻松得到以下问题的答案:我需要知道什么? 我是否具备足够的资格? 我是坐着吗,还是会有学龄前儿童坐在我膝上? 我需要有良好的倾听技巧吗? 我的工作日程是如何安排的? 对学历和年龄有什么要求吗? (这主要针对年轻志愿者,这些标准不带有歧视性,反而可以限制责任。博物馆需要明确指出一些特别情况,例如,一名 10 岁的青少年只有在家长的陪同下才可以申请某个志愿者岗位)为了招聘成功,向志愿者介绍在博物馆工作的好处也非常重要,如可以享受餐厅折扣、展览开幕式的邀请,以及去各地旅行的机会。

● 如何制定政策与流程?

建立一个基础性的政策文件至关重要,文件可以列出需要面对的各种情况、博物馆对所有可能出现的问题的解决方案。例如,志愿者在工作期间意外坠落,博物馆是否有相应的保险政策或者雇员赔偿制度? 如果大楼起火,志愿者是否懂得如何逃离? 他们是否了解不能向媒体谈论博物馆相关问题的原则? 文件还要为志愿者提供指导方针和遵守流程。例如,文件应规定所有志愿者必须将车停在员工停车区、使用员工和志愿者通道、佩戴工作牌出入、在志愿者办公室签到等。

　　● 可以使用哪些信息系统？

　　志愿者协调人应为志愿者提供一本志愿者手册，并对来自志愿者的数据进行管理，如他们已签署的各类表格。以志愿者手册和申请表为例，可以向其他博物馆索取参考资料（那些已建立志愿者项目的博物馆），或从网上获得。美国博物馆联盟的信息中心就为第三级别的会员博物馆提供下载范本的服务。

　　● 如果志愿者在工作中出现差错，博物馆如何遵循标准对其进行解聘？

　　和志愿者一对一谈话，让谈话积极、正面。尽可能地给他/她改正的机会，尽可能让其改变工作方式、正确地对待工作，因为你的目的是帮助志愿者取得成功。如果这些努力都失败了，那么岗位描述、志愿者政策和流程等都可以帮助你解聘一名志愿者。一旦准备得当，人们了解规则，你就可以运用这些规则行事——像其他所有部门一样。

四、 实施策略之提供职业发展机会

　　欧美博物馆中的一些大型馆和大学所属馆常常提供多种奖学金、研究补助金等职业发展机会，时间上则有长期和短期之分。诸如研究学者、研究学员项目，主要针对一些学有所成的研究者，还有鼓励学生到馆实习项目[①]。其中不少都由专门的基金会赞助设立，比如盖蒂艺术基金会（Getty Art Foundation）。

　　一般来说，这些职业发展项目都由研究型博物馆主办或承担。所谓研究型博物馆，是指那些长期拥有众多专职或兼职研究人员、研究课题/任务和研究目的的、较大型的馆。它们历史较长，有自己的学术传统，资金也较雄厚，附设了一个或多个基金会，并集中了一批专家学者，或作为大学的一部分，或与大学、研究机构有着密切合作，是某一领域或若干领域的学术和信息中心。此外，也有类似美国史密森博物学院、澳大利亚"维多利亚博物馆群"、古根海姆艺术博物馆联盟之类的不是单一博物馆而是博物馆联合体

---

　　① 杨玲、潘守永：《当代西方博物馆发展态势研究》，学苑出版社 2005 年版，第 166 页。

的情况①。以史密森为例,其目标定位之一就是卓著的职业培训地,并且在某些科学领域,它已经是全美研究人员职业培训的引领者。研究型博物馆为研究者特别是青年学生提供了多种研究项目(包括合作研究和独立研究等不同名目)和学者项目,研究课题通常与该馆藏品有关,或是利用馆藏、环境、实验室/研究室条件进行研究等。

(一) 奖学金

史密森博物学院每年为来自世界各地的 2 000 多名学者提供奖学金等学术机会,这些学者包括攻读博士学位的人员、研究生、博士后、访问研究员、助理研究员等。史密森独特的藏品以及卓越的领域内研究者,都是这样学者慕名前来的缘由。同时,他们的到来也为史密森注入了知识、技能和学术经验。

这些奖学金的类型主要包括由史密森中央授予、由旗下单位授予,或由外部机构给予经济支持而奖学金获得者驻扎在史密森开展研究等几类。促进个体的职业发展,是史密森教育版图的重要元素和内容,而这些奖学金获得者亦是史密森发掘新成员的源头之一②。

(二) 实习

在获得博物馆行业的带薪岗位之前,很多人会选择从事志愿者工作或实习。时下,许多欧美博物馆都与当地教育主管机构合作,接受学生到馆实习。例如史密森博物学院、旧金山探索馆、美国自然历史博物馆、法国国家自然历史博物馆(又名巴黎国立自然博物馆,Muséum national d'histoire naturelle)、日本国立民族学博物馆以及一些大学附设馆如哈佛大学的博物馆群、加州柏克莱大学的劳伦斯科学馆等③。

博物馆提供学生实习机会,一方面可以借此充实机构人力,强化其展示、教育或服务的机能;另一方面也有助于培养博物馆专业人才。通常情况

① 杨玲、潘守永:《当代西方博物馆发展态势研究》,学苑出版社 2005 年版,第 166 页。
② Office of Policy and Analysis, *Lessons for Tomorrow: A Study of Education at the Smithsonian*, USA: Smithsonian Institution, Vol. 1 Summary Report, 2009, p. 27.
③ 黄淑芳:《现代博物馆教育:理念与务实》,台湾"省立"博物馆 1997 年版,第 79 页。

下，学生的实习内容主要有参与教育活动材料的准备、协助活动的执行、活动的调查研究与评估、撰写文宣品、编辑资料、建档、制作展品、解说导览、协助志愿者训练与管理、参与展示的开发及设计、照护生物、标本制作与藏品维护、商店的经营管理、观众服务等。另外，实习生必须经过馆内的甄选，其录用的条件与资格，除了有优异的学业成绩外，其他方面的专业能力及兴趣亦是选拔的依据①。

作为世界上最大的艺术研究机构之一，大都会艺术博物馆认为自己负有培训未来学者和博物馆专家的部分职责。为此，它根据在校大学生和研究生的不同程度，为他们提供九周至一学年的实习、见习和研究员职位，并附有一定的奖励或报酬。实习、见习职位有全日制和兼职两种，艺术史和文物保护专业方向的留居研究员职位则向符合资格的研究生与资深博物馆馆长开放。事实上，这些项目对相关专业的学生及研究者、博物馆、社会三方面都极有意义②。

而史密森博物学院也通过实习这一平台给予学生一系列职业发展机会，对象涉及本科生、研究生及高中生。他们虽然兴趣不同，职业发展目标、强项、技能等也不同，但都致力于发挥所长协助史密森的策展人、研究者及其他专业人员，并向他们学习。过去几年，史密森每年准予 900 多人的实习申请，而申请者通常是该数字的三倍。实习期有长有短，短的仅四周，长的达一年。大部分岗位都无薪，三分之一有薪，后者基本都设在科学类博物馆或研究中心③。其中，史密森教育和博物馆研究中心每年开放 10 个无薪实习岗位，同时它利用 Facebook 等渠道来加强实习生之间的联系，另外还在夏季组织有一系列社交活动，如专业人员社交招待会、冰激凌社交会、实地参观、由史密森员工开展的非正式演讲等，以促进实习生之间的交流和沟通④。

2011 年下半年，苏格兰博物馆、美术馆组织（Museums Galleries Scotland）公布了最新的实习生项目，它旨在通过在职培训促进博物馆界的技术交流与持续发展。项目于 2011 年 10 月 12 日在苏格兰首府爱丁堡启动后，20 个职位共吸引了 3 200 多名申请者。苏格兰的博物馆、美术馆及地

---

① 黄淑芳：《现代博物馆教育：理念与务实》，台湾省立博物馆 1997 年版，第 79 页。
② 郑勤砚：《迈向真正的公共性——美国博物馆公共教育的启示》，《中国文化报》2009 年 2 月 5 日。
③ Office of Policy and Analysis, *Lessons for Tomorrow: A Study of Education at the Smithsonian*, USA: Smithsonian Institution, Vol. 1 Summary Report, 2009, p. 27.
④ Ibid., p. 29.

方管理机构提供了从数字资源开发到外联及教育的各种职位。获选的 20 位实习生在为期一年的实习期内将获得 15 000 英镑的津贴。该组织主要负责人乔安·奥尔(Joanne Orr)说:"我们设计这个项目是为了满足博物馆界的需求,并为毕业生们提供机会,让他们在工作环境中向专业人士学习实用的技术"。英国博物馆协会政策部门主任莫里斯·戴维斯认为,"苏格兰博物馆、美术馆组织的项目是一种非常好的方法,可惜大部分馆无法支付实习生薪酬"。戴维斯还要求其他博物馆确保招聘公正,即使在无法支付薪酬的条件下,也应最大限度地保障实习生的利益。他强调要"确保实习生和志愿者的招聘公开公平并使实习生得到合适的培训及资助"①。值得一提的是,时下,预算紧缺致使众多英国文化机构在招聘培训新生力量时青睐无薪工作人员。英国博协的"创意招聘计划"(Creative Employment Programme,CEP)便在这种情况下出台。CEP 计划力争在 2013 年 3 月至 2015 年 3 月期间,为失业年轻人创造 6 500 个带薪实习培训岗位,该计划获得了 1 500 万英镑的彩票基金资助。英格兰艺术委员会管辖下的博物馆、美术馆、图书馆及其他文化机构均有资格申请资金②。

案例 1

英国博物馆协会颁布《博物馆实习项目指南》③

2012 年上半年,英国博物馆协会公布了新制定的《博物馆实习项目指南》,以帮助机构发展有意义的实习项目,并招募有潜力的实习生到合适的岗位。该协会对实习项目持积极态度,肯定其给博物馆领域及想要获得相关经验的人们带来的价值。英国博协认为实习应当免费,但同时强调实习项目并不具有剥削性质。每个项目应为博物馆引进短期的人力资源,从而帮助机构完成有意义的工作;同时,实习项目也应给实习生提供令他们满意的学习经历。

为此,英国博协特制定《博物馆实习项目指南》,明确划分博物馆和实习

---

① 湖南省博物馆编译:《3 200 多名毕业生争抢苏格兰博物馆带薪实习职位》,湖南省博物馆网站,2011 年 10 月 20 日。

② 湖南省博物馆编译:《英国博协招聘计划推动青年人参与文化事业》,湖南省博物馆网站,2014 年 9 月 4 日。

③ 湖南省博物馆编译:《英国博物馆协会颁布〈博物馆实习项目指南〉》,湖南省博物馆网站,2012 年 4 月 27 日。

生各方的职责,以确保项目有条理地开展。《指南》参考了伦敦文艺复兴组织、伦敦市长议会、英国艺术委员会、创意文化技能协会及英国国家志愿组织协会的最佳做法,规范了实习项目涉及的 6 个方面,包括实习期的长度、实习项目的规划和构建、合理工作开销的支付等。该协会认为所有实习项目都应遵循以下要求,并建议各馆以此为参照:

支付工作中产生的合理开支,并给实习生提供合理的员工福利(如免费参观展览、参与活动等);规划实习项目时,应该具备明晰的纲要、具体的工作内容和一名负责的部门经理或总监;提供一份清晰的大纲,指明提供给实习生的利益及需要实习生达到的目标;提供一份双方达成协议的培训和发展计划,并阐明将要提供给实习生的学习机会;明确告知潜在实习生实习结束后是否有获聘用的机会;如果是带薪实习,实习时间最低为 8 周,最长为12 个月,如果不是,则最长为 3 个月。

英国博协博物馆发展部干事夏洛特·赫尔墨斯认为:"越来越多的人努力在博物馆寻求岗位。《指南》除了能帮助实习生找到有利于自己学习和发展的合适项目外,还将帮助他们向第一份工作迈进。我们希望《指南》同样能为博物馆雇主方开发有意义的实习项目提供有用的指导。"

(三) 教师职业发展

学童是博物馆教育的主要对象之一,而学校教师则是每天直接面对他们、引导他们的关键人物,教师教育可谓是青少年教育的"倍增器"。目前,许多博物馆都针对不同学龄、学科的教师提供有多种类型的职业发展机会,如职前或在职研习活动、训练课程、专题研讨会、驻馆实习等①。不少机构安排有一天至数天具有连续发展性的训练课程,以扩展教师的专业知识、提升教学技巧,或培养其编写教案教材的创作能力。如波士顿科学博物馆的"科学宝盒设计入门研习营",就让教师分享博物馆设计教材的经验,学习如何寻求适合的材料,如何节省时间与金钱,如何引导学生思考、操作实验及培养兴趣,如何进行教学成果评估等。波士顿儿童博物馆的"多元文化教师研习营",则指导教师认识不同民族的风俗,并探讨如何处理不同民族儿童的学习困扰与纠纷、如何收集相关资讯、如何引导学生欣赏不同文化及学习互

---

① 钱雪元:《美国的科技博物馆和科学教育》,《科普研究》2007 年第 4 期。

相尊重与包容等①。

　　另外,有些博物馆还定期或不定期地邀请当地教育行政当局、各级学校校长、教师或教育行政人员举行座谈会,就馆校之间、课程主题与内容的配合、辅助教学的服务方式及设施(如教师指引、活动手册、停车及用餐场地、课程调配、经费补助)等,进行面对面的充分沟通,或经验及资讯的交流与分享②。

案例1

美国科技博物馆的教师职业发展项目③

表3　全美被非正规学习机构所服务的教师数,
按项目类别分布(每年教师估计数)

机　构	专题活动	专题研讨会	短训班	后续短训班	职前培训	实　习
水族馆	20 331	2 682	561	204	1 575	122
植物园	6 877	1 992	1 234	80	31	101
儿童博物馆	5 222	592	360	100	286	24
自然历史博物馆	11 321	5 853	2 170	178	1 583	222
自然中心	30 741	7 423	5 628	2 323	1 751	238
天文馆	4 650	1 370	609	87	296	9
科学中心	30 923	17 360	6 194	5 049	4 174	227
其他	4 632	1 065	1 862	860	328	61
合计	114 430	38 340	18 620	8 888	10 020	1 004

来源:钱雪元:《美国的科技博物馆和科学教育》,《科普研究》2007年第4期。

　　培养学生对科学的兴趣,关键是教师,尤其是小学教师。在美国,小学教师中具有科学背景的人数远远低于中学,结果使他们在教学过程中缺乏自信,无法组织有效的课堂讨论。因此,美国90%以上的非正规科学教育机构都将其努力集中在小学教师。目前,这些机构每年服务的小学教师占全国的近10%。而且,全美每年参加重点是科学教育职业发展活动的小学

---

① 黄淑芳:《现代博物馆教育:理念与务实》,台湾省立博物馆1997年版,第79—81页。
② 同上书,第81页。
③ 钱雪元:《美国的科技博物馆和科学教育》,《科普研究》2007年第4期。

教师,约 20%(的职业发展活动)是在非正规科学教育机构内开展的。具体说来,这些机构向教师提供了多种类型和程度的职业发展项目,还包括课程和教材。这些项目有讲习班及其后续班、专题研讨会、实习(包括驻馆实习)和上岗培训活动等。

美国科学促进会认为,美国 20 世纪 50—70 年代声势浩大的科学教育改革归于失败的主要原因之一是缺乏对教师的相关培训。1995 年,美国科学教育标准公布后,各州也都有了相应标准。所以,现在美国教师的职业发展项目又增加了新动力和内容。例如,2002 年在美国科学基金会的支持下,非正规教学中心在旧金山探索馆得以成立,它专门对非正规科学教育机构与正规的 K-12 科学教育的结合进行研究。这是美国科学基金会为按科学教育标准实施科学教育改革而资助建设的五个中心之一,基金会提供的资助为期五年,共 1 080 万美元。该中心将研究和实践结合起来,每年向全美 1 万名中小学教师提供职业发展项目,另有 30 多个州的 4.5 万名教师参加了探索馆为之骄傲的研习计划。

案例 2

史密森博物学院的教师职业发展项目

史密森的教师职业发展项目形式多样。有些致力于向教师通报教育活动及素材,并讲授如何在教室课堂内以及博物馆实地考察中有效使用它们。有些则致力于提升教师的教学技能,加深他们某一领域的知识,并将史密森的项目与素材等作为一项传播工具。

史密森针对教师的职业发展项目主要分为现场的以及基于网络的两类。前者在学院和旗下机构举行,或在外部场所举行。如"教师之夜"活动有时就在华盛顿以外的城市举行,"教授美国历史"工作坊则在不同的合作学区举行。而后者"基于网络的"项目如史密森天文观察站提供的在线 Annenberg 教师课程。根据"教育周刊"(Education Week)这份产业报纸所言,在线职业培训是充满成长性的领域[1],可让更多人受益,故前景看好。

另外,史密森的非学分项目比授予学分的更为普遍,因为后者需要与可

---

[1] Office of Policy and Analysis, *Lessons for Tomorrow: A Study of Education at the Smithsonian*, USA: Smithsonian Institution, Vol. 1 Summary Report, 2009, p. 30.

授予学分的机构合作。例如国立科学资源中心和国立动物园都通过与维吉尼亚联邦大学合作,提供授予学分的教师职业培训,并收取费用①。

纽约现代艺术博物馆开设"大众网络公开课程"(Massively Open Online Courses, MOOCs)②

2013 年年底,纽约现代艺术博物馆(简称 MoMA)在网站上开设了针对教师的"大众网络公开课程",教师可登录该网站获取世界顶尖级专家和艺术家讲授的课程。

"大众网络公开课程"是一种致力于无限制参与的、开放式在线学习课程。它被视为既是未来教育的拯救者,也是其摧毁者。每年,数以百计的课程被开发出来,而每项课程都有数以千计的学习者参与其中。尽管课程有优有劣,水平参差不齐,但它的令人振奋之处在于,你可以参与由来自世界各地的数千名学习者组成的课堂,所有人都围绕同一个主题进行交流互动,这样,人与人之间能够形成一种全球性的、智力上的联系。

在开发"大众网络公开课程"之前,纽约现代艺术博物馆就已提供了一个强大的在线课程,但它绝非"大众网络公开课程"。原因在于:其一,这种"教师主导"课程的参与者数量被限制在 45 名以下(对工作坊性质的课程而言,最多只能容纳 35 名学生),所以它们绝不能被称为"大众"课程;其二,学习者要为这些网络课程服务支付一定的费用,所以它们也不是"公开"课程,因为"大众网络公开课程"是免费的。

2013 年,世界上规模最大的"大众网络公开课程"提供商之一的 Coursera③ 公司邀请纽约现代艺术博物馆涉足一个新领域:为中小学教师开发"大众网络公开课程",提供职业发展机会。博物馆的学校与教师项目主管丽莎·马佐拉(Lisa Mazzola)马上提出了申请,该重要项目随之启动。

---

① Office of Policy and Analysis, *Lessons for Tomorrow: A Study of Education at the Smithsonian*, USA: Smithsonian Institution, Vol. 1 Summary Report, 2009, p. 30.

② 湖南省博物馆编译:《纽约现代艺术博物馆开设"大众网络公开课程"》,湖南省博物馆网站,2013 年 11 月 1 日。

③ Coursera,意为"课程的时代",是斯坦福大学的两位教授达芙妮·科勒与安德鲁·吴共同创办的在线教育公司,旨在在线提供免费的网络公开课程。

　　纽约现代艺术博物馆认为,教师对于纽约现代艺术博物馆而言是非常重要的观众,他们并不只限于艺术教师。各个学科的教师均可利用博物馆全新的学习网站,这里充满了有深度且应用性强的信息,包括幻灯片、视频和图片。但是,教师也需在如何使用博物馆资源以及有效的教学方法方面得到指导。为此,博物馆提供了一些教师实践工作坊,但由于时间与空间的限制,这种方式并不能满足所有寻求帮助的教师的需求。因此,博物馆试图通过开发"大众网络公开课程"构建新平台,提升教师在探索学习方面的技能。馆方坚信,教师将会钟爱这种课程设置,与来自世界各地的同行进行实践交流。纽约现代艺术博物馆的第一个"大众网络公开课程"主题为"艺术与探索",从 2013 年 7 月 29 日推出至年底,目前已有 8 000 多人注册。

(四) 学分、学位

　　美国自然历史博物馆近年来在教育方面的大手笔是成立了自己的研究生院,并已获准为学生颁发比较生物学的博士学位,这在美国博物馆历史上尚属首次。该研究生院于 2006 年 10 月成立,2007 年开始招生,并于 2008 年秋季正式开课[1]。博物馆目前已培养了科学领域多个专业的研究生,也是美国唯一拥有博士学位授予权的馆。

　　但更多时候,是博物馆与高校开展合作,合授学分,合颁学位。例如,史密森库珀-休伊特国立设计博物馆就与帕森斯设计学院合作共建了"装饰艺术和设计历史"的硕士项目,并且至今已走过近 30 个年头[2]。而美国自然历史博物馆也与部分学院及大学合作,如银行街教育学院、巴纳德学院、纽约科学院等,提供以博物馆为基础的研究生教育课程,由博物馆科学家和教育工作者组成的团队授课或者由大学和博物馆人员共同授课[3]。另外,大英博物馆与国家肖像美术馆(National Portrait Gallery)及西敏寺大学合办了"视觉文化"硕士课程班;大英博物馆还与维多利亚艾尔伯特博物馆、教育学院

---

　　① 陈文:《走进美国自然历史博物馆》,《北京周报》2007 年 4 月 17 日。
　　② *Smithsonian Highlights Fiscal Year 2008*,USA:Smithsonian Institution,p. 5.
　　③ 湖南省博物馆"中国博物馆与青少年儿童教育项目"赴美学习考察小组:《浅谈当代美国博物馆教育——湖南省博物馆教育人员赴美考察报告》,2010 年,第 14 页。

合办了"博物馆和美术馆教育"硕士课程班[1]。

美国自然历史博物馆将培养 50 位中学科学课教师[2]

2012 年年初,美国自然历史博物馆又启动了一个新硕士学位项目,50 位学生在接受为期 2 年的博物馆教学课程后,将在纽约市初中或高中担任科学课教师。据悉,学生在博物馆完成科学类研究生课程,但教育的重点会放在日后如何开展课堂教学上。该项目将在很大程度上缓解纽约中学极度缺乏科学及数学课教师的情况。

纽约州教育理事会为该项目提供了大力资助,录取的学生不仅可以免交学费,还能接受 3 万美元的补助和健康津贴。根据项目要求,申请的学生需要具备科学专业教育背景,对教师职业感兴趣,毕业后在纽约公立学校任职至少 4 年,并服从工作地点安排。

据博物馆董事长伊林·富特解释:"不管申请人之前是什么职业,我们希望找到真正热爱教学并愿意为教育事业奉献终身的人。"曼哈顿莫利博格特罗姆商学高中校长安德里亚·刘易斯(Andrea Lewis)很高兴听到这个消息,"我们希望找到能把外面的世界带进课堂、把孩子带出教室的老师。只有这样,孩子们才能真正学到如何分析事物,真正对科学感兴趣"。

该项目收到了大量入学申请。大部分申请者为即将毕业的大学生,但也不乏一些打算换工作的中年人。劳伦·唐纳利(Lauren Donnelly)目前是纽约城市公园的环境教育员,她在申请时赞许道:"这是一个非常棒的项目,我也想成为一名专业教师。要想学习知识的话,有什么地方比博物馆更合适呢?"

2012 年 6 月,美国自然历史博物馆还预计推出其教师培养计划中的首批文学硕士学位。通过该项目,拥有科学教育或工作背景的学生在完成 15 个月的博物馆学习后,将成为地球科学课教师。

美国自然历史博物馆目前已培养了科学领域多个专业的研究生,也是国内唯一拥有博士学位授予权的博物馆。它还是首个获国家授权、拥有教

① 黄磊:《赴英国博物馆学习考察报告》,《湖南省博物馆馆刊》2005 年第 2 期。
② 湖南省博物馆编译:《美国自然历史博物馆将培养 50 位中学科学课教师》,湖南省博物馆网站,2012 年 2 月 6 日。

师正式培训资质的博物馆。2013 年秋冬之际,首批参加该馆硕士学位试点项目的 20 位科学课教师顺利毕业并获得教育文学硕士学位①。该教师培训项目的目的是为了向纽约州的学校输送优秀的 7—12 年级地球科学课教师,因为据统计,这一阶段的学生是博物馆教育人员最难控制的群体。据项目要求,参加的教师必须与博物馆教育人员和科学家各共事一个暑期,还要完成一整年的学校教学实践任务。这一实验项目诞生于美国教师培养体系重大变革之际。在相关教育制度尚未确定、新评审标准亟待出台、民众批评日益突出之时,这种允许非传统学校拥有教师培训资格的创新理念无疑为美国教育体制开辟了广阔前景②。

案例 2

史密森会员组织③和乔治·梅森大学合作研究生项目④

2011 年 7 月,史密森会员组织与乔治·梅森大学人文社科学院开始合作一项新项目,授予装饰艺术史文学硕士学位。其主要课程包括文物诠释、装饰艺术史与历史文化学科交叉研究等,共设 48 个学分。

史密森会员组织自 1996 年开始授予装饰艺术史硕士学位,其独特的幕后研究优势为研究生提供了大量学术训练、专业体验,以及查阅公共和私人藏品、档案、图书的机会。

该项目保留了史密森原有的卓越教员和学术环境,并将其与乔治·梅森大学历史与艺术史系的资源相结合。后者作为美国发展最快的研究型大学和学术研究机构之一,它的加盟为装饰艺术史系的学生开辟了一条新途

---

① 美国自然历史博物馆的硕士学位项目是美国教师培训创新实践的受益者。美国联邦政府于 2009 年在全国范围内发起了一场"冲顶赛跑"(Race to the Top)的竞赛,号召各州为高达 40 多亿的教育改革资金展开竞争。纽约州在这场竞赛中脱颖而出,它打出的旗号是"培养'实战'经验丰富的教师",并要求本州申请参赛的项目须包含一年以上的教师在校实习环节。于是,美国自然历史博物馆的培训项目因符合各项要求而获取了纽约州教育部和教育理事会的大力资助。据悉,在此次"冲顶赛跑"竞赛中,虽然也有众多大学之外的教师培养项目入围,但大多数获胜机构都为传统的学院性质,而美国自然历史博物馆是首个获国家授权拥有教师正式培训资质的博物馆。

② 湖南省博物馆编译:《美国自然历史博物馆向首批毕业教师颁发教育文学硕士学位》,湖南省博物馆网站,2013 年 10 月 30 日。

③ 史密森会员组织是史密森博物学院下属的文化、教育及会员部门,是美国最大、最杰出的博物馆再教育团体。该会员组织通过各种展览、藏品、研究为公众提供终身教育和文化体验。它每年开展近千种个人项目,提供卓越的学习机会。

④ 湖南省博物馆编译:《史密森会员组织和乔治梅森大学合作开展研究生项目——联合招收装饰艺术史硕士》,湖南省博物馆网站,2011 年 11 月 15 日。

径，包括去英国格拉斯哥大学进行国外学习等。

此合作项目提供了学生与卓越的专家学者共同学习的机会（包括引领性的装饰艺术专家及策展人），并且利用史密森巨大的藏品优势，同时与华盛顿及附近地区博物馆、历史建筑、美术馆内的藏品亲密接触。当然，他们还可运用乔治·梅森大学的资源。总的说来，该学位项目提供了学生基于实物的研究机会和鉴赏能力培训，同时帮助他们历史性地研究物品的功能与美学发展，并进行理论思考。学位候选人可选择全职或兼职攻读，并选修美术、设计、历史及艺术历史等课程。

"装饰艺术史只是在近几年才得到应有的关注，学位项目强调研究和工作实践技能，在某种程度上可以增加潜在的就业机会，"乔治·梅森艺术史项目主管及副教授罗伯特·卡罗利介绍说，"通过与史密森会员组织独一无二的合作，梅森将因获得无比丰富的资源和专业知识而受益颇丰。"

该项目由梅森大学艺术史系的老师授课，他们都是资深学者和来自欧美的装饰艺术专家。大部分班级的授课地点设在华盛顿的史密森S·狄龙·利波雷中心，讨论会和选修课地点则设在梅森大学的费尔法克斯校区。

(五) 其他职业培训项目

最早响应博物馆人才培养的变革其实是从博物馆内部发起的，继而波及其他领域。回溯1882年欧洲大陆在巴黎成立的卢浮宫博物馆学校所做的两件事：传播知识和培养博物馆专家，这对于博物馆的发展尤其是人才培养是一次伟大的尝试。接着，建立于1887年的美国宾夕法尼亚大学（考古及人类学）博物馆（University of Pennsylvania Museum of Archaeology and Anthropology）等也不甘落后，开始创办各种形式的培训班，并且该馆成为世界上最早开设博物馆培训课程的机构[1]。渐渐地，单纯的博物馆内部培训活动已不能满足社会需要，博物馆人才教育与培养开始在大学校园内登堂入室[2]。

史密森博物学院目前开设有各领域的职业培训项目，一些针对专业人

---

① 单霁翔：《从"馆舍天地"走向"大千世界"——关于广义博物馆的思考》，天津大学出版社2011年版，第94页。

② 杨玲、潘守永：《当代西方博物馆发展态势研究》，学苑出版社2005年版，第167—168页。

员的收费课程有时还提供有奖学金(用拨款建立)。其中,国立动物园的保护研究中心就接待有许多来自发展中国家的科学家和技术人员,提供他们长达几星期的课程。同时,动物园的员工还前往发展中国家开展培训,课程对制定政策者也开放。而史密森国立科学资源中心则为不同学区的教育领袖举办有战略规划工作坊等。

过去,史密森尝试成为博物馆专业人员的职业发展地,尤其针对那些来自弱势人群或是来自小规模的当地和地区组织的专业人员。近几年来,博物馆研究领域的项目有所缩减,但仍有一些在持续。包括:史密森与乔治·华盛顿大学博物馆系的合作,国立美洲印第安人博物馆社区和组织服务部门、史密森拉丁中心的拉丁博物馆研究项目、史密森教育和博物馆研究中心的博物馆研究分支提供的课程等①。史密森的部分员工认为,有必要扩充其在博物馆研究领域的教育输出。

目前,已有越来越多的博物馆开始跨越实体职业发展培训的单一形式,于网络空间开辟更大的天地。例如,纽约现代艺术博物馆(简称 MoMA)为公众提供的数字教育就包括 7 项收费课程以及新近开发的免费"大众网络公开课程"。当谈到 21 世纪教育者面临的主要问题时,MoMA 数字学习部门主管黛博拉·豪威斯毫不迟疑地回答:"眼前最大的挑战是,借助业已习惯的教育方式会使博物馆流失一部分观众,他们期待并需要通过不同的方式学习。"②

五、 实施策略之发展与学校等 教育系统的联动

今天"酒香不怕巷子深"的时代已经过去,一座博物馆即使有再好的教育资源,也应该充分实行"走出去"战略。博物馆针对各教育系统,尤其是学校,理应与其保持定期联动,积极主动地提供素材与服务,并发挥自己的非正规教育特色,构建辅助学校正规教育的功能。

---

① Office of Policy and Analysis, *Lessons for Tomorrow: A Study of Education at the Smithsonian*, USA: Smithsonian Institution, Vol. 1 Summary Report, 2009, p. 31.
② 湖南省博物馆编译:《纽约现代艺术博物馆专家解读数字教育》,湖南省博物馆网站,2013年 12 月 30 日。

(一) 到校服务与驻校服务

活力充沛的博物馆是不会坐等观众上门的,他们可以带着服务主动到学校去! 比如,博物馆教育人员走进课堂,为学生开展与学校课程相关的介绍活动,或应教师要求,展示和讲解藏品模型或图片;或介绍可留借给学生使用的"博物馆百宝箱";或特殊装扮后以某历史人物的身份表演或讲演等。展示内容可以独立于博物馆正在展出的展览,也可以作为博物馆体验的一部分①。一些机构为了向很少到馆参观的高中生提供服务,将展览主动送到学校巡回展示,获得了热烈支持。一方面,这使得不便到馆的学校团体也能分享其教育资源;另一方面,通过服务的机会,让学校对博物馆有更深入的了解,进而加强今后使用的意愿。

驻校服务是另一种形式的到校服务,由博物馆指派专业人员,配合课程需要,进入班级,对师生提供服务。它与其他形式的到校服务的不同之处在于: 投入的程度较深、时间较长。博物馆人员进驻课堂后,会指导学生设计制作展览,并完成之前必要的准备,如协助学生进行研究、组织信息、决定学习方向、评估学习成效等,同时建立与学校分享学习成果的环境②。

每年,史密森博物学院的"发现剧场"都会将最受欢迎的产品,也即剧目带入学校,走进师生,该教育项目称为巡回表演(Touring Shows)。学校可以根据自己的时间安排,预定剧目,收费为 675—875 美元。教师还可提前在剧场网站上下载理想剧目的"学习指导"。例如,适合 6—11 岁孩童的"工业雄狮,发明之母"剧目,就带孩子们一起探索非裔美国人发明家和企业家的故事。"发现剧场"通过剧目直接与孩子们对话,并鼓舞这些小小梦想家。

总的说来,博物馆在提供到校服务与驻校服务时,在课堂展示项目方面应注意以下几点:针对特定人群进行设计,在确立主题等方面征求教师的意见;清晰说明项目与各领域学术标准及学校课程大纲的相关性;周密计划,在遵守学校安排的基础上,最大化利用课堂时间;准备藏品复制品、放大图片、服饰等材料;设计有助于学生自主探索、创造性思考及知识应用的教学活动;提前向教师提供展示内容大纲,课前准备及课后延伸学习建议,深

---

① 李慧君编译:《美国博物馆为学生群体做些什么》,中国文物信息网,2014 年 1 月 8 日。
② 钱雪元:《美国的科技博物馆和科学教育》,《科普研究》2007 年第 4 期。

入学习资源列表等；所设计的项目能根据学生人数灵活调整；评估①。

史密森之"专家学者在学校"项目(Scholars in the Schools)

　　史密森会员组织通过该项目为全美的学校输送最棒的史密森艺术、历史和科学专家。他们将亲自走访学校，融入课堂，与师生分享其对学术的热情，并帮助培育下一代的学者。从抽象艺术到环境研究，从太空科学到美国历史，"专家学者在学校"项目将大大丰富学校的课程计划，并点燃师生求知的渴望，超越他们惯常的课堂所学。

世界知名的科学家将巨大的鱿鱼携带至好奇的中学生面前
来源：史密森博物学院网站

田纳西州那什维尔 Glencliff 高中的学生在学习——"原来骨骼残骸可以提供所有者年龄、性别、健康状况和血统等信息"
来源：史密森博物学院网站

　　史密森的专家还将为师生量身定制学习内容和形式，针对学校提出的目标要求，推出契合的方案，强化师生传统的学习体验，引领他们跨越必修课的藩篱，同时针对学校课程做出有力补充。本项目的形式可以是学者的一次性来访，与大家讨论一个话题，或是几位学者一起在数日内涉猎不同的学科。项目长度机动灵活，可以是一天或是几天、一个学期甚至是整个学年。专家主要是引导学生学习，同时也可提供教师更具深度的工作坊形式的培训，并欢迎整个学校的师生或是整个地区的师生都一同参与。

　　这些专家来自不同的领域，他们能力卓著，能将不同的观众有效吸引，

---

　　① 李慧君编译：《美国博物馆为学生群体做些什么》，中国文物信息网，2014 年 1 月 8 日。

激发师生的思维火花。学校代表还可与史密森的项目协调人一起，提前商定学习内容的主题、范畴、深度等。

国立美国历史博物馆之"让我们一起做历史"巡回项目(Let's Do History Tour)[①]

目前，国立美国历史博物馆已圆满完成了2012年上半年的"让我们一起做历史"巡回项目。为激发学校在历史教学方面的活力，该馆在全国范围挑选了4个学区来进行这项活动。它旨在向幼儿园到高中阶段的社会学科教师推介博物馆藏品、实用性教学技巧、强大的在线工具、用于课堂教学的标准化教学素材等，以期为他们提供教学帮助。巡回项目在2012—2013学年继续推进，从而让全国更多社区了解博物馆"做历史"的方法。

巡回活动主要分为两部分。第一部分是长达3小时的互动课堂：博物馆工作人员担任课堂组织者，向教师介绍馆方的资源和方法；第二部分是为期一天的教师强化训练：史密森的教育专家为教师提供藏品学习和资源分析两方面的深度培训，并和他们一起研究如何将博物馆资源和方法融入课堂教学计划。

所有参与培训项目的教师都会收到一个装有免费课堂材料、网站资源链接和其他教学工具的U盘。课程结束后，工作人员还会邀请学员通过加入"思想边界"(Thinkfinity)在线学习社区来与博物馆小组及组织者保持联系，鼓励教师交流使用新技术或资源过程中遇到的问题、录制课堂视频并于在线学习社区分享。

2011年6月，美国教育部发布的《国家教育进展评估报告》显示，美国学生对美国历史的掌握程度低于所有其他学科。国立历史博物馆的临时馆长马克·帕彻认为："该项目将博物馆所能提供的最佳资源和21世纪教育最佳实践相结合，为全国成千上万的基础教育教师提供帮助。虽然我们不能延长教师讲授美国历史的总时间，但我们能够帮助他们充分利用课堂的每一分钟。"该馆董事会成员、历史学家大卫·麦库鲁认为，将实际历史问题展示给学生并教会他们自己去"做历史"，有利于其掌握如解决问题、批判性思维与交流等受用终身的能力。通过使用物品及其他资源，学生的历史思

---

① 湖南省博物馆编译：《史密森："让我们一起做历史"激活社会学科教学》，湖南省博物馆网站，2012年3月23日。

维能力将得到发展,如学会考虑事物之间的因果关系、欣赏多元化的观点、验证异议的真实性等,并理解现在的生活与过去的历史人物与事件之间有着怎样的联系。

通过 4 次合作,2012 年巡回项目将史密森最优质的资源和教学策略带到了学区①。参与这次巡回项目的 663 位教育工作者与博物馆携手,共同尝试跨学科"做历史"的教学方法,并将教育重心转移到日常物品及以人为中心的故事和对话上。

巡回活动于 2012 年 10 月在田纳西州克拉克斯维尔市的克拉克斯维尔·蒙哥马利公共学区继续进行。2013 年,博物馆还将带着"做历史"的方法深入另外 6 个学区。同时,博物馆也在招募更多的学区参加 2012—2013 学年的活动。

案例 3

美国自然历史博物馆之"移动博物馆"项目②

让人羡慕的是,纽约市的中小学生不仅能够亲赴博物馆参观学习,还可以在自己的学校参观"移动"的美国自然历史博物馆。该移动博物馆项目始于 1993 年,由纽约市政府、纽约市文化事务部以及纽约市议会建立,国家电网赞助支持,至 2010 年已为纽约五大区超过 700 所学校提供了博物馆体验。

目前,美国自然历史博物馆共设 4 个移动博物馆,每个馆由一个集装箱车改造而成,布置有动手体验的学习设备与展品,主题和内容则针对不同年级的学生设计,分别为"恐龙古生物学""建筑与文化""宇宙探索"和"恐龙:老化石、新发现"。

由于这个免费项目很受欢迎,所有学校必须提前 2—4 周预定,而且每所学校每年仅限参观一次。在移动博物馆进入校园前,老师可以参加活动前的讨论会,前往参观并得到一份《参观前后活动的课程资源向导》。每次,移动博物馆在学校里将停留一天,仅接待 4 个班级。教育部人员首先会在

---

① 这些学区分别是:1 月 24—26 日,阿拉巴马州奥本市的奥本学区和欧佩莱卡学区;2 月 7—9 日,德克萨斯州奥斯汀市的德克萨斯州计算机教育学会;2 月 20—22 日,西弗吉尼亚州查尔斯顿市的西弗吉尼亚教育部;2 月 29—3 月 2 日,南达科塔州拉皮德城的教育技术与创新中心。

② 湖南省博物馆"中国博物馆与青少年儿童教育项目"赴美学习考察小组:《浅谈当代美国博物馆教育——湖南省博物馆教育人员赴美考察报告》,2010 年,第 13 页。

教室里给学生上课,介绍移动博物馆的情况,并根据内容将一些可触摸的物品展示同时让学生触摸,进行知识导入和活动铺垫。然后,每个班分成两组轮流参观。参观时,让学生触摸物品,观看展品和图像资料,同时给每位学生发放工作纸,让他们自我探索、学习并完成工作纸内容。参观完,每一位学生都能得到一张美国自然历史博物馆的家庭参观券。

移动博物馆不仅为纽约市学校教育计划所用,在图书馆、社区也都能找到其身影。它让更多人获得不一样的学习体验,也让更多的人了解并爱上博物馆。

(二) 外借教具

博物馆总期望为尽可能多的学校提供服务,但长期存在的问题是,学校并不都能随时随地参观博物馆。即便是在经济繁荣时期,若乘车超过一小时,学校也不太可能经常安排学生赴博物馆参观。为了解决这一问题,博物馆的教育人员提出了"盒子里的博物馆"概念。这一理念已践行多年[①]。

"盒子里的博物馆"等其实是一种外借教具的租借服务,它是馆外延伸活动的一种,具体指利用原始材料工具包或小型教学箱,完成教育性的展示,仿佛"移动博物馆"或"博物馆车"的缩小版本。许多博物馆的租借服务还包括向学校及其他使用者提供运输及藏品服务[②]。

文物资料等的借贷和出租,服务对象主要是大、中、小学校,科研机构或相关博物馆。它们是利用博物馆最多的群体,往往希望向馆方借一些教具,包括复制品、幻灯片、录像资料、藏品,用于教学、科研、教育方面。意大利《文化遗产法》规定,博物馆有义务为学校提供有偿借用的图片、幻灯片、标本和模型等教学参考材料[③]。而美国大多数博物馆都提供有教具的外借服务,如波士顿儿童博物馆、波士顿科学博物馆、旧金山探索馆、加州科学院、劳伦斯科学馆、国立自然历史博物馆及美国自然历史博物馆等,涉及科学、人文、美术、语言、艺术等范畴。

但此类教具工具箱也存在缺陷,比如使用博物馆工具箱的学校很有可

---

① 李慧君编译:《美国博物馆为学生群体做些什么》,中国文物信息网,2014 年 1 月 8 日。
② [英]帕特里克·博伊兰主编,国际博物馆协会中国国家委员会、中国博物馆学会翻译:《经营博物馆》,译林出版社 2010 年版,第 191 页。
③ 国家文物局博物馆司调研组:《关于将博物馆纳入国民教育体系的调研报告》,2010 年。

能从来不会实地参观;再比如租借工具箱的学校往往距离遥远,博物馆工作人员运输工具箱、进行介绍和展示、后期维修等都需要耗费大量的时间。不过,美国沃尔特斯艺术博物馆坚持为 50 英里以外的学校租借工具箱。虽然该项目费时费力,但机构认为这类资源非常有价值,特别是对那些鲜有机会参观博物馆的学生而言①。

一般而言,这些教具均装在特殊设计的箱盒中,有防碰撞、方便搬运、易拿取及重复使用等功能。箱盒中还置有使用指导手册、教材清单、书刊、图片、幻灯片、录音带、影片、活动评估单及其他资料,方便租借者在一定的时间及空间自己动手做或带领其他人一同探索自然、科学和人文历史。这些教具的开发设计,大多是馆方教育工作者与大专院校的专家学者合作完成,有些则由政府主动出资委托博物馆规划设计。美国弗吉尼亚艺术博物馆(Virginia Museum of Art)教育中心制作的印第安文化学习箱里置有海报、DVD、书、介绍食谱的磁带、挂毯、传统小琴、面具等,专门租借给学校使用②。

博物馆提供教具等资源出租,作为各年级各课程的补充,一方面吸引了学校多加利用博物馆,同时经由出租还可增加馆方收入。更重要的是,这是机构延展教育覆盖面和影响力、提高社会效益的积极举措。例如:芝加哥费尔德博物馆的"教育资源出借项目"已有上百年历史。教育部人员根据馆内藏品、陈列和教育资源设计了 900 多个展览箱、150 多个体验箱。每个展览箱都通过实物和文字介绍各种生物,并拥有一个与之配套的教学计划。体验箱内装有复制品、少量原件、音像制品、使用指南和介绍、相关儿童读物以及教师用书。老师可以上网登记注册,免费借用。并且,每次可借用 2 个展览箱、2 个体验箱、2 本书、2 本音像制品,保留 3 个星期,如需延迟还可联系馆方。由于展览箱和体验箱非常直观、生动,又方便移动、摆放,所附资料很翔实,所以老师常借去用于课堂教学和在学校走廊展示。截至 2010 年,已有 3 000 多名老师注册,每年有 20 多万学生使用③。另外,英国不少博物馆还为高等院校提供藏品出借服务,很多机构都有专门的文物库房用于存放出借的藏品,学校教学负责人可以在该库房内亲手挑选所需文物。在与博物馆签订协议后,即可在规定期限内将藏品借出,用作授课的辅助教具。

---

①　李慧君编译:《美国博物馆为学生群体做些什么》,中国文物信息网,2014 年 1 月 8 日。

②　林健:《从美国博物馆观众教育谈起》,中国文物信息网,2008 年 3 月 17 日。

③　湖南省博物馆"中国博物馆与青少年儿童教育项目"赴美学习考察小组:《浅谈当代美国博物馆教育——湖南省博物馆教育人员赴美考察报告》,2010 年,第 4—5 页。

此外,文物外借盒(Loan Boxes)也是英国博物馆采用的一种公众考古实践方式,早在第二次世界大战前即有很好的发展。文物外借盒内装着各个时期的考古文物,盒的四周有泡沫垫,对文物起到保护作用。通过这种文物外借盒,学校等可以拥有一个辅助教学的迷你博物馆,而博物馆也可以更加充分地利用"那些相对缺乏考古相关背景材料而重要性略低的考古物品"了[①]。

值得一提的是,博物馆在可租借工具箱的设计方面需要注意以下几点:简明表述目的;清晰说明项目与各领域学术标准及学校课程大纲的相关性;清晰说明博物馆提供的工具箱内每个物件对丰富知识/提高技能的价值;附带工具箱使用说明书及使用时间、适用人数、重点关注等方面建议;工具箱内的复制品、图片等材料应结实耐用,适宜动手操作;设计可激发学生创造和应用能力的学习活动;为教师提供延伸学习资源表;制作供外借和归还时使用的工具箱内容清单;工具箱(容器)应结实耐用,易于运输,且不会对内部物件产生污染[②]。

(三) 开发远程教育

远程教育是为了让地理上分隔两地的对象能够相互可听可视,其核心是技术。正因为技术设备耗资较高,这类项目在开发伊始很少有博物馆有资力承受。但一经尝试,博物馆就发现它惊人的优势——无需长途跋涉,教育人员便可将演示内容传达给各地成千上万的师生和其他观众。

目前,远程学习项目在受益人数、成本和使用便捷性方面都优势显著。最初,博物馆可能只能用一个终端设备来进行某展览的展厅内导赏,但如今,随着无线技术的成熟及设备便携性的提高,博物馆只需网络摄像头、麦克风、网络会议软件,便可对电脑教室的学生开展形式丰富的远程展示。纽约州立历史协会远程学习项目开发人乔恩·布兴格尔赞誉说:"这些技术为小型、地理偏远及冬天必须关闭的博物馆提高受众数量开辟了全新方式。另外,这些网络平台还具备无限的互动功能,使用者可在线分享文本和视频资料,提问交流,或在项目策划人的引导下进入某个特定网站。通过这种非

---

①　李琴、陈淳:《公众考古学初探》,《汉江考古》2010 年第 1 期。
②　李慧君编译:《美国博物馆为学生群体做些什么》,中国文物信息网,2014 年 1 月 8 日。

传统的教育方式,我们能够填补学校教育的空白,对学生的学习产生真正的影响。"①

目前,已有越来越多的机构开始通过卫星广播以及视频会议远程学习、课程、对话、游览等,开展面向学校师生等的延伸教育。科技不仅帮助吸引在场观众,还有效强化了他们参观后的学习体验。

比如,史密森博物学院就与弗吉尼亚州费尔法克斯郡公立学校和波尔州立大学进行合作,开展了大规模的、校内"电子化实地考察"广播。虽然广播的互动有限,但覆盖范围非常广泛,可以传输至数百万的听众,还可进行实况转播。另外,史密森频道(The Smithsonian Channel)作为史密森与娱乐时间电视网(Showtime Networks Inc.)合作的产物,也拥有潜力,通过电缆和卫星广播系统来触及更多公众②。

又如,史密森旗下的一些机构,尤其是美国美术馆,已开启了博物馆与教室间的远程教育项目。也即,通过网络视频会议技术,将内容传输至教室。该技术的特色在于可以拥有大量互动,但覆盖范围相对狭窄,比如仅仅是某个教室的学生。因此,在某些情况下,可以发展同一主题的广播、视频会议以及教室内授课内容,这样将省下大笔费用③。美国美术馆目前正发挥因特网的力量,帮助那些选修了国防部国际学校系统课程的学生欣赏美国艺术。该馆策展人、艺术史学家以及教育工作者通过视频会议,开展实时讲座并回答学生的问题,同时还为全世界的教师提供教案以及高质量图像④。

总的说来,博物馆在远程学习项目的开发方面应注意以下几点:在设计中纳入目标观众的意见;清晰说明项目与各领域学术标准及学校课程大纲的相关性;对用户设备需求和项目有效性进行宣传推广;内容趣味性强,可使用馆藏中较为奇特的藏品;打破常规开展互动;甄选有活力的项目领导者;与教师交流,了解他们的期待;向教师提供相关材料,包括在线课程课前和课后安排的建议;评估⑤。

---

①⑤ 李慧君编译:《美国博物馆为学生群体做些什么》,中国文物信息网,2014 年 1 月 8 日。

② Office of Policy and Analysis, *Lessons for Tomorrow: A Study of Education at the Smithsonian*, USA: Smithsonian Institution, Vol. 1 Summary Report, 2009, p. 77.

③ Ibid. .

④ *Inspiring Generations Through Knowledge and Discovery*, *Strategic Plan 2010 – 2015*, USA: Smithsonian Institution, p. 5.

(四) 发展中长期合作项目

美国博物馆每年为教育活动投入超过 20 亿美元的经费,大部分都用于国家、地方或核心课程大纲教学,并针对多学科量身设计博物馆项目。比如,芝加哥菲尔德博物馆与芝加哥公共学校在 2008 年完成的一项调查表明,芝加哥学生的科学理解水平处于全美城市学区的最低水平,而现在还没有致力于提升当地中学科学成绩的系统性改革方案出台。为此,菲尔德博物馆、芝加哥儿童博物馆、林肯公园动物园、佩吉诺特巴尔特自然博物馆、西北大学和芝加哥公共学院达成合作,推出了一项跨年度(2009—2012 年)科学教育改革。该项目针对 7 所急需帮助的中学,目标定位于 K - 3 年级的学生。合作方认为,非正式学习机构和大学对大型城市学区的改革发挥着巨大作用。博物馆与大学可以将其资源用于支持地区的科学大纲设计,并提供包括职业发展、实地参观、课堂指导、学校合作以及学校领导力发展等方面的一系列支持。教师、学校、大学和博物馆为提升教学质量而共同努力,这种合作关系反映了教学方式的变革[1]。

又如,波士顿艺术博物馆附设学院与各学校和学区合作开发了多个项目。学院介绍说:"通过合作项目,可以在学校内培育博物馆的长期观众。学院为教职员提供培训,让他们将艺术融入不同的学科,同时博物馆也为学生提供欣赏艺术的渠道,以此来培育未来观众。学院的学校项目形式多样,这取决于具体合作的学校或学区及其需求与重点。学院和管理者及教师一起努力,设计出满足共同教育目标的合作方案。"在这一过程中,学院逐渐发现,将博物馆纳入教育体系有助于青年人更为近距离地了解现实世界,并在这一过程中提升体验、获得新技能[2]。

2008 年,史密森旗下的国立科学资源中心在全美范围开展了两项重要的延伸教育活动。首先,它致力于帮助印第安纳州改革其幼稚园至大学的科学教育项目。通过与印第安纳州州长办公室、印第安纳州教育部门以及其他伙伴的合作,该中心促成了 125 位商业、政府以及教育界领袖齐聚"2008 年印第安纳州建构科学教育意识座谈会"[3]。这也是双方提议的 10

---

[1][2] 湖南省博物馆编译:《为博物馆的教育使命而喝彩》,湖南省博物馆网站,2014 年 3 月 20 日。

[3] 该会议于 2008 年 4 月 25 日举行。

年合作计划的第一步。另外,国立科学资源中心还与北卡罗来纳州订有 10 年之约,协助其有效构建基础教育阶段的科学项目。通过与北卡罗来纳州的科学、数学、技术教育中心以及巴勒斯·韦尔卡姆基金会(The Burroughs Wellcome Fund)合作,该中心举办了第二届"北卡罗来纳州科学教育战略规划学会"年会。此学会由 15 个学区的领导团队组成,代表了 130 000 多名学生,其中将近一半都生活在贫困中[①]。

　　值得一提的是,自 2008 年金融危机之后,许多博物馆以及其他非营利性文化机构在财政上遭遇重重困难,转而向大学寻求援助,请求大学与其建立合作伙伴关系或者收购博物馆,以此来为博物馆提供财政保障。支持者们认为,博物馆与大学合作有许多优势。合作伙伴关系为筹资营造新渠道,产生规模经济。博物馆能够获得一个财政稳定的伙伴来支持自身发展,而大学可以获得更好的人文和教育资源,提升其课程质量。近几年来,博物馆与大学进行合并的例子有:2010 年,曼吉斯博物馆(Manges Museum)与加州大学伯克莱分校合并;2011 年,华盛顿的丝织博物馆(Textile Museum)与乔治·华盛顿大学建立了合作伙伴关系;2012 年,佛罗里达犹太博物馆(Jewish Museum of Florida)与佛罗里达州国际大学合并,成为该大学的一个附属机构;2013 年,华盛顿的科科伦艺术馆(Corcoran Gallery)正在酝酿与马里兰大学帕克分校建立合作伙伴关系[②]。

　　总的说来,博物馆在与其他组织或活动合作时应注意以下几点:清晰界定博物馆与合作组织各自的责任;清晰说明项目与各领域学术标准及学校课程大纲的相关性;与本地区的文化机构合作开发项目资源,向参与该项目的学生和教师重点宣传博物馆与当地社区资源;评估[③]。

六、 实施策略之举办巡回展览

　　如今的博物馆已被认为是与社会有着紧密关系并且必须承担重要责任的机构。它们需要服务广泛且多元化的民众——热衷博物馆的经常性使用

①　*Smithsonian Highlights Fiscal Year 2008*, USA: Smithsonian Institution, p. 5.
②　湖南省博物馆编译:《博物馆寻求与大学建立合作伙伴关系,探索可行的财政之路》,湖南省博物馆网站,2013 年 7 月 24 日。
③　李慧君编译:《美国博物馆为学生群体做些什么》,中国文物信息网,2014 年 1 月 8 日。

者与支持者,不甚了解或完全不了解它的人,以及那些从未接受过服务、从未参观过博物馆的人①。

除常规的馆内展览外,美国博物馆经常组织一些专题展到全美各地巡回展出,并将其作为体现机构公众教育与服务的重要手段之一。同时,美国各博物馆之间也经常通力合作,借调各馆的精品文物共同举办一些主题展。如一些现代艺术博物馆往往都收藏有某一画家不同时期的代表画作,因此常常会将这名画家分散于不同机构的藏品通过合作办展的方式集中呈现,在这些博物馆之间常年轮流展览,以便使普通观众有机会通过一个展览对画家的作品和艺术风格的形成有较深入、全面的了解②。

事实上,博物馆携带展品举办巡回展览,一方面让未能前往的机构或位居偏远地区的公众也分享到其教育资源;另一方面突破了地域局限,借此广泛传播自身的展示、研究和藏品等综合实力。一些博物馆还设立了流动展览车,如印度比拉工业技术博物馆、加拿大国立博物馆、澳大利亚威尔士博物馆、英国瓦莱克西博物馆、法国罗丹博物馆等,都采用将陈列品置于汽车中行驶至各地展出的方法,受到偏远地区学生和公众的欢迎。澳大利亚南威尔士博物馆还建立了一列"火车上的博物馆",用 7 年时间跑遍了面积约 80 万平方公里的新南威尔士铁路沿线村镇③。事实上,博物馆通过举办巡回展览(包括自己举办、借展等),可以始终保持鲜明的特色主题、多元的教育形式、较低的教育成本、良好的教育效果,形成博物馆教育的畅销机制。

史密森博物学院的巡展服务(部)(Smithsonian Institution Traveling Exhibition Service,SITES)作为史密森的四大国内延伸项目之一,在过去 50 多年里,与成千上万的美国民众一起分享了史密森丰富的藏品和研究项目。2008 年,该巡展服务部共组织了 58 场临时展览,遍及 50 个州、华盛顿特区、美属关岛、美属萨摩亚群岛的 510 个场地,观众量达到 515 万人。比如,为庆祝美国国家航空和宇宙航行局成立 50 周年,史密森巡展服务(部)与该局以及国立航空航天博物馆合作,开启了 2008 年"美国国家航空和宇宙航行局与艺术——50 年的探索历程"巡回展览之旅。本展览从局里以及博物馆档案室中遴选了约 50 件艺术品,既有抽象的,也有具象的,包括绘

　　① 　[英]帕特里克·博伊兰主编,国际博物馆协会中国国家委员会、中国博物馆学会翻译:《经营博物馆》,译林出版社 2010 年版,第 189 页。
　　② 　张颖岚:《美国博物馆与社区发展的互动》,《中国文物报》2007 年 4 月 27 日、5 月 4 日。
　　③ 　国家文物局博物馆司调研组:《关于将博物馆纳入国民教育体系的调研报告》,2010 年。

画、照片、雕塑和应用其他媒体手段的作品,涉及著名艺术家诺曼·罗克韦尔(Norman Rockwell)、安迪·沃霍尔(Andy Warhol)等。该展览延续举办至 2012 年 9 月,各巡展点收费为 33 000 美元。

事实上,对于不少欧美博物馆而言,除了政府资助、企业赞助、个人捐赠等,一些巡回展览(包括借展)的举办,也会给它们带来不菲的收入。

案例 1

蓬皮杜中心(Pompidou Centre)的流动博物馆①

"如果你不能去博物馆,博物馆来找你",2011 年 5 月 19 日的《费加罗报》以这样的开头报道法国蓬皮杜中心即将推出"流动蓬皮杜"的消息。5 月 18 日,时任法国文化部长密特朗召开新闻发布会,介绍了流动蓬皮杜项目的情况。

创立流动蓬皮杜的念头是蓬皮杜中心主席阿兰·瑟邦(Alain Seban)于2007 年产生的。经过 4 年酝酿,特别是解决安全、资金问题和挑选适宜不断移动的艺术品之后,这一设想终于在 2011 年 10 月得以实现。流动蓬皮杜的建筑设计由建筑师帕特里克·布香(Patrick Bouchain)担纲,其灵感来自于杂技团的大帐篷。建筑主体由三个独立的菱形帐篷组成,用铝和钢作框架,上覆帆布。帆布外部涂红色和蓝色,内部涂白色,与法国三色旗一致。三个帐篷可根据安放地情况随意组合,使用面积达 650 平方米。流动蓬皮杜的设计和建造费用为 250 万欧元,由文化部、艺术创作委员会和赞助企业共同承担。密特朗在发布会上赞赏这一设计本身就是一件艺术品,它将与巴黎蓬皮杜中心、梅兹蓬皮杜中心的设计方案一起载入建筑史册。同时,密特朗表示:"相信这一人性化的博物馆本身将消除那些不敢进入文化殿堂大门者的戒备和恐慌之感。"

10 月起,流动蓬皮杜将带着蓬皮杜中心馆藏的 15 件现代艺术精品踏上巡展之旅。中心主席瑟邦宣称:"人们将欣赏到伟大艺术家的作品,同时也是蓬皮杜最好的作品。"第一期展览的主题为"色彩",展品包括毕加索的《蓝衣女子》(1944 年)、马蒂斯的《木兰花静物》(1941 年),以及奥拉维尔·埃利亚松(Olafur Eliasson)的装置艺术作品等。

流动蓬皮杜将要流向的地点为小型城市,特别是文化资源较为贫乏的

---

① 苑大喜:《法国蓬皮杜中心即将推出流动博物馆》,中国文化网,2011 年 5 月 25 日。

"色彩"——蓬皮杜中心的流动博物馆,肖蒙市站展馆外景
来源:新浪收藏,新浪网

地区。每个城市停留 3 个月,每周开放 6 天,参观完全免费,其间还将围绕展览推出相关活动。每站预计费用为 40 万欧元,其中一半由当地政府买单。由于争取到一些企业赞助,这一费用比预计有所下降。首站要开赴的城市为政府国民教育部长吕克·夏泰尔(Luc Chatel)任市长的肖蒙市(Chaumont)。夏泰尔在新闻发布会上对流动蓬皮杜首站到他的治下感到非常高兴,因为"四分之一的肖蒙人从来没有进过博物馆,三分之一的肖蒙人从来没有听说过蓬皮杜中心,但是蓬皮杜中心将来到他们身边"。接下来的 6 站都已基本敲定,据估计,每站的参观人数将达到 7.5 万。

截至 2013 年年初,蓬皮杜中心的流动博物馆已经上路一年有余,陆续在 3 个外地省市安营扎寨,将现当代艺术作品送到了 13 万观众的家门口。接下来的几站已经排到了 2014 年[①]。

案例 2

法国国家毕加索博物馆(Picasso Museum)的借展实践[②]

位于巴黎的法国国家毕加索博物馆拥有约 5 000 件毕加索的不朽作

---

① 苑大喜:《法国博物馆送展"下乡"出成效》,《中国文化报》2013 年 1 月 29 日。

② 湖南省博物馆编译:《国际博物馆协会最佳做法系列(四):借展——法国国家毕加索博物馆借展实践》,湖南省博物馆网站,2014 年 5 月 21 日。

品,其馆藏毕加索作品量居世界首位。自 1985 年开馆以来,这座收藏有西班牙大师杰作的著名博物馆也因慷慨出借藏品而闻名业内。据该馆馆长安妮·博尔达萨(Anne Baldassari)介绍说,在机构最初开放的 20 年中,得益于一项"非常慷慨的出借政策",使得该馆藏品在世界各地不停流转。

由于毕加索博物馆 2006—2009 年及 2011—2013 年间的两次闭馆改建,该馆的国际展览得以不断壮大。2008 年启动的巡展项目规模空前,旨在为博物馆改建及未来发展筹措资金,截至 2012 年年底,它已在四大洲的 9 个国家巡展。将价值不菲的名作出借,这一宏伟的巡展项目为毕加索博物馆在全球范围建立了观众基础,为未来可持续的国际合作打造了关系网,也为其展品出借实践开辟了新领域,使得这一广受认可的博物馆更具威望。

借展同时为借方机构带来了机遇。例如,"毕加索——巴黎国家毕加索博物馆精品展"在美国巡展期间,其中一个展馆临时退出,弗吉尼亚美术博物馆当即抓住机会,火速达成协议,于 2011 年 2 月至 5 月成功办展,成为毕加索展在美国继西雅图艺术博物馆(Seattle Art Museum)之后、旧金山笛洋美术馆之前的第二站。

为承办展览,弗吉尼亚美术博物馆提交了一份正式请求。作为西雅图与旧金山之间的中间站,该馆无需担心展览出入境的问题,也就免去了诸多海关流程的烦扰。在展览筹备期间,该馆与毕加索博物馆馆长博尔达萨进行了初步面谈,通过无数封邮件沟通;毕加索博物馆的策展人也前往实地考察;另外,弗吉尼亚美术博物馆还与其他美国展馆召开了若干场会议。

此次赴美巡展的展品约 150 件,涵盖了绘画、素描、建筑、印刷、图录、雕塑等毕加索所有重要阶段的创造性成果,完成布展需要 10 天左右的时间。此次展览恰逢弗吉尼亚美术博物馆新馆扩建完成。据该馆首席保管员兼藏品管理部副主任斯蒂芬·伯纳迪斯(Stephen Bonadies)介绍,法国文化部安保专家盖·涂碧安纳(Guy Tubiana)对备展贡献巨大,他对展览场地全面检查,为博物馆安防系统和程序的提升提供了很多中肯建议。而安保方面的不利报告常常能够导致展览叫停。对毕加索博物馆馆长博尔达萨而言,项目合作的底线即在于对方是否对这项工作表示出足够的尊重。为满足借展条件,弗吉尼亚美术博物馆对每件巡展品的状态都严格监控,一些娇贵的艺术品被列入"红名单",并进行初步处理;馆方还制作了一些防水、防损坏展柜,并配有安全锁和紫外线过滤器;运输所用的柜子也具备防水、防震功能及温度和碰撞度的跟踪检测设备。

这一展览的保险费逾 10 亿美元。美国政府艺术与艺术品赔偿项目与其他两个场馆共同负责展品的保险事宜,伯纳迪斯解释说,这即意味着"美国政府将承担借展品毁坏或遗失的风险"。

借展工作开展之前,毕加索博物馆与弗吉尼亚美术博物馆起草了借展协议,内容涵盖方方面面,包括运输形式、运输条件、展品使用等。由于分属两套不同的法律体系——毕加索博物馆遵照的是法国法律,而弗吉尼亚美术博物馆却须履行弗吉尼亚州州立法律的规定,双方在合同谈判过程中出现过很多纷争。然而,彼此的妥协与灵活性最终化解了矛盾,促成了合作。

毕加索博物馆全程监督展览设计、布展等一般由展览承办方负责完成的工作,弗吉尼亚美术博物馆也一直尊重对方意愿,在布展过程中根据对方要求进行调整。展品悬挂工作由双方员工共同完成,只有几件需要特殊处理的画作由毕加索博物馆的专业人员单独完成。

弗吉尼亚美术博物馆因机缘巧合意外承办了如此大型的展览,在顺利完成国际借展涉及的各项流程后,该馆获得了巨大成功——美国各地专程前来欣赏毕加索杰作的观众多达 25 万人次。而毕加索博物馆也在该展中呈现了开放性做法,并再次燃起了它壮大巡展项目的雄心。

七、 实施策略之开展社区活动

2011 年 7 月底,英国博物馆协会调查委员会针对英国艺术委员会新颁布的《长期战略框架》,在协会官网上发布了"博物馆影响力调查问卷"。调查结果显示,"社区参与"名列博物馆影响力榜单首位。英国博物馆协会政策部门主任莫里斯·戴维斯评论说:"据反馈意见来看,博物馆现在把更多的工作重心放在了与社区的协作上,进而提高机构在健康、和谐、旅游经济等方面的影响力,而不是泛泛地为所有观众都提供简单服务。""通过这些调查结果,英国艺术委员会意识到博物馆与社区合作的重要性。博物馆虽然不能选择其活动的参与者,但却可以将特定的参与对象定为机构的奋斗目标。"①

---

① 湖南省博物馆编译:《英国博物馆协会:社区参与是博物馆影响力的首要因素》,湖南省博物馆网站,2011 年 8 月 23 日。

时下,社区人口结构飞速变化,技术世界的变化日新月异,而博物馆争夺观众时间和注意力的竞争也越来越激烈。博物馆的责任是找到启发参与的方法,确保对所服务的社区具有意义和影响力。鉴于此,越来越多的机构开始认同自己是所在社区的文化中心。的确,社区是博物馆延伸服务的主要目标,社区项目对于各馆融入社会、扩大影响力并吸引更多的人走进博物馆是很有意义的。之前,英国维多利亚与艾尔伯特博物馆(简称 V&A)在经费削减的情况下拒绝缩减延伸活动经费。其发言人表示,"V&A 打算将社区项目作为博物馆主流项目的核心部分。并且,确保所有活动能吸引最大范围观众的参与是我们一直以来的宏愿,不会有任何改变。我们肯定不会缩减延伸项目的开支。我们的所有工作都切实融入了多样性,博物馆许多活动的设计初衷便是吸引弱势群体观众,促进社会融合"。根据 V&A 2011—2012 年报显示,全年观众中,18%来自黑人、亚裔以及少数族裔,是2001—2002 年报数据的两倍多[①]。

"国际博物馆日"曾设立有"博物馆与社区/社群"(Museum and Community)的活动主题。而第 106 届美国博物馆协会年会暨博览会还以"创意社区"(Creative Community)为题。该年会锁定"创意社区"的一大原因在于:在过去的 10 年里,博物馆在提高社区参与度、加强社区合作等方面取得了巨大进步。并且,各馆已经渐渐意识到,凭借其所拥有的资源和技能,能实现的远远不止"相互参与"——博物馆还能创造"社区"!

从使用的角度而言,博物馆理应被置于所在地方、国家或国际社群的中心。同时,馆方教育人员也须了解社群中的不同团体,特别是一些群体的期待及可能的反应,并为机构政策的制定带来有价值的观点。在规划教育活动时,博物馆方面还需自问一系列问题,涉及地理状况、民众的社会及文化结构等。诸如:博物馆服务于大型或小型社区? 四周环境属于都市/工业区或农村? 博物馆是否与社区保持有效的联系? 潜在观众是谁? 博物馆希望哪些观众及使用者到馆里来? 为什么? 社区的文化传统是什么:是否与博物馆的目标及政策有关? 社区面临的现代问题是什么?[②]

时下,许多博物馆经常与社会公益性团体合作,联合或独立开展各种公

---

① 湖南省博物馆编译:《英国维多利亚与阿(艾)尔伯特博物馆拒绝缩减延伸活动经费》,湖南省博物馆网站,2013 年 2 月 27 日。
② 〔英〕帕特里克·博伊兰主编,国际博物馆协会中国国家委员会、中国博物馆学会翻译:《经营博物馆》,译林出版社 2010 年版,第 179 页。

益文化活动,并提供民众集体学习的机会等。这一方面是博物馆对社区及全社会的回馈,另一方面也通过这些服务,争取民众的认同与支持。例如,波士顿科学博物馆组织有青少年课后辅导、病童服务、残障服务及老人服务;波士顿儿童博物馆开展有"认识你的邻居"活动,协助民众与不同文化背景的人相处,以消弭文化隔阂所引起的歧视与偏见;维雷特科学工业城设有就业辅导中心,为年轻人提供专业知识及就业生涯规划等咨询服务;台湾省立博物馆则与青商会合办有关怀儿童的"梦幻童年"亲子活动,与家庭扶助及中华儿童福利基金会中心合办义卖会,近年来还与救国团合办"再造蝴蝶王国——我爱蝴蝶、爱大地"的全民保育活动,以显示博物馆对社会的关怀与协助[①]。

但今天,仍有许多社会公众缺乏对博物馆的兴趣或从未使用过它,有两大原因:博物馆处于难以到达的地理位置,缺少企及的便利交通系统;经济上较弱的社区与个人无法承担博物馆之行的时间和金钱花费。好在目前不少机构推出的延伸活动可以帮助克服这些阻碍,将学习机会主动提供给一些学校,以及没有博物馆的社区(如农村或偏僻之地)。这些教育项目旨在让公众了解博物馆的价值与服务,并吸引他们今后前往实地参观。同时馆方也通过这些拓展活动,将资源传播至相对弱势的群体,以达求教育的公平性。

例如,一些博物馆馆员、受训过的志愿者或当地教师会驾驶巴士或货车,载运博物馆的有关物品、学习材料和移动式工具包,通过展览或其他形式——例如工作坊、剧场等来开展教育活动。有些馆则将部分展品"搬家",如将图文版、复制品和照片(不一定都是实物,但是当活动中包含原始标本时,博物馆应执行相应的专业安全程序)运送至医院、老年人之家、低收入社区或是某个少数民族群体。其中,地方图书馆、市政厅、学校、社区建筑或其他公共区域常常作为临时展示地,并且巴士或卡车本身也可以设计成为移动的展览室。另一种形式的延伸活动则是租借服务,也即博物馆利用原始材料工具包或小型教学箱,完成教育性的展示[②],仿佛"移动博物馆"或"博物馆车"的缩小版本。

大都会艺术博物馆以其"社区项目"为荣,它通过与一些机构的合作使

①　黄淑芳:《现代博物馆教育:理念与务实》,台湾省立博物馆 1997 年版,第 83 页。
②　[英]帕特里克·博伊兰主编,国际博物馆协会中国国家委员会、中国博物馆学会翻译:《经营博物馆》,译林出版社 2010 年版,第 191 页。

其教育计划越过高墙,触及周围社区。其中,讲座、有艺术家指导的工作坊、在社区中心、大学、老人疗养院和公共图书馆等处设立集体热线电话服务等都深受民众的欢迎①。而大英自然历史博物馆则通过巡回探索中心(Traveling Discovery Center),主动到各乡镇社区、购物中心或公园展出可供动手操作的探索箱,涉及"海边探索""会旅行的种子""奇妙宝盒""触摸箱""认识自己""寻找化石"等主题单元,服务遍及全英国。

案例1

史密森之"发现之声"项目(Voices Of Discovery)

通过史密森会员组织的"发现之声"项目,一系列艺术、历史和科学领域的专家将亲访社区,组织活动,并为各年龄阶段的民众提供量身定制的学习机会,点燃全社区的学习火花!

一位史密森的人类学家在圣地亚哥的一个青年项目中展示复杂而又有巨大吸引力的人类头颅
来源:史密森学院网站

本项目的开展灵活机动,以契合各社区的情况。它可以是某位专家的一次性来访,或是几位学者一起在数日内涉猎不同的议题。活动的举办地通常是当地的博物馆、图书馆、学校、大学、社区中心或其他文化、教育和民间机构。项目可针对某一群体或对所有公众开放。主题的选择则由社区代表提前和史密森的项目协调人一同商定。

牵头该项目的专家,来自史密森不同的学科领域,他们能力卓著,能将不同观众有效吸引,包括与学校孩童、民间组织、职业团体以及公众一起分

---

① 李清泉、林樱:《美国的艺术博物馆》,《艺术市场》2003 年第 1 期。

享学习的热情,并通过讲座、多媒体演示、表演、邀请大家参与动手做活动等,激发每一个人的思维火花。

![案例2]

面向社区的改革措施助力圣克鲁斯艺术历史博物馆(Santa Cruz Museum of Art & History)发展①

在逝去的 2012 年,位于美国加州的圣克鲁斯艺术历史博物馆面向所在社区采取了一系列改革措施。如今,曾饱受经济萧条等因素影响的博物馆再度恢复了昔日活力。

该馆馆长妮娜·西蒙介绍说:"博物馆以前给人的印象是观众静悄悄地站在里边观看展览,但现在应该改革了,博物馆要以观众为中心,更具互动性,让观众切身体验艺术。我们希望能够进一步融入社区生活,成为该地区重要的文化中心。"

过去几年,由于受经济危机的影响,博物馆的个人和企业捐赠数额锐减,相较于 5 年前预算缩减了一半之多。博物馆在开支方面一直非常谨慎节俭。因此,圣克鲁斯艺术历史博物馆希望通过创新方式来应对经济危机带来的冲击。举措之一即是借助于志愿者的帮助,组织越来越多的社区活动。

博物馆在 2012 年举办了一系列新活动,比如"第一个星期五"和"第三个星期五"活动(每个月的第一个和第三个星期五都举办以艺术为主题、由观众来参与的集会活动);还有一个"闪耀节"——在艾伯特露天广场举办灯光晚会,参与人现现已达到 4 500 人。

同时,博物馆把馆内教育活动的数量增加了三倍,还大大增加了学校课堂教学中的艺术项目。博物馆也正在与当地的艺术家和组织机构寻求新的合作伙伴关系。

据西蒙馆长介绍,博物馆还将重新营造参观氛围和环境,让观众一进来就体验到更多互动的和吸引人的活动,情不自禁地喊出"哇哦"。

另外,从 2012 年冬季开始,博物馆将举办观众参与型的"正在进行中的艺术品"展。它主要展示艺术家托马斯·坎贝尔在展厅现场绘就巨幅壁画的过程,在创作的过程中,其他艺术家和观众均可参与。

---

① 湖南省博物馆编译:《面向社区的改革措施助力博物馆发展》,湖南省博物馆网站,2012 年 12 月 27 日。

西蒙说："借助这些项目，我们希望帮助那些总认为自己没有艺术细胞的人实现突破和创新。"

博物馆的努力得到了回报。通过一系列新活动，参观人数达到了以前的两倍，会员数量也增长了 35%。"这个增长速度非常快，有点惊人，"西蒙馆长说，"我们感觉到大众一直就渴望有这种类型的活动，而且在社区活动方面博物馆还有很多潜力待挖掘。试想一下，如果我们有足够的资金，那么这些活动会举办得更加精彩。"

同时，当地居民也注意到了这些变化。一位常来博物馆参观的视觉艺术家杰克·郝伟说："博物馆是我们中心街区重要的文化中心，也是社区宝贵的财富。相比于 6 年前，我们的博物馆现在更加互动了，同时还举办了越来越多关于本地文化和特色的展览。"

八、　实施策略之评估教育活动

学者凯瑟琳·麦克莱恩（Kathleen McLean）在《为民众规划博物馆展览》一书中，将"评估"定义为：仔细评价和研究，以确定对象的可行性和有效性。在博物馆中，"评估"就是系统收集、阐释关于展览和公众节目效果的信息，以为决策之用。关于教育项目和展览的评估，除了有助于决策，还导向更有效、质量更好的产品和服务[1]。

切实有效的博物馆教育活动评估面临着挑战：一方面是成本，也即评估所涉及的费用；另一方面则出于评估结果或影响力的难度。严格的"结果评估"耗费不小，需要细致追踪影响力等。因此，一般的教育项目评估都基于一些"产出标准/计量"，例如到场人数、网站访问人次、成本收回情况，有些机构现在还将观众满意度也计入。史密森旗下单位如国立科学资源中心、史密森天文观察站都投入了大量资源在项目评估上，而出资人也越来越希望它们这么做。另外，由史密森教育和博物馆研究中心管理的教育信息采集和评估数据库［Education Data Gathering and Evaluation（database），EDGE］，被视为一项实用的工具。它可输入预期的学习结果，并提供包括参观人数、观众类型、教育项目类型、活动开展方法等在内的多方位信息。

---

[1]　Anna Johnson et al., *The Museum Educator's Manual*, Altamira Press, 2009, p. 117.

从长远看，该数据库对于史密森向国会及捐赠人提供相关数据以获得他们对教育板块的支持，非常有用①。而对于没有自己的系统来追踪相关数据的史密森各单位而言，该数据库的存在就更有必要了。值得一提的是，现在许多项目的投资者（包括政府资助机构）都要求博物馆呈现受资助活动的结果，以证明这份资助对于各馆及其服务的社区作出了重要贡献②。

时下，不少博物馆都开始邀请社会名流、普通妇女和残疾人士作为特别观众，定期给馆方提意见。除了观众的重要角色，事实上，博物馆教育工作者及其他工作人员首先应当具备责任和使命，以及能力和意愿去检视教育结果，从中寻找不足并努力改善。若活动策划者只提供活动创意和内容，却没有评估活动的成效以及观众的学习体验，那便如同没有尽到教育的基本责任。

此外，与"评估"直接对应的是"规划"。在当初的活动规划阶段，界定什么是"成功"很重要，如此才能知晓是否达到了目标。《博物馆教育工作者手册》一书特别阐释了对教育部策划实施的"节目与特别活动"的评估。其中，全美知名的筹资人比尔·哈瑞森（Bill J. Harrison）集多年经验，汇编了"十大问题"作为博物馆方的评估工具。具体包括：

活动是否有趣？ 事实上，没有什么比这个更重要。一项特别活动存在的意义就是让参与者共度好时光。如果你们未能提供乐趣，那么就不要继续这项活动了，规划其他的吧。

活动达到财务目标了吗？ 你们的活动理应有特定的财务目标。记住，筹集到的总额并不代表什么，真正重要的是净收益，成本后的收益，这对你们的组织以及活动委员会而言都很重要。

活动达到其他目标了吗？ 你们达到预想的到场人数了吗？媒体覆盖率呢？你们招募到新志愿者了吗，他们是否有活力？

我们遇到了哪些问题？ 每项活动，不管管理得有多好，都会有问题。所有问题都须完备记录和归档，如此它们才不至于在未来重演。

我们拥有了足够的志愿者吗？ 一些特别活动常常未能达成目标，正因为缺乏积极的、受训过的志愿者。

领导力足够吗？ 活动委员会主席的领导能力是一项活动成功的关键。

① Office of Policy and Analysis, *Lessons for Tomorrow: A Study of Education at the Smithsonian*, USA: Smithsonian Institution, Vol. 1 Summary Report, 2009, p. 45.

② Anna Johnson et al., *The Museum Educator's Manual*; Altamira Press, 2009, p. 118.

如果活动的结果不及你们的预期,不妨从最顶端开始评价和批判。

你们赏识表彰所有支持者了吗? 你们理应有一个确定的计划,来赏识表彰领导层和志愿者。今年表达的真诚感激将确保下一年同样的志愿支持。

下一年的活动,哪些方面可以改进? 自问一些问题:如果你们更改地点,活动是否会改善? 如果你们将活动安排在同年的另一个时间,是否出席人数会增加? 入场费是否太高了? 该休闲娱乐是否不适合对象人群的人口统计学特征?

还有没有未完成的事儿? 讲台归还给宾馆了吗? 花篮归还给花店了吗? 对捐赠者的后续承诺都满足了吗? 感谢信以及礼物都送去公司赞助方了吗?

活动有趣吗? 这是多余的问题? 根本不多余! 事实上,再强调也不为过。你们的最终目标就是一场有趣的活动,并吸引大家年复一年地前来。

总的说来,教育活动评估是一项重要的管理任务,对下一次的项目决策很有价值。目前,教育活动和项目的评估已获得了越来越多博物馆的重视,但如何达求长期、科学、有效的评估,并且如何跳出本馆的边界,与其他机构分享评估结果,并采撷他馆的评估成果,实为一大挑战。目前,伦敦博物馆团体、英国观众协会、英国国家博物馆馆长委员会已于 2012 年年底联合发起了"分享评估"活动,号召英国博物馆界同行通过博客的形式分享各馆评估、观众调查及相关研究项目中的经验和结论,共同探讨博物馆评估的价值与挑战[①]。

案例 1

史密森博物学院的教育项目评估标准

史密森博物学院要求旗下博物馆的教育部门以及相关部门:定期系统审视并评估所有的教育项目,无论是现在进行中的,还是被提议的。运用"现有资源最有效地服务目标观众"这一标准来确定哪些项目可能被削减、增添或是修改。

史密森政策分析办公室建议采用如下评估标准:

---

① 湖南省博物馆编译:《英国博物馆界发起"分享评估"活动》,湖南省博物馆网站,2013 年 1 月 6 日。

● 所有教育项目都应拥有明确的理论基础，并与本单位以及史密森的战略规划相契合。

● 教育工作者理应跨越基于项目的工作方式，根据教育理论和实践，运用框架、结构式的思维方式，并应用在一系列主题领域。

● 审视和评估以下单项：教育项目的成效，与其设定的目标做比对；教育项目的潜力，能否成为其他组织的典范或模板；教育项目与公共政策的相关性；教育项目的与时俱进性，避免短期内落伍；是否务实运用了史密森的研究、藏品和展览资源；是否满足了观众预期和要求；是否有明确的目标观众，本项目是否契合该群体；是否具备创新性和实验性，延伸至非传统观众，或是超越了现状；是否在很大程度上引起了普通公众的注意力，以及专业人士的关注；是否激励观众继续跟进，并学习到更多；该项目所服务的观众数量、规模，与项目本身所耗费的资源做比对；整个项目与整个教育部门做比对，是否本项目牵扯了过多的部门内资源投入。

● 现场教育项目理应运用一系列合适的传输媒体，来提高影响力和延伸程度：现场项目应该有配套和对应的网络版本，以传播至更多的人与机构；现场项目需要多发挥社交媒体的力量，移动设备手机、游戏等；现场项目理应提供信息，促进观众参观后的后续活动，如发挥网络的力量，在网站上呈现与现场展示、讲座或表演相关的内容①。

案例 2

史密森"发现剧场"的双重评估

"发现剧场"作为史密森会员组织的一大王牌，受到学校师生以及家庭的欢迎和好评。即便如此，它也不放松对自己的要求，定期开展评估。具体分为家庭评估和教师评估两种，其中在教师评估方面还设有教师咨询委员会。两份评估表都可在"发现剧场"的网站上下载。

●"发现剧场"之教师/辅导老师评估表

　　　　学校名称和地址＿＿＿＿＿＿＿＿

　　　　年级＿＿＿＿　　节目名称＿＿＿＿＿＿＿＿

---

① Office of Policy and Analysis, *Lessons for Tomorrow: A Study of Education at the Smithsonian*, USA: Smithsonian Institution, Vol. 1 Summary Report, 2009, pp. 24 - 26.

日期/节目时间＿＿＿＿＿＿＿＿

请在合适的数字上画圈,以评估您(们)的体验:

4 极佳　3 非常好　2 不满意　1 差劲

节目整体质量 4 3 2 1

节目内容 4 3 2 1

年龄契合度 4 3 2 1

学生的注意力集中程度/关注度 4 3 2 1

与剧场工作人员的互动 4 3 2 1

学习指导(可在剧场网站上下载) 4 3 2 1

针对节目的额外评论:

●"发现剧场"之个人评估表

节目名称＿＿＿＿＿＿＿＿

日期/节目时间＿＿＿＿＿＿＿＿　　孩子年龄＿＿＿＿

请在合适的数字上画圈,以评估您(们)的体验:

4 极佳　3 非常好　2 不满意　1 差劲

节目整体质量 4 3 2 1

节目内容 4 3 2 1

年龄契合度 4 3 2 1

孩子的注意力集中程度/关注度 4 3 2 1

订票程序 4 3 2 1

学习指导(可在剧场网站上下载) 4 3 2 1

您(们)多久来一次发现剧场? 第一次　每年一次　每年 2—3 次 每年 4—5 次　每年 5 次以上

您(们)是怎么知道发现剧场的?

＿＿＿＿＿＿＿＿＿＿＿＿＿＿＿＿＿＿＿＿＿＿＿＿＿＿＿

为何您(们)选择这场节目?

＿＿＿＿＿＿＿＿＿＿＿＿＿＿＿＿＿＿＿＿＿＿＿＿＿＿＿

额外评论:

●"发现剧场"之教师咨询委员会

"发现剧场"的教师咨询委员会由大都会地区的教师和教育工作者构成。该委员会每年会面两次,秋季学期和春季学期各一次。通常成员们会汇聚一堂,探讨剧场的剧目、上演时节以及其他艺术教育机会等。委员会扮演了开放式论坛的角色,探讨哪些剧目受欢迎,收效最佳,哪些最不富教育性,以及将来可能启动的计划等。同时,委员会也想了解,教师、学生需要什么,如何促使他们前来剧场的旅途更便捷,更富教育性,更有趣。委员会中的教师被要求每年至少参加一次会议,并且可能的话在特殊项目中担当志愿者。反过来,教师也将为学生争取到 30 张赠票,选择观看每学年的某一部剧目。委员会成员教师平时还会收到剧场信息更新、其他社区活动信息,以及获取其他剧目赠票的优先权。

案例3

史密森国立自然历史博物馆之"探索室"的评估

国立自然历史博物馆的探索室目前已拥有 30 多年的历史,它是最先开设的提供孩童操作自然历史标本、参与和自然科学相关的手动活动的场所。该探索室的目标观众是有孩子的家庭以及学生。其特色在于,观众可接触博物馆真品及复制品,并且依据他们自己的节奏和兴趣来探索自然世界,诸如观察化石、颅骨、贝壳、矿物,使用显微镜,试穿来自世界各地的服饰等。探索室内还配备有导览员,协助大家的活动并回答相关问题。

2002—2004 年间,该探索室经历了物理上和理念上的双重改造。物理上的主要改变包括新添了"生物多样性展墙"(聚焦博物馆周边 50 英里内的动物),并增加了涉及科学进程的活动。而理念上的主要改变则是更强调与学习相关的活动,让孩童锻炼观察和比较能力等。

本探索室一周开放六天,开放时间视季节而定。其间,有 1—2 位导览员现场协助活动。他们大部分是志愿者,有时也会是博物馆工作人员。探索室内设有 9 大活动区域,对应不同的活动内容。

评估由史密森政策分析办公室牵头开展,后者于 2007 年 4 月发布了《国立自然历史博物馆之"探索室"评估报告》。评估结果显示,观众非常重视该探索空间,因为它有效传递了科学探索、科学洞察力的力量,其影响力也超出了大家的心理预期。并且,工作人员对于观众学习的认知和了解也是成熟的,而这些因素都促成了探索室的魅力及成功,当然它仍有改进的空间。

评估报告还表明:探索室的家庭服务相当好,家庭成员都很喜欢来这里,有一半的受访观众给它打了最高分。鉴于成年人的打分和孩童一样高,这说明探索室的活动对整个家庭都受用。另外,目前探索室的室内设置正适合不同形式的活动,旺季和淡季以及房间的拥挤程度并不影响观众的参与兴趣。

本次评估以行为研究(behavioral study)为主,并使用了两种调研方法:调查(survey)和观察(observation)。观察研究表明,6%的孩童在探索室内连一种与学习相关的行为(如辨认、描述、询问、回答等)都没有,而平均每位孩童至少展示了7种与学习相关的行为。同时,现有活动几乎没有一项特别鼓励孩童的比较行为,"探索盒"(14%)之外的其他区域,被调研观众呈现比较行为的比例都在10%以下。因此建议在"显微镜"区域直接提升观众的比较行为,例如样本成对出现,这样孩子们可以开展比较性观察。

尽管当时馆方在改造探索室时,特地引进了"生物多样性展墙",但其成效似乎并不佳。它是观众停留最少的区域(有可能是因为它的位置过高,高于观众的头顶),所引发观众的与学习相关的行为和"大型展品"区域差不多。这表明,展墙的教育装备(双筒望远镜、文本、现场指导手册等)发挥的作用不大,故未被广泛使用。其中,逗留"生物多样性展墙"的孩童,有38%的人会使用双筒望远镜,而只有10%的人会阅读文本。若该展墙想更好地为观众服务,墙上的展示物品及配套教育装备,都须得到大幅度改进,包括:融入声音,增加观众可操控的照明灯或是数码器材,或是使现有素材更可视化、更具吸引力。

"服装角"区域涉及的与学习相关的行为较少,因为这里的主要活动就是试穿衣服。"奇迹之窗"的情况也如此,它主要扮演了走廊展示窗的作用,加上标识的问题,其实并不利于互动。另外,"服装角"的所在位置有待改善。通常孩子们会穿上衣服,并展示给大人看他们的新模样,因此针对家长的信息或是图像的应用,将促进活动的开展。比如,每件衣服背后可贴上彩色标签,介绍穿着同样服饰的孩子们的生活。或是至少在地图上添加一些照片,可以是穿着同样服饰的标签娃娃。一位观察员发现,大人有时也会完全搞错服饰所代表的文化。

"显微镜"区域若能扩大面积,将发挥更大的作用。调研发现,即便是在区域位置并不显著、显微镜较难操作的情况下,观众仍然排队使用显微镜,该区域甚至比"探索盒"及"收藏品抽屉"更受欢迎。鉴于每台显微镜每次只能供一位孩童使用,建议增加其数量。另外,调研中还发现,许多使用显微镜的孩童都遇到了困难,比如无法调整透镜至合适的距离,或是照射器使用不当。因此,建议配备更方便孩童操作的显微镜,同时家庭成员亦可一起学习。

九、 实施策略之继续博物馆
文化产业的开发

博物馆文化产业开发的范围远不止影剧院、纪念品商店和餐饮服务,当观众步出博物馆大门,回到家,亦是各馆发挥自身优势,为观众延伸学习体验,并继续文化产业开发的良好开端。

事实上,博物馆开发衍生产品和服务并进行行销是自身生存和发展的需要,也是必然趋势。美国博物馆在此方面已具备相当的经验与成效。例如,纽约市里最具社会权威的大都会艺术博物馆,就将它优雅的大厅租给公司、特定的个人及产品行销业者,以获得部分营运收入。芝加哥科学和工业博物馆新设立了“行销”部门。而惠特尼美国艺术博物馆于过去 15 年间,在4 个企业总部里建立了 4 家附属博物馆,以扩大其名声与服务范围①。

2013 年 5 月,大都会艺术博物馆总监兼首席执行官坎贝尔宣布,辛西娅·罗恩德将就任该机构新设立的职位——市场营销与对外关系高级副主席,并于 6 月入职。据悉,罗恩德将负责监管博物馆营销、市场调研、旅游以及内部沟通方面的工作。另外,她还将负责通信与广告。坎贝尔表示,在机构不断扩大全球影响力的时期,找到一位在市场营销方面富有创造力的专家,是进一步强化博物馆形象与继续建设其国际品牌的必要步骤。博物馆主席拉弗蒂称:“全球营销将在努力开发博物馆自身以及吸引在线平台观众方面起到日益重要的作用。”②

(一) 发行杂志

以史密森博物学院为例,在它所有的经营项目中,杂志为其贡献了最大的经营额。史密森企业出版的三份杂志,读者逾 1 300 万,2007 年的总广告

---

① 张和清:《美国博物馆的管理与运作》,《中国文化报》2008 年 10 月 22 日。
② 焦波:《纽约大都会博物馆首设营销高管》,《中国文化报》2013 年 5 月 14 日。

和发行收入超过 6 500 万美元,净利润大于 1 100 万美元。日前,每份杂志都有了对应的网络版本,并开始提供多平台广告。以目前的趋势,杂志的经营额源头将越来越多地从印刷版本向电子版本过渡。

另外,大都会艺术博物馆每年编辑出版 40 余种出版物,定期刊物包括《双周通讯》《大都会艺术馆期刊》《大都会艺术馆年度讲座与音乐会预告》《大都会艺术博物馆年度报告》等[①]。

1.《史密森杂志》(*The Smithsonian Magazine*)

《史密森杂志》演绎了一个成功的故事,它拥有 200 多万的订阅者以及700 多万的月刊读者,在博物学院内外都备受公认和尊敬。

《史密森杂志》之前在 Smithsonian.com 上的精彩亮相,带来了不断攀升的读者,同时它还具备非常大的潜力在网络上创收。事实上,印刷品成本提高,外加读者习惯改变,加大网络投资并充分挖掘其潜力,不失为明智之选。另外,Smithsonian.com 也拓展了《史密森杂志》对历史、科学、自然、艺术、旅游、世界文化以及技术的深入报道。它载有视频、博客、读者论坛,鼓励观众互动探索这些领域的研究评述、观点展示等。

2.“去史密森”游客指南(goSmithsonian Visitor's Guide)

史密森旗下博物馆的问询处有 300 多万份“去史密森”游客指南,供观众索取。另外,华盛顿地区的近 300 家宾馆、国会办公室、旅游点和国内旅行社也都放置有该游客指南。本指南旨在吸引游客前往史密森,参加其活动,访问其网站。

goSmithsonian.com 是其网络版本,始于 2007 年 2 月,它致力于为全球游客提供参观规划,帮助他们最大化地使用时间,提升在华盛顿的体验。

goSmithsonian.com 将史密森 19 座博物馆、1 座国立动物园的信息,以及华盛顿市中心的信息系统化。游客可以使用本网站来导航市内丰富的博物馆和地标景点,另外可供打印的平面图、华盛顿市中心的地图以及周边区域的地图也都查找得到。游客还可通过网上丰富的活动日历来打造个性化的旅游日程。而本地及周边区域的宾馆、餐厅及交通信息搜索,机票、地面交通及住宿预定也都一应俱全。

目前,“去史密森”游客指南的印刷品和网络平台的广告收入都在提高。

---

① 张淑范:《博物馆公共教育新理念》,《湖南城市学院学报》2007 年第 7 期。

3.《航空航天杂志》(*Air and Space Magazine*)

《航空航天杂志》聚焦"飞行"这一主题,权威地为小众服务。airSpacemag.com 是其网络版本,始于 2007 年。该杂志拥有非常稳定的用户群,75% 以上的读者都是国立航空航天博物馆的回头客。

其实早在 1986 年 4 月,《航空航天杂志》就开始书写航空航天爱好者喜爱的主题文章。作为博物馆的一个副产品,本杂志与博物馆涉猎的内容契合,包含了每个时代的航空航天探索故事,并讲述从怀特兄弟到美国国家航空和宇宙航行局下一个登月飞行器的设计。简而言之,本杂志不止强调人类的故事,还剖析了航空航天技术。

(二) 出版图书

大都会艺术博物馆每年编辑出版 40 余种出版物,该馆编辑部拥有 30 多名员工,另有 50 多名相对固定的自由撰稿人,每年的编辑出版经费为 1 000 万元,没有盈利指标。博物馆举办的特展一般都要出图录,出版的书籍则均通过耶鲁大学出版社向全球发行[①]。

2005 年,史密森博物学院将其出版业务划分为两块[②]:史密森学术出版社(Smithsonian Scholarly Press)以及史密森图书出版社(Smithsonian Books)。前者主要针对学术性出版物,而后者针对商业性出版物。其中,史密森图书出版社通过与史密森博物学院合作,出版有一系列叙事类非小说书籍,包括历史、科学技术、艺术类书籍,以及基于博物馆、藏品的书籍,彰显了史密森无可比拟的权威性。该出版社由史密森企业管理,并与哈珀·柯林斯出版集团(HarperCollins)建立了特许关系,由后者负责开发、出版和分销全世界冠以史密森名称的联名图书。这份特许权协议包括三部分:(1) 史密森授权哈珀·柯林斯使用史密森品牌,协同执行一项崭新的图书出版计划,预计第一年出版 100 个主题(该目标后来达成了),同时共同决定接下来的出版主题;(2) 哈珀·柯林斯推出史密森-哈珀·柯林斯版权标

---

① 张淑范:《博物馆公共教育新理念》,《湖南城市学院学报》2007 年第 7 期。

② The Task Force On Smithsonian Business Ventures, *Increasing the Contribution of Revenue-generating Activities to the Smithsonian Institution Mission*, USA: Smithsonian Institution, 2008, p. 19. "在经过几年财政亏损之后,史密森博物学院于 2005 年作出决定,将史密森出版社(Smithsonian Institution Press)关闭。"

记,用来创作、发展、出版、销售年约 25 个新主题的图书,并瞄准成人市场;
(3) 哈珀·柯林斯将从史密森出版社余下的存书中择取商业上可行的个
体,进行分销①。

在博物馆的产业开发和运营中,谁能成为信息的提供者,谁就具备优先
级。现在,众多博物馆(尤其是那些规模较大的)已经迅速变成了它们自己
的在线出版人。2012 年 11 月,大都会艺术博物馆推出"大都会出版物"栏
目,用户可以通过标题、关键字、出版物的类别与主题等方式在机构网站上
查询到 600 余个目录、期刊以及博物馆公告,其中还包括馆藏的已经停止发
行的书籍。无独有偶,美国多家博物馆也开始提供越来越多的在线学术内
容,而且全部免费。洛杉矶的盖蒂基金会(Getty Foundation)及保罗盖蒂博
物馆推出了一个名为"盖蒂在线学术图录计划"(Getty's Online Scholarly
Catalogue Initiative)的 5 年项目,其目标是改变博物馆一直以来传递消息
的方式②。

"博物馆很显然正在变成数字出版人",盖蒂基金会的负责人黛博拉·
麦柔(Deborah Marrow)表示,他同时也是这个 5 年项目的负责人。一批艺
术机构将共同参与,包括芝加哥艺术博物馆、旧金山现代艺术博物馆(San
Francisco Museum of Modern Art,SFMOMA)、西雅图艺术博物馆、泰特美
术馆、沃克艺术中心等。"每间博物馆都将以自己的方式来开展工作。"麦柔
说。目前,沃克艺术中心已开始将其新近印刷的出版物里的文章放到网络
上。它计划在 2013 年早些时候引入其在线计划的第一部分——该计划以
能够通过官方网站浏览其藏品(包括实物动态图、照片等)为焦点。洛杉矶
郡立艺术博物馆则在自己的网站上推出了一个"阅览室",它包含了那些不
再出版的画册和相关材料,并且还会不断更新这些资料。"2013 年我们将
在网站上放出 2 万张高清作品图,完全免费,任何人都可以把它们用于学术
论文中或是印在自己的 T 恤上。"馆长迈克尔·戈万(Michael Govan)表示。
如果所有的画册都可在网络上看到,那么这是否意味着印刷画册的终结?
"完全不会,"戈万回答说,"我们发现如果我们推出了电子书,那会使印刷版
本卖得更好。"③

---

① The Task Force On Smithsonian Business Ventures, *Increasing the Contribution of Revenue-generating Activities to the Smithsonian Institution Mission*, USA: Smithsonian Institution, 2008, pp. 19 - 20.

②③ 陈颖编译:《界限模糊的艺术界》,艺术眼网站,2012 年 11 月 10 日。

案例 1

史密森新书出版,重视儿童教育①

史密森博物学院一直致力于对儿童教育的探索,并为此作出了卓越贡献。2013 年上半年,史密森和旗下的国立航空航天博物馆先后出版、发布了两本专门面向儿童的出版物,从中我们可以了解史密森儿童教育项目的发展与特色。

《史密森的神奇探险:史密森官方儿童指南》是史密森新近出版的儿童导览指南,适用于有 8—12 岁儿童的家庭,覆盖了 3 个最值得他们参观的机构的所有信息:国立航空航天博物馆、国立自然历史博物馆和国立美国历史博物馆。这本指南可以帮助每个家庭在这几个机构中找到最适合孩子参观的展览,并找到自己感兴趣的东西,如美国历史博物馆里的青蛙克米特和桃乐茜的红宝石拖鞋等。如果孩子们愿意探索自然奇观,这本书还将告诉他们如何参观自然历史博物馆的哺乳动物展厅,或是在航空航天博物馆参观莱特兄弟的飞行器,想象一下早期的飞机是什么样子。

《史密森的神奇探险》不仅仅是一本导览书,还是一本综合性的、互动式博物馆儿童工具书。孩子们通过完成书里的各项打勾、拼图、游戏和填词等任务,有望达到预期的学习目的。此书还邀请孩子们写旅行日记和画画,因此它会成为孩子和家庭成员参观华盛顿及史密森之后的个人纪念册。彩页插图、教育性小见闻、有趣的活动,这些都让孩子们乐意去完成对史密森各种奇迹的探索。另外,通过二维码,孩子们还可以上网获得更多信息,完成进一步的学习。

值得一提的是,《史密森的神奇探险》的作者艾米丽·克瑞尔(Emily Korrell)是一位中学老师。她曾在史密森博物学院担任讲解员,并在多维教学和辅助学习方面有着丰富经验。她表示,"激励和发展各类学习者在博物馆的深度参与"理念,在她撰写该书的过程中一直发挥着重要作用。

另一本是国立航空航天博物馆首次发布的儿童读物——《冥王星的秘密:探索冰冷的世界》。这是由博物馆员工编写和配图的第一本儿童读物,适用于 5 岁以上儿童。该书通过一些怪异神奇的艺术品和充满童趣的对话

---

① 湖南省博物馆编译:《史密森新书出版重视儿童教育》,湖南省博物馆网站,2013 年 3 月 28 日。

为孩子们讲述那个遥远的、小小的冰冷世界的历史和故事：从冥王星的发现、命名到最近的重新分类等。书中还用活灵活现的表现方式介绍了科学家如何组织、分类太阳系的行星，比如对行星上存在物质的新认识等，从而利用儿童的认知方式和心理达到教育的目的。

案例2

博物馆出版物的新模式：多馆共同打造《馆长推荐》(*Director's Choice*)系列图册①

　　长久以来，艺术类博物馆、美术馆都倾向于出版精美厚重的图册或信息详尽的指南书来展示和推广本馆精品。游客们可将其作为纪念品购买，带回家欣赏。这也是著名的艺术及遗产类出版公司 Scala 出版社的惯常做法。但最近，Scala 出版社另辟蹊径，尝试策划出版《馆长推荐》系列图书，计划打造 30—40 本由全世界博物馆馆长（也包括个别策展人和首席执行官）依据个人喜好挑选和撰写的"袖珍型"藏品图册，目前已有 15 本出版物先后问世。

部分《馆长推荐》出版物
来源：湖南省博物馆网站

　　已经出版《馆长推荐》的 15 家博物馆、美术馆等收藏机构中，约半数来自英国，剩余半数来自美国和欧洲地区其他国家。这些机构既有大名赫赫的顶级艺术殿堂，也有一些鲜为人知的区域性小型博物馆。但事实证明，这些图书的销量并没有与机构的知名度成正比，而是很大程度上取决于作者本人的原创性和明晰度。

　　总体而言，英国地区出版《馆长推荐》的机构在对藏品进行选择时同时

---

　　① 李慧君译：《博物馆出版物新模式：多馆共同打造〈馆长推荐〉系列图册》，《中国文物报》2013 年 11 月 13 日。

注重了展出效果与知识性。例如,多维茨画廊(Dulwich Picture Gallery)与华莱士收藏馆(The Wallace Collection)就相对"安全"地挑选了一些早期绘画大师的油画及法国装饰艺术品。但所有出版物中大获成功的却出自格拉斯哥大学亨特里恩博物馆(Hunterian Museum)馆长大卫·盖姆斯特,他对威廉姆·亨特浩瀚多样的藏品进行了别出心裁的挑选,书中的讲解引人入胜,字里行间透漏出文艺复兴时期浓郁的质疑精神。正因为如此,该馆的《馆长推荐》成为这套系列出版物中最耀眼的图书之一。伯明翰大学巴伯艺术馆的馆长安·塞姆纳也独树一帜,由她撰写的《馆长推荐》既不是单纯的客观陈述,也没有过多的情感渲染,而是着眼于所挑选的绘画、雕塑等藏品对自己和家人的特殊意义。同时,她还根据自己对这些伟大艺术品的审美发展理解来对藏品排序,整部作品充满了个性色彩。

　　总的说来,这套出版物为读者奉上了一场关于色彩、线条和构图的"馆长私人导览"盛宴,其中,伦敦国家美术馆馆长尼古拉斯·佩妮的成绩最属不易——他将那些我们自认为熟知的艺术收藏以全新视角展现。这本赏心悦目的迷你图册为今后这套系列出版物的质量水平定下了基准。

案例3

芝加哥艺术学院的出版实践①

　　尽管早有人预言纸质出版物即将灭绝,但芝加哥艺术学院(由博物馆和学校两部分组成)却一如既往地在为出版事务忙碌。对该机构而言,"出版"既是其《使命声明》中明确提出的要务之一,又是实现教育职责的必要途径。

　　● 纸质出版

　　芝加哥艺术学院出版部设有员工8人,每年出版书籍近10本。该部门员工只负责出版工作的两个环节:编辑与制作。博物馆其他10个典藏与展览部门负责书籍的编撰和策划工作,通过与这些部门协作,出版部得以将主要精力放在文本质量上。至于设计,小型图录的设计由博物馆内设的图像部负责,而大型书籍则分包给馆外的独立设计师完成。销售、推广、配送等其他事宜通过合同形式,将责任划分给出版社。

　　2005年,该博物馆前任馆长詹姆斯·坤诺与耶鲁大学出版社签订了

---

　　① 湖南省博物馆编译:《国际博物馆协会最佳做法系列(一):芝加哥艺术学院出版实践》,湖南省博物馆网站,2014年4月14日。

独家合作协议,其全部出版物均交由这家有长期合作关系的出版社负责。耶鲁大学出版社的艺术类出版物在出版界享负盛名。这种独家合作方式对博物馆大有裨益:所有出版物皆由统一的渠道进行推广、存放、销售和配送。

自 2008 年经济危机以来,芝加哥艺术学院为控制成本,对出版物的数量与规格都进行了限制,如一般情况下展览图册的上限为 224 页。过去 5 年,除对销量稳定的若干本书籍再版,该机构的新出版物总量为 50 余本。

● 在线出版

2008 年,芝加哥艺术学院出版了最新的《馆藏 17 世纪之前北欧及西班牙绘画艺术品学术图录》(476 页);博物馆纺织部撰稿的《欧洲挂毯学术研究集》(416 页)也于同年问世。这类书籍让博物馆出版部陷入困境:它们制作成本非常高,单册定价也很高,但发行量和销售量却很低,而且几乎没有再版的可能。

幸运的是,由于其他机构也面临同样的问题,盖蒂基金会决定通过邀请博物馆加入在线出版项目("盖蒂在线学术图录计划"),解决此类出版物的持续性问题。参与机构按基金会要求,各自独立开发在线软件或数字模板。芝加哥艺术学院在基金会的资助下,于 2009 年开始设计"在线学术图录行动"平台(目前已完成设计并通过测试),并计划在 2014 年用其发布馆藏印象派艺术家莫奈与雷诺阿画作的图册。届时,公众可免费搜索图册的所有信息(学术词条、保护研究、注释、对比图、文献等)。

这一软件的研发过程中,芝加哥艺术学院不仅采用了大量开源(指多方共同操作)工具,还与印第安纳波利斯艺术博物馆的 IMA 试验室签订了合作协议,要求其与艺术学院欧洲绘画与雕塑、保管、图像、教育、出版、数字信息等部门的同事共同定制软件功能。

芝加哥艺术学院现任馆长道格拉斯·德鲁克又添加了新目标:软件测试成功后,还将另外发布馆藏高更、马奈、马蒂斯、毕沙罗等大师画作,以及美洲印第安艺术品和罗马艺术品图录。

在线出版项目的目的在于利用因特网向公众免费提供那些价格昂贵、数量有限的学术图录的可检索电子版,保护出版物的学术本质,保持高标准的编辑、设计与制作水平,提高出版物的发行量。同时,较之纸质版本,在线出版物中将提供大量高清放大图片及更多对比图。另外,在线发行还可随时实现内容更正、更新或增添。

● 下一步

为了再现精美独特的艺术品,艺术类出版物需精确的数码分色、理想的纸张质量、高标准的打印设备,同时还要考虑服务对象的经济能力。即便如此,博物馆除了在线出版,仍有责任发行纸质出版物。为了在竞争激烈的图书市场占据立足之地,博物馆出版的图书必须设计优良、内容准确、整体包装赏心悦目。只有这样,这些精美的图书才有继续出版的价值。

(三) 开发教育旅程

现在不少博物馆都开始以自身特色,诸如展览、馆藏、研究力量向社会公众推出知性之旅、发现之旅等。也即,博物馆由室内延伸至户外开展教育活动,带领观众实地观察探究当地的人文自然资源与特色,唤起大众对人文的尊重与认同,或培养欣赏大自然的情趣,或宣传环保的观念,呼吁人们爱惜所拥有的资源。

美国新英格兰海洋博物馆有认识波士顿湾的水域生态之旅及观察鲸鱼保育活动;洛基博物馆(Museum of the Rockies)有拜访恐龙之乡及挖掘恐龙化石活动;波士顿儿童博物馆有认识社区少数民族的生活之旅;而史密森博物学院则安排有远至世界各地的文化采风之旅、自然保留区及国家公园之旅。它在佛罗里达州设有海洋生态观测站、野鸟观测站等,长期派遣人员驻留,除开展学术研究外,亦协助野生动物追踪、植物标本采集、溪流和海洋探索等户外教育活动①。

1. 史密森旅程(Smithsonian Journeys)

这一教育旅程可追溯至 1970 年。几十年来,它由史密森会员组织负责管理,并作为会员的一项福利。从 2005 年起,史密森企业开始接手管理这一业务。

40 多年来,史密森一直致力于开辟资源,开发独特的旅程,并汇聚专家,为游客打造精彩的教育体验。作为世界上最大的、最多元的、基于博物馆的教育旅行项目,"史密森旅程"始终追求卓越,这也是其至高无上的目标。

目前,史密森企业与 30 家旅游经营商合作,部分旅程还由史密森的员

---

① 黄淑芳:《现代博物馆教育:理念与务实》,台湾省立博物馆 1997 年版,第 64 页。

工带队。旅程以及旅游经营商的选择以契合史密森的名声与特点为要义，并鼓励更多策展人担任领队和向导①。

（1）奇妙的旅程系列

"史密森旅程"的开发，注重契合公众的广泛兴趣。其中，"招牌游"无论在旅程的规划设计上，还是在节奏的把握上，都独一无二。它深入挖掘历史、文化及艺术，并探索游客自行难以企及的地方。而"探险之旅"则带游客前往最受欢迎的旅游景点，给予大家宽广的文化视野与无限乐趣。

（2）顶尖的专家团队

每段旅程，史密森都配套了顶尖的专家。在"招牌游"中，学习领队会陪伴整个旅程，是游客身边的文化百科全书，任何时候大家都可向他们询问疑难。学习领队对自己的主题领域充满了热情，会非常兴奋地与大家分享知识。在"探索之旅"中，游客还将与当地的专家碰面，包括博物馆策展人、社区领导人、当地居民，他们会在沿途提供富有洞察力的见解。另外，每段旅程史密森都安排有专业的旅行经理，负责游客的后勤和其他细节问题，让大家便利出行。

（3）特殊的行程

为游客创设有意义的体验，是"史密森旅程"的不二宗旨。所有的行程设计都经过员工调研，专为游客量身定制，并听取了学习领队和当地专家的建议。游览世界上最引人注目的景点的行程统统都经过规划，旨在让游客在最感兴趣的地方停留最多的时间，并避免敲竹杠的项目，将旅程中的麻烦最小化。

（4）游客最重要

史密森创设的旅行体验，是具启发性和愉悦的，同时还无缝链接，从游客第一次询问到最终安全返家，大家都无须操心。在游客准备的过程中，专业人士还会在旁，操办旅程安排，并照顾到大家的特别需求。

（5）品鉴当地风味

通常大家的居住地本身就是一处景点。史密森择取那些能最佳反映当地特点和文化氛围的、地理位置佳的住所，以契合游客期待的高标准。它还为大家提供品尝上佳的当地菜的机会，这亦是旅程中的一大亮点。

---

① The Task Force On Smithsonian Business Ventures, *Increasing the Contribution of Revenue-generating Activities to the Smithsonian Institution Mission*, USA: Smithsonian Institution, 2008, pp. 19 - 20.

（6）好的引导和陪伴

参与过该旅程的游客往往都会成为"史密森旅程"的忠实拥趸，感觉它物超所值。它不只提供了非常棒的导游，与有共同语言的游客同行，亦为美妙的旅程锦上添花。

2. 史密森学生旅行（Smithsonian Student Travel）

"史密森学生旅行"是一项特许服务，始于 2006 年，专门针对初中和高中学生。它通过不同类型的、实惠的旅行项目，有效传播了史密森的名字与品牌。而史密森企业与教育工作者之间的紧密沟通交流，亦确保了这些旅行项目与史密森的宗旨相契合①。

所有的"史密森学生旅行"都由英孚教育（Education First，EF）来运作，后者是全世界最大的私立教育公司。"史密森学生旅行"将英孚无可比拟的旅行经验及其逾 45 年与史密森教育资源合作的经验，运用到提供学生最好的教育体验上，并且所有旅程都因史密森的资源得到了强化。另外，"史密森学生旅行"还是第一个通过了五家当地最好的认证机构认证的。

当教师带领学生踏上该教育之旅，也就以崭新方式将课程与外部世界进行了勾连，并给予学生于教室外学习的机会。"史密森学生旅行"的班级之旅价格涵盖了所有费用，通常比竞争者低 200—400 美元。最重要的是，该旅行会是令学生难以忘怀的、让他们亲身实践的学习体验。

事实上，目前在美国有更多教师和家长选择"史密森学生旅行"，原因如下：拥有最好的教育旅程。学生能从中发现体验式学习的益处。因为史密森的资源，该旅程更显强大，并且它以亲身实践的学习活动为特色，非常有趣。拥有最实惠的旅程，每段旅程的价格都包含了一切费用，低费用使得更多师生能探索美国。拥有最安全的旅程，它是更多家长选择该旅行的理由。安全是机构的首要考虑，并且它还拥有 40 多年的经验，这无疑是最好的证明。

总之，实惠、高质量、教育性以及拥有配套支持是"史密森学生旅行"受到更多师生和家长欢迎的四大原因。而就其最重要的特色——教育性而言，该旅程具有一系列特点：

历经完全认证的教育旅程。经过五家本地公认的认证机构的完全认证

---

① The Task Force On Smithsonian Business Ventures, *Increasing the Contribution of Revenue-generating Activities to the Smithsonian Institution Mission*, USA: Smithsonian Institution, 2008, pp. 19 - 20.

意味着该旅程契合国家最好的学校标准。因此,它能够授予高中学生学分,以及教师职业发展学分,当然他们需要完成与旅程相关的课程作业。

史密森的资源强化并提升了每段旅程。史密森最华彩的部分能在旅程中得到展示,并且旅程做了特别的规划设计,以补充学校课程。另外,在线的教育者资源中心(Educator Resource Center)还附有教案、展品等信息,学生可在旅行前、中、后三阶段都获得学习体验。

互动学习:运用动手做的方法。在约翰・F・肯尼迪(John F. Kennedy)总统不灭的火焰前讲述他的故事,在林肯纪念堂前的台阶上背诵小马丁・路德・金的演讲"我有一个梦想",史密森的互动教育旅程以活动和参观为特色,参观对象尤其是那些影响国家进程的大事件的发生地。学生在此不只是学习美国,他们更在体验。

教育顾问提供专家意见。在教育顾问的帮助下,"史密森学生旅行"专门根据 21 世纪旅行者的特别需要设计了一系列辅助性学习活动。每项活动都致力于帮助学生发展新世纪所需的技能,并通过一种愉快的、亲身实践的方式,将旅行地与他们的教室内课程挂钩。

教师职业发展。教师如带领一次"史密森学生旅行"等,可以获得职业发展学分。

获得高中学分。初中学生和高中学生可以通过参加旅程并完成相关课程作业,获得高中学分。

(四) 开展邮购业务

观众经邮购获得的史密森图录(Smithsonian Catalog)上的商品通常都独一无二,因为它们是从各馆藏品中捕捉灵感创设而成,并经过了筛选。

但史密森图录这几年面临着多重严峻挑战,一方面纸、邮资以及生产成本都在不断上升;另一方面,来自互联网公司以及其他博物馆图录和网站的竞争也在加剧。并且,从目前看,史密森图录的客户渐趋老龄化,这也限制了其将来的发展潜力。

2007 年,互联网媒体第一次为图录销售带来了大收入(在那之前,互联网还未成为图录销售的有力工具)。有建议称,希望史密森企业将图录作为多渠道零售战略的一部分,并与博物馆商店、在线销售协同发展。而且,图录上销售商品的择取,也须契合史密森的名声与标准。

(五) 开展网购业务

　　基于对美国 1224 个在 2006—2011 年间享受美国艺术基金会补助的艺术机构的在线调查,47% 的机构有在线商店;31% 的机构在 Groupon 或 Living Social(团购等打折网)上提供打折优惠①。时下,不少欧美博物馆的网站都开设了在线购物功能,特别季节还有折扣或是清仓活动。

　　史密森博物学院的 SmithsonianStore. com 网站(在线的史密森图录)呈现了许多彰显博物馆(包括国立动物园)典藏的产品,也即这些文化产品的创设"从藏品中获得灵感"。一系列珠宝、家私、精美礼品、织物、玩具等都是源自机构人工制品、文档、藏品及展览的复制品或改编版本。SmithsonianStore. com 网站的所有销售利润将直接用来支持史密森的教育项目。

　　另外,史密森会员组织还开设有"艺术收藏家项目"(Art Collectors Program),它旨在促进当代美国(限量版)艺术(作品)的创作和赏鉴,为民众的收藏创设环境,并提供艺术家之间交流的平台。观众可在线购买由史密森委托制作的、当代纯艺术的印刷品和海报等。这些作品由广受欢迎的美国艺术家创作,属于限量品,另外还附有史密森博物学院的真品凭证。限量版印刷品、海报和玻璃艺术制品的销售收入将用来支持史密森的教育和文化项目。

(六) 与媒体单位合作开设频道、广播电视网,制作节目等

　　2007 年,史密森与作为美国哥伦比亚广播公司(Columbia Broadcasting System,CBS)分支机构的娱乐时间电视网(Showtime Networks Inc.)达成协议,成立了史密森广播电视网(Smithsonian Networks),并拥有了史密森频道这一合作产物。2008 年,该频道因在连续剧《运动的魔力》中的电影艺术表现,首次将艾美奖(美国电视界的最高奖项)收入囊中②。目前,该合作仍处于初级发展阶段,但通过电视和其他数字媒体以进一步实现史密森使命的潜力巨大。而广播电视网未来的财政收入增长的关键还在于节目能否

———————————

　　① 李慧君编译:《美国发布"新媒体与博物馆观众参与"调查报告》,《中国文化报》2013 年 1 月 31 日、2 月 7 日。

　　② *Smithsonian Highlights Fiscal Year 2008*,USA:Smithsonian Institution,p. 5.

搭载额外的有线电视和卫星电视平台①。

目前,更多的博物馆是通过与媒体单位合作,其中不少合作已经取得了良好的社会效益。比如,加州科学院与旧金山公共图书馆、KQED 广播电台、湾区视频联盟合作创建了一个数字化学习实验室和一个区域青年项目网络,使年轻人能够具备 21 世纪新经济所需的技能。事实上,加州科学院正实践着它的使命和向公众做出的承诺:通过提供课程计划、教育活动、教学套件、实地考察、教师研讨会和其他吸引年轻人的学习活动来"启迪未来的科学家"②。

又如,大英博物馆与英国广播公司(简称 BBC)早已成为前所未有的合作拍档。关于世界历史的 100 集广播节目——"100 件藏品中的世界历史"分三个档进行制作,由 BBC4 台负责,这对 4 台而言也具有里程碑意义。而此节目对于全球历史的叙述是以大英博物馆的大量世界性收藏品为线索的。并且,博物馆馆长尼尔·麦克格雷戈亲自担纲编者③。事实上,"100 件藏品中的世界历史"广播节目还只是双方合作制作的"一段世界史"大型社会公共服务项目的核心项目,一系列扩展项目则采取了电视、网络和电台的全方位传播形式。总的来说,"一段世界史"项目历经 5 年的精心策划与实施,成为博物馆与媒体合作的一个典范。两大强势机构在整个项目的设计与推行过程中,充分发挥了各自在业内及社会上的影响力。

除此之外,BBC 4 台还制作了一部 20 集节目,名为"莎士比亚的动荡世界"(Shakespeare's Restless World),它于 2012 年春天开播。该节目依然由大英博物馆馆长尼尔主持。他在节目中透过藏品来探讨当时引发社会关注的大事件以及由此对莎士比亚作品产生的影响,带领观众以全新视角探索莎士比亚的动荡时代,并重新认识英国 400 年来最著名的剧作家。该节目是继"100 件藏品中的世界历史"广播节目获得巨大成功之后,大英博物馆和英国广播公司合作的又一项目④。

---

① The Task Force On Smithsonian Business Ventures, *Increasing the Contribution of Revenue-generating Activities to the Smithsonian Institution Mission*, USA: Smithsonian Institution, 2008, pp. 19-20.
② 湖南省博物馆编译:《为博物馆的教育使命而喝彩》,湖南省博物馆网站,2014 年 3 月 20 日。
③ 《BBC 和大英博物馆成合作拍档》,世纪在线中国艺术网,2009 年 11 月 26 日。
④ 湖南省博物馆编译:《"莎士比亚的动荡世界":大英博物馆与 BBC 再次携手》,湖南省博物馆网站,2012 年 2 月 1 日。

◀ 第六章 ▶

博物馆教育活动规划与实施的经验框架

一、观众参观前阶段博物馆教育活动规划与实施的经验框架

(一) 规划目标

明确目标观众,并且以他们为优先服务对象;

了解目标观众的预期和需求,并探索潜在观众;

吸引目标观众,培育潜在观众,服务虚拟观众,鼓励他们前往博物馆,成为实际观众。

(二) 规划任务

1. 明确目标观众:制定博物馆教育战略规划

2. 聚焦目标观众,探索潜在观众:开展观众研究

3. 吸引目标观众,培育潜在观众,服务虚拟观众

(1) 发布信息

(2)(为学校)提供教学素材

(3) 提供在线资源与在线互动体验

(4) 开展教师培训与活动

(5) 开展参观前课堂展示

(6) 举办特别活动

(三) 实施策略与方法

1. 制定博物馆教育战略规划

博物馆教育战略规划的制定,能从纲领上梳理各馆的教育工作,是教育活动策划与实施的行动纲领和路线图。它基于博物馆的教育愿景,构建明确的教育工作重点,并制定务实的目标和达成目标的战略。教育战略规划能提纲挈领地阐明博物馆的一系列定义域问题,诸如关于"教育"的基本含义,目标观众是谁,博物馆教育发展的环境,尤其是外部环境,博物馆扮演的教育角色等。

2. 开展观众研究

观众研究是开展教育活动的前提和基础,它有助于博物馆了解:一般的参观,观众是谁? 公共教育活动的观众又是谁? 并且他们的经历、体验如何? 观众研究及其带来的数据和信息,在每个环节都扮演了重要角色,不但是教育活动策划的基础,也是持续修正和改良具体执行的关键,更有助于每个流程的环环相扣。

3. 发布信息

发布教育活动信息,是博物馆吸引目标观众参与的第一步。博物馆参观是一项自愿的、业余时间的活动,因此通过大众传媒(电台、电视和报纸等)、非大众传媒(博物馆印刷品、邮寄品、新闻发布会等)、博物馆网站以及时下热门的智能移动应用等,将教育信息传递给社会公众,这是博物馆宣传推广的必要之举。

4. 提供在线资源与在线互动体验

现代社会处于网络时代,博物馆理应充分发挥"网络"这一媒介的巨大作用。时下的博物馆网站,拥有强大的在线资源,包括数据库和搜索引擎等,供观众自由检索并下载所需素材。另外,一系列在线互动体验机会,如虚拟参观展厅、展品预览、填字拼图游戏等,以及数字博物馆的发展,都为观众的实地参观进行了生动形象的"预演"。

5. (为学校)提供教学素材

通常,学校师生是绝大部分博物馆的目标观众和主要服务对象。目前各机构越来越重视提前提供教师多元化的教学素材,鼓励他们在课堂时间带学生前来博物馆学习。本阶段馆校之间的联动,主要是为师生的实地考察做足准备,不止吸引他们前来,更让他们有备而来,经过提前准备的博物馆考察被证明更有效。

6. 开展教师培训与活动

本阶段,馆方首先要吸引教师的关注和兴趣,让他们明白博物馆资源之于教学的价值,因为只有通过教师才能带来广大学生。一系列职业发展机会诸如培训与活动,旨在向教师发布信息,推介教育项目,并讲授如何在课堂内及参观中有效利用馆内的设施设备,同时指导他们具体规划学生团体的博物馆实地教学。

7. 开展参观前课堂展示

在参观前阶段,博物馆教育人员就不妨主动、率先地走进课堂,为学生开展与学校课程相关的介绍活动。展示内容可以独立于博物馆正在展出的展览,也可以作为博物馆体验的一部分,在学生实地参观之前进行。

8. 举办特别活动

博物馆举办各种形式的竞赛、评选,以"众包"方式邀请观众策展等,以及为青少年和平时"游离于博物馆之外"的民众策划实施活动,这一方面能广泛调动公众的参与欲,有效提升教育活动的辐射面和影响力;另一方面也出于博物馆平等对待服务对象的宗旨,兑现为青少年提供不同于学校的学习环境的潜力和责任,并将教育机会延伸至非传统观众以及未受到足够关心的民众。

二、 观众参观阶段博物馆教育活动 规划与实施的经验框架

(一) 规划目标

参观博物馆是最基本和普遍的教育活动。本阶段和观众参观前阶段的最大不同之处在于,目标观众、潜在观众或虚拟观众成为实际观众,他们前来博物馆实地体验。

因此,本阶段教育工作的目标是:努力为每位前来的观众提供优质服务,包括学习上的和生活上的。其中,最重要的是围绕展览、藏品和研究,促

进现场观众的"体验式学习""过程式学习"和"愉快教育",让实际观众觉得此行值得,并且下次还想再来。

时下,展览已不是观众来馆的唯一目的。他们可以只参加一项活动,听一场讲座,或是查阅图书馆等。因此,现代博物馆及其工作者,需要尽其所能地给予观众多一份选择,多一份尽享学习的自由。

(二) 规划任务

本阶段博物馆教育活动的开展涉及三大任务:一是展览教育活动;二是与藏品、研究相关的教育活动;三是公共服务,涉及问询、接待、购物、餐饮、休憩、导引等。其中,展览教育活动是最重要的一项。

1. 开展展览教育活动

(1) 导览解说

● 人工

● 机器

● 智能移动应用

(2) 互动体验

● 互动展项

● 影剧院

● 教育/学习中心、活动中心、工作坊、探索室、实验室、教室等

● 示范表演或演示、讲故事等节目表演

(3) 延伸和拓展服务

● 讲座、座谈会、研讨会、论坛、学术沙龙等

● 纪念活动、庆典

● 竞赛、评选

● 年度专题活动

● 学生课后项目

● 夜场活动

(4) 通用设计与特别观众服务

● 通用设计

● 未成年观众服务

● 嘉宾观众服务

2. 开展与研究、藏品相关的教育活动

(1)（部分地）开放库房

(2) 开设和开放图书馆

(3) 开设和开放研究中心、独立研究室、教师资源中心等

(4) 经营数字化档案、图片、照片、幻灯片等

3. 开展公共服务

(1) 问询与接待服务：总问询处、咨询台

(2) 购物服务：纪念品商店

(3) 餐饮服务：餐厅、咖啡厅、快餐店等

(4) 休憩、导引等生活服务：室内外休息区、贵宾休息室、包裹寄存处、育婴室、集体出入口、集体餐室、导引标识系统等

（三）实施策略与方法

1. 开展展览教育活动

展览教育活动是本阶段的"重头戏"，参观展览亦是博物馆最典型的教育活动。注重"挖掘展品背后的故事"的导览解说，外加一系列互动体验项目，为实际观众带来了高度互动与沉浸式体验。另外，一系列围绕展览的延伸和拓展教育活动，以及通用设计的应用和针对特别观众的特别服务，亦成为博物馆扩大观众源、吸引目标观众前来并反复前来的有力理由。

本阶段，师生观众的实地考察理应得到馆方的特别重视，它是最常见、最频繁的馆校互动。

(1) 导览解说

无论是团体观众还是个体观众，若能在参观过程中被赋予优质的导览和解说服务，将有助于他们欣赏到博物馆的精华，最大限度地获取信息和知识。目前，博物馆导览解说主要有人工讲解、语音导览和应用智能手机等智能移动应用设备的方式。

(2) 互动体验

一系列互动展项（包括机械互动及多媒体互动）、影剧院、教育/学习中心、活动中心、工作坊、探索室、实验室、教室的应用，以及示范表演或演示、讲故事等节目表演的开展，为实际观众带来了高度互动与沉浸式体验。

（3）延伸和拓展服务

一系列围绕展览的延伸和拓展型教育活动的举办,例如讲座、学术研讨会、座谈会、纪念活动、庆典、竞赛、评选、年度专题活动、学生课后项目、夜场活动等,充分发挥了博物馆的综合优势,拓展了观众源,同时也将机构的服务时间从白天延伸到夜晚,为民众带来了别样的学习和休闲体验。

（4）通用设计与特别观众服务

使馆藏走近每一个人,被许多博物馆视为一项基本职责,并相应开展有多种适合于未成年观众、老龄观众、病残和有生理发育障碍的观众的活动,以赋予他们同样的体验机会。事实上,通用设计在博物馆中的应用是面向所有人,为了每个人的便利。时下,不少机构还提供有订制服务,为嘉宾观众打造个性化的学习体验和休闲娱乐,拓展博物馆的特色和社会影响力。

2. 开展与研究、藏品相关的教育活动

时下,一些专业观众或是对馆藏和研究有进一步需求的观众,已不满足于单纯参观展览。博物馆因此有责任为他们提供更深层次的服务,诸如（部分地）开放库房,设立并开放图书馆、研究中心、独立研究室、教师资源中心等,同时（有偿地）开放数字化档案、图片、照片、幻灯片等。这为各馆争取更多的拥趸型观众提供了可能,同时也进一步延伸了机构的教育影响力。

（1）（部分地）开放库房

藏品需要为公众充分利用,因此各机构理应在条件允许的情况下让更多藏品与观众见面。目前,一些博物馆的库房特别开放给专业研究人员、会员和嘉宾观众等。很多大学还将课堂安排在库房,结合馆藏进行实地讲授。

（2）开设和开放图书馆

博物馆内的图书馆是各机构开展教育服务的一个重要载体,因此理应尽可能地开放,让观众拥有深度利用学术资源的机会。随着资讯科技的进步,许多馆目前还开放了网上多媒体图书馆,让大家足不出户也可便利查询相关信息和知识。

（3）开设和开放研究中心、独立研究室、教师资源中心等

大部分民众来博物馆是为了游览和消遣,但也有一小部分是相对专业的观众。因此,博物馆有责任设立并开放研究中心、独立研究室和教师资源中心等,让有需求的教师、学生或专业人士拥有空间和设施设备进行科研活动。这是博物馆教育服务的重要方面,并且在国际博物馆界已成为一种趋势。

（4）经营数字化档案、图片、照片、幻灯片等

图片、照片、幻灯片等是除藏品外,博物馆最重要的关于藏品的信息载体。因此,博物馆常常成为出版机构、研究机构、媒体、广告公司等所需数字化档案的重要来源。事实上,数字化档案等不仅能够给观众带来好处,也有益于博物馆的内部发展。

3. 开展公共服务

公共服务涉及问询、接待、购物、餐饮、休憩与导引等。馆方不仅需要提供必要的空间和设施设备,更重要的是工作人员热情周到的服务。优良的公共服务能有效延伸展览空间,并辅助教育活动的开展。

（1）问询与接待服务：总问询处、咨询台

问询处的设置和作用如同博物馆的门户,是观众进入各馆后必要的短暂停留,通过材料的索取和问询促使接下来的参观活动更为顺畅高效。

另外,规模较大的博物馆,还在总问询处之外,分设一些咨询台。这样,观众若有后勤、信息方面的需求,就有了得到帮助的地方。工作人员还可顺势收集他们的各种反馈,以作改进。

（2）购物服务：纪念品商店

博物馆纪念品的开发销售是各馆展示、教育、收藏和研究的延伸,亦是丰富观众购物服务和学习体验的重要渠道。商店是整座博物馆文化产业开发和运营的重要一环,成功的文化产品开发销售一般具有如下特点：立足本馆独具特色的收藏,"从藏品中获得灵感";附有文化背景,揭示产品背后的故事;讲究品质,制作精良;品类丰富,价格差异化,满足不同观众的需求。

（3）餐饮服务：餐厅、咖啡馆、快餐店等

时下,大部分观众都将参观博物馆作为节假日闲暇时的文化休闲活动,并且往往愿意选择那些提供良好餐饮服务的机构。提供价廉物美餐饮的快餐店以及别具一格的餐厅、咖啡馆等,可以起到延伸展览空间、传播教育的作用,同时大大提高观众的满意度和博物馆的社会效益。

机构需要明白：参观博物馆其实是相当累人的,因此观众需要一些茶点来补充能量。餐饮设施的规模可视各馆的整体预算而定。但是,即便只提供咖啡、茶与小点心,也可让观众拥有完全不同的体验。若实在无法提供饮食,那么最起码要有饮水机或饮料贩卖机。

（4）休憩、导引等生活服务

21 世纪的博物馆理应有效把握公共空间,妥善处理观众的生活服务,

以促进其馆内的学习体验。诸如,开辟给学校团体存放衣物和午饭的空间、专门的师生午餐室、独立的团体出入口,以及室内外休息区、贵宾休息室、育婴室、洗手间,或是走廊、无障碍设施、导引标识系统等的规划,都必须以人为本,彰显现代博物馆"为了所有人"的服务理念。

三、 观众参观后阶段博物馆教育活动规划与实施的经验框架

(一) 规划目标

为实际观众提供后续服务,与他们保持联动,于馆外空间延伸其学习体验,力求将他们从普通参观者发展成为忠实拥趸;

以博物馆的全民教育和终身教育为目标,将教育项目传播至更多的社区民众,尤其是那些未能成为"实际观众"的"目标观众"或"潜在观众",以及相对弱势的群体,力求博物馆教育分享的最大化及成效的最大化;

主动收集梳理实际观众的意见建议,评估教育活动成效,为博物馆的下一次进步指明方向并提供决策依据;

继续博物馆的文化产业开发,为其创收的同时更传播教育影响力。

(二) 规划任务

1. 为实际观众提供延伸和拓展服务

(1) 发展网络联动:

● 在线满足观众信息化需求

● 构建社交媒体平台

● 召开在线会议

(2) 发展会员与志愿者

● 会员

● 志愿者

(3) 提供职业发展机会

● 奖学金

- 实习
- 教师职业发展
- 学分、学位。

（4）与学校等教育系统的继续联动（实际观众）

- 开展到校服务、驻校服务
- 外借教具
- 开发远程教育
- 发展中长期合作项目。

2. 将教育项目传播至更多民众，实现全民教育和终身教育

（1）与学校等教育系统的联动（目标观众或潜在观众）

- 开展到校服务、驻校服务
- 外借教具
- 开发远程教育
- 发展中长期合作项目。

（2）举办巡回展览

（3）开展社区活动

3. 评估教育活动

4. 继续博物馆的文化产业开发

（1）发行杂志

（2）出版图书

（3）开发教育旅程

（4）开展邮购业务

（5）开展网购业务

（6）与媒体单位合作开设频道、广播电视网，制作节目等

（三）实施策略与方法

1. 发展网络联动

参观后阶段博物馆网站和智能移动应用的功能发挥，有助于实现馆方与实际观众的持续联动。博物馆可以在线满足观众的信息和知识需求，亦可构建社交媒体平台供他们发表观点、结交朋友。另外，在线会议也即虚拟会议的推出，更架起了观众和博物馆专家、学家之间沟通交流的桥梁。

2. 发展会员与志愿者

目前，欧美各国博物馆普遍重视将会员与志愿者作为自身发展的重要社会力量，投入了大量人力、物力开展相关活动，以拓展其数量，并提升他们的投入度、贡献度和忠诚度。他们的参与有助于博物馆实施各项业务，同时缓解部分机构人力、物力匮乏的困境。重要的是，他们还可帮助招徕新观众，巩固公众对博物馆的持久信赖感，提升机构的公共形象。

3. 提供职业发展机会

一座优秀的博物馆，理应立足并发扬自身的展览、教育、藏品和研究等综合优势，为更多的社会公众诸如经常前来的教师、学生、专业人员等提供职业发展上的引导和扶持，具体包括一系列奖学金、实习、教师职业发展机会等，有的机构还能独立或联合授予学分和学位。

4. 与学校等教育系统的联动

针对各教育系统尤其是学校（无论其是经常前来还是从未使用过博物馆），博物馆理应与它们保持定期联动，积极主动地提供教学素材和非正规教育服务，构建博物馆辅助学校正规教育的功能。具体包括：开展到校服务与驻校服务；外借教具；开发远程教育；发展中长期合作项目等。

5. 举办巡回展览

当今，博物馆承担着社会教育的重要使命，包括覆盖至那些对博物馆不甚了解或完全不了解的人，以及从未接受过其服务、从未前来参观的人。博物馆携带展品及活动，举办巡回展览（包括自主举办和借展等），一方面让未能前往的公众也分享其资源；更重要的是，有效集结了各方资源，突破地域局限，广泛传播了展览、教育、藏品和研究等综合实力。

6. 开展社区活动

博物馆是所在社区的文化中心，社区是各馆延伸教育活动的主要目标。社区项目对于机构争取公众认同与支持、扩大影响力并吸引更多的人走进博物馆是很有意义的；另外，这也是机构积极主动地回馈社会，最终达到融入和服务社区的有效途径。

7. 评估教育活动

教育活动的评估是一项重要的管理任务，对下一次的项目决策很有价值。博物馆教育部门及相关工作者理应定期系统审视并评估所有的教育项目，运用"现有资源最有效地服务目标观众"这一标准来确定哪些项目可能被削减、增添或是修改。评估的最终目的都是为了推动博物馆教育水平的不断提升,并惠及公众。

8. 继续博物馆的文化产业开发

当观众步出博物馆大门,回到家,亦是各馆为他们延伸学习体验,并继续文化产业开发的良好开端。具体包括:出版书籍、发行杂志,开发教育旅程,开设邮购和网购渠道,与媒体单位合作开设频道、广播电视网,并制作节目播放等。总之,通过一系列文化产品和服务的开发与运营,使得博物馆更融入民众的日常生活,同时延伸和拓展机构的社会影响力,强化自身的造血功能。

◄ **第七章** ►

提升我国博物馆教育活动
水平的对策与建议

一、启示与思考[①]

2008 年,中共中央宣传部、财政部、文化部和国家文物局联合下发了《关于全国博物馆、纪念馆免费开放的通知》,要求全国各级文化文物部门归口管理的公共博物馆、纪念馆,全国爱国主义教育示范基地免费开放。中央财政每年为此拨付专项经费 20 亿元。

但目前,一个不争的事实是,除了有较大知名度的博物馆,其他场馆似乎越免费,越少有人问津,许多观众去了一次之后便不愿再进入。究其原因,一方面是旅行社在线路组织过程中,由于场馆免费,拿不到过去的门票回扣,因此不愿意将博物馆景点编排到旅行产品中,使得机构少了许多团体客源;另一方面则归因于大多数公众还未形成参观博物馆的习惯。缺乏这种习惯固然与其本身文化素养不高有关,但场馆没有发挥自身作为教育机构的职能,也是这种现象形成的另一个深层次原因[②]。

反观欧美发达国家的博物馆教育,我们不禁感叹:中国博物馆教育虽然近年来不断发展,但与西方之间还是存在着较大差距。

首先,随着一批批现代化大中型博物馆相继建立,我国博物馆在建筑、设施及展品上已与西方博物馆接近,甚至毫不逊色,但绝大多数馆仍未将"教育"视为核心功能,更谈不上明确自己的教育使命和宗旨。很多机构至今打着"藏品第一"的旗号,认为博物馆就应该以收藏和研究为主。如此一

---

① 部分参考了湖南省博物馆"中国博物馆与青少年儿童教育项目"赴美学习考察小组:《浅谈当代美国博物馆教育——湖南省博物馆教育人员赴美考察报告》,2010 年,第 15—16 页。

② 马晓龙:《财政补贴博物馆要让公众受益》,《中国旅游报》2013 年 7 月 8 日。

来,自然不会将"社会教育和公共服务"作为自己的中心工作,推出的项目和活动效果当然差强人意了。

其次,博物馆教育部门以及教育工作者在机构内没能得到应有的地位、重视和投入,相较展览、藏品、研究等板块,教育工作如同"二等公民",辅助和附属意味强烈。同时,馆内也没有真正形成"博物馆教育人人有责"这种"大教育"理念。大多数时候,教育部基本是在单打独斗,导致馆内教育资源特别是人力资源尚未得到充分的整合和利用。而博物馆本该与外部进行的合作,很多机构尚未开展或者刚刚开始探索。

再次,虽然部分国内博物馆正在尝试针对不同人群推出不同的教育项目,但都处于一种粗放式的初级发展阶段,没有形成一个科学完善的体系,更缺乏常年的经典教育项目。主要表现在:活动前无策划和观众研究;活动实施徒有形式,缺乏内容支撑;活动举办不多,有些甚至是"一锤子买卖";活动后缺乏评估等。因此,长时间以来活动都得不到提升、持续及推广。事实上,教育活动的策划与实施牵涉方方面面的资源,因此必须结合馆内展览、藏品和研究等综合资源对活动作整体考量,敢于创新,鼓励创新。

最后,从社教队伍的素质和结构来看,有了一些变化,但仍显不足。一方面从业人员的学历普遍提高为大专以上,一些大学本科生及少量研究生开始进入社教队伍。另一方面讲解人员的比例有所下降,活动策划与实施人员逐步增多。但总体上教育人员的入职门槛还是偏低,并且对其所学专业是否与教育学、博物馆学或者与本馆所研究的学科相关也无过多要求。在教育部内部,尚未根据观众类型和工作内容对教育人员的岗位进行细分。当进行专业培训时,比较注重讲解工作,而忽视了对博物馆学、教育学、心理学等理论和实践的学习,以至于教育工作者普遍专业素养不高,对国际博物馆教育的发展知之甚少,并直接导致工作水平迟迟得不到突破性提高。

此外,中国博物馆的发展虽已跨入信息化时代,但教育手段的科技化程度明显偏低,并且很多时候是徒有形式。不少馆至今没有建设自己的网站,一些有网站,但存在信息更新不及时、内容不丰富、形式生硬、与观众互动不广泛深入等问题。总的说来,网络教育尚未普及,特别是专门针对青少年开发的网络教育项目极度缺乏,同时对网站的利用也鲜少配合观众参观博物馆的前、中、后多阶段。此外,博物馆对于新媒体的运用(如微信、微博、App等)也严重滞后,未能跟上观众时下的社交潮流。

但值得肯定的是,自从中国博物馆进入免费开放时代,博物馆教育的确迎来了一个难得的发展契机。免费开放是政府建设以人为本、和谐社会的承诺之一,其目的在于增强艺术在民众生活中的地位与作用,提升国民特别是青少年的文化素养。它要求博物馆更加融入社会,更加贴近群众、贴近生活、贴近实际,并将推动博物馆自身的改革和博物馆事业的整体发展。所以,如何更进一步重视和凸显教育功能,明确教育使命和宗旨,提升教育工作水平,从而迈向真正的公众性,成为中国博物馆界目前亟须直面和解决的问题。

另外,客观地说,对于政府管理层而言,授博物馆等场馆以"鱼"并不难,且授予"渔"也不是任务的终结,对机构获得"鱼"之后所发挥的教育成效和所承担的职能进行客观评估、监督与改进,最大限度地发挥这些场馆理应发挥的教育作用,才是财政每年补助那么多经费的根本目的[①]。

二、对策与建议

目前,免费开放虽然拆除了博物馆的有形经济门槛,但是如果博物馆教育理念依然固守"灌输教育"的模式,那么横亘在观众与博物馆之间的无形门槛依然不会打破,观众对博物馆仍然会敬而远之[②]。

对博物馆而言,为了合理规划并有效实施教育项目和活动,一系列内部、外部的支撑条件不可或缺。无论各馆性质、级别、规模、类别、属地如何迥异,皆应加大对教育的重视,并提升教育部门和教育工作者的地位。同时,在活动开展的整个过程都应提供合格的人力和充足的物力支持,从软件和硬件上双管齐下。另外,运用科学的流程规划与实施教育活动,尤其把握好其中的一些关键性节点。最后,也是最重要的,那就是对观众的重视、"以人为本"的理念必须一以贯之。

通过对欧美博物馆教育先进理念和成熟实践的分析研究,并结合中国博物馆的现状尤其是问题,笔者认为,要提升我国博物馆教育(活动)的水平,如下14个方面值得探索和借鉴。

---

① 马晓龙:《财政补贴博物馆要让公众受益》,《中国旅游报》2013年7月8日。
② 单霁翔:《从"馆舍天地"走向"大千世界"——关于广义博物馆的思考》,天津大学出版社2011年版,第99页。

1. 将博物馆制度化地纳入现代国民教育体系,尤其要加强馆校合作

博物馆是国民教育的特殊资源和阵地。将博物馆纳入国民教育体系,符合国际博物馆界的发展潮流,既是各馆履行教育使命的需要,也是完善我国现代国民教育体系,形成终身教育体系的必然要求。

在博物馆事业发达国家,将博物馆纳入国民教育体系已经成为普遍行为,创造了许多值得借鉴的经验。这些可以从馆校合作的广度和深度,包括博物馆为学校服务的规模、学校项目的优先度、为学校服务的标准化趋势等方面一窥究竟。据非正规教学中心 2004 年的调查,在美国,除一般参观外,有 1 825 个非正规科学教育机构有 K—12 科学教育项目,占全部机构的 73%。非正规科学教育机构服务的学校数达 73 000 所,占美国全部学校数的 62%,直接或间接影响到 9 000 个学区、200 万名教师和 3 600 万名学生,几乎每 50 所中小学校和 1 000 名小学教师就有一个享受了该教育服务。与此同时,支持 K—12 科学教育的年度经费已超过 10 亿美元,在过去 5 年中增长了 4 倍。平均每个非正规科学教育机构每年向这些项目投入 3 万美元(或全部预算的 5%)。除了一般参观外,所有的科技博物馆都为教师、学校或地区提供许多教育服务。机构认为这种支持学校的项目理应是高度优先的,给服务于教师和学校项目优先和比较优先的机构占全部机构的 95%。另外,自 1995 年美国政府颁布国家科学教育标准以来,科技博物馆的教育项目就开始了向标准靠拢的趋势,各种活动的开展尽可能结合该标准[①]。

因此,我国若要制度化地将博物馆纳入现代国民教育体系尤其是青少年教育体系,除了由政府制定法规,明确博物馆纳入国民教育体系的内涵及要求,即主要为青少年教育服务外,重点纳入义务教育体系,通过制定有效的政策措施,切实融入中小学教学计划。同时,政府对博物馆纳入国民教育体系,服务学校给予充分的财政保障。

此外,还必须由教育部门协调建立馆校联系制度,指定专人负责促进馆校联系;制定教学大纲时,将组织学生到馆参观学习列入教学计划,明确规定教师有义务和责任创造机会带学生参观;同时,将博物馆纳入教师培训计划,要求教师树立博物馆教育理念,熟悉并善于利用博物馆资源辅助学校教育。

当然,对于博物馆而言,也要积极创造条件,开展各种形式的教育活动,

---

① 钱雪元:《美国的科技博物馆和科学教育》,《科普研究》2007 年第 4 期。

特别是对青少年儿童的教育,被看作是机构教育活动的基本内容。具体包括设置专门以服务中小学生参观为主要职责的人员,提供讲解和相关服务;为学校教学提供教具教材和特别辅导;赴学校举办展览和活动。

从实践层面讲,馆校合作关系的维系不是仅仅靠博物馆教育工作者和学校教师就可以的。博物馆需要通力合作将资源转化为对学生可用的,同时学校也必须切实将博物馆作为一个学习的场所。在双方成功合作的几个关键性因素中,交流和沟通必不可少。首先,学校应该向博物馆陈述清楚自己的期望,而博物馆也要向学校讲明自己的需求。对于整个合作过程来说,需要彼此具有持续的意愿去发展、试验(尝试)和评价。根据美国《博物馆》杂志(2011年第1期)金·福特尼(Kim Fortney)的论述,中大西洋博物馆协会和美国博物馆协会已就理想的馆校合作关系,归纳出如下建议:

勿照搬课堂教学,打造与课堂不同的学习体验;了解目标学校许可实地参观的程序;了解学校课程大纲,找到博物馆的切入点;制定标准,申明标准,并严格遵守;了解学校正在使用的资源,如课本等;系统化地展示博物馆可提供的资源及对学校教学大纲的完善价值;了解受众及其需求,寻求交汇点;向教师提供资源并帮助他们获取资源;在学校团体参观前,对学生需求进行评估;获取每个学校的联系信息;与教师取得联系;授权给在项目一线工作的人员;吸纳教师进入顾问委员会,并加入学校中的类似组织;邀请教师参与博物馆研讨会并了解其体验;清楚博物馆的优势;创造安全的学习空间;对博物馆体验进行评估并将其作为博物馆影响力的证明;组织性强;变通性,准备后备方案;低价或免费向学校提供博物馆空间[1]。

当然,将博物馆制度化地纳入现代国民教育体系并不只是馆校合作那么简单。它是一项长期且艰巨的事业,总体涉及三大层次(类似于金字塔格局):法规和政策(顶层)、运作机制(中层)、措施和手段(底层)。而馆校合作,正属于措施和手段范畴,相当于金字塔的底层,涉及机构和单位面广,并包括一系列博物馆与学校的责任和作为等;而金字塔的中层是运作机制,包括政府部门协作联动机制、考核机制、经费保障机制等,从一系列机制上保障将博物馆纳入国民教育体系;金字塔的顶层,自然是从制度层面入手,包括以立法形式确立博物馆作为国民教育体系有机组成部分的法律地位,明确其内涵及要求,使博物馆融入国民教育体系有法可循、有章可依。

---

[1] 李慧君编译:《美国博物馆为学生群体做些什么》,中国文物信息网,2014年1月8日。

因此,唯有这三大层次的机构和单位通力合作,致力于发挥我国博物馆的非正规教育特色,并与学校正规教育紧密结合,组成社会教育网,方能最大范围、最大限度地惠及青少年与全民,实现将我国博物馆制度化地纳入现代国民教育体系的伟大使命。

2. 提高教育部门及教育工作者的地位

虽然,自 2007 年始,"教育"已作为博物馆的第一功能予以界定,同时我国不少博物馆的口号也都更新为"一切为了教育",不断地在教育方面投入努力,但事实上,教育的地位仍然低于藏品、展览和研究。长期以来,无论是职业地位,还是受领导层的关注度,教育部门以及教育工作者在大部分机构都被视为"二等公民",在整个工作版图和团队中尚未获得应有的位置。原因主要有:有些博物馆仅将教育视为附加功能,认定教育项目和活动不是主要的、优先的;教育部门负责人在高层决策时未能参与和拥有发言权,在高级管理层没有一席之位。

事实上,"教育"理应是整个博物馆的工作重点。而提升教育部门以及教育工作者的地位,是关系到组织文化的大问题。因此,各馆必须:

(1) 将教育纳入博物馆的战略规划,并置于显著位置。

(2) 资源配置倾向教育工作和教育部门,馆方的高级管理层要给予支持。

(3) 采取措施,更好地界定教育工作者的专业角色,并提升他们的职业地位。一方面,人力资源部门或办公室需要创设连贯的教育工作序列及相应描述,并将这些序列应用于教育工作者;另一方面,领导层宜鼓励并嘉奖在博物馆或是主题教育领域获得认可的教育工作者①。

时下,博物馆工作者尤其是本馆领导应当顺应发展趋势,转变观念,在机构定位、办馆宗旨和经营管理中,给予博物馆教育足够的重视。包括在馆内大力提倡"大教育"理念,并且紧紧围绕"教育"这一中心来开展日常工作。同时,不论规模大小,各馆都应设立健全的、负责教育活动策划与实施的公众教育部或教育服务部。且该部门在全馆各部门中占有重要地位,以推进公众教育为主要使命。最后,则是在现有基础上,提升教育部门与教育工作者的地位,以及对其的支持和投入。

---

① Office of Policy and Analysis, *Lessons for Tomorrow: A Study of Education at the Smithsonian*, USA: Smithsonian Institution, Vol. 1 Summary Report, 2009, p. 68.

3. 建立专业化的教育工作者队伍,明确其职责,并定期开展培训

当博物馆致力于自身教育潜能的探究时,常常会发现制约教育活动可持续发展的重要因素是缺少专业的教育人员。他们是在博物馆的特殊环境中协助学习者学习的人,是机构落实教育功能的关键。

一项为期两年、由国家文物局针对全国 2 300 多家博物馆运行状况进行的问卷调查[①]结果显示,中国庞大的博物馆从业者中近 90％ 的工作人员是大专、中学甚至小学毕业,只有 10.6％ 的人拥有全日制大学本科或以上学位,其中毕业于博物馆专业的更是寥寥无几。而所有这些人从事的都是核心的博物馆工作。在这样的背景下,我国博物馆教育工作者队伍的质量十分严峻[②]。

而美国、日本等国都在博物馆工作者的教育背景方面设定了严格门槛。它们认为,博物馆理应是高素质人员集中的场所,低于硕士研究生水平的人一般无法从事核心工作。事实上,欧美博物馆开展的教育活动之所以富有成效,与其背后的专业化教育工作者队伍有着密切关系。通常,这些专职的教育工作者由教育活动策划者、导览员和博物馆教师三部分人群组成。他们普遍受过良好教育以及博物馆教育方面的专业培训,担当着活动策划者、组织者、承办者、宣传者和解说者等多重角色,帮助机构最终达成教育目标。

一般情况下,教育部人员的配备须基于对工作者数量和所需技能的考量。时下,我国不少机构都面临着人员短缺问题,这其实和机构未能根据可用员工来设计教育功能有一定的关系。同时,馆方还需确保教育人员的技能与教育战略规划所制定的项目需求契合。具体包括:招聘新人时,设定好标准;对现有员工即将承担新职责(超出原有领域)的给予培训;并对所有员工投入时间和资源,进行继续教育。若没有充足的、分门别类的员工来执行项目,建议不妨暂停该教育项目。

鉴于此,博物馆有必要开展一系列在职培训,尤其加大对教育工作者综合能力的培养,强调其需具备多方面的业务知识,包括熟悉本馆的陈列及馆藏等。对各机构而言,培训都是一项长期作业,可针对对象的不同等分阶段进行。具体包括:(1)传播关于外部博物馆界、教育界以及学术界有效实践的最新研究;(2)举行研讨会、座谈会、工作坊等,并对所有的教育工作者

---

① 收到 14 000 多份有效问卷,约 2 000 位馆长应答。
② 赵颖、吉哲鹏:《调查显示:中国博物馆从业人员专业素质普遍偏低》,新华网,2009 年 7 月 29 日。

（以及馆内其他员工）开放，可涉及一系列议题，如教育领域的最新研究，应用最新技术、运用成本效率的方法评估教育项目的影响力等；（3）与人力资源部门一起，在非教育部门成员承担与教育相关的职责和职位（包括管理职位）前，开展针对他们的培训[①]。

时下，对我国许多博物馆而言，一个现实情况是，不是所有置于教育管理岗位上的个体都经历了相关管理培训或具备管理经验，有些甚至还缺乏教育方面的经验。而博物馆若无有效的教育管理，其战略规划、资源投入提升、结构调整以及其他加强教育的行动都将成为无稽之谈。因此，必要的起点是在各层次都落实合格的主管，并让他们对特定目标的完成负责。同时，教育部门主管理应持有教育领域的知识和技能，以及核心管理技能，诸如战略规划和营运规划、项目管理、人事管理能力等。其职责包括：（1）制定项目决策框架；（2）制订计划并执行；（3）在项目开展的各阶段都应用成本效率思维，包括项目的构想阶段、开发阶段、运作阶段、评估阶段；（4）在可行的情况下，实施项目的各阶段评估，如前端评估、形成性评估、进程评估以及总结性评估等；（5）定期系统检阅所有项目，无论是现存的还是被提议的，鉴定哪些项目被削减、增加或修改，运用标准是"现有资源最有效地服务目标观众"[②]。

而除了教育部门主管，相应地，博物馆馆长也需要：（1）明确本馆教育主管的资格、素质，确保现在的管理者以及今后的招聘者具备所需的知识和技能，或是提供他们必要的培训；（2）为拥有管理潜质的员工搭建职业发展轨道；（3）将教育主管纳入博物馆高级管理层[③]。

综上所述，针对目前的实际，我国博物馆界亟须提供政策保障和开展专业培训来加快教育队伍的转型。一方面，提高进入门槛以保证人员的专业素养水平，不仅在学历上有所要求（如至少为本科以上），而且对所学专业也提出要求（如须为教育或博物馆相关领域）；同时，制定与职业发展规划相结合的人才引进培育制度和薪酬管理体系，吸引优秀人才加盟，稳定队伍，为机构未来的发展进行人才布局。另一方面，对现有人员进行博物馆学、教育学、心理学等方面的培训，加快其专业发展，促进其对已有的实践经验进行

---

①　Office of Policy and Analysis, *Lessons for Tomorrow: A Study of Education at the Smithsonian*, USA: Smithsonian Institution, Vol. 1 Summary Report, 2009, pp. 67 - 68.

②　Ibid., p. 48.

③　Ibid., p. 47.

理论反思，以逐步改变目前的队伍现状①。

4. 教育项目的策划与实施宜分众化、一体化及衍生化

纵观欧美等博物馆事业发达国家，其教育活动的组织管理模式值得探究。它们虽因各自国情、馆情不同而有所不同，但具备了几个共通特点：一是根据服务对象和工作性质，实行“分众化”教育项目管理；二是对观众参观博物馆的前、中、后三阶段进行“一体化”管理，涉及具体的策划与实施；三是围绕某个主题，开发一系列衍生教育活动，也即施行“衍生化”管理。

首先，为了满足不同观众的需求，同时提高博物馆教育的成效，教育活动的规划设计宜分众化。有些机构的教育部门成员还根据观众进行细分，如专门针对幼儿园孩童的教育工作者等。而在芝加哥艺术博物馆等机构，教育部细分有成人教育项目、教师项目、学生项目、家庭教育项目和阐释性媒体项目等。

其次，何谓“一体化”？欧美博物馆界认为，教育活动不局限于观众的实地参观阶段，也包括参观前和参观后两个阶段的。参观阶段的活动固然是主体，但吸引目标观众、潜在观众和虚拟观众前来，以及对参观后的实际观众继续提供教育产品和服务，也都很重要。虽然三阶段教育活动的目标、任务不同，实施策略和方法也各有侧重，但几个阶段是一以贯之、环环相扣的一个系统，因此必须进行一体化管理，如此才能达求博物馆教育活动成效的最大化。

再次，博物馆立足某个主题，如与其展览、研究和藏品有关，开发一系列延伸和拓展型教育活动，此谓“衍生化”。例如，“一段世界史”就是大英博物馆与英国广播公司（简称 BBC）成功合作的产物。它以“100 件藏品中的世界历史”系列广播节目为核心，另外包括三大衍生项目——“互动式数字博物馆”、面向青少年儿童的“‘遗产’系列项目”、“BBC‘一段世界史’综合网站平台”，涉及广播、电视、网络多种媒体形式。

5. 博物馆应拥有创新精神和文化，教育活动当富有特色并打造品牌

事实上，分众化、一体化和衍生化教育项目都是各机构在长期实践中的经验小结，亦是不断试验、调整和完善的成果。博物馆作为一个学习机构，理应鼓励尝试，并保证一定的资金用于试验，同时将资源向创新型教育项目

---

① 湖南省博物馆“中国博物馆与青少年儿童教育项目”赴美学习考察小组：《浅谈当代美国博物馆教育——湖南省博物馆教育人员赴美考察报告》，2010 年，第 16 页。

倾斜,支持致力于提升教育活动的研究。另外,机构各级领导层和管理层也须界定并培育一种组织文化,支持创新和试验,鼓励团队作业以及跨单位合作等。

但是目前,即便是我国的一级博物馆,也还是缺乏作为一个学习型机构应有的价值观。各层面或多或少都厌恶风险和改变,并避免试边学,避免学习中犯错。另外,资金分配也很少向试验性工作倾斜。如此一来,不止是机构的创新型教育活动迟迟出不来,更遑论历经时间考验的经典、品牌项目了,更重要的是,博物馆的创新精神和文化久久得不到树立,这些都需要尽快得到改变!

2013 年,美国博物馆联盟"博物馆未来中心"、EmcArts 机构①和大都会人寿基金会(MetLife)②宣布启动"博物馆创新实验室"第三期计划③。本期资助的领域主要为:青少年教育、人口转型以及参与式体验。"博物馆创新实验室"创立的目的在于帮助入选的博物馆设计、研究及制定创新的做法,并在实验室环境下对新方法进行测试。每期项目为期一年,以参与机构为平台,推动文化领域的"机构创新"。并且,为确保该项目能指导博物馆规划以及帮助博物馆发展新方法及标准,"博物馆创新实验室"的所有成果都会被整理成册,将惠及美国博物馆联盟成员和全美几万家博物馆以及国际博物馆群体④。

事实上,理念上的变革和创新是一切行动之源!博物馆若想真正提升教育活动质量,以及观众的学习成效,首先得从观念上的改变开始。当然,改革需要阵痛。博物馆若不放下原来高高在上、由社会精英主导、对观众进行灌输式教育的姿态,若不以一种更人性、亲民、平等的形象主动走向社会,并真正将这些理念植入博物馆的宗旨、使命以及每一位博物馆人的内心,那么一切努力都只是小打小闹,不成气候。

————————

① EmcArts 机构是一家杰出的非盈利性的创新服务提供商,服务对象为全美范围的艺术、文化机构。EmcArts 创新项目支持各种规模文化机构的新战略发展及执行。EmcArts 的项目包括直接孵化的、具体的创新项目,以及能引发新思维和建设创新文化的引导性项目。
② 大都会人寿基金会由美国大都会人寿保险公司于 1976 年成立,致力于为全球范围的个人和社区打造一个可靠的未来。其涉及的项目主要集中在关注老年人、培养青少年及建设宜居社区等方面,为各年龄阶段的人群创造更多的机遇和机会。自成立以来,大都会人寿基金会拨款、投资总计 5.75 亿美元。本期项目资金 50 万美元由大都会人寿基金会提供。
③ 前两期项目分别于 2012 年 1 月和 2012 年春季启动。
④ 湖南省博物馆编译:《美国博物馆联盟"博物馆创新实验室"第三期计划正式启动》,湖南省博物馆网站,2013 年 5 月 8 日。

　　由于每座博物馆的馆藏文物、展览主题和内容、研究重点皆不尽相同，加之各馆所处的地域环境及文化差异，实现教育项目的个性化和创新性完全具备可能。但目前许多机构盲目借鉴他馆的活动内容和形式，有的甚至完全照搬，未能突出本馆特色，因此活动很难长期维持，经典化或品牌化更无从谈起。出现此种情况主要是教育活动策划与实施者对本馆的发展理念、资源、环境及人员情况等缺乏足够的了解和运用所致。

　　事实上，我们理应集中现有优势并选择重点项目以寻求教育瓶颈的突破。根据中国博物馆目前教育工作和人员队伍的状况，不宜全面铺开、多点推进，而应选择社会需求比较热切或者馆内运作相对成熟的项目作为突破点，将其常态化、经典化。通过以点带面，逐步针对不同人群形成教育策略，从而促使我国博物馆教育由粗放式向精细化转变，最终建立起一个完善、多层次、具有互动性的教育体系[①]。

　　6. 制定科学的博物馆教育战略规划

　　博物馆教育战略规划是机构规划与实施教育活动的纲领，其制定亦是各馆重视教育工作、提升其地位的明确化。目前，我国绝大部分的博物馆都缺乏该规划，缺乏制定的意识，同时对于如何科学地制定规划，更是茫然。

　　一般来说，教育战略规划都有一定的跨度，比如五年。它明确了博物馆的教育宗旨、总体目标、具体目标和行动步骤等。其中，对"教育愿景"的阐释不可或缺，因为唯有拥有务实、明确的愿景，才能制定清晰的战略性工作重点。"教育愿景"是以结果为导向的"终点"，定义了博物馆教育功能发挥的长期目标是什么，并影响到具体的工作重点制定和资源配置进程。

　　我国博物馆在制定规划时很少重视对"教育使命/宗旨"的阐述，使得机构在发展过程中缺少核心导向和远景目标，同时也导致公众对博物馆的功能和定位缺乏应有的了解。事实上，国际上不少博物馆都将其理想/愿景、使命、价值观等明确张贴于进馆处，一方面让馆内外人员都清楚博物馆的立身之本——教育，另一方面这也作为公众对机构的监督。因此，为了提升教育的地位，并将资源集中到战略重点上，我国博物馆的高层领导理应将教育战略规划与本馆战略规划高度关联。与此同时，教育战略规划的制定需要

---

　　① 湖南省博物馆"中国博物馆与青少年儿童教育项目"赴美学习考察小组：《浅谈当代美国博物馆教育——湖南省博物馆教育人员赴美考察报告》，2010年，第16页。

覆盖以下几个要素：

● 对整个博物馆而言，"教育"的基本含义，以及谁是目标观众。

● 基于博物馆的教育愿景，构建明确的教育工作重点，制定务实的目标和达成目标的战略。

● 探索并明确博物馆教育活动开展的外部环境。

● 将博物馆的内部和外部教育功能置于更广泛的国民教育（甚至是全球教育）背景下，也即，鉴于本馆的独特历史和优势，定位它在国内教育（以及国际教育）舞台上可能发挥的角色。

● 阐明现场活动与延伸活动之间的平衡，并发展两者间的协同效应。关注正规教育与非正规教育项目的平衡、现场观众与延伸活动观众的平衡、新观众与传统观众的平衡。

● 审查所有的现行教育项目，评估它们在实现教育目标方面的附加值，在使用稀有资源上是否达到了高效益，以及财务方面的可持续性。并且，重新设计和调整教育项目，以完成指定目标，契合工作重点。这可能需要中止一些项目、强化另外一些，或是发展新项目。

● 从长远的观点看问题，应用可持续的、灵活的思维方式。①

总之，教育战略规划是博物馆开展教育活动的总行动纲领。一份科学、完善的教育战略规划，是各馆规划与实施教育项目的良好开端。目前，我国各博物馆亟须拥有理念和方法来制定务实的教育战略规划，同时发挥其功效。

7. 加强观众研究

"观众研究"是规划与实施博物馆教育活动的前提和基础，也是欧美各馆的普遍重视对象。它有助于博物馆了解其目标观众和潜在观众是谁、他们的个人状况和经历怎样、他们有什么需求、各类观众有什么不同的期望等。

其实，博物馆对观众的了解，以及对教育活动的评估，都是其整体思考的有机组成部分。因为若缺乏对于对象的认识，便无法设计适当的活动；若无法评鉴活动的成效，便无从得知其优劣、改善活动设计，进而提升博物馆的教育功能。并且，观众研究及其带来的数据和信息，在教育活动的每个环节都扮演了重要角色，不但是策划的基础，也是持续修正和改良具体执行的

---

① Office of Policy and Analysis, *Lessons for Tomorrow: A Study of Education at the Smithsonian*, USA: Smithsonian Institution, Vol. 1 Summary Report, 2009, p. 42.

关键。

开展观众研究,需要注意调研对象选择的科学性以及对调研结果处理的科学性。不同的博物馆、不同的教育活动,其目标观众都不同,调研的主要对象亦不同。通常,观众研究采取的方法有:定量调查、定性访谈以及观众跟踪等。

虽然我国已有一些博物馆开始尝试观众研究,但是大部分馆还无此习惯。即便是迈开步伐的机构,无论在观众研究开展的方式方法上,还是对研究结果的应用上,都处于初级阶段。因此,我们一方面要重视观众研究,另一方面宜积极借鉴欧美机构的成功实践。可喜的是,目前由国家文物局牵头的"国家一级博物馆定级和评估"中,已将"观众调查"列入指标体系。同时,越来越多的博物馆开始尝试协同社会第三方机构开展观众研究,并公布部分的调查结果。

8. 重视教育活动评估

美国博物馆协会制定的"美国博物馆的卓越性"报告中,就博物馆的"使命和规划"提出,博物馆(理应)建立衡量成功的方法,并用它来评估和调节教育活动。目前,欧美博物馆普遍重视针对教育项目的绩效评估,有些还建立了自己的评估体系。在美国,不少博物馆都使用认证机构出台的教育要求,如美国博协建立的标准,或是其常务专委会——教育委员会制定的更为细化的标准[1]。

"绩效评估"的最大作用在于告诉博物馆:其教育项目和活动是否达成了总目标、具体目标,且结果如何。同时,机构若要向包括政府、捐赠人、合作伙伴在内的外界清楚地传递成绩,绩效评估更是不可或缺。唯有如此,对方才可知晓博物馆的教育成就和贡献,并欣赏到该馆对外界的影响。此外,史密森博物学院还建议,要从更长远的角度来考量教育项目,诸如它的可持续性、发展性、灵活性和弹性等。总的说来,开展教育活动评估是一项重要的管理任务,对下一次的项目决策很有价值。

目前,不少欧美博物馆并不止于评估教育项目和活动,它们同时对整个机构的教育情况展开评估。例如,史密森博物学院就拥有一系列具体的、可度量的绩效评估指标,以评估其整体教育情况。包括:

---

① Office of Policy and Analysis, *Lessons for Tomorrow: A Study of Education at the Smithsonian*, USA: Smithsonian Institution, Vol. 1 Summary Report, 2009, p. 21.

通过研究拨款/补助(经同行评鉴)以及合同(经同行评鉴)所获得的外部资金;优先研究领域的出版物(经同行评鉴)数量;召开全球关注领域的研讨会的出席人次;战略合作数量;实习生和(接受奖学金的)研究员在有声望的机构获得永久职位的数量;参加教育活动和项目的人数;开展教育活动后,建立标准评估民众对美国历史、保护生物学、亚洲艺术等主题的认知与理解;学生的参与度和兴趣;博物馆以及史密森巡回展览的实际参观人数;在线资源的使用者数量。

毫不夸张地说,博物馆教育活动的评估及绩效管理,对于维持各机构的高标准、达求卓越至关重要。在此方面,我国许多博物馆缺乏最起码的意识,更遑论操作的科学性了。事实上,大部分机构都缺失前端的"调研"以及后端的"评估",而这两端恰恰是确保观众学习体验以及博物馆教育成功与否的关键。因此,有必要借鉴欧美博物馆构建教育评估体系的理念和方法,并且开展定期评估(如每年)。当然,这些评估指标都必须是透明的,同时定期更新。

9. 发挥网站的多元功能,整合博物馆的数字化努力

博物馆的一切数字化努力,其最大贡献在于让机构有机会为每个人提供教育产品和服务。将藏品数字化,以新媒体方式与观众互动,这是近年来全世界博物馆努力在做的事。对机构而言,数字化与新媒体技术的运用首先和商业无关,它是影响力的延伸,让更多人有机会接触到艺术。在全球范围内,影响最广的有卢浮宫在线虚拟参观、大英博物馆网站、大都会艺术博物馆网站、谷歌艺术项目/计划、Your Paintings 等,它们都将博物馆资源在网络世界中整合起来。

作为机构数字化努力中极其重要的一环以及教育项目的有力传输媒介,网站不受观众数量的限制(实地活动有此限制),因此具备潜力触及更多公众,实现机构教育覆盖面的最大化。针对观众博物馆参观的不同阶段,网站的功能发挥亦各有侧重。参观前阶段,包括预先提供观众信息预览、在线资源(包括数据库、搜索引擎、素材下载等),以及在线互动体验。而后阶段,除了与实际观众保持联动,在线满足其信息和知识所需;也可构建网络社区提供他们发表观点、结交朋友的新平台;还可通过"在线会议"等与博物馆专家学者有直接交流的机会,将普通参观者发展为忠实拥趸。

目前,美国博物馆利用网络进行教育的主要方式有三种,包括:自建网站系统;利用交互式网站,如 Facebook、Flickr、Myspace、YouTube、Twitter

等;与其他科研机构、公司合作建立网站①。无论是哪种方式,对博物馆而言,在构建和修正网站时,都要开展广泛的用户调研,以确定最有效的方式来组织门户网页上的操作菜单,满足用户需求②。同时,在门户网站中,不妨为特定主题或特定观众提供直接的、跨机构的素材(可参照史密森教育和博物馆研究中心专为教师打造的门户网站),也即增添其他相关资源的链接,为用户谋得方便③。

当然,各博物馆的数字化成果绝不限于"网站"这一出口,尤其是在愈演愈烈的数字化时代。颇为明智的做法是将所有的数字化努力都集结起来,进行战略规划。2013年,英国泰特美术馆发布了《泰特2013—2015年数字战略》规划。相较于过去的《2010—2012年在线战略》,新版规划强调了如何在机构内部更广泛地利用网络平台和数字媒体,并将数字技术应用于整个机构。事实上,数字技术已不再是某个部门一些数字技术专业人员的关注点,而是全面渗入了泰特的每一项工作,比如展示和教育。并且,泰特将通过发展全方位的数字技术应用战略实现其使命④。

另外,基于对美国1 224个在2006—2011年间享受美国艺术基金会补助的艺术机构的在线调查,结果显示:99%的受访机构有自己的网站;97%的机构在Facebook、Twitter、YouTube、Flickr或其他社交媒体平台上建立有主页。45%建立主页的机构每日更新,其中包括25%的机构一天之内更新数次;94%的机构将其机构或工作照片上传至网络;86%的机构接受在线捐赠;72%的机构可在线订票;50%的机构开设有博客;47%的机构有在线商店;34%的机构将其信息制作成RSS(简易信息聚合)模式方便公众搜索;31%的机构在Groupon或Living Social(团购等打折网)上提供打折优惠;27%的机构开设有播客;22%的机构提供在线教育、讲解服务或召开在线研讨会⑤。

而就目前国内博物馆的数字化进展而言,尽管"博物馆数字化推广论

①　湖南省博物馆"中国博物馆与青少年儿童教育项目"赴美学习考察小组:《浅谈当代美国博物馆教育——湖南省博物馆教育人员赴美考察报告》,2010年,第10页。
②　Office of Policy and Analysis, *Lessons for Tomorrow: A Study of Education at the Smithsonian*, USA: Smithsonian Institution, Vol. 1 Summary Report, 2009, p. 80.
③　Ibid., p. 75.
④　《泰特美术馆发布2013—2014机构数字战略规划》,湖南省博物馆网站,2013年6月17日。
⑤　李慧君编译:《美国发布"新媒体与博物馆观众参与"调查报告》,《中国文化报》2013年1月31日、2月7日。

坛"已办了11届,但似乎机构仍处于在网上展示小部分展品照片的低技术阶段。同时,注册官方微博、推出微信服务、导览 App 等开始成为频繁动作。这些做法的确都将博物馆推到了观众面前,使双方有了更多互动,可惜机构提供的网络资源仍然极其有限,大家若想畅游博物馆还是得亲自走一趟[1]。另外,虽然我国许多博物馆都有了官方网站,这是一大进步,但是网站普遍内容简单、形式乏味,可供观众互动的机会很少,仅仅提供了诸如后勤和展览等基本信息,并无虚拟游览、在线游戏、社交媒体平台等功能设置,更遑论发展数字博物馆了。同时,观众即便使用网站,也多在参观前阶段,并仅限于该阶段。除此之外,若谈及博物馆的数字战略,恐怕大多数馆会茫然,更不知如何通过制定机构数字战略规划,整合数字化努力了。

毋庸置疑,数字技术对提高博物馆的可及性、促进与观众之间的交流大有裨益。尽管博物馆会面临人力、财力等多方面问题,但机构仍需继续在工作中引进和应用最合适的数字技术,因为它将会是这个行业未来30年的主要变化因素。

10. 加强教育活动的场地与设施设备建设

博物馆教育活动的开展需要一定的空间和设施设备。该空间可以是展览区域、教室、工作坊,或其他学习空间。特定的博物馆教育空间通常会提供辅助信息及材料,促使民众更深入、主动地探究。比如,大英博物馆专门用于青少年教育的场所能容纳140—350人,由四个教室、两个礼堂、三星数字发现中心、接待站、衣柜和午餐室组成[2]。

目前,教育及公众服务在整个博物馆工作版图中正占据着越来越重要的位置。而教育场地与设施设备建设,是博物馆加大教育投入、提升教育成效的必要保障。对各机构而言,必须:确保将教育活动需要纳入博物馆建造规划,尤其是恰逢新建、改建和扩建的机构;明确现有空间分配中有充分的空间用于开展教育活动;重新调配现有空间,使教育项目的技术和后勤配套都得到保障[3]。

另外,博物馆教育区域内宜有选择地设置教育/学习中心、活动中心、教室、工作坊、实验室、探索室,以及演播室/广播中心等,并拥有技术设备来支

---

① 孙琳琳:《博物馆都在网上忙活什么》,《新周刊》2013年第393期。
② 高翠:《英国博物馆的社会教育》,《中国文物报》2012年2月3日。
③ Office of Policy and Analysis, *Lessons for Tomorrow: A Study of Education at the Smithsonian*, USA: Smithsonian Institution, Vol. 1 Summary Report, 2009, p. 70.

持视频会议、远程教育、电子实地考察以及其他基于网络的活动，应对时下的教育需求。同时教师资源中心的设置亦会锦上添花，来访教师可在此索取材料，获得信息，反馈目前的情况，并提出新想法等①。

需要指出的是，博物馆的教育空间并不仅仅指代独立的教育/学习中心、活动中心、工作坊、探索室、实验室、教室等，有选择地将这些功能纳入展厅也不失为一项选择。一方面，这迎合了现代教育活动"注重临场的、实物体验的"特征和发展趋势，在展厅内举行活动能将观众与展品展项无缝链接；另一方面，对于缺乏空间条件的中小型馆或是暂时无法得到空间改造的博物馆而言，将一些教育活动融入展厅，开辟大小适中的探索区域、工作坊区域等，不失为经济有效并可常换常新的灵活方式。

时下，不少欧美博物馆也在完善其教育空间和设施设备。在各馆的新建、扩建和改建中，它们以扩大教育服务功能为重要内容。2007 年秋季，投资达 7 500 万美元的大都会艺术博物馆教育中心修缮一新并重新开张。该教育中心的建设目标是让专业学者或是第一次参观博物馆的人都有所收获，同时也让带着学生前来的教师有更多工具，引导学生获得深入的美学启发。在这个面积约 2.6 万平方英尺的教育中心内，除了有宽敞的大厅方便团体集结，还有艺术学习教室让学生在专家讲解下，看到真实的艺术宝藏；有小型教室和可容纳 125 人的演讲厅；还有让人亲手画画或雕塑的画室，同时供讲授艺术创作；有 NOLEN 图书馆，无需学者身份也可自由使用其 6 000 本藏书；另外还有一间专供教师使用的资源中心。而这一切正是基于大都会艺术博物馆对其教育职能重要性的深刻认识以及对所承担的教育使命的明确和坚持②。

目前，我国正值博物馆新建、扩建和改建的高峰，而且教育及公众服务在整个博物馆工作版图中正占据着越来越重要的位置。为了长远发展的考虑，机构必须及时将教育空间及相应的设施设备需求纳入整体规划，并留有足够的未来发展余地。

11. 保障教育活动经费

史密森博物学院 2014 财政年度预算案与 2013 财年相比增长了 5 900

---

① Office of Policy and Analysis, *Lessons for Tomorrow: A Study of Education at the Smithsonian*, USA; Smithsonian Institution, Vol. 1 Summary Report, 2009, p. 71.
② 湖南省博物馆"中国博物馆与青少年儿童教育项目"赴美学习考察小组：《浅谈当代美国博物馆教育——湖南省博物馆教育人员赴美考察报告》，2010 年，第 3 页。

万美元。预算增量一部分用于推进奥巴马总统的教育政策。其中,史密森的 STEM(科学、技术、工程和数学四个英文单词的首字母缩写)教育项目预算今年首次增加了 2 500 万美元。博物学院的一位女发言人对此表示:"白宫此举正好表明史密森的性质是一家教育机构。"①

事实上,美国博物馆的教育经费在每年的财政预算中一直都保有份额。芝加哥艺术博物馆 2006—2007 财政年度总支出为 74 756 000 美元,教育经费支出为 3 234 000 美元,占总支出的 4.33%,略高于特展的 3 152 000 美元。芝加哥费尔德博物馆 2005—2006 年度的教育和图书馆经费支出占总预算的 4%,高于 3.6% 的行政经费预算②。大都会艺术博物馆全年教育经费一般有 1 000 多万美元,占全馆经费的 6%—7%,并且仅用于制作宣传资料的费用就达 50 万美元。其 2006 年度教育和图书馆经费支出占总预算的 7%,高于特展的 6% 比例。该馆全年约 500 万的观众中,有近 100 万人参加过各种教育活动,并且一年下来机构举办的活动逾 2 万项③。另外,在美国,所有的科技博物馆都为教师、学校和相关地区提供许多教育服务,机构认为这种支持学校的项目理应是高度优先的。而帮助学校项目的优先度与博物馆大小(也即运行费用预算)无关,但与教育预算有关。据统计,自然历史博物馆的教育经费比例高达 12%,科学中心为 10%,即便是天文馆也有 9%④。

另外,日本文化厅于 1996 年颁布并于 1999 年修改补充的《21 世纪美术馆、博物馆振兴方案》规定:对博物馆、美术馆举办以青少年为对象的特别展、体验活动,以及其他针对青少年的艺术振兴事业等提供专项资金援助。以 1999 年该方案的预算为例,对于以青少年为对象的艺术振兴事业和特展活动的资助金额达到 3 400 万日元。2002 年起,日本文化厅推出"艺术基地形成事业"⑤,对公私立美术馆、历史博物馆提供特别的资金援助,并明确提出扶持重点是机构所举办的以青少年为对象的文化艺术体验活动。自该方案启动以来,每年都有数十家美术馆、博物馆得到资助,2007 年文化厅对该

---

① 湖南省博物馆编译:《史密森博物学院 2014 财政年度预算增加 5 900 万美元》,湖南省博物馆网站,2013 年 4 月 22 日。
②③ 林健:《从美国博物馆观众教育谈起》,中国文物信息网,2008 年 3 月 17 日。
④ 钱雪元:《美国的科技博物馆和科学教育》,《科普研究》2007 年第 4 期。
⑤ 后更名为"推进博物馆城构想"。

项事业的预算达到 1.8 亿日元①。

目前,我国许多博物馆都面临着教育经费不足的问题。一方面是整体经费有所欠缺;另一方面是各馆对教育的重视和投入不够,直接导致了教育经费的捉襟见肘。当不得不砍整体经费时,不少机构往往先砍教育经费。同时,"教育"还是一些馆申请经费、筹资时的一大诱饵,但之后常常被挪作他用,如用于展览和添置设备等。究其根本原因,仍在于博物馆的教育工作较之展览、藏品、研究等板块,辅助和附属意味强烈。此外,政府等资助机构对博物馆的拨款,也极少明确指向"教育"这一工作板块。

既然"教育"是博物馆的重中之重,那么其资源配置问题就应得到相应解决。具体包括:提高直接投放教育项目以及支持性服务(如信息技术)的预算比重(不算展览);提升资源配置的效益;提升与教育相关的素材和服务的收益②。

另外,各馆在教育活动的规划和设计上,宜应用经济思维,明晰考虑有限的资源(如经费)该如何最有效地使用,以达到明确的教育目标,惠及公众。

12. 开发文化产品和服务,延伸教育体验

博物馆教育活动的开展,依赖源源不断的资金支持。这一方面需要依靠外部的政府拨款、社会捐助等;另一方面各馆理应立足其教育产品和服务,进行契合博物馆宗旨的多元文化产业开发。

合理有效的文化产业开发,能为博物馆带来必不可少的、无上限的经济收益,重要的是,还可延伸其教育,给予观众多元的学习体验。好的教育产品和服务,表征并强化了博物馆为人尊崇的研究、藏品、展览等资源,而各馆宗旨也必须作为开发的核心要义,或至少与之相契合。这一过程中,一系列运营原则宜遵循,包括:

经营活动必须与博物馆正直、高质量的名声契合;商业活动理应显著提升博物馆的财政资源;当商业活动与博物馆藏品或教育项目勾连,必须立足坚实的学识基础;成功的产品、服务和媒体内容,理应努力为公众提供另一种愉悦的、有意义的、可信的从博物馆学习的方式,并鼓励他们将来更多地

---

①　孔利宁:《日本博物馆的青少年教育》,《科学发展观与博物馆教育学术研讨会论文集》,陕西人民出版社 2007 年版,第 218—219 页。

②　Office of Policy and Analysis, *Lessons for Tomorrow: A Study of Education at the Smithsonian*, USA: Smithsonian Institution, Vol. 1 Summary Report, 2009, p. 62.

走访博物馆,访问其网站,参与其活动;与博物馆宗旨无关的活动,例如为了游客方便而提供的服务,理应契合机构高质量的名声,因此一些主要不是为了发扬博物馆宗旨的商业活动,不得破坏该馆的品牌价值和声誉;最成功的产品、服务、媒体内容将有助于提升博物馆的品牌价值[1]。

我国绝大部分博物馆都属国有制,长期以来对政府的依赖程度非常高,无论是起初的建设、日常运营,还是之后的改建扩建,依托的主要都是政府资金,因此对于自身造血功能的认知和实践严重滞后。许多机构免费开放后,也是由中央和地方政府直接给予财政补贴。而"收支两条线"传统,更导致了国有博物馆在文化产业开发方面严重缺乏积极性和创新性。所以,当史密森博物学院、大都会艺术博物馆等国外机构的文化产品年均销售收入纷纷突破 1 亿美元大关时,我国 70% 以上的博物馆文化产品年均销售额尚不足 500 万元。其实,对由政府支持的博物馆而言,虽然文化产业开发和运营的收入不是其主要的资金来源(其教育产品和服务以免费为主),但这代表了自身的造血能量,是新时期博物馆为更多公众消费和使用的明证。

近几年来,国内博物馆纷纷开始尝试文化衍生品的开发,但成效不佳。很多机构销售的纪念品,要么是低档的小商品,例如从小商品市场"走"出来但身价翻了四五倍的溜溜球、几乎在所有旅游景点都可买到的手链、编织钥匙链等,要么就是令人咋舌的高档仿真工艺品,与博物馆展览、藏品无甚关系。前者实在有损各馆的门面;后者脱离生活、缺乏实用性,因此鲜有人问津,更不存在彼此间的竞争优势[2]。同时,这些产品不是复制就是代销,没有创意可言,而文创产品的重点恰恰在于"创"。

事实上,博物馆开发文化产品,首要目标是考虑如何在其中融入机构文化与机构期望表达的内涵,并且在贴近消费者购买需求的同时,致力于与他们的心理或情感发生共鸣,激发其"购买欲"。拥有故事和文化,是很多纪念品成功的前提。当然,包含更具识别性元素、依托更具知名度馆藏的文创产品,将更具优势。其次,一个博物馆的"纪念品"如果要上升到"产品",至少要达到足够种类的规模才可以,而针对同一个主题的纪念品,也应该拥有不同的商品形式。例如,大英博物馆以揭开古埃及文字奥秘的"罗塞塔石碑"

---

① The Task Force On Smithsonian Business Ventures, *Increasing the Contribution of Revenue-generating Activities to the Smithsonian Institution Mission*, USA: Smithsonian Institution, 2008, pp. 19 - 20.

② 谭娜:《博物馆:改变不好玩的纪念品》,《北京科技报》2008 年 7 月 28 日。

为主题的纪念品有 20 多种,包括雨伞、镇纸、鼠标垫等,售价也从几十元至 700 元人民币不等。台北故宫博物院内,仅"翠玉白菜"一件文物的衍生品就达百余种。而目前我们许多机构的文化产品,单纯而零散,缺乏系列主题,销路自然成问题。再次,博物馆本身并非营利机构,加之目前实行的免门票制度,对于一些机构而言,资金周转变成一个难题。于是许多经营者纷纷选择风险小、见效快的场地出租、转手承包、代销等方式,更使得售卖的纪念品缺乏个性。目前,很多博物馆的小卖部或商店被定性为违法经营,因为根据惯例,博物馆作为事业单位,本身没有权利销售商品。所以,有些机构开始在内部机制上尝试调整与建构,比如设立内部产业经营部门,内部经营和公司运作模式混合,或者将产业部分与公益事业部分相剥离,成立隶属于博物馆的独立公司实体等。因此,如何理顺机制,寻找博物馆作为事业单位与文化产业的结合点,也是解决文创产品发展瓶颈的关键。此外,人才的缺乏和观念的陈旧亦是亟待解决的问题,当前尤其紧缺设计类、经营类人才。最后,要指出的是,政府的扶持对于博物馆文化产业的开发和运营也是极其重要的。自从实行免票以后,英国政府对博物馆售卖纪念品的收益,予以税收减免,于是激励了各馆想尽办法来制造不同的纪念品①。在美国,多数州法都允许博物馆商店免交或少交营业税。在这方面,国外成功的模式值得我们参考。同时,我们的政府如何出台进一步的政策措施,帮助博物馆理顺文化产业开发和经营机制,突破体制上的困境,也是一大关键。

2013 年,中国博物馆协会文创产品专业委员会在京成立②,它的成立反映出我国博物馆界对这一新兴产业的重视。但如何解决互为因果的三方面难题——体制、人才、观念,是重中之重。除此之外,无论性质、级别、规模、类别、属地如何迥异,21 世纪的博物馆理应拥有一种企业文化,用以嘉奖开发创新,并延伸教育影响力。并且,"品牌思维"对于机构而言至关重要。因为,博物馆品牌的基础作用从根本上是为了让学术研究、藏品、展览走向更多的公众。

13. 加强博物馆内部和外部的教育合作与交流

为了充分发挥教育职能,博物馆需要通过馆内外的多方合作,形成良好的社会教育网络。这涉及两方面的问题。首先是博物馆内部,包括教育部

---

① 谭娜:《博物馆:改变不好玩的纪念品》,《北京科技报》2008 年 7 月 28 日。
② 主任委员单位设于首都博物馆,故宫博物院、中国国家博物馆、上海博物馆等 24 家博物馆及 1 家企业成为副主任委员单位。

门内部成员之间、教育工作者与策展人员和研究人员之间、教育部门与其他部门之间,都需加强沟通交流,达求信息共享与项目合作;其次是外部,也即各馆之间、博物馆与其他机构之间、各馆的教育部门之间,也应加强合作,分享彼此的资源甚至是经验教训。

在由美国博物馆协会教育专业委员会开发的《实践卓越:博物馆教育的原则与标准》报告上写道,博物馆的工作环境需要尊重不同的声音,尤其是在制定机构政策、决策项目时。而目前,策展人、研究人员与教育工作者之间常常存在着文化分歧,这份紧张关系在整个策展团队中尤为明显。策展人员和研究人员常常忽视、低估了教育工作者的贡献,觉得他们缺乏与主题、内容相关的知识和技能。教育工作者有时甚至直到最后一刻才被拉入策展队伍(事实上,教育工作者也应为目前的事态负一定的责任。不少人有些孤立,并不擅长向非教育部门的同事"营销"自己)。与此同时,教育工作者觉得研究人员和策展人员不够关心公众准入问题,并且不够了解观众。针对这一状况,目前史密森的教育工作者正在越来越多地融入展览策划进程,并且从一开始就参与,全程介入。另外,史密森旗下不少机构现在还要求策展人员和研究人员花费一定的时间参与到针对普通观众和学校观众的教育活动中来[①]。

从广义上讲,博物馆工作人员都负有教育的职责,都是教育工作成员,只不过教育工作者是这方面的专家[②]。在美国,由于博物馆强调"教育"作为"征集、保护、研究、传播、展出"等各项基本业务的共同目的,因此教育部门普遍与其他部门建立了良好的合作关系,同时发挥各部门专长。在美国自然历史博物馆,一个特别展览策划之初,策展人就在总体策划书中详细说明了该展览的观众群和总体教育目标。然后,策展人、展览部人员、教育部人员讨论如何通过藏品选择和展览设计达到上述教育目标,并在展览策划书中明确每一部分展览内容、每一组展出文物、每一项陈列设计和现场互动所要达到的分项教育目标。展览部和教育部通过共同商议,确定观众互动项目的内容和形式设计。可以说,一个成功的展览是策展人、展览设计人员和教育工作者合作的成果。而大都会艺术博物馆为了更好地为青少年策划教育项目,成立了跨部门工作团队,主要是让不同部门了解机构的教育项目,

---

①　Office of Policy and Analysis, *Lessons for Tomorrow: A Study of Education at the Smithsonian*, USA: Smithsonian Institution, Vol. 1 Summary Report, 2009, p. 66.

②　从狭义上讲,博物馆教育工作者主要指与教育活动直接相关的工作人员。

并从不同角度搜集员工的想法和建议。基于这种考虑,综合管理部门、发展部、保管研究部门、图书资料部门、安全保卫部门等都有职员参与。不仅如此,教育部还指定专人作为联络员,并与典藏研究部的不同领域专家经常沟通,从而让两个部门的交流合作更默契顺利,也让成员共同为公众服务[①]。

在另外一个层面,博物馆之间、不同馆的教育部门之间,也会存在一种文化的偏狭性以及地方保护主义,致使彼此在教育领域的信息共享少,项目和活动合作也少。一直以来,我国博物馆在对外合作方面较为保守,即便是合作,也多在展览方面,很少在教育领域开展交流。史密森博物学院作为一个博物馆群,针对下设博物馆和研究中心众多且遍布各地的情况,特别开设了教育工作者交流平台(The Educators Exchange)[②]以及史密森教育负责人委员会(Smithsonian Council of Education Directors, SCED)[③]和教育讨论组(Education All listserv)[④]。而其他由史密森中央协调的合作还包括遗产月[⑤]、教师之夜、展览、节庆活动、公关项目等,这些由各单位志愿参与并通过史密森教育和博物馆研究中心等中央管理机构统一协调的尝试,被认为是一个不错的模式[⑥]。

通常,对于外部合作者而言,博物馆的一大魅力在于其地位、品牌和名声。所以,欧美不少机构都跨出馆门,于馆外空间与政府、教育主管部门、学校、大学和其他科研机构、社区、基金会、公益团体、新闻媒体、其他博物馆或者教育机构等开展合作,通过资源共享,优势互补,扩大博物馆教育的受众面和影响力。但各馆在与公司合作时,需要特别小心谨慎,任何时候都不能有损机构的名声和品牌。史密森博物学院的外部合作者众多,合作方提供了技能、设备、技术及其他史密森所不具备或无法有效利用的资源。例如,史密森本身并不授予学位,但它可通过与大学合作,授予学分,颁发学位,并开设资质类项目。而针对联邦机构直接拨款或补助金的申请限制,亦可通

---

①　湖南省博物馆"中国博物馆与青少年儿童教育项目"赴美学习考察小组:《浅谈当代美国博物馆教育——湖南省博物馆教育人员赴美考察报告》,2010年,第12—14页。

②　它是一个基层性论坛,以促进不同单位的教育工作者之间的对话。

③　史密森教育负责人委员会和教育讨论组都由史密森教育和博物馆研究中心管理。

④　Office of Policy and Analysis, *Lessons for Tomorrow: A Study of Education at the Smithsonian*, USA: Smithsonian Institution, Vol. 1 Summary Report, 2009, p. 39.

⑤　由史密森拉丁中心、教育和博物馆研究中心以及会员组织发起。

⑥　Office of Policy and Analysis, *Lessons for Tomorrow: A Study of Education at the Smithsonian*, USA: Smithsonian Institution, Vol. 1 Summary Report, 2009, p. 55.

过与外部机构的合作来克服①。

要强调的是，博物馆开展对外合作，需组织文化的支撑，而非过多地依靠个人或人际关系，这也是各馆理应具备的一项长效机制。对机构而言，合作的益处包括分享知识、提升资源、发展新观众，并创设更大规模的教育项目。事实上，21 世纪的博物馆必须拥有协作精神，构建各种公共的、私人的伙伴关系，同时加强内部教育合作。具体包括：

资金分配建立在竞争的基础上，但同时倾向和培育合作型项目；配备加强合作和互动所必需的基础设施、技术设备，如会议室，信息技术工具如Sharepoint，高质量的视频会议设备等；通过试点项目，一定时间内让感兴趣的员工去其他博物馆或外部机构参与合作项目；项目合作需要建立标准化的流程和政策方针；对于参与的个人、部门和机构进行奖励或激励，补偿他们的时间投入等；通过多元媒介，分享信息和教训，采集并传播外部世界最新的研究成果以及发展趋势；决策层和管理层诸如博物馆馆长也应这么引导。

另外，地方政府以及博物馆的上级管理部门或机构也应支持博物馆的对外合作。例如，英国艺术委员会于 2012 年年初公布了数额高达 4 500 万欧元（约合人民币 3.74 亿元）的艺术巡展项目的申请细节，旨在鼓励博物馆等机构与创意产业之间建立合作关系。英国艺术委员会在其网站上声明："博物馆、艺术家、艺术相关机构的合作将为高质量艺术作品巡展提供全新机遇。"②

14. 培养公众的参观习惯，并从小引导

在法国，怎样策划一个展览？观众（儿童）的兴趣如何？最直接的方式是发放观众参观意见表和问卷调查。而博物馆对一个孩子的调查，从他/她来到场馆开始，会持续 20 年的时间，也就是 6 岁开始，直到 26 岁左右③。从儿童抓起，激发他们到博物馆的兴趣，培养他们到博物馆的习惯，是机构的教育目标。即使他们日后并不从事相关的工作，但是从小形成的对博物馆的亲切感，对其文化的认同感，会使他们在一生中不断地回到博物馆来。他们会做热忱的志愿者、永久的观众与会员，甚至慷慨的捐赠者，以各种方式给予回报——欧美不少博物馆就不断得到这样的回报，这正是它们开展青

　　① Office of Policy and Analysis, *Lessons for Tomorrow: A Study of Education at the Smithsonian*, USA: Smithsonian Institution, Vol. 1 Summary Report, 2009, p. 56.
　　② 湖南省博物馆编译：《英国艺术委员会：博物馆可申请 4 500 万欧元巡展基金》，湖南省博物馆网站，2012 年 1 月 30 日。
　　③ 韦坚：《法国博物馆的儿童教育》，《中国文物报》2012 年 1 月 2 日。

少年及儿童教育的成功之处①。由于对儿童教育的重视,美国博物馆被视为"儿童最重要的教育资源之一和最值得信赖的器物信息资源之一"。美国博物馆对儿童的重视不仅在一定程度上改变了国民教育思想,从小培养了国民的创新意识,而且许多机构的捐赠者都是从小经常去博物馆并对它拥有美好回忆的人②。

　　事实上,在国外,博物馆是人们终身学习的课堂已经成为一件实实在在的事,去博物馆也已成为许多人的生活习惯。在美国,常常看到家长带着年幼的孩子在博物馆活动室玩耍,老师带着学生在展厅和库房上课,老人坐着轮椅慢慢欣赏着艺术品,游客往来穿梭于各种新奇事物中③。在法国,每个星期都可以看到孩子在老师的带领下来到博物馆,而他们在暑假中也以夏令营的方式参观博物馆。每逢周末,博物馆总是人来人往,参观游览成为一种家庭休闲方式和社会习惯。如果要和朋友一起去某个城市旅游,当地的博物馆是必到之地,因为这是了解当地历史文化最直接的途径。难怪有人说,那里的孩子们是"在汽车和博物馆中长大的"。一旦习惯养成,成年之后他们依然会经常前往博物馆,无形中也为机构建立了一个稳定而有效的参观群体。

　　目前,我国大部分博物馆都免费开放了,拥有较之以往更多、更广的参观群体。但观众群的稳定性实为一大挑战,更遑论是能对博物馆日常工作投入一己之力的有效观众群了。所以,如何引导并培养观众群,从娃娃抓起,是各博物馆的长期作业,也是对机构未来发展有着深远影响的一项事业。中国著名的教育家叶圣陶有一句名言:"所谓教育,就是培养习惯。"我们的目标是,通过各项资源和服务,让民众从小跟随博物馆一起成长,并逐步养成参观、利用博物馆的习惯,喜欢并热爱博物馆,甚至日后以各种方式"反哺"博物馆。

三、结　语

　　公有博物馆在维持本身正常、健康运转的前提下减少甚至免除收费,让

---

① 陈滢:《欧美博物馆的青少年教育》,《广州艺术博物院年鉴》2006年,第72页。
② 郑勤砚:《迈向真正的公共性——美国博物馆公共教育的启示》,《中国文化报》2009年2月5日。
③ 林健:《从美国博物馆观众教育谈起》,中国文物信息网,2008年3月17日。

更多的人从中受益,是近年来国际通行的惯例。不论是欧美发达国家还是一些发展中国家,无不致力于此。中国政府肯下决心、肯付代价,在这方面大胆与国际接轨,首先是一件利国利民的好事①。事实上,这也是政府关于"建设一个更美好的国家"的承诺之一。

但从国内博物馆免费开放初期所反馈的情况看,一方面大量增加的观众对机构人力、物力、财力的投入提出了更高要求;另一方面,博物馆因免费开放所必然导致的收入减少,又可能最终危及这项善政的长期坚持与贯彻。但笔者认为,比这些更严酷的事实是,许多机构在免费开放人气爆棚一段时间后依旧回归"门前冷落车马稀"的尴尬局面,也即经历了"一锤子买卖"。其中,一大根本原因在于,除了展览外,博物馆呈现的教育活动索然无味,公共服务滞后,观众在参观展览之余几乎没有东西再吸引他们前来。

根据西方博物馆成熟的运营理念和实践,除了做好展览,它们还围绕和配合展览、藏品、研究,开展有一系列"衍生化"教育活动,以吸引、保留和拓展观众。更有甚者还将教育活动的策划与实施从观众参观博物馆前、中、后三阶段的角度进行,"一体化"同时差异化。另外,针对服务观众的不同,机构推出的教育项目亦呈现"分众化"特色。因此,对目前的中国博物馆界而言,如何改变"重展不重教"现象,如何从教育活动开展的广度和深度上突破,已成为我国博物馆免费开放后"得民心"与否的关键。

另外,欧美博物馆无论规模大小,一切工作皆围绕为观众服务来展开,始终把人放在中心位置。其"博物馆服务"除了纪念品销售、餐饮等传统项目外,展览内容的选择、陈列的形式设计、讲解方式的使用乃至对公众的教育,一切与观众有关的都在"服务"之列。相比之下,公共服务的滞后是中国博物馆事业发展的另一大问题所在,存在"一流的展品,二流的展览,三流的服务"窘境。究其根本,是绝大多数博物馆未能将"教育"与"公共服务"视为自己的核心工作②。"藏品或展览就是全部"的观念依然根深蒂固。

事实上,国内博物馆在结构转型的社会背景下,一个重要目标就是迈向真正的公共性。也即,博物馆一切工作的核心是让游客拥有愉快的参与式学习体验。事实上,国际博物馆界发展的趋势也是越来越重视公众的参与,注重博物馆的教育、服务功能。并且,如今的观众来到博物馆已不再是为了

---

① 李文儒:《博物馆:展示历史,更要参与历史创造》,《人民日报》2011年5月6日。

② 李韵:《博物馆:繁荣掩盖下的缺憾》,光明网,2006年11月1日。

寻找一个权威,而是寻求一种对话;不仅是为了获得某种知识,更是为了一种体验,审美、学习、发现,或是娱乐、休闲和社交。因此,放眼国际,我们的博物馆也要提供这样一种对话和体验的平台,无论在展览的设计、教育活动的规划上都须充分体现与观众互动、交流,为他们服务的理念。目前,我们亟待省思中国博物馆建设及博物馆教育的相关问题,同时机构的运作模式及教育模式也必须有所改变。有人说,"爱上博物馆,是一种生活方式"。不知道,中国离这一步还有多远? 理想中的博物馆,是开放、通达、包容、能盈利、与社区紧密相连的数字化民主机构。希望在博物馆大发展的今天,我们周围有越来越多的民众会主动走进博物馆、走近博物馆,也期待越来越多的博物馆能走进民众的内心,并常驻其间。

◆参 考 文 献▶

一、专　　著

Eileen Hooper-Greenhill，*Museum and Gallery Education*，Leicester University Press，1991.

Jane R. Glaser，Artemis A. Zenetou，*Museums: A Place to Work*，Routledge，1996.

黄淑芳：《现代博物馆教育：理念与务实》，台湾省立博物馆 1997 年版。

George E. Hein，*Learning in the Museum*，Routledge，1998.

Barry Lord，Gail Dexter Lord，*The Manual of Museum Exhibitions*，Altamira Press，2001.

段勇：《当代美国博物馆》，科学出版社 2003 年版。

Gail Anderson，*Reinventing the Museum*，Altamira Press，2004.

杨玲、潘守永：《当代西方博物馆发展态势研究》，学苑出版社 2005 年版。

Timothy Ambrose，Crispin Paine，*Museum Basics*，ICOM in conjunction with Routledge London and New York，2005.

Alison Grinder，E. Sue McCoy：《如何培养优秀的导览员》(*The Good Guide*)，台湾：五观艺术管理有限公司 2006 年版。

Hugh H. Genoways，Lynne M. Ireland：《博物馆行政》，台湾：五观艺术管理有限公司出版 2007 年版。

［美］南希·艾因瑞恩胡弗著，金眉译：《美国艺术博物馆》，湖南美术出版社 2007 年版。

Anna Johnson et al.，*The Museum Educator's Manual*，Altamira Press，2009.

　　［英］博伊兰（Boylan，P.）主编，国际博物馆协会中国国家委员会、中国博物馆学会翻译：《经营博物馆》，译林出版社 2010 年版。

　　单霁翔：《从"馆舍天地"走向"大千世界"——关于广义博物馆的思考》，天津大学出版社 2011 年版。

　　［英］格拉汉姆·布莱克著，徐光、谢卉译：《如何管理一家博物馆　博物馆吸引人的秘密》，中国轻工业出版社 2011 年版。

　　Barry Lord and Gail Dexter Lord eds. *Manual of Museum Planning*，Altamira Press，2012（Third Edition）.

二、研 究 报 告

　　Office of Policy and Analysis, *Developing Interactive Exhibitions at the Smithsonian*, USA：Smithsonian Institution, 2002.

　　Office of Policy and Analysis, *Exhibitions and Their Audiences: Actual and Potential*, USA：Smithsonian Institution, 2002.

　　Office of Policy and Analysis, *Raising the Bar: A Study of Exhibitions at the Smithsonian Institution*, USA：Smithsonian Institution, 2003.

　　Smithsonian Education Strategic Plan 2004 - 2009, USA：Smithsonian Institution.

　　The Committee on Education, American Association of Museums, *Excellence in Practice: Museum Education Principles and Standards*, USA：American Association of Museums, 2005.

　　Office of Policy and Analysis, *An Evaluation of the National Museum of Natural History*, Smithsonian Institution, 2007.

　　Office of Policy and Analysis, *Classroom Realities: Results of the 2007 National Survey of Teachers*, USA：Smithsonian Institution, 2008.

　　Smithsonian Highlights Fiscal Year 2008, USA：Smithsonian Institution.

　　The Task Force On Smithsonian Business Ventures, *Increasing the Contribution of Revenue-generating Activities to the Smithsonian*

Institution Mission，USA：Smithsonian Institution，2008.

Office of Policy and Analysis，*Lessons for Tomorrow: A Study of Education at the Smithsonian*，USA：Smithsonian Institution，Vol. 1 Summary Report，2009.

国家文物局博物馆司调研组：《关于将博物馆纳入国民教育体系的调研报告》，2010年。

湖南省博物馆"中国博物馆与青少年儿童教育项目"赴美学习考察小组：《浅谈当代美国博物馆教育——湖南省博物馆教育人员赴美考察报告》，2010年。

Characteristics of Excellence for U. S. Museums，USA：American Association of Museums，2010.

Inspiring Generations Through Knowledge and Discovery，*Strategic Plan 2010 - 2015*，USA：Smithsonian Institution.

Office of Policy and Analysis，*Smart Phone Services for Smithsonian Visitors*，USA：Smithsonian Institution，2010.

陆建松：《全国博物馆事业中长期发展战略研究》，2011年。

三、 连续出版物、会议论文集等

玛丽·格拉斯·波特尔、陆建松：《关于博物馆观众》，《东南文化》1991年第5期。

陆建松：《论博物馆接待服务中的公共关系》，《中国博物馆》1995年第4期。

陆建松：《西方博物馆之友与志愿工作者纵横谈》，《博物馆研究》1997年第3期。

李林娜：《博物馆开发旅游纪念品效益探析》，《全球化下的中国博物馆》，文物出版社2002年5月版。

李清泉、林樱：《美国的艺术博物馆》，《艺术市场》2003年第1期。

宋勇：《日本中小学加强社区教育功能的做法和启示》，《基础教育参考》2003年第10期。

刘婉珍：《与青少年做朋友——美术馆能为青少年做什么？ 如何做？》，

《朱铭美术馆季刊》2003 年第 13 期。

段勇：《美国博物馆的公共教育与公共服务》，《中国博物馆》2004 年第 2 期。

孙春福：《英国中小学教育考察散记》，《教育科研论坛》（教师版）2005 年第 1 期。

黄磊：《赴英国博物馆学习考察报告》，《湖南省博物馆馆刊》2005 年第 2 期。

陈滢：《欧美博物馆的青少年教育》，《广州艺术博物院年鉴》2006 年。

唐泽慧：《美国博物馆的公众定位与筹资模式》，《中国美术馆》2006 年第 10 期。

曹宏：《中国当代博物馆教育体系刍议》，《中原文物》2007 年第 1 期。

范晔：《结合地方实际，开展中学历史教学的博物馆教育试探》，《教育论坛》2007 年第 2 期。

钱雪元：《美国的科技博物馆和科学教育》，《科普研究》2007 年第 4 期。

张淑范：《博物馆公共教育新理念》，《湖南城市学院学报》2007 年第 7 期。

孔利宁：《日本博物馆的青少年教育》，《科学发展观与博物馆教育学术研讨会论文集》，陕西人民出版社 2007 年版。

穆言：《欧美国家的博物馆如何向民众开放》，《政工研究动态》2008 年第 5 期。

钱初熹：《日本幼儿园美术教学活动概况》，《早期教育》（美术版）2008 年第 9 期。

李瑶：《中国早期博物馆教育思想的特点及其影响》，《文教资料》2008 年第 36 期。

李宏坤：《英国：博物馆之旅见成效》，《上海教育》2009 年 Z1 期。

王晓燕：《日本校外教育发展的政策与实践》，《国家教育行政学院学报》2009 年第 1 期。

《法国 25 岁以下人群及教师将可免费参观博物馆》，《世界教育信息》2009 年第 2 期。

李琴、陈淳：《公众考古学初探》，《汉江考古》2010 年第 1 期。

杨丹丹：《论博物馆教育活动的可持续发展——以首都博物馆青少年教育活动为例》，《中国博物馆》2010 年第 1 期。

许立红、高源：《美国博物馆学校案例解析及运行特点初探》，《教育与教学研究》2010 年第 6 期。

程京生：《博物馆除了陈列展览还能开放什么——浅议图书资料室（馆）和文物库房的开放》，《科学传播者的探索——中国自然科学博物馆协会 30 周年论文集》，上海科学技术文献出版社 2010 年版。

杨雁：《美国博物馆和图书馆服务协会战略计划给我们带来的启示》，《公共图书馆》2012 年第 4 期。

李君、隗峰：《美国博物馆与中小学合作的发展历程及其启示》，《外国中小学教育》2012 年第 5 期。

孙琳琳：《博物馆都在网上忙活什么》，《新周刊》2013 年第 393 期。

四、报 纸 文 章

张晋平：《大英博物馆管理模式和机构设置》，《中国文物报》2003 年 8 月 29 日。

陈文：《走进美国自然历史博物馆》，《北京周报》2007 年 4 月 17 日。

张颖岚：《美国博物馆与社区发展的互动》，《中国文物报》2007 年 4 月 27 日、5 月 4 日。

张颖岚：《美国博物馆的运营理念与文化产业》，《中国文物报》2007 年 5 月 11 日。

程奕：《文化共享是艺术 更是智慧》，《东方早报》2008 年 3 月 19 日。

李爱国、王征：《国外公益性文化设施免费开放的指导原则》，《中国文化报》2008 年 3 月 30 日。

谭娜：《博物馆：改变不好玩的纪念品》，《北京科技报》2008 年 7 月 28 日。

张和清：《美国博物馆的管理与运作》，《中国文化报》2008 年 10 月 22 日。

朱洁树：《大英博物馆 250 岁"走进中国"》，《东方早报》2009 年 1 月 18 日。

徐佳和：《全球文化场馆借助日夜开放恢复活力》，《东方早报》2009 年 1 月 20 日。

郑勤砚：《迈向真正的公共性——美国博物馆公共教育的启示》，《中国文化报》2009年2月5日。

蔡山帝：《日本博物馆的困惑和求变》，《中国文化报》2009年2月18日。

林梢青：《卢浮宫博物馆中文网页昨日亮相　网上"游"卢浮，不懂外语也不怕!》，《今日早报》2009年3月28日。

王小润：《博物馆能否成为旅游经济新坐标》，《光明日报》2009年5月18日。

刘萌：《国外博物馆圣诞斑斓季》，《中国文物报》2010年2月24日。

沈岩：《从免费开放反思当前博物馆教育的改革》，《中国文物报》2010年2月24日。

乔欣：《文化产品开发：博物馆的创意经济》，《中国文化报》2010年3月24日。

楼锡祜：《动手做是最好的学习方式》，《中国文物报》2010年8月4日。

荣娇娇、杨新华：《美国儿童博物馆"走近杭州"》，《海南日报》2010年8月22日。

单霁翔：《抓住历史机遇，推进新时期中国博物馆的蓬勃发展》，《光明日报》2010年11月5日。

董昆：《基金会模式能否盘活中国博物馆》，《北京商报》2010年11月29日。

刘修兵：《现代博物馆离不开志愿者》，《中国文化报》2010年12月1日。

苑大喜：《"大卢浮宫规划"20年：成功背后有隐忧》，《中国文化报》2010年12月25日。

徐佳和：《谷歌艺术项目上线17家顶级博物馆珍品在列》，《东方早报》2011年2月9日。

周云编译：《用Wi-Fi引导观众参观博物馆　纽约大都会博物馆高调参与谷歌"艺术计划"》，《东方早报》2011年2月16日。

孙中华：《博物馆文化产品开发中的问题及对策》，《中国文物报》2011年4月14日。

李文儒：《博物馆：展示历史，更要参与历史创造》，《人民日报》2011年5月6日。

姜琳琳：《艺术授权：内地博物馆待挖掘的金矿》，《北京商报》2011 年 5 月 27 日。

辛德编译：《英国曼斯菲尔德博物馆荣获 2011 年"最佳家庭友善奖"》，《中国文物报》2011 年 6 月 1 日。

秦俟全：《海外博物馆如何运作贵宾服务》，《东方早报》2011 年 6 月 2 日。

陆建松：《把博物馆教育制度化地纳入国民教育体系中》，《人民日报内参》2011 年 10 月 28 日。

张海云：《加拿大虚拟博物馆的运作策略》，《中国文化报》2011 年 11 月 19 日。

韦坚：《法国博物馆的儿童教育》，《中国文物报》2012 年 1 月 2 日。

高翠：《英国博物馆的社会教育》，《中国文物报》2012 年 2 月 3 日。

李锌铜：《台北故宫礼品年卖 7 亿新台币　陆客贡献多　翠玉白菜最抢手》，《每日商报》2012 年 2 月 16 日。

《台北故宫推 APP　随时与珍宝互动》，《大公报》（香港）2012 年 12 月 21 日。

李慧君编译：《英国开展"博物馆与大学分享合作"项目》，《中国文化报》2013 年 1 月 24 日。

苑大喜：《法国博物馆送展"下乡"出成效》，《中国文化报》2013 年 1 月 29 日。

李慧君编译：《美国发布"新媒体与博物馆观众参与"调查报告》，《中国文化报》2013 年 1 月 31 日、2 月 7 日。

李慧君编译：《大都会艺术博物馆推出"策展人眼中的百件馆藏珍宝"系列短片》，《中国文化报》2013 年 3 月 7 日。

曾乔圆：《博物馆应学学"吸客妙招"了》，《文汇报》2013 年 4 月 7 日。

郑苒编译：《英国博物馆衍生品创收潜力大　年销售额达 1 亿英镑》，《中国文化报》2013 年 4 月 11 日。

焦波：《纽约大都会博物馆首设营销高管》，《中国文化报》2013 年 5 月 14 日。

谢颖编译：《2013 欧洲博物馆之夜：一场流光溢彩的文化盛宴》，《中国文物报》2013 年 5 月 17 日。

金叶：《阿姆斯特丹国立博物馆开免费下载图像服务》，《广州日报》

2013 年 6 月 16 日。

马晓龙:《财政补贴博物馆要让公众受益》,《中国旅游报》2013 年 7 月 8 日。

肖扬:《台北故宫新奇创意　康熙手书"朕知道了"》,《深圳商报》2013 年 7 月 10 日。

柴野:《德国人怎样经营博物馆?》,《光明日报》2013 年 7 月 15 日。

谢颖编译:《英国发布〈博物馆与幸福〉报告》,《中国文化报》2013 年 7 月 25 日。

郑苒编译:《盖蒂博物馆艺术品高清图免费下载》,《中国文化报》2013 年 8 月 22 日。

李慧君译:《多馆共同打造〈馆长推荐〉系列图册》,《中国文物报》2013 年 11 月 13 日。

李慧君编译:《芝加哥历史博物馆向民众征集展览主题》,《中国文化报》2013 年 12 月 5 日。

谢颖编译:《"儿童博物馆宣言"让家庭参观者享受接待》,《中国文化报》2014 年 1 月 23 日。

谢颖编译:《美国博物馆联盟探索教育新模式》,《中国文化报》2014 年 7 月 8 日。